证券投资

分析与模拟训练（第2版）

主　编　孙志平　张永武

副主编　崔立升　刘景光　董　青

参　编　张　霞　王文娟　刘旭宁　孙晓莹

　　　　宋岁岁　董　艳　张有志　孙序佑

　　　　谢玉芹　姜艳霞　高志霞　陈婷婷

　　　　于姝艳　赵辰燕　薛　坤　杜春雷

南京大学出版社

图书在版编目(CIP)数据

证券投资:分析与模拟训练 / 孙志平,张永武主编.
— 2 版. — 南京:南京大学出版社,2022.1
ISBN 978 - 7 - 305 - 24975 - 4

Ⅰ. ①证… Ⅱ. ①孙… ②张… Ⅲ. ①证券投资—高
等职业教育—教材 Ⅳ. ①F830.91

中国版本图书馆 CIP 数据核字(2021)第 179246 号

出版发行　南京大学出版社
社　　址　南京市汉口路 22 号　　　　邮　编　210093
出 版 人　金鑫荣

书　　名　**证券投资——分析与模拟训练**
主　　编　孙志平　张永武
责任编辑　徐　媛

照　　排　南京南琳图文制作有限公司
印　　刷　苏州市古得堡数码印刷有限公司
开　　本　787×1092　1/16　印张 20　字数 480 千
版　　次　2022 年 1 月第 2 版　2022 年 1 月第 1 次印刷
ISBN　978 - 7 - 305 - 24975 - 4
定　　价　50.00 元

网址:http://www.njupco.com
官方微博:http://weibo.com/njupco
官方微信号:njupress
销售咨询热线:(025) 83594756

编写说明

本教材自 2013 年第一版出版以来,不仅在高职院校中被广泛使用,而且深受社会上广大读者的欢迎。在使用中我们不断进行总结,同时积极地与其他院校老师交流探讨,听取了大量的宝贵意见,在此基础上进行了第二版的修订。近几年,中国资本市场出现了不少新生事物,优先股试行,沪港通、深港通相继推出。金融创新大行其道,互联网金融兴起。2019年,科创板推出并实行注册制,历经 4 年多修订完成的《中华人民共和国证券法》自 2020 年3 月 1 日起施行,从此全面施行注册制。资本市场的这些新变化、新特点、新业务、新知识有必要及时地反映到教材中。为了实现高职教育高质量技能型人才的培养目标,在证券投资分析课堂上如何提高学生的决策能力,丰富学生的实战经验成为任课老师最重要的任务,为此,在第二版的修订中,教材以提高学生的动手能力为出发点和落脚点,增加了课证融合的内容,通过实训题强化了学生对基本证券投资理论与方法的熟练运用,通过分析题带动学生勤于思考、善于决策,能够独立、正确地做出投资决策。

在第二版的修订中,我们对部分章节进行了调整,比如,在附录中增加了证券业从业人员资格考试介绍,更新了最新的《中华人民共和国证券法》中关于注册制的相关内容;对教材中的大部分案例进行了充实和更新,对各章所涉及的政策、法规也都及时做了更新。本教材各章内容均有不同程度的增删和修改。

为了推行"项目化"教学,本教材探索实施了基于工作过程的教材开发(编写)模式。与现有的学科型高职证券投资教材相比,本教材具有以下三方面特点。

第一,按照基于工作过程系统化的基本要求,以完成项目——工作任务为基本线索重组知识内容,并依据知识能力要求循序渐进地安排先后次序,使教学过程更加符合实际工作情境。

在编写过程中,我们不追求证券理论与知识体系的系统性和完整性,而是从一个普通投资者完成一次证券投资任务和证券公司一线员工完成客户经理、柜台和咨询等岗位工作任务的需要出发,以工作过程为顺序,合理选择和安排了包括证券交易流程、证券即时行情解读、证券交易软件下载安装和使用、证券信息收集、证券投资技术分析(包括 K 线、趋势、均线、形态、常用指标等)、证券投资基本分析、证券投资风险管理、证券投资策略与技巧等内容。学习者在学习本教材并完成实训项目后,基本具备了完成上述工作任务所需要的能力、知识与技巧。

第二,同步模拟训练与理论教学紧密配合,使"教""学""练"合一,强化对学习者证券投资能力的培养。

本教材在框架体例设计上充分体现了学生的主体地位。例如,为了培养学生团队活动意识,在每一任务后面增加了"团队活动组织"栏目,设计符合高职学生特点的课堂活动内容,使他们在参加活动过程中增长相关知识。再如,在每一任务后面设计的"网络模拟训练"

栏目,通过同花顺网站提供的软件,能够与沪深股市同步显示股票行情,学生可以进行仿真训练,使他们切身体会证券交易过程中的酸甜苦辣。

第三,与行业企业紧密合作,共建基于工作过程的实践型教材。

"工学结合"是推行"项目化"教学的基本要求,同时也是应用型教材编写的实现途径。本教材由山东商务职业学院牵头,联合兄弟院校,与齐鲁证券烟台营业部深度合作,从工作任务分析到编写大纲确定,再到具体内容的设计与编写,都有营业部资深专业分析师和操盘手全程参与,他们以其娴熟的证券投资分析技巧,为本书注入了举足轻重的活力。

虽然我们付出了很大的努力,但是由于水平所限加之时间仓促,错误与疏漏之处在所难免,恳请广大读者批评指正。

编 者

2021 年 12 月 21 日

目 录

项目一 证券投资分析概述

任务一 证券与证券投资

任务描述 ➤

了解证券与证券投资的定义和特征。掌握证券投资的构成要素，以及证券投资与实物投资、证券投资与储蓄存款、直接金融投资与间接金融投资、证券投资与证券投机的异同。

任务资讯 ➤

一、证券概述

（一）证券的概念

证券是各种权益凭证的统称，用来证明持有人有权依其所持凭证记载的内容而取得应有的权益。从一般意义上来说，证券是用以证明或设定权利所做成的书面凭证，它表明证券持有人或第三者有权取得该证券拥有的特定权益，或证明其曾经发生过的行为。证券可以采取书面形式或证券监管机构规定的其他形式。

证券上记载有一定的财产或权益内容，持有证券即可依据券面所载内容取得相应的权益，证券所载权益的享有、行使或让渡，须占有、出示或转移证券。股票、债券、基金证券、票据、提单、保险单、存款单等都是证券。

（二）证券的分类

证券按其性质不同，可分为无价证券与有价证券两大类。

1. 无价证券

无价证券也称凭证证券，是指本身不能使持有人或第三者取得一定收入的证券，包括证据证券与私权证券两种。无价证券最显著的特征就是不标明票面金额，不代表一定价值，且缺乏市场流通性。证据证券是指单纯证明事实的凭证，如借据、收据等。私权证券是指认定持证人是某种私权的合法享有者，证明对持证人所履行的义务是有效的凭证，如存折、土地所有权证书等。

2. 有价证券

有价证券是指标有票面金额,用于证明持有人或该证券指定的特定主体对特定财产拥有所有权或债权的凭证。这类证券本身没有价值,但由于它代表着一定的财产权利,持有人可凭该证券直接取得一定的商品、货币,或是取得利息、股息等收入,因而可以在证券市场上买卖和流通,客观上具有了交易价格。

有价证券是虚拟资本的一种形式。所谓虚拟资本,是指以有价证券形式存在,并能给持有人带来一定收益的资本。虚拟资本是独立于实际资本之外的一种资本存在的形式,本身不能在生产过程中发挥作用。通常,虚拟资本的价格总额并不等于所代表的真实资本的账面价格,甚至与真实资本的重置价格也不一定相等,其变化并不完全反映实际资本额的变化。

有价证券有广义与狭义之分。广义的有价证券包括商品证券、货币证券和资本证券,狭义的有价证券即指资本证券。

(1) 商品证券

商品证券是指证明持有人有商品所有权或使用权的凭证,取得这种证券就等于取得某种商品的所有权,持有人对这种证券所代表的商品所有权受法律保护。属于商品证券的有提货单、运货单、仓库栈单等。

(2) 货币证券

货币证券是指本身能使持有人或第三者取得货币索取权的有价证券。货币证券主要包括两大类:一类是商业证券,主要是商业汇票和商业本票;另一类是银行证券,主要是银行汇票、银行本票和支票。

(3) 资本证券

资本证券是指由金融投资或与金融投资有直接联系的活动而产生的证券。如股票、债券等,持券人有一定的收入请求权。资本证券是有价证券的主要形式。出于简便与习惯,人们通常把狭义的有价证券即资本证券直接称为证券,本书以后所称证券,即指此种意义上的证券。

除此之外,有价证券还可以从不同的角度按不同的标准进行分类。

① 按证券发行主体的不同,有价证券可分为政府证券、金融证券、公司证券。政府证券通常是指政府债券。金融证券是指银行及非银行金融机构为筹措资金而发行的股票、金融债券等,尤以金融债券为主。公司证券是公司为筹措资金而发行的有价证券。公司证券包括的范围比较广泛,主要有股票、公司债券及商业票据等。

② 按是否在证券交易所挂牌交易,有价证券可分为上市证券与非上市证券。上市证券又称挂牌证券,是指公司提出申请,经证券监管机构或证券交易所依法审核同意,并与证券交易所签订上市协议,获得在交易所内买卖资格的证券。非上市证券也称非挂牌证券,是指未申请上市或不符合证券交易所上市条件的证券。非上市证券不允许在证券交易所内交易,但可以在其他证券市场交易。凭证式国债和普通开放式基金份额属于非上市证券。

③ 按证券募集方式的不同,有价证券可分为公募证券和私募证券。公募证券是指发行人通过中介机构向不特定的社会公众投资者公开发行的证券,审核较严格并采取公示制度。私募证券是指向少数特定的投资者发行的证券,其审查条件相对宽松,投资者也较少,不采

取公示制度。私募证券的投资者多为与发行人有特定关系的机构投资者,也包括发行公司的职工。

④ 按证券所代表的权利性质的不同,有价证券可以分为股票、债券和其他证券。股票和债券是证券市场中的两个最基本和最主要的品种。其他证券包括基金证券、证券衍生品,如金融期货、可转换证券、权证等。

综上所述,证券的种类如图 1-1-1 所示。

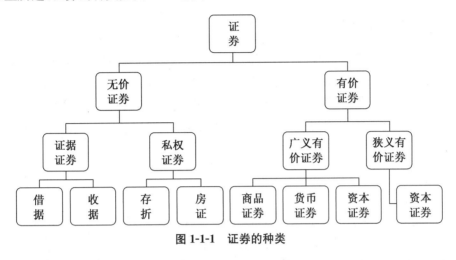

图 1-1-1　证券的种类

小贴士

股 份 制

股份制亦称"股份经济",是指以入股方式把分散的、属于不同人所有的生产要素集中起来,统一使用,合伙经营,自负盈亏,按股分红的一种经济组织形式。股份制的基本特征是生产要素的所有权与使用权分离,在保持所有权不变的前提下,把分散的使用权转化为集中的使用权。

股份制是与商品经济相联系的经济范畴,是商品经济发展到一定程度的产物。它在自身发展过程中,经历了几个不同的社会历史阶段并采取了不同的具体形式。在奴隶社会末期和封建社会初期,随着经济的发展,出现了自由民之间或手工业者之间以人、财、物各项要素的一项或几项为联合内容的合伙经营的经济形式。这种经济形式在合伙内容、经营方式、分配办法等方面都没有明确的规范,更没有形成严格的股份分配制度,这是股份制的一种原始形式。到 17 世纪初期,由于商品经济有了进一步的发展,资本主义经济萌芽已经出现并有所发展,因而出现了以股份公司为特点的股份经济。19 世纪后半期,商品经济与资本主义生产方式相结合,成为资本主义商品经济,社会生产力已达到相当高的社会化程度,致使单个的私人资本已经容纳不了社会化的生产力,于是几个乃至几十个私人资本,以资本入股或发行和认购股票的形式组成的股份公司便迅速发展起来。以股份公司为主要形式的股份经济,成为资本主义股份经济的典型形态。

以股份制为主要形式的混合所有制经济也是社会主义经济的重要组织形式。

（三）有价证券的特征

1. 期限性

债券一般有明确的还本付息期限，以满足不同筹资者和投资者对融资期限以及与此相关的收益率的需求。债券的期限具有法律约束力，是对投、融资双方权益的保护。股票一般没有期限性，可以视为无期证券。

2. 收益性

收益性是证券的最基本特点。证券的收益性是指持有证券本身可以获得一定数额的收益，这是投资者转让资本所有权或使用权的回报。证券代表的是对一定数额的某种特定资产的所有权或债权，投资者持有证券也就同时拥有取得这部分资产增值收益的权利，因而证券本身具有收益性。这里所涉及的收益对象不仅指投资者，也包括证券发行者。作为投资者，收益是指购买证券取得的利息、股息、红利及资本所得；作为证券发行者即筹资者，收益表现为其资金规模扩大而使企业产生利润的能力增强。获取收益是投资者购买证券的直接目的，也是筹资者发行证券的基本动机。

3. 流动性

证券的流动性是指证券持有人可按自己的需要灵活地转让证券以换取现金。流动性是证券的生命力所在。证券的期限性约束了投资者的灵活偏好，但其流动性以变通的方式满足了投资者对现金的随机需求。证券的流动是通过承兑、贴现、交易实现的。证券的流动性强弱受多种因素影响，如证券期限、信用度、知名度以及经济形势、证券流通市场发达程度等。一般情况下，流动性与偿还期限成反比，与证券发行人的信用能力成正比。

4. 风险性

证券的风险性是指证券持有人面临着预期投资收益不能实现，甚至连本金也将受到损失的可能。高风险是有价证券的一个重要特征。与其他投资相比，证券投资的风险最大。一方面，影响有价证券价格波动的因素极其繁多复杂，价格变动又极其迅速，投资者往往难以全面、准确地预测和把握；另一方面，有价证券的虚拟资产性质又会使价格波动幅度十分巨大，容易暴盈暴亏，投资者事先难以预料和防范。因此，投资者无法确定他所持有的证券能否取得收益和获得多少收益，从而使持有证券具有风险性。从整体上说，证券的风险与预期收益成正比。在正常情况下，预期收益越高的证券，风险越大；预期收益越低的证券，风险越小。

阅读参考

传奇证券投资家巴菲特的投资理念

巴菲特是当今世界具有传奇色彩的证券投资家，他以独特、简明的投资哲学和策略，投资可口可乐、吉列、所罗门兄弟投资银行、通用电气等著名公司股票、可转换证券并大获成功。下面我们来介绍巴菲特的投资理念。

巴氏方法大致可概括为5项投资逻辑、12项投资要点、8项投资标准和2项投资方式。

一、5 项投资逻辑

① 因为我把自己当成企业的经营者,所以我成为优秀的投资人;因为我把自己当成投资人,所以我成为优秀的企业经营者。

② 好的企业比好的价格更重要。

③ 一生追求消费垄断企业。

④ 最终决定公司股价的是公司的实质价值。

⑤ 没有任何时间适合将最优秀的企业脱手。

二、12 项投资要点

① 利用市场的愚蠢,进行有规律的投资。

② 买价决定报酬率的高低,即使是长线投资也是如此。

③ 利润的复合增长与交易费用和税负的避免使投资人受益无穷。

④ 不在意一家公司来年可赚多少,仅有意于未来 5 至 10 年能赚多少。

⑤ 只投资未来收益确定性高的企业。

⑥ 通货膨胀是投资者的最大敌人。

⑦ 价值型与成长型的投资理念是相通的。价值是一项投资未来现金流量的折现值;而成长只是用来决定价值的预测过程。

⑧ 投资人财务上的成功与他对投资企业的了解程度成正比。

⑨ "安全边际"从两个方面协助你的投资:首先是缓冲可能的价格风险;其次是可获得相对高的权益报酬率。

⑩ 拥有一只股票,期待它下个星期就上涨,是十分愚蠢的。

⑪ 就算联储主席偷偷告诉我未来两年的货币政策,我也不会改变我的任何一个作为。

⑫ 不理会股市的涨跌,不担心经济形势的变化,不相信任何预测,不接受任何内幕消息,只注意两点:A. 买什么股票;B. 买入价格。

三、8 项投资标准

① 必须是消费垄断企业。

② 产品简单、易了解、前景看好。

③ 有稳定的经营史。

④ 经营者理性、忠诚,始终以股东利益为先。

⑤ 财务稳健。

⑥ 经营效率高、收益好。

⑦ 资本支出少,自由现金流量充裕。

⑧ 价格合理。

四、2 项投资方式

1. 卡片打洞、终生持有

每年检查一次以下数字:A. 初始的权益报酬率;B. 营运毛利;C. 负债水准;D. 资本支出;E. 现金流量(注:巴菲特说过,在你选择了投资人生之后,可以做一张印有 20 个洞的卡片,每做一项投资决策时,就在上面打一个洞,打的洞越少你就会越富有。原因在于,如果你为大的想法而省的话,你将永远不会打完所有 20 个洞)。

2. 当市场过于高估持有股票的价格时,也可考虑进行短期套利

从某种意义上说,卡片打洞与终生持有构成了巴式方法最为独特的部分,也是最使人入迷的部分。

其实,巴菲特的成功靠的是一套与众不同的投资理念、投资哲学与逻辑。以及投资技巧。在看似简单的操作方法背后,其实能悟出深刻的道理,它简单到任何人都可以利用。巴菲特曾经说过,他对华尔街那群受过高等教育的专业人士的种种非理性行为感到不解。也许是人在市场,身不由己。所以他最后离开了纽约,躲到美国中西部的一个小镇去了。他远离市场,他也因此战胜了市场。

资料来源:腾讯财经综合 2012 年 04 月 24 日

二、证券投资

(一) 投资的概念

所谓投资,就是经济主体为获得预期经济利益而在当前进行资金投入,用以购买金融资产或实物资产以达到增值的行为和过程。投资过程包括资金投入、资产增值、收回资金三个阶段。对任何经济社会和经济人而言,持续不断地进行投资是保持经济利益持续增长必不可少的前提条件。我们可以从以下几个方面来认识投资。

1. 投资是现在支出一定价值的经济活动

从当前来看,投资现在就要支付一定的资金;从长远来看,投资就是为了获取未来的报酬而现在采取的付出资金的经济行为。

2. 投资具有时间性

也就是说,现在付出的价值只能到未来的时间才能收回,而且未来的时间越长,未来收益的不确定性就越大,从而风险就越大。

3. 投资具有一定的风险性

风险是指未来收益的不确定性。当前投入的价值是确定的,但是,未来可能获取的收益是不确定的,这种未来收益的不确定性就是投资的风险。

(二) 投资的分类

投资是一个多层次、多侧面、多角度、内容极其丰富的概念,因而可按许多方式进行归纳与分类。

1. 按投资对象划分,可分为实物投资与金融投资

实物投资就是投资主体为获取未来收益或经营某份事业,预先垫付货币或其他资源,以形成实物资产的经济行为。实物投资可分为稀有资产投资、固定资产投资和流动资产投资。其中稀有资产投资是一种分门别类的,专业性、技术性很强的传统投资方式,具有很强的操作性、实用性,也是很受大众喜爱的一种投资方式。稀有资产投资包括贵金属、宝石、文物古董、书画、邮票和其他艺术品投资。

金融投资是投资主体为获取预期收益,预先垫付货币以形成金融资产,并借以获取收益

的经济行为。金融投资包括股票投资、债券投资、期货投资等有价证券投资和个人在银行的储蓄行为。个人把钱送存银行,也能使投资者获得一定的未来收益,因而也是一种金融投资。

2. 按投资方式划分,可分为直接投资与间接投资

直接投资是投资主体将资金直接投入社会再生产过程,从事创造和实现商品价值的活动。如开办企业、购买房地产等,从直接生产经营活动中获取经济利益。

间接投资是指投资者置身于生产经营活动之外,将资金委托给他人使用,投资者坐收其利并到期收回本金。购买证券即属于间接投资。

3. 按投资期限划分,可分为短期投资与长期投资

一般来说,投资时间在 1 年(含 1 年)以下的为短期投资,1 年以上的为长期投资。严格地说,1 至 5 年为中期投资,5 年以上才是真正意义上的长期投资。选择短期投资还是中、长期投资是件很重要的事情,它直接关系到投资者的收益、资金周转速度及机会成本等问题。短期投资与长期投资相比,收益率较低,但其风险相对较小,资金周转快,也许会从再投资中获取新的收益。另外,长期投资和短期投资是可以转化的。如购买股票虽然是一种长期投资,无偿还期,但股票持有者可以在二级市场进行短期操作,卖出股票,就会变成短期投资。

此外,投资按其主体划分,有个人投资、企业投资、政府投资和外国投资。其中,个人投资与企业投资合称为民间投资,与政府投资相对应。

投资按其运作划分,有消费投资、生产投资、建设投资。其中,建设投资按项目的建设性质不同又划分为新建、扩建、改建与迁建等投资。

投资按其效果划分,有无效投资与有效投资、显效投资与隐效投资、近效投资与远效投资等。

投资按其口径划分,有狭义投资与广义投资。

(三) 证券投资

证券投资是指自然人、法人及其他社会团体通过有价证券的购买和持有,借以获取收益的投资行为。随着证券投资的发展,它已成为现代社会中的重要投资方式,在拓宽投资渠道、优化资源配置、促进经济发展等方面发挥了重要的作用。

1. 证券投资与实物投资

证券投资是以有价证券的存在和流通为前提条件的,是一种金融投资,它和实物投资之间既有联系,又存在一定的区别。

区别有以下几点。

(1) 投资对象不同

证券投资的对象是有价证券,因而证券投资者关注的是证券价格的涨跌及其对投资收益的影响;实物投资的对象是具体的建设生产经营活动,实业家虽然也会关心证券价格的涨落,但不会因证券价格的波动而放弃自身的生产经营活动。

(2) 投资活动内容不同

证券投资活动主要是收集各方面可能影响市场行情的信息,对上市企业的生产经营状

况和发展动向进行分析、研究,判断市场的景气状况和宏观政策走向及整体经济的发展趋势;实物投资活动内容则要复杂得多。

(3) 投资制约度不同

证券投资活动有着较强的独立性,投资者可以独立地依据自己的资金力量和市场行情行动,自己决定诸如投资与否、投资多少、投资于哪些证券和投资时间等问题,很少受到其他客观条件的限制;实物投资则不同,投资者不仅要受资金实力和市场需求状况的限制,还要受到诸多因素如投资环境、行业壁垒、专业知识、经营能力、人员素质、协作条件等方面的制约,这就决定了进入实物投资领域远远要比进入证券市场困难得多。

联系有以下几点。

(1) 证券投资和实物投资是相互影响、相互制约的

一方面,实物投资决定证券投资,实物投资的规模及其对资本的需要量直接决定证券的发行量;实物投资收益的高低影响证券投资收益率的高低。另一方面,证券投资也制约和影响实物投资。证券投资的数量直接影响实物投资的资金供给,即在其他条件不变的情况下,证券投资规模扩大可以扩大实物投资的货币供给。

(2) 证券投资与实物投资是可以相互转化的

政府发行国债或实业家发行股票与债券,其目的是筹集从事实物投资所需的资本金;证券投资的社会作用则在于为从事实物投资提供资本金。虽然实物投资和证券投资的对象不同,但两者可以互相转化。证券投资只有转化为实物投资才能对社会生产力的发展产生作用。从整个社会来看,证券投资也只有通过转化为实物投资才能实现自身的增值。离开实物投资,证券投资就成了无源之水、无本之木。

2. 证券投资与储蓄存款

证券投资和储蓄存款这两种行为从形式上讲均表现为:货币所有者将一定的资金交付给政府、公司或银行机构,并获取相应的收益。但两者在本质上是根本不同的,具体表现在以下方面。

(1) 性质不同

证券投资和储蓄存款尽管都是建立在某种信用基础上,但证券投资主要是以资本信用为基础,体现着政府、公司与投资者之间围绕证券投资行为而形成的权利和义务关系;而储蓄存款是一种银行信用,建立的是银行与储蓄者之间的借贷性债权债务关系。

(2) 证券持有者与银行存款人的法律地位和权利内容不同

就证券中的股票而言,其持有者处于股份公司股东的地位,依法有权参与股份公司的经营决策,并对股份公司的经营风险承担相应的责任。而银行存款人的存款行为相当于给银行贷款,处于银行债权人的地位,其债权的内容只限于定期或不定期收回本金并获取利息,不能参与债务人——银行的经营管理活动,对其经营状况也不负任何责任。

(3) 投资增值的效果不同

证券投资和储蓄存款可以使货币增值,但货币增值的多少是不同的。证券中债券的票面利率通常要高于同期银行存款利率。证券当中的股票是持有者向股份公司的直接投资,投资者的投资收益来自股份公司根据盈利情况派发的股息、红利。这一收益可能很高,也可能根本没有,它受股份公司当年经营业绩的影响,处于经常性的变动之中。而储蓄存款是通

过实现货币的储蓄职能来获取货币的增值部分,即存款利息,这一回报率是银行事先约定的,不受银行经营状况的影响。

（4）存续时间与转让条件不同

证券中的股票是无期限的,只要发行股份的公司存在,股东不能要求退股以收回本金,但可以进行买卖或转让;储蓄存款一般是有固定期限的,存款到期时存款人收回本金和取得利息。

（5）风险不同

证券投资是一种风险性较高的投资方式。以股票为例,其投资回报率可能很高,但高收益伴随的必然是高度的风险。银行作为整个国民经济的重要支柱,其地位一般说来是稳固的。尽管银行存款的利息收入通常要低于股票的股息与红利收益,但它是可靠的,而且存款人存款后也不必像买入股票后那样经常投入精力去关注股票市场价格的变化。

3. 证券投资与证券投机

证券市场上的行为主体,按其行为方式可分为证券投资者和证券投机者。在证券市场上有证券投资,也有证券投机,二者同时并存。证券市场是投资的主要场所,也是投机的最好地方。在证券实务操作中,二者往往难以明确地区分。因此,为了进一步认识证券投资,有必要从理论上对投资与投机的关系作出分析。

所谓证券投机,是指在证券市场上短期内买进或卖出一种或多种证券以获取收益的一种经济行为。它是证券市场上一种常见的证券买卖行为。证券投机者利用自己对未来证券价格趋势的预测,在短期内买卖证券获取价差收益。这种投机不是欺诈伪造、内幕交易、违法乱纪、操纵股市的行为,而是以获取较大收益为目的,并愿意冒较大风险的投资行为。在证券市场上,投机活动永远无法绝迹,它必然存在,而且有一定的积极作用。

不管是证券投资活动还是证券投机活动,都是买卖证券的交易活动,二者往往难以明确区分。但二者的不同之处是多方面的,主要表现如下。

① 对待风险的态度不同。投资者希望回避风险,希望将风险降到最低,他们购买证券一般限于预期收益较稳定、本金又相对安全的证券;投机者希望从价格的涨跌中牟取厚利,往往购买高风险的证券。

② 投资时间的长短不同。投资者着眼于长远利益,买入证券往往长期持有,按期坐享股息和资本增值收益;投机者则热衷于交易的快速周转,从买卖中获取差价收益。

③ 交易方式不同。投资者一般从事现货交易并实际交割;投机者则往往从事信用交易,买空卖空,或不进行现货交割。

④ 分析方法不同。投资者注重对证券的内在价值进行分析和评价,常用基本分析方法;而投机者不注重对证券本身的评估,而是关心市场价格的变动,多用技术分析法。

尽管证券投资者与证券投机者存在诸多差异,但实际上很难把二者截然分开,二者在一定情况下会相互转化。长期投资者购买证券后,一旦证券市场突变,出现某种证券价格持续上涨或自己持有的证券价格暴跌时,也会抛出手中证券,转而购买价格仍在上涨的证券或另外选择资金运用方式,以求得更多的差价收益或避免更大的损失,这时投资者就变成了投机者;相反,投机者在购入证券后,如捕捉不到好的销售时机,也可能继续持有证券而成为长期投资者。

4. 直接金融投资与间接金融投资

在金融投资中还有直接金融投资与间接金融投资之分。投资者将资金存入银行或其他金融机构，以储蓄存款或企业存款、机构存款的形式存在，是间接金融投资。投资者以购买股票、债券、商业票据等形式进行金融投资，是直接金融投资。

直接金融投资与间接金融投资的区别在于投资者与筹资者之间建立不同的经济关系。

① 在直接金融投资活动中，投资者和筹资者之间是直接的所有权关系或债权债务关系；在间接金融投资活动中，投资者与筹资者之间是一种间接的信用关系。

② 在直接金融投资活动中，投资者必须直接承担投资风险，并从筹资者处获取收益；在间接金融投资活动中，投资者不直接承担风险，其收益是由中介人支付。

③ 在直接金融投资活动中，中介人提供中介服务，不直接介入融资活动；在间接金融投资活动中，中介人是存款人的债务人，又是贷款人的债权人。

直接金融投资和间接金融投资既有各自的特点，又是互补的。任何一个发达、完善的金融市场体系一定会同时存在直接金融投资和间接金融投资，投资者应根据自身的投资需要和这两种投资方式的特点加以选择。

阅读参考

把钱存银行吃利息还是买银行股

把钱存在工商银行，还不如去买工商银行的股票。究竟存银行还是买银行股，还需细思量。

存款：安全和便利至上。

银行存款作为一种投资渠道之所以经久不衰，自然有其独到之处。虽然相比于一些发达国家，中国并无存款保险制度，理论上存款也存在银行破产的风险。但因为我国的特殊国情，存款风险几乎可以忽略不计，绝对是各类投资工具中最安全的选择。如果你对本金的安全性要求远高于本金的增值潜力，那么存款的意义也就在此。

当然，存款的优势不仅在于此。毕竟国债的安全性也绝对不输于存款，还有着更高的收益率。但是，就便利性而言，它就远远不如存款了。

你有10元余钱，若存银行，也许银行柜台服务人员会以奇怪的眼神看着你，但没有人可以拒绝你把这10元存入银行。若是用这10元钱买国债或买股票，困难就很大了。国债一般面额至少100元，而买股票，仅买进卖出的佣金就不止10元。对于那些手头余钱有限的投资者，银行存款是他们唯一的选择。

人有旦夕祸福，银行存款还是救急资金的"保管箱"。即使是定期储蓄，提前支取会有利息损失，但是本金不会有任何损失。而无论股票还是债券，都无法做到这一点。所以，在做投资时，留有一定的资金存银行，对于保障资金的流动性还是相当有必要的。

股票：不为炒作长期持有。

在牛市行情中，买点涨幅不大的银行股，其实是安全而且或有高收益的理想选择。

事实上，在香港买入同为银行股的汇丰控股代替储蓄的散户也是大有人在。过去20多年，汇丰控股是香港表现上佳的蓝筹股，买汇丰代替存汇丰而尝到甜头的投资者非常之多。

既然已经有成功案例在,那么香港投资者的经验教训就值得我们学习了。

① 长期持有不抛售。真正从"买汇丰代替存汇丰"中获益匪浅的,都是买入之后不为短期波动影响,持有几十年的。如果你的钱随时可能需要变现,或者耐不住长期持有的寂寞,那么这个方法未必适合你,毕竟股票有波动,短期有巨大损失的风险。

② 不断增持。即使是大牛股,股价也有短期的涨跌。如果你不为短期波动所担心,反而是定期甚至定额的增持,那么就可以不断摊薄成本,提高投资总额,更好地分享股票上涨的收益。

③ 要股票不要派息。聪明的香港投资者,在汇丰每年派息时,都会选择以股代息。股息现金一发,金额不多,可能很快就用掉了。但是如果获得新的股票,就可以继续增加投资总额,而且在不同价位获得股息,也可以起到摊薄成本的作用。虽然 A 股派息不能选择以股代息,但投资者可以选择获得股息后再次买入股票,生生不息。

买银行股代替存银行,这是一个长期的计划,未必适合所有的人。如果决定这么操作,就要坚决执行。按计划不断地购买,不为短期波动所动,让利润跟着时间向前跑,这样才能获得比存银行更丰厚的回报。

资料来源:财智网 2006 年 11 月 27 日

团队活动组织

一、岗位设置方案

公司形式:投资基金、投资公司。

10 人团队(公司)的岗位设置方案:

1. 总经理(期初兼董事长)1 人
2. 财务部(合计 1 人)

部长(兼教学助理)1 人

3. 投资部(合计 5 人)

部长 1 人

沪深股市操盘手 2 人(可调)

外汇市场操盘手 2 人(可调)

4. 风险控制部(合计 3 人)

部长 1 人

沪深股市风险控制员 1 人(可调)

外汇市场风险控制员 1 人(可调)

以上为 10 人的团队设计方案。如果人数有增减,可以通过调整投资部操盘手、风控部风控人员人数的方法来解决。其中注意:

① 每个市场至少要有一个投资账户;

② 每个操盘手最多只能操作一个投资账户;

③ 每个风控人员最多只能控制两个投资账户,为了便于业务处理,最好是同一市场的两个账户;

④ 部长可以兼任本部门操盘手或风控人员。

二、岗位职责说明

1. 总经理（期初兼董事长）

岗位职能：公司全面管理、经营。

人员说明：有时候也可以增设一个副总经理。

2. 财务部

部门职能：公司资产调拨、各部门及公司投资绩效评估、财务报表产生等。

岗位设置：

① 部长；

② 由于本门课程的性质限制，这个部门有可能只设部长1人。该部门经理有可能会兼任教学助理职务。

3. 投资部

部门职能：负责针对各个金融市场的投资运作；公司资本运营的具体实施。

岗位设置：

① 部长；

② 校园模拟股市操盘手数人；

③ 沪深股市操盘手数人；

④ 外汇市场操盘手数人。

4. 风险控制部

部门职能：负责针对各个金融市场的风险控制。

岗位设置：

① 部长；

② 校园模拟股市风险控制员1~2人；

③ 沪深股市风险控制员1~2人；

④ 外汇市场风险控制员1~2人。

注意：每个风险监控员最多可以监控两个账户。

三、团队成立的步骤

总经理按照指导教师提供的文件格式，上交团队人员分工名单，教师根据学生特点，提出指导意见，团队即可成立。

四、特别提醒

本门课程的成绩好坏，除了所担任的本职工作业绩评价得分以外，还有一部分取决于团队以及部门的总体业绩。所以学生除了本职工作以外，还要致力于团队整体的良好运行。

如果学生担任了团队的总经理，那么肩上的担子会比团队其他成员重很多。特别要注意加强对手下部门部长的领导。一般来说，总经理的岗位业绩评价分数可能是部门部长得分的平均值。

如果学生担任了部门的部长，岗位业绩评价分数可能是手下成员得分的平均值。注意部门人员的业务技能水平，可能将直接决定团队的总体得分。

网络模拟训练

① 百度搜索选中"网页",输入关键词"同花顺模拟炒股",如图 1-1-2 所示。

图 1-1-2　百度搜索"同花顺模拟炒股"

② 点击"同花顺模拟炒股平台—与真实行情实时同步,让新手模拟炒股",打开同花顺模拟炒股首页,如图 1-1-3 所示。

图 1-1-3　同花顺"模拟炒股"首页

③ 点击"免费开通模拟炒股"导航条,打开同花顺账号登录页面(若无账号需要先注册),如图 1-1-4 所示。

图 1-1-4　同花顺账号登录页面

④ 完成注册后,回到步骤三页面,点击"免费开通模拟炒股"选项,出现如图 1-1-5 所示的页面。

图 1-1-5　开通"模拟炒股"页面

⑤ 点击"进入交易区",出现"虚拟交易所",此时即可进行模拟买卖股票了,可先练习买入和撤单(证券代码在步骤二中选中"股票行情"即可查找),如图 1-1-6 所示。

图 1-1-6　"虚拟交易所"页面

⑥ 网络课件学习,在步骤 2 或 4 页面选中"股民学校",可出现如下页面,点击相关栏目可以观看学习视频,如图 1-1-7 所示。

图 1-1-7 "股民学校"页面

知识拓展

一、股票价格指数

股票价格指数是描述股票市场总的价格水平变化的指标。它是选取有代表性的一组股票,把他们的价格进行加权平均,通过一定的计算得到。它是由证券交易所或金融服务机构编制的表明股市行情变动的一种供参考的指示数字。

世界各地的股票交易市场星罗棋布,已经成为一般资本市场的代表,股市行情不仅集中反映资本市场的动态,也是国家经济状况的重要参照。然而股票数量繁若群星,每种股票的价格又在随机变化。为了记录、衡量、分析股市行情的来龙去脉,经济学家以数学为工具编制了各种股票价格指数,以适应各类需要。股价指数是反映股票市场中股票价格变动总体水平的重要尺度,更是分析、预测发展趋势进而决定投资行为的主要依据。

编制股价指数时通常采用以过去某一时刻(基期)部分有代表性的或全部上市公司的股票行情状况为标准参照值(100%),将当期部分有代表性的或全部上市公司的股票行情状况及股票价格与标准参照值相比的方法。具体计算时多采用算术平均和加权平均两种方法。

算术平均数法:将采样股票的价格相加后除以采样股票种类数,计算得出股票价格的平均数。其公式如下:

股票价格算术平均数＝采样股票每股股票价格总和÷采样股票种类数

然后,将计算出来的平均数与同法得出的基期平均数相比后求百分比,得出当期的股票

价格指数,即:

$$股票价格指数 = [(当期股价算术平均数) ÷ (基期股价算术平均数)] × 100\%$$

加权平均数法:以当期采样股票的每种股票价格乘以当期发行数量的总和作为分子,以基期采样股票每股价格乘以基期发行数量的总和作为分母,所得百分比即当期股票价格指数,即:

$$股票价格指数 = [\sum(当期每种采样股票价格 × 已发行数量)] ÷$$

$$[\sum(基期每种采样股票价格 × 已发行数量)] × 100\%$$

二、上海证券综合指数

上海证券综合指数即上证综合指数(上证综指)。它是上海证券交易所编制的,以上海证券交易所挂牌上市的全部股票为计算范围,以发行量为权数综合。上证综指反映了上海证券交易市场的总体走势。

上证综合指数是上海证券交易所从 1991 年 7 月 15 日起编制并公布的,以全部上市股票为样本,以股票发行量为权数,按加权平均法计算的股价指数。它以 1990 年 12 月 19 日为基期,基期指数定为 100 点。

本日股价指数(上证综合指数) = (本日股票总市值 ÷ 基期股票总市值) × 基期指数(100)

其中,总市值 = $\sum$(市价 × 总股本数)。

公式中基期总市值,即分母是不变的,我们不必关心,总市值公式中符号"$\sum$"的意思是将所有股票的总市值相加,即所有股票的总市值(注意不是流通市值)的和。

三、深圳证券交易所成分股价指数

深圳证券交易所成分股价指数(简称深证成指)是深圳证券交易所的主要股指。它是按一定标准选出 40 家有代表性的上市公司作为成分股,用成分股的可流通数作为权数,采用综合法进行编制而成的股价指标。从 1995 年 5 月 1 日起开始计算,基数为 1 000 点。其基本公式为:

$$股价指数 = (现时成分股总市值 ÷ 基期成分股总市值) × 1 000$$

其计算方法是,从深圳证券交易所挂牌上市的所有股票中抽取具有市场代表性的 40 家上市公司的股票为样本,以流通股本为权数,以加权平均法计算,以 1994 年 7 月 20 日为基日,基日指数定为 1 000 点。

为保证成分股样本的客观性和公正性,成分股不搞终身制,深交所定期考察成分股的代表性,及时更换代表性降低的公司,并选入更有代表性的公司。当然,变动不会太频繁,考察时间为每年的 1、5、9 月。

根据调整成分股的基本原则,参照国际惯例,深交所制定了科学的标准和分步骤选取成分股样本的方法。即先根据初选标准从所有上市公司中确定入围公司,再从入围公司中确定入选的成分股样本。

第一步,确定入围公司。确定入围公司的标准包括上市时间、市场规模、流动性三方面的要求。

① 有一定的上市交易日期。一般应当在 3 个月以上。

② 有一定的上市规模。将上市公司的流通市值占市场的比重(3 个月平均数)按照从大到小的顺序排列并累加,入围公司居于 90% 之列。

③ 有一定的市场流动性。将上市公司的成交金额占市场的比重(3 个月平均数)按照从大到小的顺序排列并累加,入围公司居于 90% 之列。

第二步,确定成分股样本。根据以上标准确定入围公司后,再结合以下各项因素确定入选的成分股样本:

① 公司的流通市值及成交额;

② 公司的行业代表性及其成长性;

③ 公司的财务状况和经营业绩(考察过去 3 年);

④ 公司两年内的规范运作情况。

对以上各项因素赋予科学的权重,进行量化,就选择出了各行业的成分股样本。

四、常见股票代码

股票代码是沪、深两地证券交易所给上市股票分配的数字代码。这类代码涵盖所有在交易所挂牌交易的证券。熟悉这类代码有助于增加我们对交易品种的理解。

A 股交易代码:沪市的为 600×××或 601×××,深市的为 000×××,中小板为 002×××或 003×××或 004×××;代码的后 3 位数字均是表示上市的先后顺序(个别股票除外)。

B 股交易代码:沪市的为 900×××,深市的为 200×××;代码的后 3 位数字也是表示上市的先后顺序。

申购代码:沪市新股申购的代码是 730×××,深市新股申购的代码与深市股票交易代码一样。

创业板的申购代码、交易代码都是 30××××;增发为 37××××,后 4 位与股票交易代码 30××××的后 4 位相同;配股 38××××,后 4 位与股票交易代码 30××××的后 4 位相同。

任务二 证券市场

‖‖‖ 任务描述 ➡

掌握证券市场的定义和特征及构成,证券发行市场的定义、结构、基本功能,股票发行价格的定价原理以及证券交易市场的定义及类型。了解证券市场的参与者,证券发行的方式,证券发行价格的确定,证券交易所的发展、特征、组织形式以及场外交易市场的特征与类型。

一、证券市场概述

证券市场是资本市场的基础和主体,包括证券发行市场和证券流通市场。在现代发达的市场经济中,证券市场是完整的市场体系的重要组成部分,它不仅反映和调节货币资金的流向,而且对整个国民经济的运行都会产生巨大的影响。

(一) 证券市场的定义、特征

证券市场是股票、债券、投资基金等有价证券发行和交易的场所。证券市场是金融市场的重要组成部分,在金融市场体系中居基础地位,见图 1-2-1。

广义上,金融市场包括货币市场和资本市场。货币市场是融通短期资金的市场,资本市场则是融通长期资金的市场。

资本市场又可以进一步划分为中长期信贷市场和证券市场。其中,证券市场通过证券信用的方式融通资金,通过证券的买卖活动引导资金流向,有效合理地配置了社会资源,支持和推动了经济的发展。

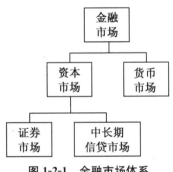

图 1-2-1　金融市场体系

证券市场具有以下三个显著特征。

1. 证券市场是价值直接交换的场所

有价证券都是价值的直接代表,本质上是价值的一种直接表现形式。由于证券市场上交易的对象是各种各样的有价证券,所以证券市场本质上是价值的直接交换场所。

2. 证券市场是产权直接交换的场所

证券市场上的交易对象是作为经济权益凭证的各种有价证券,其本身就是一定量财产权利的代表,所以证券市场实际上是财产权利的直接交换场所。

3. 证券市场是风险直接交换的场所

有价证券既是一定收益权利的代表,同时也是一定风险的代表。有价证券的交换在转让收益权的同时,也把该证券所特有的风险转让出去。所以,从风险的角度分析,证券市场也是风险的直接交换场所。

阅读参考

股票投资入门

一、证券交易程序

1. 开户

投资者在买卖证券之前,要到证券经纪人处开立户头,开户之后,才有资格委托经纪人代为买卖证券。

开户时要同时开设证券账户和资金账户。当甲投资者买入证券,乙投资者卖出证券,成交后证券从乙投资者的证券账户转入甲投资者的证券账户,相应的资金在扣除费用后从甲投资者的资金账户转入乙投资者的资金账户。

(1)证券账户

证券账户是证券登记机关为投资者设立的,用于准确登记投资者所持的证券种类、名称、数量及相应权益变动情况的一种账册。

我国证券账户分为个人账户和法人账户两种。

① 个人开户必须持有效证件。

② 法人开户提供的证件有:有效法人证明文件(营业执照)及其复印件、法定代表人证明书及其身份证、法人委托书及代办人身份证。

一般的证券账户只能进行A股、基金和证券现货交易;进行B股交易和债券回购交易需另行开户和办理相关手续等。

投资者投资于上海和深圳股市,需分别在上海证券交易所和深圳证券交易所开设证券账户。

上海证券账户是在上海证券中央登记结算公司或其委托的证券登记机构或证券经营机构办理开户手续;

深圳证券账户由深圳证券结算公司或其授权的证券登记公司或证券经营机构办理开户。

证券账户全国通用,投资者可以在开通上海或深圳证券交易业务的任何一家证券营业部委托交易。

(2)资金账户

资金账户是投资者在证券商处开设的资金专用账户,用于存放投资者买入证券所需的资金或卖出证券取得的资金,记录证券交易资金的币种、余额和变动情况。资金账户类似于银行的活期存折,投资者可以随时提取存款,也可以获得活期存款的利息。

2. 委托

投资者买卖证券必须通过证券交易所的会员进行。委托即投资者向证券商下达买进、卖出指令。委托指令包括委托买卖证券的名称、数量、价格、委托期限、委托方式等。从委托的价格来看,有市价委托和限价委托之分。

3. 竞价与成交

目前,上海、深圳证券交易所同时采用集合竞价和连续竞价两种方式。在每个交易日上午9:15—9:25,电脑撮合系统对接收的全部有效委托进行集合竞价处理,对其余交易时间的有效委托进行连续竞价处理。

4. 清算与交割

证券的清算与交割是一笔证券交易达成后的后续处理,是价款结算和证券交收的过程。清算和交割统称证券的结算,是证券交易中的关键一环,它关系到买卖达成后交易双方责权利的了结,直接影响交易的顺利进行,是市场交易持续进行的基础和保证。

5. 过户

我国证券交易所的股票已实行所谓的"无纸化交易",对于交易过户而言,结算的完成即实现了过户。所有的过户手续都由交易所的电脑自动过户系统一次完成,无须投资者另外办理过户手续。

二、股票交易规则

1. 交易时间

周一至周五(法定休假日除外),上午9:30—11:30;下午1:00—3:00。

2. 竞价成交

① 竞价原则:价格优先、时间优先。价格较高的买进委托优先于价格较低的买进委托,价格较低的卖出委托优先于价格较高的卖出委托;同价位委托,则按时间顺序优先。

② 竞价方式:上午9:15—9:25进行集合竞价(集中一次处理全部有效委托);上午9:30—11:30、下午1:00—3:00进行连续竞价(对有效委托逐笔处理)。

3. 交易单位

① 股票的交易单位为"股",100股=1手,委托买入数量必须为100股或其整数倍。例如,行情显示"深发展A"30元,即"深发展A"股现价30元/股。

② 基金的交易单位为"份",100份=1手,委托买入数量必须为100份或其整数倍。

③ 国债现券和可转换债券的交易单位为"手",1 000元面额=1手,委托买入数量必须为1手或其整数倍。

④ 当委托数量不能全部成交或分红送股时可能出现零股(不足1手的为零股),零股只能委托卖出,不能委托买入零股。

4. 交易委托价格最小变动单位

A股、债券为人民币0.01元;基金、权证为人民币0.001元;深B为港币0.01元;沪B为美元0.001美元;上海债券质押式回购为人民币0.005元。

5. 涨跌幅限制

在一个交易日内,除首日上市证券外,每只证券的交易价格相对上一个交易日收市价的涨跌幅度不得超过±10%,超过涨跌限价的委托为无效委托。

6. ST股票

在股票名称前冠以"ST"字样的股票表示该上市公司最近2年连续亏损,或亏损1年,但净资产跌破面值、公司经营过程中出现重大违规行为等情况之一,交易所对该公司股票交易进行特别处理。股票交易日涨跌幅限制在±5%。

7. 委托撤单

在委托未成交之前,投资者可以撤销委托。

8. T＋1 交收

"T"表示交易当天,"T＋1"表示交易日当天的第二天。T＋1 交易制度是指投资者当天买入的证券不能在当天卖出,需待第二天进行自动交割过户后方可卖出(债券当天允许 T＋0 回转交易)。在资金使用方面,当天卖出股票的资金回到投资者账户上,可以用来买入股票,但不能当天提取,必须到交收后才能提款(A 股为 T＋1 交收,B 股为 T＋3 交收)。

三、证券交易费用

1. 沪市证券交易费用(如表 1-2-1 所示)

表 1-2-1　沪市证券收费标准

A 股		
收费项目	收费标准	备　注
开户费	个人:40 元,机构:500 元	
交易佣金	上限不得超过 3‰,起点:5.00 元	
印花税	成交金额的 1‰	
过户费	成交面额的 1‰,起点:1.00 元	
B 股		
B 股业务 (按美元计价)	交易佣金	最高为成交金额的 3‰
	印花税	成交金额的 2‰
	结算费	成交金额的 0.5‰
国债、企业债券、金融债券、可转换企业债		
佣金	不超过成交金额的 1‰	
基金		
佣金	成交金额的 3‰,起点:5.00 元	

2. 深市证券交易费用(如表 1-2-2、表 1-2-3 所示)

表 1-2-2　深市证券 A 股、企债、基金收费标准

收费项目		收费标准	备　注
开户费		个人:50 元;机构:500 元	
交易佣金	A 股	上限不得超过 3‰,起点:人民币 5.00 元	
	企债	最高不超过成交金额比例的 1‰	
	国债	最高不超过成交金额比例的 1‰	
	可转换企业债	最高不超过成交金额比例的 1‰	
	基金	最高不超过成交金额的 3‰,起点:人民币 5.00 元	
交易印花税		A 股:成交金额比例的 1‰	
转托管费		每户每次收人民币 30 元	

表 1-2-3　深市证券 B 股收费标准

收费项目	收费标准	备　注
开户费	个人:港币 120 元;基金/机构:港币 580 元	
结算费	成交金额的 0.5‰(上限:港币 500 元)	
交易佣金	最高为成交金额的 3‰	
交易印花税	成交金额的 0.2‰	
转托管费	境内券商互转:港币 100.00 元/次;境外券商互转:转入方和转出方每只股票各收取港币 50 元/笔	
汇款费	汇入:免费;汇出:CHATS 汇款港币 35.00/笔,电汇港币 150.00/笔(电汇到其他国家)	若结算会员的开户行为渣打银行,则汇入、汇出均免费

资料来源:http://www.maigoo.com/maigoocms/2010/0623/36815.html

(二) 证券市场的构成

证券市场的构成(见图 1-2-2)可以按不同特征来划分,如按职能可分为一级市场(发行市场)和二级市场(流通市场或交易市场);按组织程度可分为交易所市场、柜台市场、第三市场和第四市场;按交易对象可分为股票市场、债券市场、基金市场和金融衍生品市场。

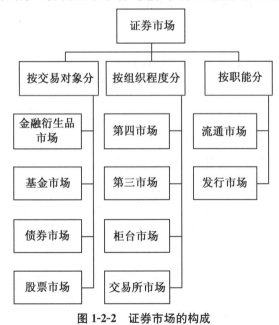

图 1-2-2　证券市场的构成

(三) 证券市场的参与者

证券市场的参与者主要包括以下几类。

1. 证券发行人

证券发行人是指为筹措资金而发行证券的政府及其机构、金融机构和公司等。

2. 证券投资者

证券投资者是指进入证券市场进行证券交易的机构和个人,是证券市场的资金供给者。

3. 证券市场中介机构

证券市场中介机构是连接证券投资者与筹资者的桥梁,是证券市场运行的核心。在证券市场起中介作用的实体是证券经营机构和证券服务机构,通常把两者合称为证券中介机构。

(1)证券经营机构

证券经营机构又称证券商,是指依法设立可经营证券业务的、具有法人资格的金融机构。证券经营机构根据业务内容可分为证券承销商、证券经纪商和证券自营商三类。

① 证券承销商是指依照规定有权包销或代销发行人发行的有价证券的证券经营机构,是证券一级市场上发行人与投资者之间的媒介。其作用是受发行人的委托,寻找潜在的投资公众,并通过广泛的公关活动,将潜在的投资人引导成为真正的投资者,从而使发行人募集到所需要的资金。

② 证券经纪商是指接受客户委托,代客买卖证券并以此收取佣金的证券经营机构。其主要职能是,为投资者提供信息咨询、开立账户、接受委托代理买卖以及证券过户、保管、清算、交割等。

③ 证券自营商是指自行买卖证券,从中获取差价收益,并独立承担风险的证券经营机构。

(2)证券服务机构

证券服务机构是指依法设立的从事证券服务业务的法人机构。它主要包括证券登记结算公司、证券投资咨询公司、资信评估机构、会计师事务所、资产评估机构、律师事务所等。

4. 自律性组织

自律性组织有证券行业协会和证券交易所。

证券行业协会是证券业的自律性组织,是社会团体法人。证券行业协会的权力机构是由全体会员组成的会员大会。根据我国《证券法》的规定,证券公司应当加入证券行业协会。

证券行业协会应当履行协助证券监督管理机构组织会员执行有关法律,维护会员的合法权益,为会员提供信息服务,制定规则,组织培训和开展业务交流,调解纠纷,就证券业的发展开展研究,监督检查会员行为及证券监督管理机构赋予的其他职责。

根据我国《证券法》的规定,证券交易所是提供证券集中竞价交易场所的不以营利为目的的法人。其主要职责有:提供交易场所与设施;制定交易规则;监管在该交易所上市的证券以及会员交易行为的合规性、合法性,确保市场公平;公布行情等。

5. 证券监管机构

我国的证券监管机构是中国证券监督管理委员会。

阅读参考

中国证券监督管理委员会(CSRC)

改革开放以来,随着中国证券市场的发展,建立集中统一的市场监管体制势在必行。1992年10月,国务院证券委员会(简称国务院证券委)和中国证券监督管理委员会(简称中国证监会)宣告成立,标志着中国证券市场统一监管体制开始形成。国务院证券委是国家对证券市场进行统一宏观管理的主管机构。中国证监会是国务院证券委的监管执行机构,依照法律、法规对证券市场进行监管。

一、历史沿革

国务院证券委和中国证监会成立以后,其职权范围随着市场的发展逐步扩展。1993年11月,国务院决定将期货市场的试点工作交由国务院证券委负责,中国证监会具体执行。1995年3月,国务院正式批准《中国证券监督管理委员会机构编制方案》,确定中国证监会为国务院直属副部级事业单位,是国务院证券委的监管执行机构,依照法律、法规的规定,对证券期货市场进行监管。1997年8月,国务院决定,将上海、深圳证券交易所统一划归中国证监会监管;同时,在上海和深圳两市设立中国证监会证券监管专员办公室。11月,中央召开全国金融工作会议,决定对全国证券管理体制进行改革,理顺证券监管体制,对地方证券监管部门实行垂直领导,并将原由中国人民银行监管的证券经营机构划归中国证监会统一监管。

1998年4月,根据国务院机构改革方案,决定将国务院证券委与中国证监会合并组成国务院直属正部级事业单位。经过这些改革,中国证监会职能明显加强,集中统一的全国证券监管体制基本形成。

1998年9月,国务院批准了《中国证券监督管理委员会职能配置、内设机构和人员编制规定》,进一步明确中国证监会为国务院直属事业单位,是全国证券期货市场的主管部门,进一步强化和明确了中国证监会的职能。

二、基本职能

① 建立统一的证券期货监管体系,按规定对证券期货监管机构实行垂直管理。

② 加强对证券期货业的监管,强化对证券期货交易所、上市公司、证券期货经营机构、证券投资基金管理公司、证券期货投资咨询机构和从事证券期货中介业务的其他机构的监管,提高信息披露质量。

③ 加强对证券期货市场金融风险的防范和化解工作。

④ 负责组织拟订有关证券市场的法律、法规草案,研究制定有关证券市场的方针、政策和规章;制定证券市场发展规划和年度计划;指导、协调、监督和检查各地区、各有关部门与证券市场有关的事项;对期货市场试点工作进行指导、规划和协调。

⑤ 统一监管证券业。

三、主要职责

① 研究和拟定证券期货市场的方针政策、发展规划;起草证券期货市场的有关法律、法规,提出制定和修改的建议;制定有关证券期货市场监管的规章、规则和办法。

② 垂直领导全国证券期货监管机构,对证券期货市场实行集中统一监管;管理有关证券公司的领导班子和领导成员。

③ 监管股票、可转换债券、证券公司债券和国务院确定由证监会负责的债券及其他证券的发行、上市、交易、托管和结算;监管证券投资基金活动;批准企业债券的上市;监管上市国债和企业债券的交易活动。

④ 监管上市公司及其按法律、法规必须履行有关义务的股东的证券市场行为。

⑤ 监管境内期货合约的上市、交易和结算;按规定监管境内机构从事境外期货业务。

⑥ 管理证券期货交易所;按规定管理证券期货交易所的高级管理人员;归口管理证券业、期货业协会。

⑦ 监管证券期货经营机构、证券投资基金管理公司、证券登记结算公司、期货结算机构、证券期货投资咨询机构、证券资信评级机构;审批基金托管机构的资格并监管其基金托管业务;制定有关机构高级管理人员任职资格的管理办法并组织实施;指导中国证券业、期货业协会开展证券期货从业人员资格管理工作。

⑧ 监管境内企业直接或间接到境外发行股票、上市以及在境外上市的公司到境外发行可转换债券;监管境内证券、期货经营机构到境外设立证券、期货机构;监管境外机构到境内设立证券、期货机构,从事证券、期货业务。

⑨ 监管证券期货信息传播活动,负责证券期货市场的统计与信息资源管理。

⑩ 会同有关部门审批会计师事务所、资产评估机构及其成员从事证券期货中介业务的资格,并监管律师事务所、律师及有资格的会计师事务所、资产评估机构及其成员从事证券期货相关业务的活动。

⑪ 依法对证券期货违法违规行为进行调查、处罚。

⑫ 归口管理证券期货行业的对外交往和国际合作事务。

⑬ 承办国务院交办的其他事项。

资料来源:http://www.casplus.com/keygrps/csrc.asp

二、证券发行市场(一级市场)

(一) 证券发行市场的定义

证券发行市场是指发行者以筹集资金为目的,按照一定的规则和程序,向投资者出售新证券所形成的市场。在发行过程中,证券发行市场是作为一个抽象的市场存在的,因为其买卖活动并不局限于一个固定的场所。

证券发行市场是政府或企业发行债券或股票以筹集资金的市场,是以证券形式吸收闲散资金,使之转化为生产资本的场所。由于证券是在发行市场上首次作为商品进入证券市场的,因此,证券发行市场又被称为一级市场。证券发行市场与证券流通市场相辅相成,构成统一的证券市场。

(二) 证券发行市场的结构

证券发行市场是一个无形市场,不存在具体形式的固定场所。从理论上说,证券发行人直接或者通过中介人向社会进行招募,而认购人购买其证券的交易行为即构成证券发行市场。由此可见,证券发行市场是由发行人、投资人和中介人等要素组成。

1. 发行人

证券发行人是指符合发行条件并且正在从事证券发行或者准备进行证券发行的政府组织、金融机构或者公司,它是构成证券发行市场的首要因素。为了保障社会投资者的利益,维护证券发行市场的秩序,防止各种欺诈舞弊行为,多数国家的证券法都对证券发行人的主体资格、净资产额、经营业绩和发起人责任设有条件限制。我国的《股票发行与交易管理暂行条例》《企业债券管理暂行条例》和有关法规,对证券发行人也规定了严格的条件要求。

2. 投资人

证券发行中的投资人是指根据发行人的招募要约,已经认购证券或者将要认购证券的个人或社团组织。它是构成证券发行市场的另一个基本要素。在证券发行过程中,投资人的构成较为复杂,可以为个人,也可以为金融机构、基金组织、企业组织或其他机构投资人;可以是未来享有股权的投资者,也可以是持股代理人,也可以是仅以承销为目的的中介人。

3. 中介人

这里所称的中介人主要是指媒介证券发行人与投资人交易的证券承销人,又称为金融中介人、投资中介人、证券承销商等。它通常是负担承销义务的投资银行、证券公司或信托投资公司。证券承销人也是证券发行市场中重要的构成要素。在现代社会的证券发行中,发行人通常并非把证券直接销售给投资人,而是由证券承销人首先承诺全部或部分包销,即使是在发行人直接销售证券的情况下,往往也需要获得中介的协助。也就是说,证券发行过程首先是发行人与证券承销人之间的某种非标准化交易,只有在这一交易条件确定的基础上,才可能由证券承销人将标准化的证券分售给社会投资人。应当说,证券承销人作为经营证券的中介机构,在证券市场上起着沟通买卖、联结供求的重要桥梁作用。

(三) 证券发行市场的基本功能

1. **筹资功能**

一级市场的筹资功能,表现在通过发行证券将闲散资金转化为生产资金。在市场经济运行过程中,货币在社会经济体系中的运动,实际上是货币在国民经济各部门之间的循环与流动。在这种循环与运动过程中,任何一个时期不同类型的货币收支单位的货币收支,不可能都完全相等。在现实生活中,无论是企业、居民、部门,都常会发生资金闲置或资金不足的情况。在证券市场上,资金的需求者和供给者运用证券信用的方式,通过发行证券来筹资,以便将储蓄转化为投资。与流通市场相区别,发行市场的筹资是生产者向投资者直接筹资,将资金运用于生产;而流通市场则是投资者之间的相互融通资金。

2. **产权复合功能**

发行市场使货币转化为生产资本,将货币的所有者转化为资本的所有者,也即为生产资料的所有者提供了可能,这尤其突出地表现在股票市场上。一级股票市场为产权的分割、融合与重组创造了条件。在没有证券市场的情况下,人们积累的货币资产向投资的转化,不可能导致产权的分割。一级股票市场使投资者通过购买股票,首先占有或取得金融资产,借以间接占有物质资产,以获取股息、红利等收益,形成股票所有者共同的复合产权结构,从而引起产权制度方面的深刻变化。与流通市场相区别,发行市场使产权分割的复合形式得以产生;流通市场则使产权复合不断重组,使得产权的复合得以持续。

（四）证券发行的方式

证券发行是指政府、金融机构、工商企业等以筹集资金为目的向投资者出售代表一定权利的有价证券的活动。证券的发行方式是证券经销出售的方式。根据不同的标准,证券发行的方式可有不同的分类方法。

1. 按发行对象分类

（1）公募发行

公募发行又称公开发行,是指发行人向不特定的社会公众广泛地发售证券。在公募发行情况下,所有合法的社会投资者都可以参加认购。为了保障广大投资者的利益,各国对公募发行都有严格的要求,如发行人要有较高的信用,并符合证券主管部门规定的各项发行条件,经批准后方可发行等。采用公募方式发行证券的有利之处在于以下几个方面。

① 公募以众多的投资者为发行对象,筹集资金潜力大,适合于证券发行数量较多、筹资额较大的发行人;

② 公募发行投资者范围大,可避免囤积证券或证券被少数人操纵;

③ 只有公开发行的证券方可申请在交易所上市,因此这种发行方式可以增强证券的流动性,有利于提高发行人的社会信誉。

然而,公募方式也存在某些缺点,如发行过程比较复杂、登记核准所需时间较长、发行费用较高等。

（2）私募发行

私募发行又称不公开发行或内部发行,是指面向少数特定的投资者发行证券的方式。私募发行的对象大致有两类:一类是个人投资者,例如,公司老股东或发行机构自己的员工;另一类是机构投资者,如大的金融机构或与发行人有密切往来关系的企业等。私募方式发行面较小,而且有确定的投资人,因而各国对私募发行管制都较为宽松,认为其投资者都具备较强的风险意识和风险承受能力。私募发行的优势是发行手续简单,可以节省发行时间和费用;其不足之处是投资者数量有限,流通性较差,而且也不利于提高发行人的社会信誉。

2. 按有无发行中介分类

（1）直接发行

直接发行是指发行人自己直接向投资者发售证券。这种发行方式的好处是可以节省付给发行中介机构的手续费,降低发行成本;其不利之处是如果发行额较大,由于缺乏专门的业务知识和没有广泛的发行网点,发行者自身要承担较大的发行风险。一旦认购申请额低于发行额,就会使发行失败。因此,这种方式只适用于有既定发行对象或发行风险少、手续简单的证券。一些社会信誉高、在市场上有实力和地位的公司,也可采用这种方式。直接发行多见于股份公司的送股、股票分割、股债转换和以兑现认股权的方式增发新股之中。

（2）间接发行

间接发行是指发行人委托投资银行、证券公司等证券中介机构代为向广大投资者发售证券。一般来说,新建公司初次公开发行证券都要委托证券中介机构进行承销。由于承销方式不同,委托人和承销商之间的承销风险和权利、义务也就不同。所以,各方当事人往往根据市场条件、客观可能性和自身的需要与能力来确定适当的承销方式。

目前,承销方式主要包括代销和包销两种。代销是指承销商代发行人发售证券,在承销期结束时,将未售出的证券全部退还给发行人的承销方式。包销是指证券公司将发行人的证券按照协议全部购入或者在承销期结束时将售后剩余的证券全部自行购入的承销方式。

直接发行和间接发行各有利弊。一般而言,公募发行多采取间接发行,而私募发行多以直接发行为主。

阅读参考

新股申购

一、新股申购概述

新股申购是指首次公开发行股票(英文翻译成 Initial Public Offerings,简称 IPO),是指企业通过证券交易所首次公开向投资者发行股票,以期募集用于企业发展的资金的过程。

新股申购是为获取股票一级市场、二级市场间风险极低的差价收益,不参与二级市场炒作,不仅本金非常安全,收益也相对稳定,是稳健投资者理想的投资选择。

新股申购是股市中风险最低且收益稳定的投资方式。

新股申购业务适合于对资金流动性有一定要求以及有一定风险承受能力的投资者,如二级市场投资者、银行理财类投资者以及有闲置资金的大企业、大公司。

二、新股申购规则

新股认购有两种方式。

1. 一级市场网上认购

网上认购必须在发行当日(即 T 日)委托买入,代码、价格和申购上限必须以报纸公布的信息为准。T+3 日,查询认购配号(上海、深圳配号在信息公告栏张贴)。T+4 日,在信息公告栏公布中签账号。

2. 向二级市场配售

向二级市场投资者配售新股是指在新股发行时,将一定比例的新股由上网公开发行改为向二级市场投资者配售,投资者根据其持有上市流通证券的市值和折算的申购限量自愿申购。新股投资者同时持有上海、深圳证券交易所上市流通证券的,分别计算市值;各证券交易所的交易系统只根据持有本所上市流通证券的市值配售新股。

可在营业部现场通过自助委托申购,也可通过营业部的电话委托系统进行申购或通过网上交易系统进行申购。最好采取你平时熟悉的操作方式进行申购,比如,你平时的操作是在营业部交易,那么,你最好选择在营业部内自助委托来申购。

申购新股方法如下。沪市每一申购单位为 1 000 股,申购数量不少于 1 000 股,超过 1 000 股的必须是 1 000 股的整数倍。深市申购单位为 500 股,每一证券账户申购数量不少于 500 股,超过 500 股的必须是 500 股的整数倍。

另外,单一证券账户只能申购一次,一经申报不能撤单。同一账户的多次申购委托(包括在不同的证券交易网点各进行一次申购的情况),除第一次申购外,均视为无效申购。

三、新股申购的程序

① 投资者申购(T 日):投资者在申购时间内缴足申购款,进行申购委托。

② 资金冻结(T+1 日):由中国结算公司将申购资金冻结。

③ 验资及配号(T+2 日):交易所将根据最终的有效申购总量,按每 1 000(深圳 500 股)股配一个号的规则,由交易主机自动对有效申购进行统一连续配号。

④ 摇号抽签(T+3 日):公布中签率,并根据总配号量和中签率组织摇号抽签,于次日公布中签结果。

⑤ 资金解冻(T+4 日):对未中签部分的申购款予以解冻。

申购新股必须在发行日之前办好上海证交所或深圳证交所证券账户。

投资者可以使用其所持的账户在申购日(以下简称 T 日)申购发行的新股,申购时间为 T 日上午 9:30—11:30,下午 1:00—3:00。

每个账户申购同一只新股只能申购一次(不包括基金、转债)。重复申购,只有第一次申购有效。

沪市规定每一申购单位为 1 000 股,申购数量不少于 1 000 股,超过 1 000 股的必须是 1 000 股的整数倍,但最高不得超过当次社会公众股上网发行数量或者 9 999.9 万股。深市规定申购单位为 500 股,每一证券账户申购委托不少于 500 股,超过 500 股的必须是 500 股的整数倍,但不得超过本次上网定价发行数量,且不超过 999 999 500 股。

申购新股的委托不能撤单,新股申购期间内不能撤销指定交易。

申购新股每 1 000(或 500)股配一个申购配号,同一笔申购所配号码是连续的。

投资者发生透支申购(即申购总额超过结算备付金余额)的情况时,则透支部分确认为无效申购不予配号。

每个中签号只能认购 1 000(或 500 股)股。

新股上市日期由证券交易所批准后在指定证券报上刊登。

申购上网定价发行新股须全额预缴申购股款。

新股发行的具体内容请详细阅读其招股说明书和发行公告。

四、新股申购应用实例

假设张三的账户上有 100.5 万元现金;中工国际确定在深交所发行股票,网上发行时间为 6 月 5 日,数量为 4 800 万股,发行价为 10 元/股。申购程序如下。

1. 申购

张三可以在 6 月 5 日(T 日)上午 9:30—11:30 或者下午 1:00—3:00,通过委托系统用 100.5 万元现金最多申购 100 500 股中工国际。张三参与申购的资金 100.5 万元随即被全部冻结。

2. 配号

6 月 7 日(T+2 日),将根据有效申购总量进行配号,张三可以获得 201 个配号。

3. 公布中签率和中签号

6 月 8 日(T+3 日),将公布中签率,并根据总配号,由主承销商主持摇号抽签,确认摇号中签结果,并于摇号抽签后的 6 月 8 日(T＋3 日)在指定媒体上公布中签结果。每一个中签号可以认购 500 股新股。

假如张三有 1 个配号中签,则可申购 500 股中工国际的股票。

4．中签认购和资金解冻

6 月 9 日(T＋4 日),股民账户中中签部分资金将被自动扣除,而未中签部分的申购款将自动解冻。张三如果有 1 个号码中签,则可以认购 500 股中工国际股票,那么,将有 100 万元的资金自动回到账户中。若未能中签,100.5 万元资金将全部回笼。

资料来源:http://baike.baidu.com/view/1041761.htm

(五) 证券发行价格的确定

证券的发行价格是新证券发售时投资者实际支付的价格。股票和债券发行价格的确定方法不同。

1．影响股票发行价格的因素

股票有许多不同的价值表现形式,票面金额和发行价格是其中最主要的两种。票面金额是印刷在股票票面上的金额,表示每一张股票所代表的资本额度,票面金额和发行价格往往不相等。根据发行价格与票面金额的关系,证券的发行可分为平价发行、溢价发行和折价发行三种形式。平价发行也称等额度发行或面额发行,发行价格与票面金额相等。溢价发行是指发行人以高于票面金额的价格发行股票。折价发行是指以低于票面金额的价格发售新股。根据我国有关法规的规定,股票不得以低于票面金额的价格发行。

股票发行价格是股份有限公司将股票公开发售给特定或非特定投资者所收取的价格。股票发行价格的确定是股票发行计划中最基本和最重要的内容,它关系到发行人与投资者的根本利益及股票上市后的表现,是股票能否成功发行的关键。发行价格过低,将难以满足发行人的筹资需求,甚至会损害原有股东的利益;而发行价格太高,又将增大投资者的风险,增大承销机构的发行风险和发行难度,抑制投资者的认购热情,并会影响股票上市后的市场表现。因此,发行公司和承销商必须综合考虑公司的利润及其增长率、行业特征、市场利率、二级市场的股价水平等因素,确定合理的发行价格。

影响股票发行公司发行价格的因素包括以下几个方面。

(1) 净资产

主要发行人经评估后确认的净资产所折股数,以及上市前后各年度的每股税后利润可作为定价的重要参考。

(2) 盈利水平

企业的税后盈利水平直接反映了其经营状况和上市时的价值,它的高低直接决定股价的高低。在总股本和市盈率一定的前提下,税后利润越高,发行股票的价格也越高。

(3) 成长潜力

"买股票是买未来",公司的成长潜力和未来盈利预测是投资者极为关注的事项。在股本和税后利润既定的前提下,未来盈利越确定,市场所接受的市盈率就越高,发行价格也就越高。

（4）发行数量

不考虑资金需求，单从发行数量上考虑，若该次股票发行量较大，为了能保证销售期顺利地将股票全部售出，取得预定的资金额，发行价格应适当定得低些；若发行量较小，考虑到供求关系，价格可定得高一些，因为发行量小的股票，上市后波动比较频繁，股性比较活跃，在股市人气旺盛的时候，容易上涨，受投资者的欢迎，此时可将股票的价格定得高一些。

（5）行业特点

"股市是国民经济的晴雨表"，国民经济各行业的兴衰与发展潜力，在股市中必有反映。发行公司所处行业的发展前景会影响公众对该公司发展前景的预测。同行业已经上市的企业的股票价格水平，剔除不可比因素后，也可以客观地反映该公司与其他公司相比的优势。如该公司在许多方面都优于已上市的同行业其他公司，则发行价格定得高一些；反之，定得低一些。此外，不同行业的不同特点，也是决定股票发行价格的因素。

（6）股市状况

二级市场的股票价格水平直接关系到一级市场的发行价格。在制定发行价格时，要考虑二级市场股票价格在发行期内的变动情况。若股市处于"熊市"，股票供大于求，定价太高则无人问津，使股票销售困难，因此要定得低一些；若股市处于"牛市"，股票供小于求，价格太低会使发行公司受损，股票发行后易出现投机现象，因此可以定得高一些。同时，股票发行价格的确定要给二级市场的运作留有余地，以免上市后二级市场的定位会发生困难，影响公司的声誉。

2. 股票发行价格的确定

根据我国《证券法》第 34 条的规定，股票发行采取溢价发行的，其发行价格由发行人与承销的证券公司协商确定。发行人应当参考经营业绩、净资产、发展潜力、发行数量、行业特点、股市状况，提供定价分析报告，说明确定发行价格的依据。

从各国股票发行市场的经验来看，股票发行定价最常用的方式有累积订单方式、固定价格方式以及累积订单和固定价格相结合的方式。

累积订单方式是美国证券市场经常采用的方式。其一般做法是，承销商先与发行人商定一个定价区间，再通过市场促销征集在每个价位上的需求量。在分析需求量后，由主承销商与发行人确定最终发行价格。

固定价格方式是英国、日本、中国香港等证券市场通常采用的方式。其基本做法是承销商与发行人在公开发行前商定一个固定的价格，然后根据此价格进行公开发售。

累积订单和固定价格相结合的方式主要适用于国际筹资，一般是在进行国际推荐的同时，在主要发行地进行公开募集，投资者的认购价格为推荐价格区间的上限，待国际推荐结束、最终价格确定之后，再将多余的认购款退还给投资者。

目前，我国的股票发行定价方式多属于固定价格方式，即在发行前由主承销商和发行人根据市盈率法来确定新股发行价。

$$新股发行价 = 每股税后利润 \times 发行市盈率$$

目前我国新股的发行价主要取决于每股税后利润和发行市盈率这两个因素。

（1）每股税后利润

每股税后利润是衡量公司业绩和股票投资价值的重要指标。

$$每股税后利润＝发行当年预测利润÷发行当年加权平均股本数$$
$$＝发行当年预测利润÷[发行前总股本数＋本次公开发行股本$$
$$数×(12－发行月份)÷12]$$

（2）发行市盈率

市盈率是股票市场价格与每股税后利润的比率，也是确定发行价格的重要因素。

$$市盈率(倍)＝市场价格÷每股税后利润$$

发行公司在确定市盈率时，应考虑所属行业的发展前景、同行业公司在股市上的表现以及近期二级市场的规模供求关系和总体走势等因素，以利于一、二级市场之间的有效衔接和平衡发展。目前，我国股票的发行市盈率一般在20倍左右。

总体来说，经营业绩好、行业前景佳、发展潜力大的公司，其每股税后利润多，发行市盈率高，发行价格也高，从而能募集到更多的资金；反之，则发行价格低，募集资金少。

3. 债券发行价格的确定

债券投资者认购新发行债券时实际支付的价格为债券发行价格。债券的发行价格可分为：平价发行，即债券的发行价格与面值相等；溢价发行，即债券以高于面值的价格发行；折价发行，即债券以低于面值的价格发行。在债券的面值、期限和票面利率确定的情况下，债券的价格和投资者的收益率呈反向变动关系。

一般情况下，债券的发行价格取决于债券的现值，即债券到期应付的面值和各期应付的利息按市场利率折合的现值。

（六）证券发行的程序

各国对证券发行审核的方式不同，证券发行程序也有所差异，一般可以概括为以下两类：注册制和核准制。注册制是以美国联邦证券法为代表的一种证券发行审核方式，实行所谓的公开管理原则。在注册制下，发行人在准备发行证券时，必须将依法公开的各种资料完全、准确地向证券主管机关呈报并申请注册。证券主管机关的职责是依据信息公开原则，对申报文件的全面性、真实性、准确性和及时性进行形式审查。至于发行人的营业性质、财力、素质与发展前景，以及发行数量与价格等实质条件均不作为发行审核要件。可见，注册制并不禁止质量差、风险高的证券上市。

核准制是以欧洲各国公司法为代表的一种证券发行审核方式，实行所谓的实质管理原则。在核准制下，发行人在发行股票时，不仅要充分公开企业的真实状况，而且必须符合有关法律和证券管理机关规定的必备条件，证券主管机关有权否决不符合规定条件的股票发行申请。

相比较而言，注册制适用于发达证券市场，而核准制则较为适用于证券市场发展历史不长、投资者素质不高的国家和地区。我国目前对股票发行实行严格的核准制，即股票的发行必须符合国家相关法规的规定条件，并需获得中国证监会的批准。

核准制下，股票发行程序稍微复杂一些，除进行发行前的咨询外，关键是发行人要达到国家有关法规规定的实质条件并报经证券管理机关核准后，才可委托中介机构公开发行股票。我国股票的发行采用核准制，公开发行股票的申报、核准及发行程序如下。

① 发行人制作申请文件并申报；

② 中国证监会受理申请文件；

③ 中国证监会进行初审；

④ 发行审核委员会审核；

⑤ 中国证监会核准发行；

⑥ 发行人提出复议申请；

⑦ 公开发行股票。

三、证券交易市场

证券交易市场是通过对已发行的证券进行买卖交易实现流通转让的场所，其一方面为证券持有者提供在需要现金时能够方便地将证券出售的机会；另一方面也为新的投资者提供投资机会。因此它是促进证券流通，保证资本流动性的场所。

证券交易市场是买卖已经发行证券的市场，又称二级市场或流通市场。证券交易市场为投资者提供了灵活方便的变现场所。证券交易市场按组织方式的不同分为两种类型：一是有组织的、集中的场内交易市场即证券交易所，它是证券交易市场的主体和核心；二是非组织化的、分散的场外交易市场，它是证券交易所的必要补充。

（一）证券交易所

1. 证券交易所的定义

证券交易所是指依据国家有关法律的规定，经政府证券主管机关批准设立的证券集中竞价交易的有形场所。各类有价证券，凡符合规定的都能在证券交易所挂牌上市，由证券经纪商进场买卖。它为证券投资者提供了一个稳定的、公开交易的高效率市场。证券交易所是法人，它本身并不参与证券买卖，只提供交易场所和服务，同时也兼有管理证券交易的职能。

2. 证券交易所的产生和发展

证券交易所作为一个历史范畴，是社会化大生产和市场经济的必然产物。在原始资本积累时期，由于只存在少量经营殖民地贸易的股份公司，因此当时证券交易所内周转的股票有限。资本主义制度确立初期，股份公司尚未广泛流行，所以虽然证券交易所获得了进一步的发展，但直到 18 世纪 60 年代以前，其作用远未得到充分发挥，交易所内的交易主要是国家的有价证券。19 世纪末，股份公司如雨后春笋般发展起来，有价证券发行数量急剧增多；同时由于货币资本的迅速积累和食利阶层的增加，对有价证券的需求也越来越大。于是，资本主义股份公司的股票就取代了国家公债在交易所中的地位，从而使证券交易所成为金融市场上具有决定意义的因素。在当今世界，证券交易所是国际金融市场的重要组成部分，证券市场行情的狂涨和暴跌都会对各主要资本主义国家产生深刻影响。

20 世纪 30 年代以后，受国家干预经济等因素的影响，证券市场通过发行证券而聚集资金的功能受到一定的削弱，通过证券制度控制经济运行的功能得到加强。其结果是，证券市场的中心由发行市场转向流通市场。与此同时，政府证券市场的作用和规模在不断扩大。第二次世界大战后，证券市场的结构发生了显著变化，其趋势是越来越国际化。

证券交易所是市场经济发展的必然产物。它的产生和发展为证券买卖创立了一个常设市场,成为聚集社会资金、调节资金投向和转换的中心。各国对证券交易所都有比较严格的规定,交易所的设立须经政府批准,并应有完备的组织章程和管理细则。交易所应在指定的地点公开营业,经营业务应限于章程所规定的业务范围,不得擅自经营范围之外的业务,一切交易必须在场内公开作价成交,并每天向顾客公布证券交易的行市、数量等信息。股票一经在证券交易所上市,发行股票的企业便被视为一流企业,在社会上具有较高的信誉。

我国目前有上海证券交易所、深圳证券交易所两个交易所。

3. 证券交易所的特征

综合各国关于证券交易所的立法规定,可以看出证券交易所具有以下特征。

(1) 证券交易所以证券作为交易对象

证券交易所是交易所的一种具体形式,主要用来促进大规模证券交易的实现。但是在市场经济高度发达的现代社会,大规模交易活动绝非仅以证券为对象,某些商品交易同样要借助类似于证券交易所的交易市场,从而导致统一的交易所概念的出现。一般来说,交易所是指依法设立,用于买卖有价证券,并依照标准物买卖商品的各类市场。按照交易所交易对象的不同,交易所分为证券交易所和商品交易所两种。其中,证券交易所是进行有价证券买卖的市场,商品交易所则是进行某些商品大宗交易的场所。

有价证券是一种资本证券,与普通商品(包括依照标准物确定的商品)在表现形式和所反映的权利属性等方面均存在差别,这也在客观上导致了有价证券和普通商品在交易环节上的区别。因此,证券交易所和商品交易所在交易对象上明显不同,证券交易所不能进行商品交易,商品交易所同样也不能进行证券交易。

(2) 证券交易所拥有固定的交易场所

证券交易所是证券交易市场的重要组成部分,但与同属证券交易市场的店头交易市场等场外交易市场相比较有明显的区别。场外交易市场可以泛指除证券交易所外进行证券交易活动的市场,它可以没有交易大厅,没有交易柜台,也可以没有现代证券交易所惯常采用的电话、电脑等设备。但证券交易所必须具备相应的物质条件。以伦敦证券交易所为例,该交易所位于百老汇大街和斯鲁莫斯顿街之间,设在伦敦金融城的一栋26层的大楼内。大楼底层是交易大厅,大厅内设有16个六角形平顶交易台,交易台配有一大排电脑终端设备,交易台内的证券商每人身边都有10余部电话。

证券交易所有固定的场所和完备的设施,不仅是为了保证证券交易活动安全、合理和迅捷地完成,而且是有关法律如《公司法》的强制性要求。因此,拥有固定的交易场所是证券交易所的基本特征之一。

(3) 证券交易所是组织化的证券交易市场

证券交易市场有场内交易市场(证券交易所)和场外交易市场之分。两种交易市场所遵循的交易规则存在重大差别。例如,证券交易所所遵循的"时间优先"规则就不能适用于场外交易市场。场外交易市场的交易规则通常就是普通的合同法规则,交易活动参加者的权利、义务可直接依照相互达成的合同确立,每项交易成交的合同内容以及签订过程都会有所差别。而证券交易所的交易规则在相当程度上区别于依照《合同法》进行的证券交易。一方面,证券交易所的活动必须遵守国家统一确立的交易规则,证券交易所无权修改或拒不执行法定规则;另一方面,证券交易所的活动必须遵守证券交易所或有关行业协会确定的"自律规范",不得违反自律规范参与证券交易活动。否则,行为人将受到严厉的处罚。

(4)证券交易所是一种特殊的法律主体

证券交易所作为证券交易市场的重要组成部分,无疑具有经济学理论上"市场"的一般属性。但是,证券交易所并不单纯是市场的一种具体表现方式,同时也是一种特殊的法律主体。现代西方国家设立的证券交易所,大多数分别采用公司制和会员制两种组织形式。根据我国台湾《证券交易所法》第5条的规定,证券交易所可根据设立地的商业情况以及买卖物品的种类,分别采取股份有限公司形式或者同业会员组织形式。无论采取哪一种组织形式,证券交易所都将在法律上享有权利和承担义务,具有作为法律主体的主要特征,并以法律主体的身份参与证券交易活动。正是由于证券交易所是法律主体,它才可能作为证券交易各方交易活动的媒介,才可能在相当程度上起到调整证券交易关系的实际作用。

4. 证券交易所的组织形式

证券交易所是证券市场的核心。证券交易所以何种形式设立,对于发挥它的功能作用是非常重要的。从西方各国证券交易所创建以来的历史和演进过程来观察,有两种基本组织形式:一是股份制公司交易所,就是按股份有限公司组织形式成立的证券交易所;二是会员制交易所,就是以会员协会组织形式成立的证券交易所。目前,世界上多数国家的证券交易所都采取会员制的单一组织形式,少数国家和地区也允许根据证券交易所的具体情况,分别采取会员制和公司制组织形式。

(1)公司制证券交易所

它是指以盈利为目的,为证券商提供证券交易所需的交易场地、交易设备和服务人员,以便证券商独立进行证券买卖的证券交易所形式。

公司制证券交易所一般是按照《公司法》和《证券交易法》的规定设立的,具有如下特点。

① 证券交易所是独立的法律主体,虽然证券交易所可以由证券商投资兴办,但在法律上与证券商的地位相互独立。

② 证券交易所是独立的经济实体,它只为证券商从事证券交易活动提供所需的物质条件和服务,证券交易所的职员不参与具体的证券交易活动。

③ 证券交易所有权向证券发行公司索取证券上市费,并向证券商收取证券成交的其他费用,具体收费比例按照证券交易所的规定执行,亦可以采取合同方式约定。

证券交易所通常都必须设有股东大会、董事会、监事会、董事长和总经理等机构。同时,因为证券交易所的特殊业务要求,其机构设置也要反映证券交易活动的实际需要,常设有业务部、财务部、仲裁部、研究部和文秘部,分别提供与证券交易有关的各环节服务。其中股东大会是证券交易所的最高决策机构,主要确定证券交易所的长期发展规划,决定董事会人选以及其他有关重大事宜。公司制证券交易所因其本身不直接参与证券买卖,在证券交易过程中处于中立地位,故有助于保证交易的公平;同时,它的主要职责是提供证券交易所需的各种物质条件和服务,业务活动比较单纯,这有利于它向证券商提供尽可能完备的交易设施和服务。但是,公司制证券交易所也具有某些缺点。因为公司制证券交易所的收入主要来自买、卖双方的证券交易成交额,证券交易额的多少与交易所利益直接相关,所以证券交易所成为独立于证券买、卖双方以外的第三人。证券交易所为了增加收入,可能会人为地推动某些证券交易活动,容易形成在证券交易所影响下的证券投机,进而影响证券交易市场的正常运行。与此同时,有的证券交易参加者为了避开公司制证券交易所的昂贵上市费用和佣金,可能会将上市证券转入场外交易市场去交易。

(2) 会员制证券交易所

它是指由若干证券商自愿组成的非营利性的证券交易所形式。目前,世界上许多著名的证券交易所都采取会员制证券交易所形式。

会员制证券交易所不同于公司制证券交易所,具有如下特点。

① 会员制证券交易所是非营利性的事业法人。这种证券交易所虽然也起到作为证券交易媒介的作用,但证券交易所不向证券交易各方收取相当于成交额一定比例的佣金。为了维持证券交易所的日常营运,证券交易所只向证券交易所会员收取会费。会费的数额和缴纳由证券交易所以章程形式确定。例如,东京证券交易所的会员就分为定额会费和浮动会费两种。

② 会员制证券交易所由证券商组成。证券商实际上就是各种依法成立的证券公司。如依照日本证券交易所立法,设立证券交易所必须是取得大藏大臣颁发的营业许可的证券公司。这样,证券公司既是证券交易所的会员,也是起到证券交易活动媒介作用的证券商,同时具备两种身份。非证券公司既不能充当证券商,也不能作为证券交易所的会员。

③ 会员制证券交易所强调自律性原则的管理方式。所谓"自律",是指证券交易所通过自行确定规则的方式实现对证券交易所的管理,立法机关和政府多不加干预。采取"自律自治"的管理方式曾经是英国证券交易所的重要特点。但在 20 世纪 30 年代初,由于发生多起证券交易丑闻以及单位信托的发展,以"自律自治"为主的传统封闭性管理体制逐渐变化,形成以"自律自治"和"国家干预"的双轨制管理体制。虽然政府对证券交易所的行政管理有所加强,但与公司制证券交易所相比较,会员制证券交易所仍具有"自律自治"的特点。

毫无疑问,公司制和会员制证券交易所各有利弊,接受任何形式的证券交易所也就意味着同时接受此种证券交易所的优点和缺点。从世界范围来看,早期成立的证券交易所大多数采取了公司制形式,而目前多数国家和地区的证券交易所逐渐采取了会员制形式。我国现有的上海证券交易所和深圳证券交易所也都是按照会员制事业法人的方式设立的。

阅读参考

上海与深圳证券交易所

上海证券交易所正式成立于 1990 年 12 月 19 日。

上海证券交易所实行会员制,为非营利性的事业法人。交易所不吸收个人会员。会员须缴纳交易费,其中包括年费和经手费。兼营经纪和自营业务的证券商以及专营自营业务的证券商每年缴纳年费 50 000 元,专营经纪业务的证券商每年要缴纳交易年费 10 000 元。此外,证券商还要按照成交额的 0.3‰ 缴纳交易经手费。

交易所的组织机构分为:会员大会,它是交易所的最高权力机构;理事会,它是日常事务的决策机构;监事会,它是交易所财务、业务工作的监督机构;等等。

上海证券交易所的主要业务是:提供证券交易的集中场所,管理上市证券的买卖,办理上市证券交易的清算交割,提供上市证券的过户或集中保管服务,提供证券市场的信息服务。

在上海证券交易所上市的证券,除要满足上市条件外,还要向交易所缴纳上市费。上市费有上市初费和上市月费两种。上市初费按发行面额总值的 0.3‰缴纳,起点为 3 000 元,最高不超过 10 000 元。证券在交易市场第一部上市的股票,按发行面额总值的 0.01‰缴纳上市月费,起点为 100 元,最高不超过 500 元;在交易市场第二部上市的股票,月费标准提高 10%。

深圳证券交易所于 1989 年 11 月 15 日筹建,1991 年 4 月 11 日由中国人民银行总行正式批准成立。深圳证券交易所为会员制、非营利性的事业法人,注册资金 1 000 万元人民币。它的业务范围是,提供证券集中交易的场所和设施,管理在该所上市的证券买卖,办理在该所上市证券交易的清算交割,提供证券市场信息服务,以及承办主管机关许可或委托的其他业务。

深圳交易所的会员可以派 2～3 名出席代表,到交易所集中交易市场进行有价证券的代理买卖或自营买卖。会员条件如下。深圳经济特区内同时具有下列条件的法人,向该所提出申请,经该所审批核准,可成为该会会员:经中国人民银行一级分行批准设立,可经营证券业务的金融机构;资本金或证券业务营运资金在 500 万元人民币以上;组织机构和业务人员符合主管机关规定的条件;承认该所章程、缴纳不低于 100 万元的会员席位费。

深圳证券交易所的最高权力机构为会员大会,设立理事会为会员大会日常事务决策机构,向会员大会负责。理事会不少于 9 人,任期 4 年,可连选连任。理事会成员中会员理事不超过 2/3,由会员大会从会员的法定代表人或出席会员大会的代表中选举产生;非委员理事由登记公司、主管机关和市政委派的人士共同组成。

资料来源:《和讯读书》机械工业出版社　作者:聂庆平

5. 证券上市制度

所谓证券上市,就是指证券交易所承认并接纳某种证券在交易所市场上挂牌交易。所谓证券上市制度,就是指证券交易所和政府有关部门制定的有关证券上市的一系列规则。它包括证券上市条件、证券上市申请程序、证券上市公告书、证券上市费用等的一系列规定,对于股票和债券都有各自明确的上市制度。

(二) 场外交易市场

场外交易市场亦称柜台交易市场或店头交易市场(Over-the-counter Market),是证券市场的一种特殊形式,是指证券经纪人或证券商不通过证券交易所,将未上市的证券或已上市的证券直接同顾客进行买卖的市场。

1. 场外交易市场的特征

场外交易市场具有四个主要特征。

① 分散性。场外交易是各证券商的店头交易,而证券商又分散于全国许多地区或一个城市的许多不同地域,且场外交易是在各证券商之间进行的,所以它具有分散性。

② 无形的交易市场。场外交易业务的大部分是通过证券商之间的电讯联系进行的,通过营业厅的柜台直接与客户交易只是其一小部分,所以,就整个交易市场而言,相对于证券交易所来说,场外交易是无形的。

③ 买卖未上市证券。证券交易所交易的证券必须是经过批准登记的证券,交易所每年

对这些证券进行评定,未批准上市的证券不得在证券交易所内交易。场外交易的证券主要是未在交易所登记上市的证券,少量上市的证券也可在场外交易市场进行买卖。

④ 场外交易风险大。尽管有些场外交易市场经营很好,红利也很丰厚,但尚未在交易所挂牌的股票很多是不被允许在交易所上市的质量较差的股票。这些股票的发行公司或太小,或经营状况不佳,或信誉不如挂牌股票的发行公司好,所以经营这种股票可能会冒较大的风险。另外,由于场外交易的非集中竞价、信息阻塞等原因,造成场外交易的不公平,从而增加交易的风险。

2. 场外交易市场的类型

场外交易市场主要有三类。

(1) 柜台交易或称店头市场

在二级市场上,不少证券交易并不是在证券交易所完成的,而是在许多分布广泛的证券中介机构,如证券公司中进行的。很多证券公司设有专门的证券柜台,通过柜台进行证券交易,这就是柜台交易市场。

(2) 第三市场

它是指在店头市场上从事已在交易所挂牌上市的证券交易。近年来,由于这部分交易量增大,特别是其中的债券交易量增加更多,其地位日益提高。严格地讲,第三市场既是场外交易市场的一部分,又是证券交易所市场上的一部分,准确地说,它是"已上市证券的场外交易市场"。第三市场的出现主要是因为第三市场的经纪人收取的佣金低于交易所的标准,这使得投资者的交易成本降低,而且投资者和证券商彼此了解,可以节约其他费用,如市场分析、信息传递等费用。

(3) 第四市场

它是指投资者和筹资者不经过证券商直接进行的证券交易。第四市场目前只在美国有所发展,其他一些国家正在尝试和刚刚开始出现这种市场。第四市场的主要吸引力在于:① 交易成本低。这是因为买卖双方直接交易而不需要中间人。有时即使需要中间人,佣金也要比其他市场少得多。据统计,在美国利用这种方式进行场外交易,比在交易所进行交易可节省佣金70%。② 有利于保持交易的秘密性。③ 由于双方直接谈判,所以可望获得双方满意的价格。

团队活动组织

投资规划书的撰写

第一步,根据上次课的团队组建情况,团队成员因为开设模拟账户每人有了20万元的初始资金,若为10人团队,则共有200万元资金可以支配。

第二步,按照200万元规模策划投资方案,由投资部起草,大家一起充分讨论。

第三步,确定整体投资战略,包括:什么时机投资,投资何种证券,等等,并由风险控制部事先对投资风险进行评估。

第四步,写出投资规划书并上交。

网络模拟训练

① 打开同花顺网站出现如下界面(见图1-2-3)。

图1-2-3 同花顺网站界面

② 单击导航"行情中心",打开模拟沪、深股市行情界面,见图1-2-4。

个股行情

全部股票　上证A股　深证A股　中小板　创业板　科创板

序号	代码	名称	现价	涨跌幅(%)	涨跌	涨速(%)	换手(%)	量比	振幅(%)	成交额	流通股
1	000010	美丽生态	4.58	10.10	0.42	0.00	13.69	3.55	9.13	3.19亿	5.22亿
2	000883	湖北能源	4.80	10.09	0.44	0.00	2.99	1.86	12.38	9.08亿	65.04亿
3	000711	京蓝科技	2.63	10.04	0.24	0.00	3.35	2.62	12.55	7042.39万	8.22亿
4	000402	金融街	7.46	10.03	0.68	0.00	2.45	2.18	11.65	5.24亿	29.88亿
5	000526	紫光学大	44.74	10.01	4.07	0.00	1.29	2.03	10.11	5401.86万	9619.51万
6	003039	顺控发展	26.50	10.00	2.41	0.00	25.78	1.02	5.40	4.17亿	6200.00万
7	000695	滨海能源	6.71	10.00	0.61	0.00	2.47	2.90	11.97	3528.26万	2.22亿
8	000995	皇台酒业	20.13	10.00	1.83	0.00	12.56	2.43	12.19	4.33亿	1.77亿
9	003022	联泓新科	27.62	10.00	2.51	0.00	11.78	2.41	8.44	4.75亿	1.47亿
10	003036	泰坦股份	14.10	9.98	1.28	0.00	21.30	0.74	8.58	1.58亿	5400.00万
11	000027	深圳能源	11.13	9.98	1.01	0.00	4.48	1.18	9.09	23.29亿	47.57亿
12	003040	楚天龙	8.05	9.97	0.73	0.00	0.16	0.44	--	103.01万	7839.31万

图1-2-4 模拟沪、深股市行情界面

③ 显示的是沪、深两市所有股票排名，按照涨幅由大到小依次排列，按上下方向键可以翻页查看。在键盘上输入一只股票代码，如 600519，按回车键，可以查看分时走势图，界面如图 1-2-5 所示，表示这只股票的即时交易价格曲线。

图 1-2-5　分时走势图

④ 单击"日 K 线"按钮，可得界面如图 1-2-6 所示。

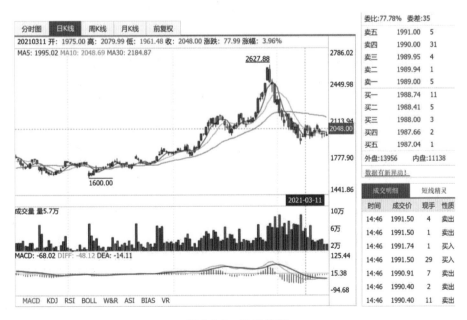

图 1-2-6　日 K 线图

⑤ 上图是该股票的日 K 线图,运用上下方向键可以放大或缩小 K 线的宽度。在图中右侧单击,可选择周 K 线(见图 1-2-7)或月 K 线图。

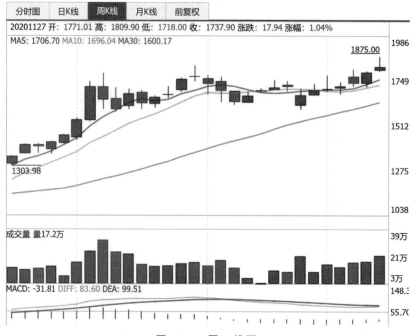

图 1-2-7　周 K 线图

知识拓展

一、委比

委比是用以衡量一段时间内买卖盘相对强度的指标,其计算公式为:

$$委比=[(委买手数-委卖手数)÷(委买手数+委卖手数)]×100\%$$

委买手数:现在所有个股委托买入下三档(或五档)之手数相加之总和。

委卖手数:现在所有个股委托卖出上三档(或五档)之手数相加之总和。

委比值变化范围为+100%至-100%。

当委比值为正值并且委比数大时,说明市场买盘强劲;当委比值为负值并且数值小时,说明市场抛盘较强。委比值从-100%至+100%,说明是买盘逐渐增强,卖盘逐渐减弱的一个过程;相反,委比值从+100%至-100%,说明是买盘逐渐减弱,卖盘逐渐增强的一个过程。

买 1、买 2 表示正在排队的买单;

卖 1、卖 2 表示正在排队的卖单。

二、现手

现手是指最近的一笔成交有多少手,交易所主机每 4 秒钟统计一次成交,这 4 秒钟内的成交就会合并成为一个"现手"。

红色代表正在挂买单的手数,绿色代表正在挂卖单的手数。当买单非常大的时候,估计上涨的可能性就大。如果卖单很多的话,就说明下跌的可能性大。

总手是指当天从开市到当前的所有成交量。

三、外盘与内盘

外盘即买盘,内盘即卖盘。

内盘即卖盘要卖掉,有人买就以这个价成交;外盘即买盘要买进,有人卖就以这个价成交。

举例如下。

如果甲下单 5 元买 100 股,乙下单 5.01 元卖 300 股,当然不会成交。5 元就是买入价,5.01 就是卖出价。

这时,有丙下单 5.01 元买 200 股,于是乙的股票中就有 200 股卖给丙了(还有 100 股没有卖出去),这时候,成交价是 5.01 元,现手就是 2 手即 200 股,显示 2,显示的颜色是红的(表示买方是主动的,主动去适应卖方的价格而成交的,就是红色,叫外盘)。

还是上面的情况,如果丁下单 5 元卖 200 股,于是甲和丁就成交了,这时候成交价是 5元,由于甲只买 100 股,所以成交了 100 股,现手是 1,颜色是绿的(表示卖方是主动的,主动迎合买方的价格而成交的,就是绿色,叫内盘)。

因此,主动去适应卖方的价格而成交的,就是红色,叫外盘。主动迎合买方的价格而成交的,就是绿色,叫内盘。买方主动出价并想一定买进,当然是越高越能早成交(价格优先),持续下来,股价会一路上扬,成交数量用红色。相反,卖方主动出价并想一定卖出,当然是越低越能早成交(价格优先),持续下来,股价会一路下跌,成交数量用绿色。

四、涨跌、涨幅与振幅

涨跌就是股票上涨或下跌的绝对数,是现价和上一个交易日收盘价的差价,上涨为正,用红色显示;下跌为负,用绿色显示。

涨幅就是股票现价与前日收盘价的差价百分比,是股票上涨或下跌的相对数,上涨为正,用红色显示;下跌为负,用绿色显示。

$$涨幅=[(现价-昨天收盘价)÷昨天收盘价]×100\%$$

振幅就是股票开盘后的当日最高价和最低价之间的差的绝对值与前日收盘价的百分比。它在一定程度上表现了股票的活跃程度。如果一只股票的振幅较小,说明该股不够活跃;反之则说明该股比较活跃。股票振幅分析有日振幅分析、周振幅分析、月振幅分析等类型。

股票振幅的计算方法主要有两种。

一种是以本周期的最高价与最低价的差,除以上一周期的收盘价,再以百分数表示的数值。以日振幅为例,就是今天的最高价减去最低价,再除以昨日收盘,再换成百分数。

假设,今天有一只股票,昨天收盘是 10 元,今天最高上涨到 11 元,涨 10%,最低到过 9元,下跌 10%。那么振幅是 20%,计算公式如下:

$$振幅=[(当日最高点的价格-当日最低点的价格)÷昨天收盘价]×100\%$$

另一种是最大涨幅和最大跌幅相加。例如,今天有一只股票,昨天收盘是 10 元,今天最高上涨到 11 元,涨 10%;最低到过 9 元,下跌 10%,那么振幅 20%。

这两种方法只是表达方式不同,其计算结果是相同的。

五、集合竞价

集合竞价是指对所有有效委托进行集中处理,深、沪股市的集合竞价时间为交易日上午9:15—9:25,深市最后3分钟14:57至15:00也是集合竞价时间。

集合竞价分四步完成。

第一步,确定有效委托。在有涨跌幅限制的情况下,有效委托是这样确定的:根据该只证券上一交易日收盘价以及确定的涨跌幅度来计算当日的最高限价、最低限价。有效价格范围就是该只证券最高限价、最低限价之间的所有价位。限价超出此范围的委托为无效委托,系统作自动撤单处理。

第二步,选取成交价位。首先,在有效价格范围内选取使所有委托产生最大成交量的价位。如有两个以上这样的价位,则依以下规则选取成交价位。

① 高于选取价格的所有买委托和低于选取价格的所有卖委托能够全部成交。

② 与选取价格相同的委托的一方必须全部成交。如满足以上条件的价位仍有多个,则选取离昨日市价最近的价位。

第三步,集中撮合处理。所有的买委托按照委托限价由高到低的顺序排列,限价相同者按照进入系统的时间先后顺序排列;所有卖委托按委托限价由低到高的顺序排列,限价相同者按照进入系统的时间先后顺序排列。依序逐笔将排在前面的买委托与卖委托配对成交,即按照"价格优先,同等价格下时间优先"的成交顺序依次成交,直至成交条件不满足为止,即不存在限价高于等于成交价的叫买委托,或不存在限价低于等于成交价的叫卖委托。所有成交都以同一成交价成交。

第四步,行情揭示。

① 如该只证券的成交量为0,则将成交价位揭示为开盘价、最近成交价、最高价、最低价,并揭示出成交量、成交金额。

② 剩余有效委托中,实际的最高叫买价揭示为叫买揭示价,若最高叫买价不存在,则叫买揭示价揭示为空;实际的最低叫卖价揭示为叫卖揭示价,若最低叫卖价不存在,则叫卖揭示价揭示为空。集合竞价中未能成交的委托,自动进入连续竞价。

例如,某只股票集合竞价的资料如下(见表1-2-4)。

表1-2-4 某只股票集合竞价的资料

顺 序	买入价格/元	买入量/手	卖出价格/元	卖出量/手
1	4.88	2	4.86	3
2	4.87	30	4.87	14
3	4.86	15	4.88	5
			4.89	44
			4.90	5
			4.91	18

成交过程及报价方法如下。

① 买方的第一号价格4.88元2手先与卖方的第一号价格4.86元中的2手成交(价格

优先原则)。

② 买方的第二号价格 4.87 元先与卖方的第一号价格 4.87 元的剩余 1 手成交,然后再与卖方的第二号价格 4.87 元的 14 手成交。

③ 至此已成交共 17 手,成交价格统一为 4.87 元(最大成交量原则确定成交价格)。高于这个价格的买入和低于这个价格的卖出全部成交(但不能保证等于这个价格的买入或卖出全部成交),买方的第二号价格 4.87 元尚有 15 手未成交。

④ 集中竞价结束,该股票显示的开盘价是 4.87 元,买入价是 4.87 元,卖出价是 4.88 元。

六、连续竞价

连续竞价是交易所在每日 9:30 连续交易开始后,按"价格优先,时间优先"原则撮合成交的一种竞价方式。集合竞价未能撮合成交的委托自动转入连续竞价。

连续竞价时,成交价格的确定原则如下。

① 最高买入申报与最低卖出申报价格相同,以该价格为成交价;

② 买入申报价格高于即时揭示的最低卖出申报价格时,以即时揭示的最低卖出申报价格为成交价;

③ 卖出申报价格低于即时揭示的最高买入申报价格时,以即时揭示的最高买入申报价格为成交价。

在这个阶段,应该是时间优先,价格优先。

因为首先是按照时间序列进入成交,先成交了才会出现新的买卖单。

在同一时间出现的买卖单,则按照买价高的在先、卖出价格低的在先这一原则。

也可以这样理解:谁先出价(能成交的价格)谁先成交;同一时间出价的,谁的价格优惠(卖出价更低、买入价更高)谁先成交。

比如,某一时刻某一只股票,其买卖队列是这样的(假设手数一样)(见表 1-2-5)。

表 1-2-5　某只股票的买卖队列

买入(元)	卖出(元)
3.50	4.00
3.40	3.90
3.30	3.80
3.20	3.70
3.10	3.60

这时如果有个买单,如 4.50 元,那么按规则,则是按 3.60 元成交。

这时如果有个卖单,如 3.00 元,那么按规则,则是按 3.50 元成交。

这意味着什么呢? 即只要出高价买,则能按出价最低的卖出价位成交;出低价卖,则能按出价最高的买价成交。

项目二　证券投资基本分析

任务一　证券投资的宏观经济分析

▌任务描述 ➡

掌握评价宏观经济形势的相关变量。理解影响股票与债券价格的因素,以及 GDP 增长率、利率、汇率、通货膨胀率与经济和证券市场的关系。懂得财政政策、货币政策与证券市场的关系。能够运用互联网及其他信息渠道收集资料。

▌任务资讯 ➡

一、宏观经济运行与证券投资

(一)国内生产总值的变动对证券市场的影响

国内生产总值(GDP)是指在一个特定时间内(通常为 1 年),一国国内新创造的全部商品和劳务的市场价值总和。

GDP 是一国经济成就的根本反映,持续上升的 GDP 表明国民经济良性发展,制约经济的各种矛盾趋于或达到协调,人们有理由对未来经济产生好的预期;相反,如果 GDP 处于不稳定的非均衡增长状态,暂时的高产出水平并不表明一个"好的经济形势",不均衡的发展可能激化各种矛盾,从而导致经济衰退。证券市场作为经济的晴雨表,对 GDP 变动的反应如何? 要弄清这个问题,必须将 GDP 与经济形势结合起来进行考察,而不能简单地将 GDP 增长作为证券价格上升的必然诱因,实际上有时恰恰相反。下面对几种基本情况进行说明。

小贴士

国内生产总值(GDP)的计算方法

一、支出法计算国内生产总值

它是从社会最终使用的角度计算的国内生产总值。

支出法国内生产总值＝最终消费＋资本形成总额＋净出口

① 最终消费：包括居民消费和政府消费。

② 资本形成总额：包括固定资本形成和存货增加。

③ 净出口：一定时期货物和服务出口总值减进口总值后的差额。

二、收入法计算国内生产总值

它是从生产过程中创造原始收入的角度计算的国内生产总值。

$$收入法增加值＝劳动者报酬＋固定资产折旧＋生产税净额＋营业盈余$$
$$收入法国内生产总值＝所有常住单位增加值之和$$

1. 劳动者报酬

它是指劳动者从事生产活动所应得的全部报酬，包括各种形式的货币和实物报酬，还包括雇员应付的任何社会缴款、所得税以及单位为雇员缴纳的社会保险费。农户和个体劳动者生产经营所获得的纯收益主要是劳动所得，也列入劳动者报酬中。

2. 固定资产折旧

指一定时期内为弥补固定资产损耗，按照核定的固定资产折旧率提取的固定资产折旧，或按国民经济核算统一规定的折旧率虚拟计算的固定资产折旧。

3. 生产税净额

它是指一定时期内企业应向政府缴纳的生产税减去生产补贴后的差额。生产税是政府向单位征收的有关生产、销售、购买、使用货物和服务的税金。生产税是企业的利前税，不包括所得税。

4. 营业盈余

它是指从总产出中扣除中间投入、劳动者报酬、固定资产折旧和生产税净额后的余额，大致相当于营业利润，但要扣除从利润中开支的工资和福利费。如果企业从政府获得生产补贴，应将补贴计入营业盈余项中。

收入法国内生产总值反映一国或一个地区通过生产活动获得的原始收入及其初次分配项目。劳动者报酬为居民所得，固定资产折旧和营业盈余为企业、单位所得，生产税净额为政府所得。

三、生产法计算国内生产总值

它是从生产过程中创造的货物和服务价值入手，剔除生产过程中投入的中间货物和服务价值，得到增加价值的。国民经济各部门生产法增加值计算公式如下：

$$增加值＝总产出－中间投入$$

将国民经济各部门生产法增加值相加，得到生产法国内生产总值。

总产出是指常住单位在一定时期内生产的所有货物和服务的价值，既包括新增价值，也包括转移价值。它反映常住单位生产活动的总规模。总产出按生产者价格计算。

中间投入是指常住单位在一定时期内生产过程中消耗和使用的非固定资产货物和服务的价值。中间投入也叫中间消耗，反映用于生产过程中的转移价值，一般按购买者价格计算。

1. 持续、稳定、高速的 GDP 增长

在这种情况下,社会总需求与总供给协调增长,经济结构逐步合理,趋于平衡。经济增长来源于需求刺激并使得闲置的或利用率不高的资源得以更充分地利用,从而表明经济发展的良好势头。这时证券市场将基于下述原因而呈现上升走势。

① 良好预期增加对证券的需求。人们对经济形势形成了良好的预期,投资积极性得以提高,从而增加了对证券的需求,促使证券价格上涨。

② 收入水平提高增加证券投资的需求。随着国内生产总值 GDP 的持续增长,国民收入和个人收入都不断得到提高,这也将增加证券投资的需求,促使证券价格上涨。

③ 上市公司利润持续上升,促使价格反复上扬。伴随着总体经济的成长,上市公司利润持续上升,股息和红利不断增长,企业经营环境不断改善,产销两旺,投资风险也越来越小,从而促使公司的股票和债券全面升值,价格上涨。

2. 高通胀下的 GDP 增长

当经济处于严重失衡下的高速增长时,总需求大大超过总供给,将表现为高的通货膨胀率,这是经济形势恶化的征兆,如不采取调控措施,必将导致未来的"滞胀"(通货膨胀与经济停滞并存)。这时经济中的矛盾会突出地表现出来,企业经营将面临困境,居民实际收入也将降低,因而失衡的经济增长必将导致证券市场下跌。

3. 宏观调控下的 GDP 减速增长

当 GDP 呈现失衡的高速增长时,政府可能采用宏观调控措施以维持经济的稳定增长,这样必然减缓 GDP 的增长速度。如果调控目标得以顺利实现,GDP 仍以适当的速度增长而未导致 GDP 的负增长或低速增长,说明宏观调控措施十分有效,经济矛盾逐步得以缓解,为进一步增长创造了有利条件。这时证券市场亦将反映这种好的形势而呈现平稳渐升的态势。反之,如果调控失败导致经济负增长或低速增长,证券市场亦将下跌。

4. 转折性的 GDP 变动

如果 GDP 一定时期以来呈现负增长,当负增长速度逐渐减缓并呈现向正增长转变的趋势时,表明恶化的经济环境逐步得到改善,证券市场走势也将由下跌转为上升。

当 GDP 由低速增长转向高速增长时,表明低速增长中的经济结构得到调整,经济的"瓶颈"制约得以改善,新一轮经济高速增长已经来临,证券市场亦将伴之以快速上涨之势。

在上面的分析中,我们只沿着一个方向进行,实际上,每一点都可沿着相反的方向导出相反的后果。最后还必须强调指出,证券市场一般会提前对 GDP 的变动做出反应,也就是说,它是反映预期的 GDP 变动,而当 GDP 的实际变动被公布时,证券市场只反映实际变动与预期变动的差别,因而对 GDP 变动进行分析时必须着眼于未来,这是最基本的原则。

(二) 经济周期对股票市场的影响

股票市场是经济的晴雨表。经济情况从来不是静止不动的,某个时期的产出、价格、利率、就业率不断上升直至某个高峰——繁荣,之后可能是经济的衰退,产出、价格、利率、就业率开始下降,直至某个低谷——萧条。此阶段的明显特征是需求严重不足,生产相对过剩,销售量下降,价格低落,企业盈利水平极低,生产萎缩,企业大量破产倒闭,失业率增大。接下来则是经济重新复苏,进入一个新的经济周期(见图 2-1-1)。

股票市场综合了人们对经济形势的预期,这种预期较全面地反映了人们对经济发展过程中表现出来的有关信息的切身感受。这种预期又必然反映到投资者的投资行为中,从而影响股票市场的价格。既然股价反映的是对经济形势的预期,因而其表现必定领先于经济的实际表现,除非预期出现偏差,经济形势本身才对股价产生纠错反应。

当经济持续衰退至尾声——萧条时期,百业不振,投资者已远离股票市场,每日成交稀少。此时,那些有眼光,而且在不停搜集和分析有关经济形势并作出合理判断的投资者已在默默吸纳股票,股价已缓缓上升。当各种媒介开始传播萧条已去,经济日渐复苏,股价实际上已

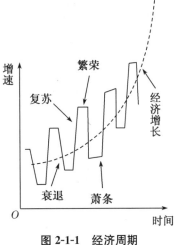

图 2-1-1 经济周期

经升至一定水平。随着人们普遍认同以及投资者自身的境遇也在不断改善,股市日渐活跃,需求不断扩大,股价不停攀升,更有大户和机构主力借经济形势之大"利好"进行哄抬,普通投资者在利欲和乐观从众心理的驱使下极力"捧场",股价屡创新高。而那些有识之士在综合分析经济形势的基础上,认为经济将不会再创热潮时,已悄然抛出股票,股价虽然还在上涨,但供需力量逐渐发生转变。当经济形势逐渐被更多的投资者所认识,供求趋于平衡直至供大于求时,股价便开始下跌。当经济形势发展按照人们的预期走向衰退时,与上述相反的情况便会发生。

上面是股价波动与经济周期相互关联的一个总体描绘。这个描绘有以下几点启示。

① 经济总是处在周期性运动中,股价伴随着经济相应地波动,但股价的波动超前于经济运动。股价波动是永恒的。

② 收集有关宏观经济资料和政策信息,随时注意经济发展动向,正确把握当前经济发展处于经济周期的何种阶段,对未来作出正确判断,切忌盲目从众。

③ 把握经济周期,认清经济形势,不要被股价的"小涨""小跌"驱使而追逐小利或回避小失,这一点对中长期投资者尤为重要。在把握经济周期的同时,配合技术分析的趋势线进行研究或许会大有裨益。

需要注意的是,不同行业受经济周期的影响程度是不一样的。对具体某只股票的行情分析,应深入、细致地探究经济周期的起因,政府控制经济周期采取的政策措施,结合行业特征及上市公司的公司分析综合地进行。

(三) 通货膨胀对证券市场的影响

1. 通货膨胀对股票市场的影响

通货膨胀是物价普遍而持续的上涨,对股票市场的影响比较复杂,没有定势。

对这些影响做具体分析和比较,必须从该时期通货膨胀的原因、通货膨胀的程度,结合当时的经济结构和形势以及政府可能采取的干预措施等方面的分析入手。这里,只能就一般性的原则做以下说明。

① 温和、稳定的通货膨胀有利于股价稳步上涨。

② 如果通货膨胀在一定的可容忍范围内持续，而经济处于景气（扩张）阶段，产量和就业率都持续增长，那么股价也将持续上升。

③ 严重的通货膨胀最终引起股价下跌。严重的通货膨胀一旦站稳脚跟，经济将被严重扭曲，货币加速贬值，这时人们将会囤积商品，购买房屋以期对资金保值。这样一方面资金流出金融市场，引起股价下跌；另一方面，经济扭曲和失去效率，企业也筹集不到必需的生产资金，同时，原材料、劳务价格等成本飞涨，使企业经营严重受挫，盈利水平下降甚至倒闭，进一步引发股价下跌。

④ 通货膨胀时期，个股影响不一。通货膨胀时期，并不是所有价格和工资都按同一比率变动，而是相对价格发生变化。这种相对价格变化引致财富和收入的再分配、产量和就业的扭曲，因而某些公司可能从中获利，而另一些公司可能蒙受损失。与之相应的是获利公司的股票价格上涨，受损失公司的股票价格下跌。

⑤ 通货膨胀不仅产生经济影响，还可能产生社会影响，并影响公众的心理和预期，从而对股价产生影响。

⑥ 通货膨胀使得各种商品价格具有更大的不确定性，也使得企业未来经营状况具有更大的不确定性，从而影响市场对股息的预期，并增大获得预期股息的风险，从而导致股价下跌。

⑦ 通货膨胀对企业（公司）的微观影响。通货膨胀之初，"税收效应""负债效应""存货效应""波纹效应"有可能刺激股价上涨。但长期严重的通货膨胀必然恶化经济环境、社会环境，股价必受大环境驱使下跌，短期效应的表现便不复存在。

总之，在适度的通货膨胀下，人们为避免损失将资金投向股市。而通货膨胀初期，物价上涨，生产受到刺激，企业利润增加，股价看涨。但持续增长的通货膨胀下，企业成本增加，而在高价格下需求下降，企业经营恶化。更为特别的是，此时政府不得已采取严厉的紧缩政策，企业资金周转失灵，一些企业甚至倒闭，股市在恐慌中大幅下跌。

2. 通货膨胀对债券市场的影响

① 通货膨胀提高了对债券的必要收益率，从而引起债券价格下跌。

② 适度通货膨胀下，人们企图通过投资于债券来实现资金保值，从而使债券需求增加，价格上涨。

③ 未预期的通货膨胀增加了企业经营的不确定性，降低了还本付息的保证，从而使债券价格下跌。

④ 过度通货膨胀将使企业经营发生困难甚至倒闭，同时投资者将资金转移到实物资产和交易上以寻求保值，债券需求减少，价格下跌。

二、宏观经济政策对证券市场的影响

（一）财政政策对证券市场的影响

1. 财政政策的基本含义

财政政策是指政府依据客观经济规律制定的指导财政工作和处理财政关系的一系列方针、准则和措施的总称。财政政策分为长期、中期、短期财政政策。各种财政政策都是为相应时期的宏观经济调控总目标服务的。财政政策的短期目标之一是促进经济稳定增长。财政政策主要通过预算收支平衡或财政赤字、财政补贴和国债政策手段等来影响社会总需求数量,促进社会总需求和社会总供给趋向平衡。财政政策的中、长期目标,首先是资源的合理配置。从总体上说,它是通过对供给方面的调控来制约经济结构的形成,为社会总供求的均衡提供条件。例如,政府支出方向直接作用于经济结构的调整和制约,财政贴息手段引导社会投资方向,以配合产业政策为经济持续稳定增长创造均衡条件。其次,中、长期政策的另一个重要目标是收入的公平分配。目前世界各国尤其是发达国家通常的做法是,运用财政政策中的税收和转移支付手段来调节各地区和各阶层的收入差距,以兼顾公平,促进经济社会协调发展。

2. 财政政策的手段及功能

财政政策手段主要包括国家预算、税收、国债、财政补贴、财政管理体制、转移支付制度等。这些手段可以单独使用,也可以配合协调使用。

(1) 国家预算

国家预算是财政政策的主要手段。作为政府的基本财政收支计划,国家预算能够全面反映国家财力规模和平衡状态,并且是各种财政政策手段综合运用结果的反映,因而在宏观调控中具有重要的功能作用。

国家预算收支的规模和收支平衡状态可以对社会供求的总量平衡发生影响。在一定时期,当其他社会需求总量不变时,财政赤字具有扩张社会总需求的功能;财政采用结余政策和压缩财政支出具有缩小社会总需求的功能。

国家预算的支出方向可以调节社会总供求的结构平衡。财政投资主要运用于能源、交通及重要的基础产业、基础设施的建设。财政投资的多少和投资方向直接影响和制约国民经济的部门结构。因而它具有造就未来经济结构框架的功能,也有矫正当期结构失衡状态的功能。

(2) 税收

税收是国家凭借政治权力参与社会产品分配的重要形式。由于税收具有强制性、无偿性和固定性特征,使得它既是筹集财政收入的主要工具,又是调节宏观经济的重要手段。

税收调节经济的首要功能是调节收入的分配。首先,税制的设置可以调节和制约企业间的税负水平。"区别对待"税制的设置可以达到鼓励一部分企业发展,限制另一部分企业发展的目的;"公平税负"税制的设置则可使各类税负水平大致相当。当前,为适应发展社会主义市场经济的需要,我国通过税制改革,设置统一的内资企业所得税和中性税率的增值税就是发挥"公平税负"的政策效应,促进各类企业平等竞争。其次,通过设置个人所得税可以调节个人收入的差距。税收可以调节社会总供求的结构,可以根据消费需求和投资需求的不同对象设置税种,或在同一税种中实行差别税率,以控制需求数量和调节供求结构。

税收对促进国际收支平衡具有重要的调节功能。对出口产品的退税政策可用来鼓励出口,进口关税的设置可用来调节进口商品的品种和数量。

小贴士

波纹效应是物理学现象。在两个重叠的线条形态所产生的干扰中,会生成一种波纹团,称之为波纹效应。在教育学中,波纹效应是指在学习的集体中,教师对有影响力的学生施加压力,实行惩罚,采取讽刺、挖苦等损害人格的做法时,会引起师生对立,出现抗拒现象,有些学生甚至会故意捣乱,出现一波未平、一波又起的情形。这时教师的影响力往往下降或消失不见,因为这些学生在集体中有更大的吸引力。这种效应对学生的学习、品德发展、心理品质和身心健康会产生深远而恶劣的影响。

税收效应是指纳税人因国家课税而在其经济选择或经济行为方面做出的反应。从另一个角度来说,它是指国家课税对消费者的选择以至生产者决策的影响。也就是税收对经济所起的调节作用。税收效应可以分为收入效应和替代效应两个方面。这是指通货膨胀的初期,公司产品的价格提高了,但其成本即原材料是上年的或没涨价时进的。在销售收入提高,成本不变的情况下就提高了利润,股价是公司未来收益的现值。利润的增加就直接影响一家公司未来的收益增加,进而使股价上升。从另外一个角度来讲,就是公司利润上升,发给个人的工资就上升,而个人留着备用的资金不变。在总的资金增加的时候,必然投机的资金也就增加。在股票供给不变,需求增加的情况下,股价自然上涨。股价的上涨就像波纹一样传导,销售收入—利润—股价,或销售收入—工资上升—股票需求增加—股价上升。

（3）国债

国债是国家按照有偿信用原则筹集财政资金的一种形式,同时也是实现政府财政政策,进行宏观调控的重要工具。

国债可以调节国民收入初次分配形成的格局,将部分企业和居民收入以信用方式集中到政府手中,以扩大政府收支的规模。国债可以调节国民收入的使用结构和产业结构,将部分用于消费的资金转化为投资基金,用于农业、能源、交通和基础设施等国民经济的薄弱部门和"瓶颈"产业的发展,调整固定资产投资结构,促进经济结构的合理化。

国债可以调节资金供求和货币流通量。政府主要通过扩大或减少国债发行、降低或提高国债利率和贴现率以及中央银行的公开市场业务来调节资金供求和货币供应。

（4）财政补贴

财政补贴是国家为了某种特定需要,将一部分财政资金无偿补助给企业和居民的一种再分配形式。我国财政补贴主要包括价格补贴、企业亏损补贴、财政贴息、房租补贴、职工生活补贴和外贸补贴。

（5）财政管理体制

财政管理体制是中央与地方、地方各级政府之间以及国家与企事业单位之间资金管理权限和财力划分的一种根本制度。其主要功能是调节各地区、各部门之间的财力分配。

（6）转移支付制度

转移支付制度是中央财政将集中的一部分财政资金,按一定的标准拨付给地方财政的一项制度。其主要功能是调整中央政府与地方政府之间的财力纵向不平衡,以及调整地区间的财力横向不平衡。

3．财政政策对证券市场的影响

（1）财政政策的类型对证券市场的影响

财政政策分为松的财政政策、紧的财政政策和中性财政政策。总体来说，紧的财政政策将使得过热的经济受到控制，证券市场也将走弱；而松的财政政策将刺激经济发展，证券市场也将走强。松的财政政策对证券市场的具体影响有以下几点。

① 减少税收，降低税率，扩大减免税范围。其政策的经济效应是，增加微观经济主体的收入，以刺激经济主体的投资需求，从而扩大社会供给。对证券市场的影响是，增加人们的收入，并同时增加他们的投资需求和消费支出。前者直接引起证券市场价格上涨，后者则使得社会总需求增加。而总需求增加又会刺激投资需求，企业扩大生产规模，利润增加。同时，企业税后利润的增加也将刺激企业扩大生产规模的积极性，进一步增加利润总额，从而促进股票价格上涨。再者因市场需求活跃，企业经营环境改善，盈利能力增强，进而降低了还本付息的风险，债券价格也将上扬。

② 扩大财政支出，加大财政赤字。其政策效应是，扩大社会总需求，从而刺激投资，提高就业率。政府通过购买和公共支出增加商品和劳务需求，激励企业增加投入，提高产出水平，于是企业利润增加，经营风险降低，从而使得股价和债券价格上升。同时居民在经济复苏中增加了收入，持有货币增加，景气的趋势更增加了投资者的信心，买气增强，股市和债市趋于活跃，价格自然上扬。

特别是与政府购买和支出相关的企业将最先最直接从财政政策中获益，因而有关企业的股价和债券价格将率先上涨。需要注意的是，财政赤字不能太大，否则会引发通货膨胀，导致证券市场价格下跌。

③ 减少国债发行（或回购部分短期国债）。其政策效应是，缩减证券市场上国债的供给量，从而对证券市场原有的供求平衡产生影响。国债是证券市场上重要的交易券种，国债发行规模的缩减会使市场供给量缩减，更多的资金将转向股票、企业债券，整个证券市场的价格水平趋于上涨。

④ 增加财政补贴。财政补贴往往使财政支出扩大。其政策效应是，扩大社会总需求和刺激供给增加。

从紧的财政政策的经济效应及其对证券市场的影响与上述分析基本相反，不再叙述。

（2）实现短期财政政策目标的运作及其对证券市场的影响

为了实现短期财政政策目标，财政政策的运作主要是发挥"相机抉择"作用，即政府根据宏观经济运行状况来选择相应的财政政策，调节和控制社会总供求的均衡。这些运作大致有以下几种情况。

① 当社会总需求不足时，可单纯使用松的财政政策，通过扩大支出，增加赤字，以扩大社会总需求，也可以采取扩大税收减免、增加财政补贴等政策，刺激微观经济主体的投资需求，使证券价格上涨。

② 当社会总供给不足时，可单纯使用紧的财政政策，通过减少赤字、增加公开市场上出售国债的数量，以及减少财政补贴等政策，压缩社会总需求，使证券价格下跌。

③ 当社会总供给大于社会总需求时，可以搭配运用"松""紧"政策。一方面，通过增加

赤字、扩大支出等政策刺激总需求增长;另一方面,采取扩大税收、调高税率等措施抑制微观经济主体的供给。如果支出总量效应大于税收效应,那么,对证券价格的上扬会起到一定的推动作用。

④ 当社会总供给小于社会总需求时,可以搭配运用"松""紧"政策。一方面,通过压缩支出、减少赤字等政策缩小社会总需求;另一方面,采取扩大税收减免、减少税收等措施刺激微观经济主体增加供给。当压缩支出的紧缩效应大于减少税收的刺激效应时,证券价格将下跌。

(3) 实现中、长期财政目标的运作及其对证券市场的影响

为了达到中、长期财政政策目标,财政政策的运作主要是调整财政支出结构和改革、调整税制。其做法如下。

① 按照国家产业政策和产业结构调整的要求,在预算支出中,优先安排国家鼓励发展的产业的投资。

② 运用财政贴息、财政信用支出以及国家政策性金融机构提供投资或者担保,支持高新技术产业和农业的发展。

③ 通过合理确定国债规模,吸纳部分社会资金列入中央预算,转作政府的集中性投资,用于能源、交通的重点建设。

④ 调整和改革整个税制体系,或者调整部分主要税制,实现对收入分配的调节。国家产业政策主要通过财政政策和货币政策来实现。优先发展的产业将得到一系列政策优惠和扶持,因而将获得较高的利润和具有良好的发展前景,这势必受到投资者的普遍青睐,股价自然会上扬。债券价格也会因为这些产业具有较低的经营风险,从而具有较低的还本付息风险而上涨。即便在紧的财政货币政策下,这些产业也会受到特殊照顾,因而产业政策对证券市场的影响是长期而深远的。例如,我国在"十一五"期间重点发展的机械装备、能源、农业等产业,直接受惠于产业证券而获得良好的发展前景,从而也带动相关企业股票有良好的市场表现。

(4) 财政政策对股市的影响

正确地运用财政政策来为证券投资决策服务,还应把握以下几个方面。

① 关注有关的统计资料信息,认清经济形势。

② 从各种媒介中了解经济界人士对当前经济的看法,从政府官员的日常活动、讲话中分析其经济观点、主张等,从而预见政府可能采取的经济措施和采取措施的时机。

③ 分析过去类似形势下的政府行为及其经济影响,以作借鉴。

④ 关注年度财政预算,从而把握财政收支总量的变化趋势,更重要的是对财政收支结构及其重点作出分析,以便了解政府的财政投资重点和倾斜政策。受倾斜的产业必有好的业绩,股价自然上涨。

⑤ 在非常时期对经济形势进行分析,预见财政政策的调整,结合行业分析作出投资选择。通常,与政府订货密切相关的企业对财政政策极为敏感。

⑥ 在预测和分析财政政策的基础上,进一步分析相应政策对经济形势的综合影响(比如,通货膨胀、利率等),结合上市公司的内部分析来分析个股的变化趋势。

（二）货币政策对证券市场的影响

1. 货币政策及其作用

所谓货币政策，是指政府为实现一定的宏观经济目标所制定的关于货币供应和货币流通组织管理的基本方针和基本准则。货币政策对经济的调控总体上是全方位的。货币政策的调控作用突出表现在以下几点。

① 通过调控货币供应总量保持社会总供给与总需求的平衡。在现代经济社会中，社会总需求总是表现为具有货币支付能力的总需求。货币政策可通过调控货币供应量达到对社会总需求和总供给两方面的调节，使经济达到均衡。当总需求膨胀导致供求失衡时，可通过控制货币量来达到对总需求的抑制；当总需求不足时，可通过增加货币供应量来提高社会总需求，使经济继续发展。同时，货币供给的增加有利于贷款利率的降低，可减少来投资成本，刺激投资的增长和生产的扩大，从而增加社会总供给。

② 通过调控利率和货币总量控制通货膨胀，保持物价总水平的稳定。无论通货膨胀的形成原因多么复杂，从总量上看，都表现为流通中的货币超过社会在价格不变的情况下所能提供的商品和劳务总量。提高利率可使现有货币购买力推迟，减少即期社会需求，同时也使银行贷款需求减少；降低利率的作用则相反。中央银行还可以通过金融市场直接调控货币供应量。

③ 调节国民收入中消费与储蓄的比例。货币政策通过对利率的调节能够影响人们的消费倾向和储蓄倾向。低利率鼓励消费，高利率有利于吸收储蓄。

④ 引导储蓄向投资的转化并实现资源的合理配置。储蓄是投资的来源，但储蓄不能自动转化为投资，储蓄向投资的转化依赖于一定的市场条件。货币政策可以通过利率的变化影响投资成本和投资的边际效率，提高储蓄转化的比重，并通过金融市场的有效运作实现资源的合理配置。

阅读参考

中国股票市场的"政策市"特征

综观中国股票市场十余年的发展历程，可以发现中国股市的一个特有现象，即所谓的"政策市"，表现为股票市场的走势受政策因素影响极大，政策性风险成为股票市场的主要风险。这与国外成熟的股票市场状况有很大差异。

1995年之前，中国的股票市场表现为齐涨齐跌，系统性风险极高，达到了85%。大盘的走势与个股的走势具有极为相似的趋同性。此阶段，中国股市一直在"股市低迷—政策救市—股市狂涨—政策强抑—股市低迷"怪圈里循环。1996年之后，虽然中国股市在经历较大规模扩容后，市场规模逐步增大，机构投资者队伍稳步扩大，政府调控和监管股市的能力逐步加强，市场系统性风险也呈现出下降的趋势，但相对于发达国家成熟股市的25%左右的系统性风险而言，40%左右的系统性风险依然是相当高的。究其原因，这种高系统性风险主要是由我国股市仍具有典型"政策市"特征造成的，股指走势基本受管理层出台的政策或政策性消息所左右，往往表现为市场对政策性消息的过激反应，甚至导致股指的走势脱离基本面的实际状况。

一、"政策市"和成熟市场的差别

第一,投资者结构的不同。在成熟股票市场中,投资者结构中以机构投资者为多,而在"政策市"中,投资者以散户为多。

第二,投资理念的不同。在成熟股票市场中,投资收益主要来自股票的长期收益,投资者的投资理念趋于理性。在"政策市"中,投资收益主要来自市场差价收益,投资者投资理念具有过度投机性、短期性和从众性,缺乏独立分析和判断能力,受市场消息面影响大。

第三,投资者接收政策影响的方式和程度的不同。在成熟市场中,投资者对政策信息的接收具有间接性、差别化的特点。一些投资者认为是利好性政策,另一些投资者可能认为是利空性政策,导致投资者对同一政策的反应完全不同。这样对同一政策信息的出台,投资者对个股投资行为的调整存在着对冲,这就大大减缓了政策出台对股指的冲击力,降低了股市系统性风险。在"政策市"中,投资者接收政策的影响比较直接,在投资行为调整中具有较强的趋同性,从而在宏观层面上就表现为个股的同涨或同跌和股指的暴涨或暴跌,系统性风险较高。

二、政策的影响与我国股民的"政策依赖性偏差"

自1992年我国股市成立以来,政策对股市的干预比较频繁,"政策市"的特征明显。政府在股市中的驱动意识和宏观调控意识对投资者的投资行为有很强的导向作用,使得我国股民在政策的反应上存在"政策依赖性偏差"。相关统计数据表明,1992—2000年年初,政策性因素是造成股市异常波动的首要因素,占总影响的46%。此外,在这8年的市场剧烈波动中,涨跌幅超过20%的共有16次,其中政策因素8次,占50%。由此可见,政策对我国股市的波动起着最主要的影响作用。我国股民在政策的反应上存在严重的"政策依赖性偏差",在具体行为方式上表现为"过度自信"与"过度恐惧"偏差。投资者的交易频率主要随着政策的出台与政策的导向而发生变化,利好的政策出台会加剧投资者的"过度自信"偏差,导致交投活跃,交易频率加快;而如果利空政策出台,投资者的"过度恐惧"偏差往往会使交易频率有较大程度的下降,下降趋势也会持续较长的时间。

资料来源:http://fs.591hx.com/Article/2011-09-29/0000019557s.shtml

2. 货币政策的目标与中介指标

各个国家货币政策目标的选择,都是根据不同时期的具体经济环境和市场状况确定的,并适时进行调整。在现代社会,货币政策的目标总体上包括稳定币值(物价)、充分就业、经济增长和国际收支平衡。货币政策的目标之间关系十分复杂,有的比较协调,如充分就业和经济增长;有的存在矛盾,如稳定物价与充分就业;有的更加复杂,如稳定物价与经济增长、稳定物价与国际收支平衡、经济增长与国际收支平衡;有的相对独立,如充分就业与国际收支平衡等。这就要求货币政策应在四个目标之间进行权衡,并根据当时的经济环境有所侧重,以解决主要矛盾。

由于货币政策目标本身不能操作、计量和控制,因而为实现货币政策目标需要选定可操作、可计量、可监控的金融变量,即中介指标。在市场经济比较发达的国家一般选择利率、货币供应量和基础货币等金融变量作为中介指标。其中利率和货币供给量对中央银行来说,调控力度和方便程度相对较弱,但作用过程离货币政策的最终目标较近;而基础货币,中央银行对它们的调控能力和方便程度较强,但其作用过程离货币政策的最终目标较远。根据我国实际情况,国务院关于金融体制改革的决定提出,中国人民银行的货币政策的中介指标为货币供应量、信用总量、同业拆借利率和银行超额准备率。

3. 货币政策工具

货币政策工具又称货币政策手段,是指中央银行为实现货币政策目标所采用的政策手段。货币政策工具可分为一般性政策工具和选择性政策工具。一般性政策工具是指中央银行经常采用的三大政策工具。

（1）法定存款准备金率

当中央银行提高法定存款准备金率时,商业银行可运用的资金减少,贷款能力下降,货币乘数变小,市场货币流通量便会相应减少。所以在通货膨胀时,中央银行可提高法定存款准备金率;反之,则降低。法定存款准备金率的作用效果十分明显。一方面,它在很大程度上限制了商业银行体系创造派生存款的能力,而且其他政策工具也都是以此为基础,提高法定存款准备金率,就等于冻结了一部分商业银行的超额准备;另一方面,法定存款准备金率对商业银行的资金总量影响巨大,因为它对应数额庞大的存款总量,并通过货币乘数的作用,对货币供给总量产生更大的影响。通常认为这一政策工具的效果过于猛烈,它的调整会在很大程度上影响整个经济和社会心理预期,因此,一般对法定存款准备金率的调整都持谨慎态度。

（2）再贴现政策

它是指中央银行对商业银行用持有的未到期票据向中央银行融资所做的政策规定。再贴现政策一般包括再贴现率的确定和再贴现的资格条件。再贴现率主要着眼于短期政策效应。中央银行根据市场资金供求状况调整再贴现率,以影响商业银行借入资金的成本,进而影响商业银行对社会的信用量,从而调整货币供给总量。在传导机制上,商业银行需要以较高的代价才能获得中央银行的贷款,因此便会提高对客户的贴现率或提高放款利率,其结果就会使得信用量收缩,市场货币供应量减少;反之则相反。中央银行对再贴现资格条件的规定则着眼于长期的政策效用,以发挥抑制或扶持作用,并改变资金流向。

（3）公开市场业务

它是指中央银行在金融市场上公开买卖有价证券,以此来调节市场货币供应量的政策行为。当中央银行认为应该增加货币供应量时,就在金融市场上买进有价证券(主要是政府债券);反之,就出售所持有的有价证券。

4. 货币政策类型对证券市场的影响

货币政策的运作主要是指中央银行根据客观经济形势采取适当的政策措施调控货币供应量和信用规模,使之达到预定的货币政策目标,并以此影响整体经济的运行。通常,货币政策类型可分为紧的货币政策和松的货币政策。

（1）紧的货币政策

其主要政策手段是,减少货币供应量,提高利率,加强信贷控制。如果市场物价上涨,需求过度,经济过度繁荣,社会总需求大于总供给,中央银行就会采取紧缩货币的政策以减少需求。

（2）松的货币政策

其主要政策手段是，增加货币供应量，降低利率，放松信贷控制。如果市场产品销售不畅，经济运转困难，资金短缺，设备闲置，社会总需求小于总供给，中央银行则会采取扩大货币供应的办法以增加总需求。

总体来说，在经济衰退时，总需求不足，采取松的货币政策；在经济扩张时，总需求过大，采取紧的货币政策。但这只是一个方面的问题，政府必须根据现实情况对松紧程度做科学合理的把握，同时还必须根据政策工具本身的利弊及实施条件和效果选择适当的政策工具。从总体上来说，松的货币政策将使得证券市场价格上扬，紧的货币政策将使得证券市场价格下跌。

5. 具体的政策工具对证券市场的影响

（1）利率对证券市场的影响

利率政策在各国存在差异，有的采用浮动利率制，此时利率是作为一个货币政策的中介指标，直接对货币供应量做出反应。有的实行固定利率制，利率作为一个货币政策工具受到政府（央行）直接控制。利率对证券市场的影响是十分直接的。

利率上升，公司借款成本增加，利润率下降，股票价格自然下跌。特别是那些负债率比较高，并且主要靠银行贷款从事生产经营的企业，这种影响将极为显著，相应股票价格的下跌幅度更大。

利率上升，债券和股票投资机会成本增大，从而使价值评估降低，价格下跌。

利率上升，将吸引部分资金从债市特别是股市转向储蓄，导致证券需求下降，证券价格下跌。

（2）公开市场业务对证券市场的影响

政府如果通过公开市场回购债券来达到增大货币供应量的目的，则一方面减少了国债的供给，从而减少证券市场的总供给，使得证券价格上扬，特别是被政府购买的国债品种（通常是短期国债）将首先上扬；另一方面，政府回购国债相当于向证券市场提供了一笔资金，这笔资金最直接的效应是提高对证券的需求，从而使整个证券市场价格上扬。可见公开市场业务的调控工具最先、最直接地对证券市场产生影响。

（3）汇率对证券市场的影响

汇率对证券市场的影响是多方面的。一般来讲，一国的经济越开放，证券市场的国际化程度越高，证券市场受汇率的影响也越大。这里，汇率用单位外币的本币标值来表示。

汇率上升，本币贬值，本国产品竞争力增强，出口型企业收益增加，因而企业的股票和债券价格将上涨；相反，依赖于进口的企业成本增加，利润受损，股票和债券价格将下跌。

汇率上升，本币贬值，将导致资本流出本国，使本国证券市场需求减少，价格下跌。

汇率上升，以本币表示的进口商品价格提高，进而带动国内物价水平上涨，引起通货膨胀。通货膨胀对证券市场的影响需根据当前的经济形势和具体企业以及政策行为进行分析。

汇率上升，为维持汇率稳定，政府可能动用外汇储备，抛售外汇，从而将减少本币的供应量，使得证券市场价格下跌，直到汇率回落恢复均衡；反面效应可能使证券价格回升。

汇率上升,政府可能利用债市与汇市联动操作达到既控制汇率的升势又不减少货币供应量的目的,即抛售外汇,同时回购国债,使国债市场价格上扬。

以上是汇率上升对证券市场的影响;而汇率下降,则情况相反。

团队活动组织

第一步　分别阅读以下材料

如何更好地发挥科创板作用

自 2019 年 7 月 22 日开板至今,科创板在上交所落地已将近 20 个月。

截至 2021 年 3 月 10 日,上交所累计受理 IPO 科创企业 541 家,除 86 家终止撤回外,455 家受理企业中已成功上市 236 家。这 236 家公司累计募资约 3 230 亿元,目前板块总市值达 3.13 万亿元。

毫无疑问,A 股市场首创注册制的科创板取得了阶段性的显著成果,也让市场各界对这块试验田充满期待。在今年的全国两会上,来自上海代表团的樊芸代表在审议政府工作报告时,率先向证监会喊话:"目前科创板缺乏吸引力,国际竞争力尚显不足。"

樊代表所说的"不足",主要涉及以下三方面。

一是板块在满足强化国家战略科技力量、强化国际竞争力方面尚有不少差距。樊芸和有关人大代表通过调研提到,原来上交所跟国内证券市场有紧密接触的 70 多家高科技企业,都陆陆续续到海外和中国香港上市,其中不少是新能源汽车、生物医药以及其他的行业性标杆企业,比如,金山云、小鹏汽车等。

二是与国际成熟市场相比,科创板在老股减持、企业用汇、优先股处理等问题的解决方案和审核机制方面都不够明确,造成不少红筹企业难以回归。

三是审核资源短缺。注册制排队企业拥堵较为严重。确实,有关媒体报道,目前 IPO 排队家数已高达 752 家,其中科创板 196 家(包括在审企业 107 家、已过会未上市 89 家)。樊代表建议,可以更好地利用人工智能和大数据等现代化信息手段,进一步提升审核效率。

当然,樊代表的意见主要来自企业方面,涉及的主要是一级市场。在二级市场上,我们也可以明显地看到,科创板的走势并不强。截至 2 月月底,科创板全部上市公司均已披露 2020 年年报和业绩快报,累计营收增长 16%,净利润增长 58%,每股收益 0.60 元。16 家尚未盈利的企业,亏损金额也从 56 亿元减至 40 亿元,应该说相当不错。可 2021 年 2 月月底至今(3 月 10 日),科创 50 指数还是下跌逾 7%,而同期沪综指和深成指的跌幅分别为 5.8%和 6.5%。

这是怎么造成的?

第一,科创板的盈利增长来自少数企业。在科创板整体 456 亿元盈利中,前 10 家占了 216 亿元,将近一半。这 10 家企业年均增幅达 84%,但它们中有很多来自"疫情红利"。如盈利第一股中芯国际(盈利 43.32 亿元、增长 142%),应该同疫情期间国外不少做芯片的企业停产停工有关。盈利第三股传音控股(净利 26.39 亿元、增长 47%),盈利第四股圣湘生物(净利 26.16 亿元、增长 6 526%),以及盈利第六股东方生物(盈利 16.88 亿元、增长

1 956％)等均与疫情有关,或者说均为特定环境下的突发性增长。

第二,科创企业的发行市盈率通常多为 50～60 倍,最高有达 300～400 倍的;而同为注册制的创业板通常在 30 倍上下。正因为高溢价发行,大批科创次新股破发。据笔者粗略统计,目前上市的 236 只科创股中,已有近 50 只破发或接近破发。如久日新材相比发行价破发 41.38％,天宜上佳破发 37.65％,开普云破发 35.66％,三生国健破发 34.76％,百奥泰破发 30.61％,科威尔破发 28.56％,奥莱德破发 24.87％,普元信息破发 24.5％,等等。科创企业的高溢价发行自然同其硬核科技属性有关。问题在于,什么是硬核?如何判断?似乎没有明确的标准。

第三,流通市值普遍较小,流通市值占总市值的比重普遍较低。据上交所数据,目前科创板总市值和流通市值分别为 3.13 万亿元和 1.02 万亿元,即上市流通的仅为 1/3。其中低的如圣湘生物,总市值 396 亿元,流通市值 34.6 亿元,占比仅为 8.72％。这就涉及樊芸代表提到的老股减持、优先股处理等问题。

第二步　团队活动

团队成员分为两组,就以下问题组织讨论。

① 列举实例,证明中国股市是如何发挥科创板作用的;

② 股市上涨,你认为这对拉动消费需求是否有作用。

网络模拟训练

① 打开同花顺网站首页,单击"咨讯"菜单,打开财经页面如图 2-1-2 所示。

图 2-1-2　同花顺财经页面

② 在该页面单击"国内国际"导航条,如图 2-1-3 所示。

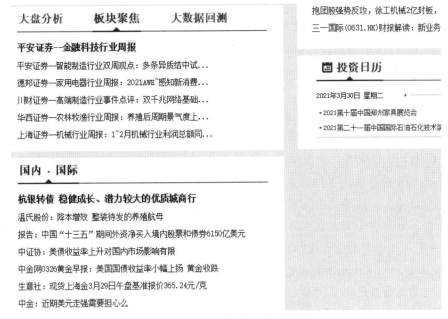

图 2-1-3　同花顺"国内国际"页面

③ 接下来,可单击后面的导航条,查看关于当前国际国内经济的相关内容。初步形成自己对当前经济形势的判断,为做多(买进、持股)或做空(卖出)做出决策。

知识拓展

一、市值

市值即股票的市场价值,分为流通市值和总市值两种。

$$流通市值＝流通股数×股票价格$$
$$总市值＝总股本×股票价格$$

在股改以后,所有股票都能上市流通,国家股、法人股和社会公众股已经同股同权,所以媒体上所说的市值一般都是指总市值,除非特意标明是流通市值。

二、国家股、法人股、社会公众股和外资股

我国上市公司的股份按投资主体来分,可以分为国家股、法人股、社会公众股和外资股。

国家股是指有权代表国家投资的部门或机构以国有资产向公司投资形成的股份。它包括以公司现有国有资产折算成的股份。国家股由国务院授权的部门或机构持有,或根据国务院决定,由地方人民政府授权的部门或机构持有。

法人股是指企业法人或具有法人资格的事业单位和社会团体以其依法可支配的资产投入公司所形成的股份。法人股股票以法人记名。

如果是具有法人资格的国有企业、事业及其他单位以其依法占用的法人资产向独立于自己的股份公司出资形成或依法定程序取得的股份,可称为国有法人股。国有法人股属于国有股权。

社会公众股是指社会公众依法以其拥有的财产投入公司所形成的可上市流通的股份。在公开募集方式下,股份公司发行的股份,除了由发起人认购一部分外,其余部分应该向社会公众公开发行。《中华人民共和国证券法》规定,社会募集公司申请股票上市的条件之一是,向社会公开发行的股份达到公司股份总数的25%以上。公司股本总额超过人民币4亿元的,向社会公开发行股份的比例为10%以上。

外资股是指股份公司向外国和我国港澳台地区投资者发行的股票。这是我国股份公司吸收外资的一种方式。外资按上市地域不同,可分为境内上市外资股和境外上市外资股。

三、CPI、PPI与股市的关系

如果说PPI是企业的生产成本,那么,CPI则是消费者的生活成本。CPI与PPI是最重要的两个物价指数。所谓物价指数,一般是指两个不同时期的物价平均水平的比值。物价指数大多按月计算和公布。比如,今年8月的平均物价与去年8月(同期)的平均物价之比值,就是今年8月的同比物价指数。物价指数－100%＝物价涨幅。

CPI(Consumer Price Index)是"消费者价格指数"的缩写,在我国,也称作居民消费价格指数。它是测量居民购买商品和劳务的平均价格水平变动的一个相对指标。

CPI主要反映消费者(居民或家庭)的平均生活成本变化。它基本上覆盖了人们的吃(食品)、穿(服装)、医(医疗)、住(住房)、行(交通)、文化教育等方面的商品和服务。

在西方,CPI十分重要,它可以用来计算通货膨胀率、货币购买力指数、实际工资等。

1. 通货膨胀率＝(报告期CPI÷基期CPI)－100%

注:该公式分子与分母中的CPI均为相同基期下的定基指数。

通货膨胀率主要反映在一定期限内物价持续上涨的程度。物价上涨不等于通货膨胀,但通货膨胀一定是物价上涨。或者说,通货膨胀是指超过一定社会承受力的物价上涨。在我国,目前尚未计算或公布过通货膨胀率指标。

2. 货币购买力指数＝(1÷CPI)×100%

货币购买力指数与消费者价格指数(CPI)互为倒数,它表明货币购买力水平与物价水平二者是负相关关系。如果CPI上涨,则货币购买力就下降;如果CPI下降,则货币购买力就会上升。

3. 实际工资＝名义工资÷CPI

名义工资是指雇员从雇主那里领取的工资;而实际工资则是在剔除物价(CPI)水分后的、具有实际购买力的工资水平。如果物价上涨快于名义工资上涨,则表明实际工资水平下降;相反,如果名义工资上涨快于物价上涨,则表明实际工资水平提高。

PPI(Producer Price Index)则是"生产者价格指数"的缩写,在我国,也称作工业品出厂价格指数。它是测量生产资料(包括原材料和资本品)价格平均水平变动的一个相对指标。

很显然,PPI上涨是CPI上涨的先行指标,或者说,PPI上涨最终会传导并加速CPI上涨。然而,PPI的上涨对加大企业生产成本(降低利润率)的压力,却远大于传导给CPI上涨而带来的压力。尤其是在出口萎缩、消费品制造业产能过剩的情况下,企业将上涨的生产成本转嫁给消费者的难度加大,为此,无法转嫁的生产成本必将冲减企业利润。因此,PPI上涨意味着企业经营成本的进一步加大,利润率将会明显下降。

　　由此可见,CPI 上涨将加大居民消费成本,从而打击或削弱居民消费信心,这也会使家庭投资更谨慎、更理性。

　　同样,PPI 上涨将加大企业采购成本,在原材料价格上涨不能有效转嫁给消费者的前提下,企业利润减少甚至亏损都将是很常见的。对上市公司而言,道理完全相同。公司利润减少,业绩明显下降,对股东回报也减少。一方面,上市公司投资价值下降,股价重心自然会下移;另一方面,投资回报预期降低,就会弱化投资者信心,股市人气就会涣散。

　　总而言之,CPI 上涨,尤其是 PPI 持续上涨,均不利于股市信心集聚、人气提升。

任务二　证券投资行业分析

▌▌任务描述 ➡

　　通过对行业进行对比分析,确定每个行业的特征与所处发展周期的不同阶段,进一步弄清楚各行业所具有的风险与收益关系。在掌握影响各个行业发展的重要因素后,能够根据这些因素来判断该行业的发展趋势,从而作出正确的投资决策。

▌▌任务资讯 ➡

一、行业的定义及分类

　　所谓行业,一般是从事国民经济中同性质的生产或其他经济社会活动的经营单位和个体等构成的组织结构体系。如银行业、房地产业、林业、渔业等。

　　2019 年,我国新的《国民经济行业分类》(GD/T4754-2011)国家标准颁布实施,新标准将国民经济行业分为 20 个门类,96 个大类,432 个中类,1 094 个小类,并对每一个类都按层次编制了代码。

　　国民经济行业分类的 20 个门类类别如下。

　　A　农、林、牧、渔业

　　B　采矿业

　　C　制造业

　　D　电力、燃气及水的生产和供应业

　　E　建筑业

　　F　批发和零售业

　　G　交通运输、仓储和邮政业

　　H　住宿和餐饮业

　　I　信息传输、计算机服务和软件业

J　金融业

K　房地产业

L　租赁和商务服务业

M　科学研究和技术服务业

N　水利、环境和公共设施管理业

O　居民服务、修理和其他服务业

P　教育

Q　卫生和社会工作

R　文化、体育和娱乐业

S　公共管理、社会保障和社会组织

T　国际组织

国际上通常将以上行业划分为三次产业,第一产业即传统意义上的农业(A);第二产业即通常所说的工业(B、C、D)和建筑业(E);第三产业即除去第一、第二产业以外的所有行业,现在也从广义上称之为"服务业"。

小贴士

股票三个重要指标

近年来,最热门的一只股票还要数贵州茅台,截至2021年2月月末,茅台的股价已经达到每股2 150元,买一手茅台需要21.5万元。有人说,茅台的股价太高了;也有人说,这还不算高。那我们该如何衡量茅台的股价水平高低呢?

对于初入门的投资者来说,以下3个指标不得不了解:市盈率、市净率和ROE。在当前价位,茅台的市盈率为60.59倍,市净率为18.19倍,ROE为30%。这些指标分别代表什么意思呢?

为了更好地理解这3个概念,我们先不说股票,而是从一家奶茶店的故事说起……假设你开了一家奶茶店,初期投入总计20万元。此外,这家店靠卖奶茶一年可以净赚20万元。这时,如果有人想出价40万元买下这家奶茶铺,你愿意出售吗?

一、市盈率(P/E)

这时,作为老板的你心里也许会进行如下计算:按现有的盈利水平计算,奶茶店一年的盈利是20万元,40万元相当于是2年奶茶铺的利润,如果别人买下了这家店,相当于用2年的时间就可以回本……是不是卖便宜了呢?

其实,这就涉及了市盈率的概念。如果有人要用40万元的价格买这间一年盈利为20万元的奶茶店,那么市盈率就是2倍(40万元÷20万元)。

严格来说,市盈率就是一家公司的总市值除以净利润。上述奶茶店有人出价40万元,这40万元可以看作奶茶店的"市值"。而股票市场中一家公司的市值就是它的股价乘以发行总股数,市值或股价的高低变动是由公司基本面、行业、宏观市场和万千股民的行为决定的。"几倍的市盈率"意味着投资一家公司后,按公司现有的盈利情况计算,用几年的时间可以回本(假设派息率为 100%)。

市盈率也可以算作股票价格除以每股收益的比率。这也不难理解,假设这家奶茶店一共有 40 万股,市值 40 万元,则每股 1 元;每股收益是 20 万元÷40 万股＝0.5 元/股。市盈率为 1÷0.5＝2 倍,结果不变。

那么,市盈率是越高越好,还是越低越好呢?

对于奶茶店的老板来说,当然希望市盈率高,这样就能卖个好价钱;而对于想要收购店铺的人来说,市盈率越低才越划算。某种程度上,"合理"的市盈率也是买、卖双方博弈的结果,奶茶店越"香",想买的人越多,市盈率就越高。

在股票投资中也是同样的道理。对于购买股票的投资者而言,市盈率反映的是一只股票的价格相对于其盈利能力的高低。从短期来看,市盈率越低,表明投资回收期越短,投资风险就越小,股票的投资价值也就越大;反之亦然。如果市盈率过高,则该股票的价格具有泡沫,价值被高估。

不过,需要注意的是,市盈率同时也反映市场对股票未来价值的预期。从长期来看,均衡市盈率的降低,也可能是由于市场不看好行业或公司未来的发展;而较高的市盈率则反映市场普遍认为股票有较好的成长性。

二、市净率(P/B)

然而,市盈率并不是一个"万能"的指标……疫情期间,你的奶茶店营业收入大幅下降,有几个月甚至几近零收入,此后才逐渐恢复平稳,导致整个 2020 年只能勉强维持盈亏平衡。

这个时候,如果奶茶店的市值仍然为 40 万元,利润则为 0,那么市盈率就是无限大了。但是,市盈率的增长,并不是因为看好这家店的人更多了,市场定价更高了,而是单纯因为一些突发状况导致盈利大幅降低。这种情况下,"市盈率"这一指标就好像已经失去了意义。

这也可以说明"市盈率"指标的一大局限性:不适合盈利不够稳定的公司。在股市中,重资产和周期性行业不适合用市盈率指标来衡量,如银行、房地产、钢铁等。

现在可以引入另一个重要指标——市净率。市净率是指每股股价与每股净资产的比率,也可以是市值和净资产的比率。

回到奶茶店例子中,市净率是多少呢?我们知道奶茶店的设备、装修、宣传等初期投入为 20 万元,这里我们先假定其设备、品牌等的市场价值不变(实际上设备会发生折旧,会比初期投入的 20 万元少一点),则奶茶店的净资产为 20 万元,市净率＝40 万元÷20 万元＝2 倍。

如果说市盈率是拿股价和公司的盈利能力比,那么"市净率"相对来说就简单粗暴了一些,相当于是直接"按斤论两"计算公司值多少钱,再拿股价和它比较。这么做的意义何在呢?可以这么来理解,如果某路人甲发现你的奶茶店很赚钱,也想开一家,则他有两种选择:一是自己投入 20 万元买设备、装修等等"山寨"一家;二是花 40 万元收购你的奶茶铺。那么他会如何选择呢?

我们不难发现,后者比前者贵了 20 万元,理性的路人甲会考虑这多出的 20 万元(2 倍市净率)花得是否值得。也就是你的奶茶铺是否能比他直接"山寨"带来更大的收益,比如,品牌更知名,产品更独特等,这些都属于"无形资产"的范畴。

三、ROE(净资产收益率)

那么,市净率高的公司是否值得投资呢?要回答这个问题,我们还要参考另一个指标——ROE,即净资产收益率。

ROE＝企业净利润÷净资产,也可以是 ROE＝PB÷PE(通过简单数学换算即可得到这个等式)。

在奶茶店的例子中,ROE＝20 万元÷20 万元＝100%。用 PB÷PE＝1,结论相同。也就是投入 100 元,一年的时间可以收回 100 元。但是在疫情期间,由于奶茶店的利润为 0,因而 ROE 也等于 0。

ROE 是衡量股东资金使用效率的重要财务指标,也是"股神"巴菲特最推崇的指标。其实我们在投资中常用到的"年化收益率"就类似于 ROE 的概念。比如,银行存款的年化收益率为 2%左右,货币基金 3%左右,等等,反映的是"钱生钱"的效率。如果一家公司的 ROE 常年低于 3%,显然就不值得投资,因为还不如将资金直接购买银行理财产品呢。

ROE 指标也存在自身的缺陷。由于分子是净利润,分母是净资产,企业的净利润并非仅是净资产所产生的,还包括"负债",ROE 没有将企业的负债考虑在内,是其一大局限性。

再回到奶茶店的例子中,如果另一家奶茶店 B 一年的盈利同样为 20 万元,但是最初投入了 30 万元,其中 20 万元是老板的自有资金,还有 10 万元是负债,可能是银行贷款,或是向亲戚朋友借的钱。在这种情况下,奶茶店 B 的 ROE 也同样为 100%,但两者的资金使用效率是不同的,B 的效率更低。如果计算总资产收益率的话,则奶茶铺 A 仍为 100%,奶茶铺 B 则仅为 66.7%。

总之,市盈率、市净率和 ROE 是股票中最常见的三个指标,有着不同的特征和局限性。要根据股票所在行业、盈利稳定性、负债等情况,综合看待这些指标,才能发挥它们的参考价值。

二、行业的市场结构分析

市场结构就是市场竞争或垄断的程度。行业的市场结构随该行业中企业的数量、产品的性质、价格的制定和其他一些因素的变化而变化。行业基本上可分为四种市场类型,即完全竞争、垄断竞争、寡头垄断、完全垄断。

1. 完全竞争型

完全竞争型是指竞争不受任何阻碍和干扰的市场结构。其特点如下。

① 生产者众多,各种生产资料可以完全流动;

② 产品不论是有形或无形的,都是同质的、无差别的;

③ 没有一个企业能够影响产品的价格,企业永远是价格的接受者而不是价格的制定者,企业的盈利基本上由市场对产品的需求来决定;

④ 生产者和消费者对市场情况非常了解,并可自由进入或退出这个市场。

从上述特点可以看出,完全竞争是一个理论性的假设,其根本特点在于企业的产品无差异,所有的企业都无法控制产品的市场价格。在现实经济中,完全竞争的市场类型是少见的,初级产品的市场类型较相似于完全竞争。

2. 垄断竞争型

垄断竞争型是指既有垄断又有竞争的市场结构。其特点如下。

① 生产者众多,各种生产资料可以流动。

② 生产的产品同种但不同质,即产品之间存在着差异。产品的差异性是指各种产品之间存在着实际或想象上的差异,它是垄断竞争与完全竞争的主要区别。

③ 由于产品差异性的存在,生产者可以树立自己产品的信誉,从而对其产品的价格有一定的控制能力。

在该市场结构中,造成垄断现象的原因是产品差别,造成竞争现象的原因是产品同种,即产品的可替代性。在国民经济各产业中,制成品的市场类型一般都属于这种类型。

3. 寡头垄断型

寡头垄断型是指相对少量的生产者在某种产品的生产中占据很大市场份额,从而控制了这个行业的产品供给的市场结构。在寡头垄断的市场上,由于这些少数生产者的产量非常大,因此他们对市场的价格和交易具有一定的垄断能力。同时,由于只有少量的生产者生产同一种产品,因而每个生产者的价格政策和经营方式及其变化都会对其他生产者产生重要影响。

因此,在这个市场上,通常存在着一个起领导作用的企业,其他企业随该企业定价与经营方式的变化而相应地进行某些调整。资本密集型、技术密集型产品,如钢铁、汽车等,以及少数储量集中的矿产品,如石油等的市场多属于这种类型。因为生产这些产品所必需的巨额投资、复杂的技术或产品储量的分布限制了新企业对这个市场的侵入。

4. 完全垄断型

完全垄断型是指独家企业生产某种特质产品的市场结构。特质产品是指那些没有或缺少相近的替代品的产品。

(1) 完全垄断型的分类

完全垄断可分为两种类型。

① 政府完全垄断。一般为公用事业,如国有铁路、邮电等部门。

② 私人完全垄断。如根据政府授予的特许专营或根据专利生产的独家经营,以及由于资本雄厚、技术先进而建立的排他性的私人垄断经营。

(2) 完全垄断市场类型的特点

① 由于市场被独家企业所控制,产品又没有或缺少合适的替代品,因此,垄断者能够根据市场的供需情况制定理想的价格和产量,在高价少销和低价多销之间进行选择,以获取最大的利润;

② 垄断者在制定产品的价格与生产数量方面的自由性是有限度的,要受到《反垄断法》和政府管制的约束。

在现实生活中,公用事业(如发电厂、煤气公司、自来水公司和邮电通信等)和某些资本、技术高度密集型或稀有金属矿藏的开采等行业属于这种完全垄断的市场类型。

三、经济周期与行业分析

各行业变动时,往往呈现出明显的、可测的增长或衰退的格局。这些变动与国民经济总体的周期变动是有关系的,但关系密切的程度又不一样。据此,可以将行业分为以下三类。

1. 增长型行业

增长型行业的运动状态与经济活动总水平的周期及其振幅无关。这些行业收入增长的速率相对于经济周期的变动来说,并未出现同步影响,因为它们主要依靠技术的进步、新产品的推出及更优质的服务,从而使其呈现出持续增长。例如,在过去的几十年内,计算机和复印机行业就是典型的增长型行业。

投资者对增长型行业十分感兴趣,主要是因为这些行业对经济周期性波动来说,提供了一种财富"套期保值"的手段。然而不足的是,这种行业增长的形态却使得投资者难以把握精确的购买时机,因为这些行业的股票价格不会随着经济周期的变化而变化。

小贴士

龙头股

龙头股指的是某一时期在股票市场的炒作中对同行业板块的其他股票具有影响和号召力的股票。它的涨跌往往对其他同行业板块股票的涨跌起引导和示范作用。龙头股并不是一成不变的,它的地位往往只能维持一段时间。

---

2. 周期型行业

周期型行业的运动状态直接与经济周期相关。当经济处于上升期时,这些行业会紧随其扩张;当经济衰退时,这些行业也相应衰落。产生这种现象的原因是,当经济上升时,对这些行业相关产品的购买需求相应增加。例如,能源、钢铁、耐用品制造业及其他需求的收入弹性较高的行业,就属于典型的周期型行业。

小贴士

资本利得

资本利得是指股票持有者持股票到市场上进行交易,当股票的市场价格高于买入价格时,卖出股票就可以赚取差价收益,这种差价收益称为资本利得。

---

3. 防御型行业

防御型行业运动形态的存在是因为其产业的产品需求相对稳定,需求弹性小,几乎不受经济周期处于衰退阶段的影响。正是因为这个原因,对其投资便属于收入投资,而非资本利得投资。当经济衰退时,防御型行业或许会有实际增长。例如,食品业和公用事业属于防御型行业,因为需求的收入弹性较小,所以这些公司的收入相对稳定。

阅读参考

如何规划基金定投

　　说起基金定投,不少投资者可能都已经耳熟能详。作为公认的"懒人投资神器",基金定投可以帮助大部分投资者通过长期定额的投资,积少成多,平摊投资成本,降低整体风险。不过,老少咸宜的基金定投虽然看起来十分简单,但并非每个投资者都能达成"微笑曲线"。如果想要通过基金定投赚取较为可观的投资收益,除了需要较长时间的积累,对定投原理的理解以及科学的规划也非常重要。

　　一、定期定点投资

　　从投资方式上来说,基金定投是指投资者通过基金销售机构,按事先约定的固定扣款时间、扣款金额、扣款基金,在约定的扣款日从指定账户内自动申购基金的投资方式。这种投资方式的底层逻辑就是定期投入一笔钱,用来买入指定的基金,每期买入的价格(即成本)会随基金净值变化,只要赎回时的资产价格大于平均成本,就能实现盈利。

　　更简单地说,通俗意义上的基金定投主要由三个关键词构成,即"固定的时间""固定的金额"以及"固定的基金"。

　　举例而言:假设张先生每周五都会留出 500 元购买 A 基金。那么,在张先生的定投计划中,A 基金就是"指定的基金",每周五就是"固定的时间",500 元就是指"固定的金额"。

　　在实际的定投操作中,投资者可以选择日、周、月为周期进行,定投资金扣款都是在交易日进行,如果扣款当天赶上节假日,就会被自动顺延到扣款日的下一个交易日。比如,定投日在每周五,但某个周五正好赶上节假日,周五、周六、周日 3 天假期,那么,扣款日就会顺延到下周一。

　　值得一提的是,除了在固定扣款日扣除固定的金额外,也有部分基金销售机构推出了"智能定投"服务,投资者可选择提前设置定投金额的浮动规则(比如,根据估值分位数,估值低位多投,估值高位少投等)。在这样的设定下,销售机构会在每个定投固定扣款日按浮动规则计算当日的具体定投金额。

　　二、平滑投资风险

　　从投资特性上来说,基金定投最大的优势就是可以通过在一定时间内定期分批买入的方法,平滑持仓成本及投资风险。不管行情如何波动,中、长期基金定投者几乎都可以有效避免一次性买在市场高点的风险。

　　虽说投资最理想的状态就是"低买高卖",但即便是享誉全球的投资大师也很难做到这一点。许多投资者可能都有这样一个共同的感受:每次市场最疯狂的时候,都是资金疯狂涌入的时候,也是自己忍不住跟着"上车"的时候,不少资金就会被"套"在市场高位。但基金定投是分批买入,通过平滑成本,就能够显著地降低这一风险。即使在市场高点开始定投,只要坚持通过定投投入资金,基金的持仓成本就会逐渐摊薄,等到下一次牛市到来之时,基金的整体收益将会大幅提升。此时投资者如果选择高位一次性卖出,依旧可以获得一笔较为可观的收益。

　　这也就是说,如果股市在一段时间内呈现一波先下跌再回升的走势,对于基金定投而言,就构成了"微笑曲线"。在这个过程中,如果你能坚持定投,那么就意味着你在市场下跌时拣了很多"便宜货",有效地摊薄了投资成本,一旦市场好转,你的定投账户就能在较短时间内扭亏为盈。

另一方面,从心态上来说,基金定投往往能使得投资者更加平和。由于这种定投方式不是"一锤子买卖",且一般在市场下跌时可以拉低成本,投资者通常也不会因为市场波动而过于恐慌,即使短期亏损,一般也不会影响日常生活,可以保持平和的心态继续投入和持有。

总体而言,基金定投的投资风险相对可控,对投资者专业技能、投资经验以及投资本金的要求也都较低,对于大部分"打工者"来说,其收益不一定能让你暴富,但有望"战胜"通胀。

三、科学制定定投规划

值得注意的是,基金定投虽然是一种老少咸宜的"低门槛"投资方式,但在制订自己的定投计划前,还是需要想清楚以下几个问题。

定投金额:一般建议根据工资收入、租金收入等稳定收入扣除支出后的结余,或者是不影响正常生活的"闲钱"设定具体金额。

定投期限:基金定投是"时间的朋友",一般建议投资者制订3、5、8年甚至更长时间的长期定投计划,最好能经历较为完整的"微笑曲线"。

定投基金:一般建议随时开放申购、波动相对较大、长期回报可期的基金。这是因为只有波动较大的基金才能在市场下跌时积累较低的成本,市场反弹时也能快速获利,长期收益更可观,而净值过于平稳的基金,比如,货币基金或债券基金的波动太小,分批投入平滑波动的效果就比较弱。

在具体的选择过程中,基金投资经验较为丰富的投资者可根据自身偏好选择长期业绩优异且稳定的主动管理型基金;投资经验较少或追求平均收益的投资者可考虑选择宽基指数型基金,如跟踪沪深300、中证500或者创业板指的基金进行定投。

在具体定投基金的数量选择上,业内人士建议普通投资者的定投组合一般不宜超过5只基金。原因一方面是因为定投组合里每多一只基金,就意味着投资者要多操一份心,这和定投省心省力的初衷相悖;另一方面是因为基金不同于股票,基金经理在实际投资过程中就已经考虑了风险分散,同一主题、行业类型的基金,一般挑选一只就足够了。如果定投组合中的多只基金所投资的方向高度重合,则很可能出现同涨同跌的情况,也不能达到分散风险的效果。

四、行业生命周期分析

和世界万物一样,每个行业都要经历一个由成长到衰退的发展演变过程。这个过程便称为行业的生命周期。一般将行业的生命周期分为四个阶段,即初创阶段(也叫幼稚期、开创期)、成长阶段(扩张期)、成熟阶段和衰退阶段,如图2-2-1所示。

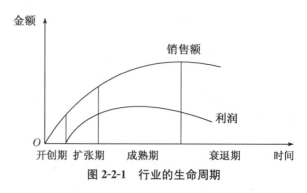

图 2-2-1 行业的生命周期

1. 初创阶段

初创阶段是一个行业的起步阶段。在这一阶段,由于新行业刚刚诞生或初建不久,因而只有为数不多的创业公司投资于这个新兴的产业。由于初创阶段产业的创立投资和产品的研究、开发费用较高,而产品市场需求狭小(因为大众对其尚缺乏了解),销售收入较低,因此这些创业公司财务上可能不但没有盈利,而且普遍亏损。在初创阶段,企业还可能因财务困难而引发破产,因此,这类企业更适合投机者而非投资者。

另外,在初创阶段后期,随着行业生产技术的提高、生产成本的降低和市场需求的扩大,新行业便逐步由高风险、低收益的初创期转向高风险、高收益的成长期。

2. 成长阶段

成长阶段是行业发展的黄金时期。在这一阶段,拥有一定市场营销和财务力量的企业逐渐主导市场,这些企业往往是较大的企业,其资本结构比较稳定,因而它们开始定期支付股利并扩大经营。

在成长阶段,新行业的产品经过广泛宣传和消费者的试用,逐渐以其自身的特点赢得了大众的欢迎或偏好,市场需求开始上升,新行业也随之繁荣起来。与市场需求变化相适应,供给方面相应地出现了一系列的变化。由于市场前景良好,投资于新行业的厂商大量增加,产品逐步从单一、低质、高价向多样、优质和低价方向发展。因而新行业出现了生产厂商和产品相互竞争的局面。这种状况会持续数年或数十年。由于这一原因,这一阶段有时被称为投资机会时期。这种状况的继续将导致生产厂商随着市场竞争的不断发展和产品产量的不断增加而相应增加,市场的需求日趋饱和。生产厂商不能单纯地依靠扩大生产量、提高市场份额来增加收入,而必须依靠追加生产,提高生产技术,降低成本,以及研制和开发新产品的方法来争取竞争优势,战胜竞争对手和维持企业的生存。但这种方法只有资本和技术力量雄厚、经营管理有方的企业才能做到。那些财力与技术较弱,经营不善,或新加入的企业(因产品的成本较高或不符合市场的需要)则往往被淘汰或被兼并。因而,这一时期企业的利润虽然增长很快,但所面临的竞争风险也非常大,破产率与被兼并率相当高。

在成长阶段的后期,由于行业中生产厂商与产品竞争优胜劣汰规律的作用,市场上生产厂商的数量在大幅度下降之后便开始稳定下来。由于市场需求基本饱和,产品的销售增长率减慢,迅速赚取利润的机会减少,整个行业开始进入稳定期。

在成长阶段,虽然行业仍在增长,但这时的增长具有可测性。由于受不确定因素的影响较少,行业的波动也较小。此时,投资者蒙受经营失败而导致投资损失的可能性大大降低,因此,他们分享行业增长带来的收益的可能性大大提高。

3. 成熟阶段

行业的成熟阶段是行业发展的巅峰阶段。在这一阶段,在竞争中生存下来的少数大厂商垄断了整个行业的市场,每个厂商都占有一定比例的市场份额。由于彼此势均力敌,市场份额比例发生变化的程度较小。厂商与产品之间的竞争手段逐渐从价格手段转向各种非价格手段,如提高质量、改善性能和加强售后维修服务等。行业的利润由于一定程度的垄断达到了很高的水平,而风险却因市场比例比较稳定、新企业难以进入而较低,其原因是市场已被原有大企业比例分割,产品的价格比较低。因而,新企业往往会由于创业投资无法很快得到补偿,或产品的销路不畅,资金周转困难而倒闭或转产。

在行业成熟阶段,行业增长速度降到一个更加适度的水平。在某些情况下,整个行业的增长可能会完全停止,其产出甚至下降。由于其资本增长的丧失,致使行业的发展很难较好地保持与国民生产总值同步增长,当国民生产总值减少时,行业甚至蒙受更大的损失。但是,由于技术创新的原因,某些行业或许实际上会有新的增长。

4. 衰退阶段

较长的稳定阶段后便进入衰退阶段。由于新产品和大量替代品的出现,原行业的市场需求开始逐渐减少,产品的销售量也开始下降,某些厂商开始向其他更有利可图的行业转移资金,因而原行业出现了厂商数目减少、利润下降的萧条景象。至此,整个行业便进入了生命周期的最后阶段。在衰退阶段,厂商的数目逐步减少,市场逐渐萎缩,利润率停滞或不断下降。当正常利润无法维持或现有投资折旧完毕后,整个行业便逐渐解体了。

值得强调的是,行业生命与人的生命是不同的,步入暮年的行业未必就一定面临死亡。从历史上看,真正被完全淘汰的行业很少,产业的发展呈现出"生多死少"的特征,多数情况是行业自此进入一个发展停滞状态,也有部分行业通过技术创新引导行业升级,进入一个新的发展状态。

五、影响行业兴衰的主要因素

行业兴衰的实质是行业在整个产业体系中的地位变迁,也就是行业经历"幼稚产业—先导产业—主导产业—支柱产业—夕阳产业"的过程,是资本在某一行业领域"形成—集中—大规模聚集—分散"的过程,也是新技术的"产生—推广—应用—转移—落后"的过程。

一个行业的兴衰会随着技术进步、政府政策、社会习惯的改变和经济全球化等因素的影响而发生变化。

1. 技术进步对行业的影响

当前正是科学技术日新月异的时代,不仅新兴学科不断涌现,而且理论科学向实用技术的转化过程也大大缩短,速度大大加快。技术进步对行业的影响是巨大的,它往往催生了一个新的行业,同时迫使一个旧的行业加速进入衰退期。例如,电灯的出现极大地削减了对煤气灯的需求,电力行业逐渐取代蒸汽动力行业,喷气式飞机代替了螺旋桨飞机,大规模集成电路计算机则取代了一般的电子计算机等。这些新产品在定型和大批量生产后,市场价格大幅度下降,从而很快就能被消费者所使用。上述这些特点使得新兴行业能够很快地超过并代替旧行业,或严重地威胁原有行业的生存。未来优势行业将伴随新的技术创新而到来,处于技术尖端的基因技术、纳米技术等将催生新的优势行业。

当然,新、旧行业并存是未来全球行业发展的基本规律和特点,大部分行业都是国民经济不可缺少的。多数行业都会在竞争中发生变化,以新的增长方式为自己找到生存的空间。例如,传统农业已经遍布全世界,未来农业还会靠技术创新来获得深度增长。传统工业在通过技术创新获得深度增长的同时,还可以通过行业的国际转移,在其他相对落后的国家获得广泛增长的机会。

2. 政府政策对行业的影响

政府的管理措施可以影响行业的经营范围、增长速度、价格政策、利润率和其他许多方面。政府实施管理的主要行业都是直接服务于公共利益，或与公共利益密切联系的。这些行业主要有公用事业、交通运输、金融、能源等。

公用事业是社会的基础设施，投资大、建设周期长、收效慢，允许众多厂商投资竞相建设是不经济的，因此政府往往通过授予某些厂商在指定地区独家经营某项公用事业特许权的方法来进行管理。被授权的厂商也就因此而成为这些行业的合法垄断者。但这些合法的垄断者和一般的垄断者不一样，他们不能任意规定不合理的价格，其定价要受到政府的调节和管制。政府一般只允许这些厂商获得合理的利润率，而且政府的价格管理并不保证这些企业一定能够盈利，成本的增加、管理的不善和需求的变化同样会使这些企业发生亏损。

交通运输行业与大众生活和经济发展有着密切的联系。这些行业服务的范围广（国内外运输），涉及的问题多（各地不同的法律、税收和安全规则等），因而有必要由政府统一管理。

金融部门，尤其是银行部门，是国民经济的枢纽，也是政府干预经济的主要渠道之一。它们的稳定关系到整个经济的繁荣和发展，因而是政府重点管理的对象。政府对行业的促进作用可通过补贴、优惠税、限制外国竞争的关税、保护某一行业的附加法规等措施来实现。这些措施有利于降低该行业的成本，并刺激和扩大其投资规模。例如，美国纺织业就受到进口关税这一法律的极大保护。

同时，考虑到生态、安全、企业规模和价格因素，政府会对某些行业实施限制性规定，这会加重该行业的负担，某些政府调控已经对某些行业的短期业绩产生了副作用。例如，2005年，国家对钢铁、电解铝、水泥等的调控和限制就对这些行业的业绩产生了较大的负面影响。

总体来说，政府的干预是必要的，否则社会情况会变得十分混乱。例如，航空业有其自己的正常航线，就不会出现所有的航班仅在可能获利的城市之间飞行。公用事业的规模保证了某地域只能有一家自来水或电力公司，从而避免了潜在的混乱。

阅读参考

减排给钢铁行业带来机会

2021年2月27日，唐山市发布重点行业大气污染物总量控制减排方案，以钢铁行业为试点实施总量管控，并逐步推广，总体目标是2021年污染物排放量同比减少40%以上。

据国家统计局及唐山市统计局数据，2020年，唐山生铁产量1.33亿吨，粗钢产量1.44亿吨，全国占比分别为15%、14%，若均按40%以上减排控制且不考虑技术手段对排放量的影响，则2021年唐山市生铁、粗钢产量或将同比下降40%以上，全国产量受此影响或同比降6%、5%以上。另外，唐山产能中板材占比最高，2019年占比在36%左右，唐山限产对板材影响或更大。

华泰证券分析认为，板材需求走强，供给在唐山减排影响下或出现收缩，叠加供给曲线陡峭，价格走强，板材价格已超过2017—2018年最高价，而长材接近2017—2018年间最高价。继续推荐板材占比高的钢铁标的。

另外看好特钢,进口替代或是亮点。据中信特钢 2020 年年报,公司 2020 年诸多产品打破海外限制,实现进口替代,兴澄特钢成功实现进口替代;大冶特钢高强韧性螺杆钻具用管替代日本进口材料;等等。

兴业证券研报提出,钢铁行业碳排放占全国碳排放的 18%,仅次于电力行业,是碳中和的重要责任主体。河北、江苏、辽宁三省钢铁碳排放占比超过 40%;焦炭是钢铁碳排放的最大来源,占比 64%。长流程吨钢碳排放远大于短流程,板材吨钢碳排放高于长材。碳中和、钢铁行业面临新一轮"供给侧改革",落后产能将加速淘汰,兼并重组加速推进,利好龙头钢企。炼钢方式主要有以废钢为主原料的电炉炼钢和以铁矿石为主原料的转炉炼钢两种。电炉炼钢相比于转炉炼钢节省 60% 能源、40% 新水。我国电炉炼钢比例仅 10%,世界平均水平为 25%;我国废钢使用比例为 20%,全球平均使用比例为 40%。绿色钢企可通过碳排放权交易增厚业绩。碳中和将驱动钢铁行业改善生产流程、更新生产设备和使用低碳能源。普钢方面,建议关注吨钢碳排放较低的宝钢股份、方大特钢、华菱钢铁;特钢方面,建议关注中信特钢。

一、行业研判

1. 招商证券:覆铜板大年可期

覆铜板价格有机会继续 2～3 个季度价格上行,接近或者超过覆铜板历史价格高点。在二三季度与原材料新平衡状态或者原材料价格压力减轻的乐观假设下,覆铜板环节有望盈利弹性提升。建议关注高端产品不断取得突破的生益科技,以及华正新材、南亚新材等。此外,受益于行业顺周期复苏,储备产能逐步释放的景旺电子、胜宏科技等;预期见底、服务器业务有望率先回暖的沪电股份、深南电路和特斯拉业务高增长的世运电路也都值得关注。

2. 申万宏源:化工品景气持续

由于化工产品价格指数基本与 PPI 同步,因此上半年国内化工产品出口有望大超预期。底部细分龙头建议关注粘胶、PVC 景气上行的中泰化学、三友化工;纺服产业链上游染料价格有望反转的浙江龙盛、闰土股份。一线白马建议关注万华化学、华鲁恒升、龙蟒佰利、华峰化学、扬农化工。

3. 安信证券:碳中和相关领域持续发力

目前全国碳市场发电行业第一个履约周期正式启动,2 225 家发电企业将分到碳排放配额,未来碳交易市场将迎来巨大契机,涉及碳排放监测的产品需求度也将极大提升。建议重点关注盈峰环境和龙马环卫(环卫装备＋服务协同优势明显),ST 宏盛("新能源设备＋环卫服务"一体化发展),雪迪龙、先河环保(环保物联网解决方案龙头,监测行业领先)、维尔利、瀚蓝环境。

二、投资策略

1. 中信证券:建议转战新主线

短期内外部流动性压力会逐步缓和,当前市场调整空间有限。经济继续稳定向好的趋势不变,市场风格将出现切换,大小市值风格再平衡。建议转战新的主线,月度维度适当增配地产、保险等低估值高性价比防御板块,并延续对化工、有色等高景气度顺周期板块的配置。

季度维度重点布局"五大安全"领域中高性价比的科技和军工,重点关注科技安全(消费电子、半导体设备、信安)和国防安全(军工)。同时增配 2020 年因疫情受损的相关行业板块,如汽车零部件、家电家居、旅游酒店、航空等板块。当前再通胀交易行情或已走到极致,后续通胀大概率是阶段性、脉冲式、结构性的。货币政策难快速收紧。尽管新基金发行热度较节前有所降低,但存量产品并没有发生明显赎回潮,预计3月公募基金资金流将保持相对紧平衡的状态。

2. 广发证券:结构性牛市依然存在

春节以来,沪、深两市持续震荡走低。全球经济复苏预期和流动性仍处于历史较高水平,以及拜登1.9万亿政策即将落地等因素共振下,国际和国内上游大宗原材料价格不断走强,同时国内的工业产能利用率继续提升,相关资源类品种可关注。

随着2020年业绩的逐步披露,预计个股波动将加大。业绩符合预期的白马蓝筹仍会被继续抱团,而低于预期的品种短期或有较大向下波动。顺周期品种若业绩开始验证,叠加宏观经济数据进一步向好的话,将较大概率吸引机构资金形成向上波动。今年大概率不会有全面牛市,但局部的结构性牛市依然会存在。由于A股局部过热而非全面高估,本轮指向风格切换而非牛熊转换,重点寻找估值合理、业绩有改善的方向。

① "涨价"主线的顺周期(有色金属、化工、半导体、面板);

② 景气拐点确认且低估低配大金融和科技(银行、保险、计算机应用、传媒)。

资料来源:理财周刊 2021-3-10

3. 社会习惯的改变对行业的影响

随着人们生活水平和受教育程度的提高,消费心理、消费习惯、文明程度和社会责任感会逐渐改变,从而引起对某些商品的需求变化并进一步影响行业的兴衰。在基本温饱解决之后,人们更注重生活的质量,不受污染的天然食品备受人们青睐;对健康投资从注重保健品转向健身器材;在物质生活丰富后注重智力投资和丰富的精神生活,旅游、音响成了新的消费热点;快节奏的现代生活使人们更偏好便捷的交通和通信工具;高度工业化和生活现代化又使人们认识到保护生存环境免受污染的重要性,发达国家的工业部门每年都要花费几十亿美元的经费来研制和生产与环境保护有关的各种设备,以便使工业排放的废渣、废水和废气能够符合规定的标准。所有这些社会观念、社会习惯和社会趋势的变化,对企业的经营活动、生产成本和收益等方面都会产生一定的影响,足以使一些不再适应社会需要的行业衰退而又激发新兴行业的发展。

需求变化是未来优势产业的发展导向,在相当程度上影响行业的兴衰。在收入相对比较低的时候,由于恩格尔定律的作用,人们对生活用品有较大需求,提供生活消费品的可口可乐、宝洁、强生公司和满足这些需求的销售渠道诸如沃尔玛公司,均是在不断满足这些消费需求的过程中发展起来的。随着收入水平的提高,生活消费品支出占消费总支出的比例逐渐下降,人们更多地需要服务消费和金融投资,金融、旅游、教育、医疗、保险、体育、文化等行业从中获得了快速增长的动力。

4. 经济全球化对行业的影响

随着经济全球化的发展,发达国家将低端制造技术加速向发展中国家进行产业化转移。高新技术行业逐渐成为发达国家的主导产业,传统的劳动密集型(如纺织服装、消费类电子产品)甚至是低端技术的资本密集型行业(如中、低档汽车制造)将加快向发展中国家转移。发达国家在将发展中国家变成它的加工组装基地和制造工厂的同时,仍然可以掌握传统行业的核心技术,并通过不断向发展中国家转让其技术专利取得市场利益。

例如,中国虽然是世界鞋业的"全球性工厂",但是美国 NIKE 公司拥有最先进的运动鞋设计制造技术。此外,还有其他一些行业也存在这种状况。

经济全球化导致的国际竞争和国际投资因素,将会使行业结构发生很大变化。选择性发展将是未来各国形成优势行业的重要途径,一个国家受技术水平、资源潜力的限制,不可能在所有领域都取得领先优势。战略性产业发展思路为许多国家所采用,比如美国的信息技术和生物技术行业,日本的机器人行业,印度的计算机软件业等。

团队活动组织

第一步　分别阅读以下材料

行业分析与选股

对公司所在行业的分析应包括两个方面的内容:一是对上市公司所在行业的整体分析;二是对上市公司所在行业的地位分析。

股票市场上对行业的划分是,农业、工业品制造业、商业、交通运输、旅游、网络电信、高科技、家用电器、金融、化工、石油、建材、医药、纺织、外贸、生物工程、地产、汽车、综合类、食品加工、钢铁冶金、电力行业、造纸印刷、软件、电脑等。

长线投资者要学会根据上市公司所在行业的状况来进行分析选股。一般来说,投资者可以选择以下几类公司的股票进行投资。

一、选择朝阳行业的公司股票

1. 什么是朝阳行业

无论中外,每一个行业都有四个发展时期,即幼稚时期、成长时期、成熟时期和衰退时期。处在下降衰退时期的行业称为夕阳行业;处在形成和成长时期的行业称为朝阳行业。换句话说,朝阳行业是指整体销售和利润正处于上升时期的行业;夕阳行业则是指整体销售和利润正处于下降状态的行业。

朝阳行业和夕阳行业的划分是相对的,并有时间和地域的限制。某一个国家的夕阳行业可能是其他国家的朝阳行业,如美国的高速公路建设,几年前已决定不再新建,与高速公路建设有关的行业也处在夕阳时期,但高速公路建设在中国处在朝阳时期。又如,美国的汽车工业已处在下降的夕阳时期,而中国的汽车工业仍处在上升的朝阳时期。某一个时期的朝阳行业,在另一个时期可能就变成了夕阳行业。50 年前中国的纺织和钢铁行业处在上升的朝阳时期,现在却处在下降的夕阳时期。每一个行业内部的企业也有处在上升朝阳时期和下降夕阳时期之分。如纺织行业在中国处在下降的夕阳时期,而采用新技术、新工艺和新材料的企业却处在上升的朝阳时期。例如,采用纳米技术的纺织企业正处在形成时期,一旦纳米技术首先在我国的纺织行业应用,中国的纺织行业可能又会处在上升的朝阳时期。新技术、新工艺和新材料的应用不仅可以改变企业本身的状况,也可能改变整个行业的状况。

2. 为什么要选择朝阳行业的公司股票

当大盘从底部启动后,投资者最好挑选朝阳行业的股票,不要购买夕阳行业的股票。这是因为在行业的形成时期,低利润、高风险使人们极少关注这类行业,因而其股价偏低,投资者应对行业的性质和社会经济形势进行综合分析,从而对该行业的前景作出正确预测。一旦发现其具有远大前景,就应逐渐加大投资,待其发展到成长期和稳定期后,投资者将会获得高额回报。

上市公司所处行业的景气度如何,会对其经营业绩产生较大的影响。把握一只股票的行业背景,对认识它的盈利水平、空间及其股价走势是非常有必要的。如果行业不景气,会导致市场需求持续下降,这时行业中的大部分企业都将受到市场萎缩的威胁,即使是这个行业中最好的上市公司也难有所作为,股价也将随着行业的不景气而一路下滑;相反,从发展迅速、前景看好、被称为"朝阳行业"的上市公司股票中寻找牛股,其投资收益将远远超过同期大盘的涨幅。从预测的角度来看,可根据国家经济形势的变化,分析行业发展前景,发现行业的领头羊。

3. 如何选择朝阳行业的公司股票

① 从行业的生命周期来看,最有价值的行业是正处于行业成长阶段初期和中期的行业,其扩张潜力大,增长速度快,投资风险小,这一时期也最容易产生大牛股。

② 经济发展推动产业升级,原有的领头羊产业会被新的产业所替代。一个新的领头羊产业诞生之际,正是投资者进行投资的最佳时期。

③ 处于衰退期的行业并不意味着没有任何投资机会,尤其是投机气氛比较浓的中国股市,往往一个小小的利好就可能带来一波大行情。也就是说,投资者在选择行业时,应该将其与政策面联系起来。

④ 成熟行业大多已形成寡头垄断格局,投资者应尽量投资行业龙头股。

⑤ 股票的价格运动是呈群体变化的。某个行业板块的某只股票呈强势,很可能会使该行业中其他股票随之走强。也就是说,投资者在选股时要坚持这样的原则:当某行业领头的股票处于强势时,投资者就选择与该行业相同而其股价未涨或涨幅不大的股票建仓。而当某行业领头的股票转为弱势时,投资者最好少碰或者不碰与该行业相同的其他个股。这样就可以有效地规避股市风险。

⑥ 朝阳行业并不仅仅指高科技产业,那些具有较大市场需求潜力的行业同样值得关注。如属于乳品行业的伊利集团,在洋品牌大举占领国内乳制品市场的局面下,公司通过建立强大的市场销售网络和完善的物流配送体系,全方位实施品牌经营战略,外加国内乳品的需求量在未来几年内仍将会呈现较大幅度的增长,公司的主营业务有望进入新一轮的快速发展期。

⑦ 朝阳行业的上市公司应具备较强的核心竞争力和经营管理能力。

二、选择行业龙头企业的公司股票

1. 行业龙头企业的优势

行业龙头企业与同行业其他企业相比具有明显的优势,具体表现在以下几方面。

① 成本优势。规模经营可降低成本,除了企业管理体制科学,成本控制严格外,另一个重要原因是它的规模生产,其产量占行业总产量的相当比例,这种规模经济单是管理费用就能节省很多。

② 垄断优势。当行业处于低谷,产品降价,毛利率不断下降时,很多小企业的经营会相当困难,但大企业的抗风险能力就较强。

③ 发展优势。规模、资本的优势使企业能购到最好的设备,招到最好的人才,用到最好的技术,买到最低价的原料,将铺面设到最好的地段。有资本的优势,才能不断对产品进行更新改进甚至换代,才能永远立于不败之地。

④ 其他优势。2006 年以来,股票市场的投资者越来越多,资金也越来越多,这些资金要投资的股票必须是透明度较强的、股本较大的股票,而行业龙头上市公司正符合这些要求。

2. 如何操作行业龙头股

(1) 根据板块个股选龙头股

投资者要密切关注板块中的大部分个股的资金动向,当某一板块中的大部分个股有资金增仓现象时,要根据个股的品质特别留意有可能成为领头羊的品种,一旦某只个股率先放量启动时,确认其向上有效突破后,不要去买其他跟风股,而是追涨这只领头股。

(2) 追涨龙头股的第一个涨停板

如果投资者错过了龙头股启动时的买入机会,或者投资者的研究判断能力弱,没能及时识别龙头股,则可以在其拉升阶段的第一个涨停板处追涨,通常龙头股的第一个涨停板比较安全,后市最起码有一个上冲过程,可以使投资者从容地全身而退。具体的追涨方法有两种:

① 在龙头股即将封涨停时追涨;

② 在龙头股打开涨停时追涨。

(3) 在龙头股强势整理期间介入

即使最强劲的龙头股,中途也会有强势整理的阶段。这是投资者参与龙头股操作的最后阶段,投资者需要把握其休整的机遇,积极参与。但是,这种操作方式也存在一定的风险,当市场整体趋势走弱时,龙头股也可能会从强势整理演化为见顶回落。此时,投资者就可以用心理线指标 PSY 来识别龙头股是见顶回落还是强势整理。当龙头股转入调整,PSY 有效贯穿 50 的中轴线时,则说明龙头股已经见顶回落,投资者不必再盲目追涨买入。如果 PSY 始终不能有效贯穿 50 的中轴线,则说明龙头股的此次调整属于强势整理,后市仍有上涨空间,投资者可以择机介入。

(4) 敢于介入

炒作龙头股要敢于介入。一只龙头股从诞生到被确认,其股价一般会上升 30% 以上。不要因为该股已有一定的升幅就不敢介入,只要被认作龙头股,其价位一般至少也有 70% 以上的升幅,而且市场主力树立一个龙头股是相当不容易的,必然会竭力呵护,以便推动大盘指数,鼓动散户跟风。主力也会介入与龙头股相关的公司,以便获得更大的收益。因此龙头股从表面上看升幅已很大,但仍有较大的获利空间,一旦确认了龙头股,就应勇敢介入。

(5) 分散资金

炒作龙头股时,资金不必全仓杀入。虽然一轮行情产生后,龙头股的表现远较一般股票出色,但不一定是最出色的。因为一旦行情被龙头股激起,部分市场主力就会找到与此类似的股票介入,趁机狂炒,企图浑水摸鱼,有时部分个股会乱涨一气。而且龙头股树立之后,部分与之相关的公司会被市场投资者挖掘,也会随后跟上,从而形成板块效应,这些个股往往也有不错的机会。因此可适当分配部分资金参与这些个股的炒作,以取得较好的收益。

第二步 团队活动

组内所有成员每人从一个行业寻找一只股票(最好是本行业龙头股),列出相关财务指标,然后进行研究,集思广益,确定小组的投资方向。填写表2-2-1。

表 2-2-1 所选股票的相关财务指标　　　　　　　　单位:元

序号	股票名称	代码	流通股本	总股本	每股盈利/年	每股净资产	每股公积金	所属行业

网络模拟训练

① 单击同花顺在线股票行情页面下面的标签"行业",查看股票的行业分类,如图 2-2-2 所示。

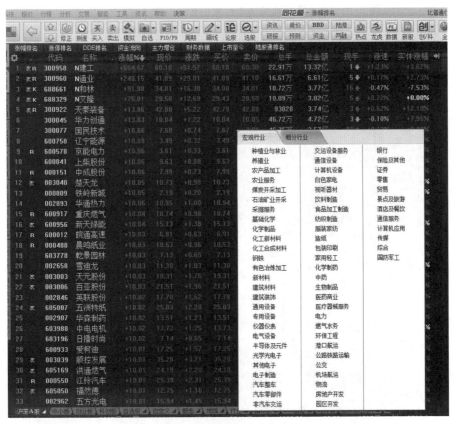

图 2-2-2　查看股票的行业分类

② 单击其中的某个行业查看包含的股票名称及相关资料，例如，选择有色冶炼加工，如图 2-2-3 所示。

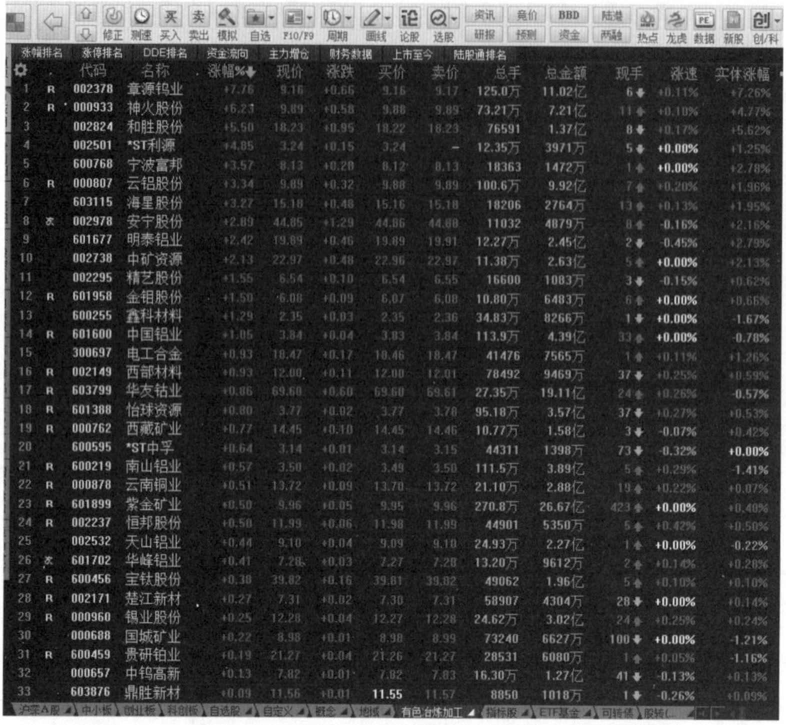

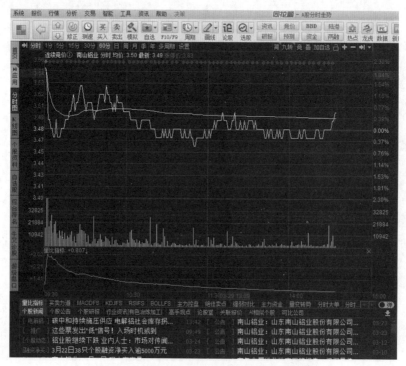

图 2-2-3　查看有色冶炼加工行业包含的股票名称及相关资料

③ 双击其中的南山铝业，可打开该股最近交易曲线图，如图 2-2-4 所示。

图 2-2-4　查看南山铝业股票最近交易曲线图

④ 单击公司资讯，可查看公司详细资料，如图 2-2-5 所示。

图 2-2-5　查看公司详细资料

⑤ 打开页面右侧的"同行对比"，可以查看该股在本行业中的地位及本行业的整体相关资料，如图 2-2-6 所示。

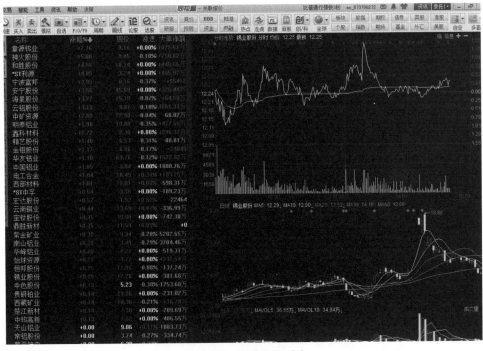

图 2-2-6　查看同行对比

知识拓展

一、创业板

创业板又称二板市场,即第二股票交易市场,是指主板之外的专为暂时无法在主板上市的中小企业和新兴公司提供融资途径和成长空间的证券交易市场。它是对主板市场的有效补充,在资本市场中占据着重要的位置。

在创业板市场上市的公司大多从事高科技业务,具有较高的成长性,虽然往往成立时间较短、规模较小,业绩也不突出,但有很大的成长空间。创业板市场最大的特点就是低门槛进入,严要求运作,有助于有潜力的中小企业获得融资机会。

在中国发展创业板市场是为了给中小企业提供更方便的融资渠道,为风险资本营造一个正常的退出机制。同时,这也是我国调整产业结构、推进经济改革的重要手段。对投资者来说,创业板市场的风险要比主板市场高得多,当然,回报可能也会大得多。

各国政府对二板市场的监管更为严格。其核心就是"信息披露"。除此之外,监管部门还通过"保荐人"制度来帮助投资者选择高素质企业。

二板市场和主板市场的投资对象和风险承受能力是不相同的,在通常情况下,二者不会相互影响。而且由于它们内在的联系,反而会促进主板市场的进一步发展壮大。

我国创业板开板时间如下。

2009年10月17日,时任中国证监会主席尚福林宣布,经国务院同意,证监会已经批准深圳证券交易所设立创业板。2009年10月23日下午,中国创业板市场开板仪式在深圳五洲宾馆举行。

首批创业板上市时间如下。

2009年10月30日,伴随着创业板开市钟声的敲响,证监会耗费10年"功力"磨砺而成的"创业板之剑"火热出炉。当日创业板首批28家公司集体上市,平均涨幅达到106%。

二、主板

主板是指主板市场。一般而言,各国主要的证券交易所代表着国内主板市场。例如,美国全美证券交易所(AMEX)即美国主板市场;我国的上交所和深交所即我国的主板市场。

证券市场按证券进入市场的顺序可以分为发行市场和交易市场。发行市场又称一级市场,交易市场也称为二级市场。这同主板市场、二板市场以及三板市场完全不是一个概念。

主板市场和二板市场最主要的区分是在上市公司的条件、规模和融资额方面。

三、板块

板块目前尚无统一的定义。借用地质学当中的板块概念:板块构造学说认为,岩石圈并非一块整体,而是分裂成许多板块,这些板块之中还有次一级的板块。类比我们的股票市场,如果将整个股市看作岩石圈,那么股市又由众多在行业、地域、概念、业绩、机构关注度等方面存在高度的关联性板块构成。

举例说明如下。

商业百货板块,顾名思义,是由涉足商业百货行业的上市公司组成的一个板块,这些公司在行业中存在关联性;天津板块,这说明构成这个板块的上市公司在地理区域上都集中在天津附近;IPO受益概念板块,则说明构成这个板的上市公司相同的地方是这些公司的子公司或者所投资的公司可能将上市,而这些公司将会从中受益。

以此类推,还有券商重仓,基金重仓,预增预亏,含 H 股,新能源,新材料等等板块。无论哪个板块,都说明构成这个板块的上市公司总会在某个方面存在着高度的相似性、关联性。

四、板块轮动

每一轮牛市都离不开市场不间断的热点板块的推动。比如,大盘由熊转牛时往往需要依靠国企大盘这些中坚力量带领大盘指数攻克紧要关隘。但由于大盘权重股的市场值与流通盘过大,因此我们很难见到这些大盘股能有几倍、十几倍的涨幅,如中国银行、工商银行这些股票。

当股指在权重大盘股的指引下,重新由熊转牛之后,权重大盘股往往维持原地踏步,偶尔上涨,然后横盘消化的格局。接下来就轮到各行业的龙头股大显身手。这时候,市场上的概念、题材层出不穷。基金、券商、境外投资者、私募等这些集团军的资金往往是不断入驻一个板块,营造出市场的热点,这时候,我们往往看到涨幅居前列的个股中有不少股票都存在着某种关联性,即某个板块会形成热点,而当获利丰厚之后,会设法撤退再选择其他的板块介入。因此,在牛市主升段,板块轮动是主旋律。而刚进入市场的投资者往往会受主力的引诱在板块热点已经过热即将消退时接手,之后看到别的板块又开始走热,于是不断地割去手中的股票去追热门板块。多数刚开始从事股票交易的投资者一开始往往都由追涨杀跌造成亏损。短线高手可以紧跟热点操作,高抛低吸,在板块热点轮动中操作得顺风顺水。而缺乏技巧的投资者应该耐心持股,等到手中股票所处板块走热。

每一轮牛市,无非是先由大盘股指引向上;然后行业龙头股以及业绩优良的一线、二线股开始发力,板块轮动;接下来,绩优股价格被炒高之后,开始轮到低价的三线、四线股发力;最后往往是在 ST 之类的垃圾股的疯狂盛宴中落下牛市的帷幕。

知识拓展

基金季报怎么读

买一只基金,就相当于是把自己的钱交给基金经理去打理,基金公司从中收取一定的管理费。投资者是客户,如何去衡量基金的服务好不好呢? 除了看基金每日公布的净值这一指标,我们还可以看基金经理的"工作汇报"——基金的定期报告。

基金定期报告分为三种,即季报、半年报、年报。

① 季报,一个季度公布一次,在一个季度结束后的 15 个工作日内发布,介绍基金这一季度以来的运作情况;

② 半年报,半年公布一次,在半年度结束后 60 个工作日内发布,信息量介于季报和年报之间;

③ 年报,一年公布一次,在年度结束后 90 个工作日内发布,信息量最大、最全。

以上三种报告比较而言,虽然基金年报包含的信息最全面,但是基金季报相对来说时效性比较强,对投资者来说参考性也比较大。

那么,基金季报在哪里看?重点看什么呢?

基金报告中的几大要点。

要找到基金季报并不难,基金公司的官方网站以及一些第三方基金销售平台都能下载到基金报告的 PDF 版本。如在天天基金网上的"基金公告—定期报告"栏目,可以看到某个特定基金已经公布的季报、半年报和年报。

打开一份基金季报,大概有十几页、上万字,充满了各类数据和专业名词,投资者不需要逐字逐句地读,而只需捕捉一些和自己密切相关的重要信息即可,主要包括基金的业绩、资产配置、规模变动、人员变动等。

一、业绩表现

基金的业绩表现就是基金的净值增长情况,季报中包括该基金过去 3 个月、过去 6 个月、过去 1 年、过去 3 年、过去 5 年,以及自基金合同生效起至今的净值增长率。

同时,季报中还有同期的业绩比较基准,用基金的实际净值增长率减去业绩比较基准,就表示基金表现超越基准多少。如易方达蓝筹精选 2020 年四季度的净值增长率为 28.57%,业绩比较基准收益率为 10.74%,前者比后者高了 17.83%。

此外,季报中还会公布净值增长率的标准差,即这只基金净值的波动情况,标准差越大,反映基金的风险越大。如易方达蓝筹精选四季度的净值增长率标准差为 1.36%,基准为 0.7%;而同时期的诺安成长混合净值增长率为 9.5%,标准差为 2.24%,基准为 0.71%。两相比较可知,综合考虑净值增长和标准差,显然易方达蓝筹精选在该时期内的表现更佳。

二、资产配置

基金的资产配置指的是这只基金投资股市、债市等的比例如何分配。股票型基金必须将 80% 以上的资产投资于股市;债券型基金必须将 80% 以上的资产投资于债市;而混合型基金的配置自由度就比较高了,需要结合基金的投资策略和基金报告一起来看。

如诺安成长属于混合型基金,其投资策略由资产配置、股票投资、债券投资和权证投资四部分构成。在股票投资方面,投资于成长性企业的比例不小于股票资产的 80%。这只基金 2020 年四季度的投资组合中,股票资产占基金总资产的 90.55%,剩余部分大多为银行存款和结算备付金,而这些"闲置"资金主要是为了保障流动性,应对投资者日常的赎回。

此外,季报中还会列出该基金的十大重仓股,按市值从大到小排序,并列出其占基金资产净值的比例。如果结合过去几个季度的报告来看,就可以看出基金投资决策的变化。

三、规模和人员变动

基金季报中,还需要注意基金的规模和人员变动情况。基金经理的人员变动显然会对基金的投资风格产生较大的影响。在管理人报告页,投资者可以看到基金经理是否变化,或是加入了助手,如果没有,表示这只基金近期的风格大体不会发生太大的变化。

此外,基金规模不足 5 000 万元会面临清盘风险,投资者如果购买了规模较小的基金,就要关注该基金有没有发生大额赎回。在"开放式基金份额变动"部分,可以看到报告期间基金的总申购和赎回份额,以及期末份额。

如果有类似风险,季报还会在"基金持有人或基金资产净值预警说明"中指出。这一栏通常是"无",也就是说,该基金未出现连续 20 个工作日基金份额持有人数量不满 200 人或者基金资产净值低于 5 000 万元的情形。

四、再看基金经理怎么说

了解了以上几项基本要点以后，投资者就知道了基金大致的业绩、配置等情况，就像是拿到了学校的"成绩报告"。但是单看成绩并不总能说明问题，还要看当事人怎么说。比如，说考得不好的时候，我们通常会总结原因："这次没有考到预期分数，主要是因为题目超纲了……"看基金报告也是一样的道理。基金业绩有好的时候，也有坏的时候，那么，为什么这个季度赚钱/亏钱了？以后的表现会如何呢？基金经理通常会在季报中作出简要的说明。

如易方达蓝筹精选的投资策略在股票方面主要投资蓝筹股，并通过综合分析调整行业配置比例。在去年四季度的"基金投资策略和运作分析"中，基金经理张坤表示，四季度新能源、食品饮料、汽车等行业表现较好，而综合金融、传媒、商贸零售、通信等行业表现相对落后。对于后市，将不对未来行情作过度预判，但仍会坚持"通过深入的研究，寻找少数我们能理解的优秀企业……使我们能够大概率判断5～10年后公司产生的自由现金流将显著超越目前的水平"。

再如，诺安成长混合去年四季度的表现不及预期，基金经理蔡嵩松做出解释："回顾四季度，流动性总体趋于平稳，市场大环境友好。美国大选在11月月初靴子落地，拜登最终当选，但是特朗普在最后的任期内加码对中国的制裁，把对中国科技的封锁作为政治博弈的筹码。本基金重点持仓科技股中的半导体板块，是被美国制裁的重灾区，因此整个四季度表现平平，并未取得较好的相对收益。"展望未来，他认为悲观预期已兑现，看好未来市场。

总之，投资者可以通过管理人报告页的"基金投资策略和运作分析"，来了解基金经理对盈利或是亏损的原因解释，以及对未来投资的看法。

任务三 证券投资的公司分析

任务描述

掌握公司基本分析和财务分析的理论与方法，能够运用综合比率分析以及项目分析对公司的经营状况作出客观评价；将定量分析与定性分析结合起来，并采用各种预测手段预测公司的未来成长性，为投资决策提供依据。

任务资讯

一、公司分析概述

（一）公司与上市公司的内涵

1. 公司的定义

公司是指依法设立的，从事经济活动，并以盈利为目的的企业法人。在公司的概念中，一般包括三个要素。

① 依法设立。公司是从事经营活动的法人。法人资格与经营资格的取得都需要得到国家的承认,符合法律规定的条件,履行法律规定的程序,取得国家有关主管部门核发的营业执照等证件。

② 以营利为目的。股东出资组建公司的目的在于通过公司的经营活动获取利润,营利性则成为公司的重要目标之一,并以此区别于不以营利为目的公益法人、以行政管理为目的的国家机关以及非商事性公司。以行政管理为主要活动内容的组织不应称为公司,因为它不具备公司的相关要素。

③ 独立法人。公司需有独立的财产作为其从事经营活动的基础和承担民事责任的前提。我国《公司法》第3条规定:"有限责任公司和股份有限公司是企业法人。"公司作为法人,必须具备我国《民法通则》第37条规定的条件。

2. 公司的分类

根据不同的划分标准,公司可以分为不同的类型。其中,以公司股票是否上市流通为标准,公司可分为上市公司和非上市公司。我们这里所说的公司主要是指上市公司。

小贴士

公司为什么要上市

企业上市,能广泛吸收社会资金,迅速扩大企业规模,提升企业知名度,增强企业竞争力。世界知名大企业,几乎都是通过上市融资,进行资本运作,实现规模的裂变,迅速跨入大型企业的行列。

上市公司有广义和狭义两种理解。广义上的上市公司不仅包括所发行的股票在证券交易所上市交易的股份有限公司,还包括在全国证券交易自动报价系统(简称 STAQ 系统)挂牌买卖的股份有限公司;狭义上的上市公司仅指其所发行的股票在证券交易所上市交易的股份有限公司。

我国目前所确认的上市公司仅指狭义上的上市公司。根据我国《公司法》的规定,我国的上市公司是指其所发行的股票经国务院或国务院授权的证券管理部门批准,在证券交易所上市交易的股份有限公司。

阅读参考

超速成长的海尔集团

青岛海尔是世界白色家电第一品牌。1984 年创立于中国青岛,当时海尔还是一家仅有800 名员工、负债累累的集体小企业——青岛电冰箱总厂。尽管当时引进了德国利勃海尔电冰箱生产技术,但 1984 年冰箱的年产量仅为 6 000 台,销售收入只有 348 万元,亏损达 147 万元。

截至 2017 年,海尔集团在全球建立了 29 个制造基地,191 个海外贸易公司,全球员工总数超过 6 万人,已发展成为大规模的跨国企业集团。

资料来源:海尔官网

(二) 公司分析的界定

1. 公司分析的意义

无论是进行判断投资环境的宏观经济分析,还是进行选择投资领域的行业分析,最终选择的投资对象都将落实在微观层面的上市公司上(市场指数投资除外)。也就是说,不管进行什么样的分析,最终的投资是要购买上市公司的股票。因此在证券投资活动中,投资者必须对其已投资或将要投资的上市公司有足够的了解与分析,否则投资者的投资将面临很大的风险。

2. 公司分析的内容

公司分析主要包括两方面内容:一是公司基本分析,包括公司的行业地位分析、经济区位分析、主要产品或劳务分析、经营能力分析和成长性分析等;二是公司财务分析,包括公司财务报表分析、财务比率分析等。

在信息披露规范的前提下,已公布的上市公司基本面信息和财务信息是进行上市公司投资价值预测与证券定价的基础。就个人投资者而言,宏观经济分析与行业分析的难度大且工作量大,公司分析则相对简单、直接且行之有效。

二、公司基本分析

(一) 公司行业地位分析

公司行业地位分析的目的是判断企业在所处行业中的竞争地位,如是否为领导型企业,在价格上是否具有影响力,是否有竞争优势等。在大多数行业中,无论其行业平均盈利能力如何,总有一些企业比其他企业具有更强的获利能力。企业的行业地位决定了其盈利能力是高于还是低于行业平均水平,衡量企业行业竞争地位的主要指标有产品的市场占有率和行业综合排名等。

1. 市场占有率分析

市场占有率是指一个企业的产品销售量占该类产品整个市场销售总量的比例。企业的市场占有率是利润之源。市场占有率越高,表示企业的经营能力和竞争力就越强,企业的销售和利润水平也就越好、越稳定。效益好并能长期存在的企业,其市场占有率必然是长期稳定并呈增长趋势。

例如,美国的可口可乐公司,产品遍及全球,在每个销售区,其市场占有率都是当地饮料品牌的三强之一,如此巨大而稳定的市场份额是公司百年立身之本,也是可口可乐公司的利润之源。

市场占有率是企业生命之本,而高的市场占有率是依赖于强大的市场开拓能力来实现的。不断挖掘现有市场潜力,并不断开拓新的市场甚至进军全球市场是大多数企业奋斗的目标。

企业为提高市场占有率,采取各种策略。如长虹彩电曾通过大幅降价挤垮竞争对手,扩大市场份额;海尔集团保持优质优价的形象并拓展海外市场是维持其高利润下高市场占有率的法宝。这些都是控制市场份额的有效措施。

2. 行业综合排名

企业之间的比较,只有放在行业背景下才能得出客观、公正的结果。行业综合排名能够便于投资者了解各企业在行业中的竞争地位。世界上有较大影响的几种企业排名所用的方法和指标各不相同,《财富》500 强以上年的销售额为基准;《商业周刊》1 000 强以市场价值为依据;《标准普尔》50 强则以销售额增长、净收入增长以及 1 年期和 3 年期的股东收益回报率、利润增长、资产回报率等 8 项指标来综合衡量。可以说它们各有千秋,投资者可以根据自己的需要来选择合适的排名方式。

处于行业龙头地位的企业,在规模、技术、产品质量上都是领先的,其经营业绩和成长性一般也领先于同行业的企业,投资者应特别关注这类企业。

阅读参考

海尔:蝉联大型白色家用电器全球第一

2021 年 1 月 11 日,世界权威市场调查机构欧睿国际(Euiomonitor)发布的最新全球家用电器市场调查结果显示,2020 年全球大型家用电器品牌零售量的调研结果是,2020 年海尔全球大型家用电器品牌零售量第一。

创场景品牌、生态品牌的新赛道,为海尔智家全球持续引领注入新动能。12 年前,海尔第一次取得全球大型家用电器品牌零售量第一,站到了家电品牌引领全球的起点上。12 年后,海尔在 12 连冠基础上,又站在场景品牌和生态品牌的新起点上,创全球首家物联网化的上市公司。

欧睿国际 2020 年的数据还显示,海尔冰箱品牌零售量连续 13 年蝉联全球第一,洗衣机品牌零售量连续 12 年蝉联全球第一,冷柜品牌零售量连续 10 年蝉联全球第一,酒柜品牌零售量连续 11 年蝉联全球第一。

资料来源:大众网 2021 年 1 月 25 日

(二) 公司经济区位分析

区位或者说经济区位是指地理范畴上的经济增长带或经济增长点及其辐射范围。区位是资本、技术和其他经济要素高度集聚的地区,也是经济快速发展的地区。我们通常所说的美国的硅谷高新技术产业区等就是经济区位的典型例子。

上市公司的投资价值与区位经济的发展密切相关,处在经济区位内的上市公司,一般具有较高的投资价值。对上市公司进行区位分析,就是将上市公司的投资价值与区位经济的发展联系起来,通过分析上市公司所在区位的自然条件、资源状况、产业政策、政府扶持力度等方面来考察上市公司发展的优势和后劲,确定上市公司未来发展的前景,以判断上市公司的投资价值。中国的上市公司中,有很多这样典型的板块,例如,浦东概念、西部开发、振兴东北、前海概念、津滨概念等。

1. 区位的自然和基础条件分析

区位的自然和基础条件包括矿产资源、水资源、能源、通信设施等,它们在区位经济发展中起着重要作用,也对区位内上市公司的发展起着重要的限制或促进作用。分析区位的自然条件和基础条件,有利于分析该区位内上市公司的发展前景。如果上市公司所从事的行业与当地的自然和基础条件不符,其发展可能会受到很大的制约。

2. 地区经济的发展分析

为了进一步促进地区经济的发展,当地政府一般都会制定经济发展的战略规划,提出相应的产业政策,确定优先发展和扶植的产业,并给予相应的财政、信贷及税收等诸多方面的优惠政策。这些措施有利于引导和推动相关产业的发展,相关产业内的公司将因此受益。因此,区位内主营业务符合当地政府产业政策的上市公司,通常会获得诸多政策支持,有利于上市公司的进一步发展。

例如,西部大开发就是根据区域经济、文化发展的现状,充分考虑自然条件和经济条件的限制,通过政府有效的宏观政策调控和市场机制的作用,克服区域产业结构趋同的现状,大力发展生态农业、集约化农业、农牧产品深加工、旅游业等特色产业,建立能源、冶金、石化、机电一体化、稀有金属材料、航空航天等主导产业群。

3. 区位的经济特色分析

区位的经济特色是指区位内经济与区位外经济的联系和互补性、龙头作用及其发展活力与潜力的相对优势。它包括区位的经济发展环境、条件与水平、经济发展现状等有别于其他区位的特色。特色在某种意义上意味着优势,利用自身的优势发展本区位的经济,无疑在经济发展中找到了很好的切入点。

比如,某区位在电脑软件或硬件方面,或在汽车工业领域已经形成了优势和特色,那么该区位内的相关上市公司在同等条件下,会比其他区位内主营业务相同的上市公司具有更大的竞争优势和发展空间。

产业集群是区位经济特色的一个典型例子。所谓产业集群,是指从事某一产业的组织在一定区域内大量集聚,形成了具有竞争优势的经济群落。产业集群不仅包括公司,也包括科研机构、行业协会等组织,是一个类似于有机生物体的产业群落。

浙江有名的"区块经济"就可以用产业集群的概念进行解释,如温州的皮鞋、义乌的小商品以及宁波的服装等。这些地区近年来的迅猛发展得益于产业集群的有效聚集和形成,产业集群中的公司在规模、生产、成本上有突出的优势,因而具有更强的竞争力。

(三) 公司产品分析

1. 产品竞争力分析

企业的最终目的就是获得利润,而要获得利润就要把产品卖出去,因此产品的竞争力是公司分析非常重要的一个方面。产品的竞争力包括成本、技术、质量和品牌等几个方面。

(1) 成本优势分析

成本优势是指企业的产品依靠低成本获得高于同行业中其他企业的盈利能力。在很多行业中,成本优势是决定竞争优势的关键因素,理想的成本优势往往成为同行业价格竞争的抑制力。如果企业能够创造和维持成本领先地位,并创造出与竞争对手价值相等或近似的产品,那么它只要将价格控制在行业平均或接近平均的水平,就能获得优于平均水平的经营业绩。

成本优势的来源各不相同,并取决于行业结构。一般来讲,产品的成本优势可以通过规模经济、专有技术、优惠的原材料、低廉的劳动力、科学的管理、发达的营销网络等来实现。其中由资本的集中程度决定的规模经济是决定产品生产成本的基本因素。当企业达到一定的资本投入或生产能力时,根据规模经济理论,生产成本和管理费用将会得到有效降低。

阅读参考

海尔创"第四种流程再造"模式

世界上所有的企业都是在为用户服务,所以说企业组织流程都是朝向用户的,宽泛地说,全球只有一种朝向用户的企业流程。但是,现实运行中的企业组织流程不是这样的。目前,全球绝大部分的企业组织形态都是在产品短缺时代形成的,那时,由于产品不愁销售,企业的经营过程是制造产品然后放进仓库,销售就是从仓库中出货。随着制造能力的提高,全球市场进入产品过剩时代,仓库中的产品开始找不到买主,这时企业只好自己买单,此时,企业即使减少库存也改善不了经营状况。特别是随着技术扩散速度与需求变化速度的加快,大量的企业库存使产品开始快速贬值,许多企业因为接不到订单而被库存困死。在这种市场环境中,企业的流程不得不发生巨大变化,流程再造成为一种全球性的企业行为。

海尔在全球范围内招标精选,比价采购原材料,建立现代化物流中心,实现成品零库存,原材料仅维持3天的库存量,流动资金周转速度仅为160天。这些成果的取得,得益于市场链同步流程的建立。海尔市场链同步流程模型,如图2-3-1所示。

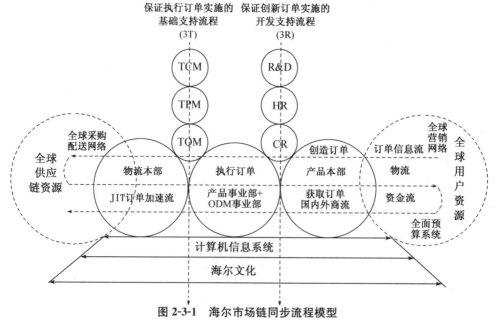

图 2-3-1　海尔市场链同步流程模型

资料来源:《跨国企业运作管理》化学工业出版社,作者:林光 2010 - 09 - 01

（2）技术优势分析

技术优势是指企业拥有的比同行业其他竞争对手更强的技术实力及研究与开发新产品的能力。这种能力主要体现在生产的技术水平和产品的技术含量上。在现代经济中，企业新产品的研究与开发能力是决定企业竞争成败的关键因素。因此，企业一般都确定占销售额一定比例的研究开发费用，这一比例的高低往往能决定企业的新产品开发能力。

产品的创新包括：通过新核心技术的研制，开发出新产品或提高产品的质量；通过新工艺的研究，开发出一种新的生产流程，降低现有的生产成本；根据细分市场进行产品细分，实行产品差别化生产；通过研究产品组成要素的新组合，获得一种原料或半成品的新供给来源等。

阅读参考

海尔重视技术创新

青岛海尔非常重视技术创新，1999年就开发出582项专利技术，平均每天有2.3项专利问世，新产品开发287项，商品化率达90%以上，当年80%的销售收入来自新产品。目前，海尔拥有各项专利达2 200多项，中国洗衣机行业2/3的专利属于海尔，新产品开发已具备了超前10年的能力。强大的技术创新能力为海尔的发展提供了充分的技术支持。在海尔的产品中，直接源于顾客信息反馈，满足市场需求的技术创新层出不穷。比如，"地瓜"洗衣机和小小神童洗衣机，其中小小神童洗衣机已开发到第九代产品，目前已经销售200万台。

在科技投入方面，与科研院所及国内著名大学合作，建立博士后科研流动站。每年R&D的投入都在销售收入的4%以上，1997年为4.8亿元，占当年销售收入的4%，1998年提高到7.8亿元，占4.6%，1999年增为10.3亿元，占到了当年销售收入的4.8%，占当年利税总额的79.2%，为海尔技术领先提供了雄厚的资金保障。建立的检测中心，获中国家用电器检测所实验室认可，由海尔检测中心出具的数据与国家权威检测机构有同等效力。

不断的技术和产品创新也是公司成功的原因之一。按照现代家电智能化、数字化、个性化、信息化的发展趋势，公司积极推出节能、变频、经济型、豪华型等系列精品，实现了产品结构、产品形象的全面升级换代，提升了产品在市场上的竞争能力，还在国内同行业成功推出了网络冰箱，实现了家用电器的信息化、网络化。在此基础上，"海尔"品牌在国际市场上的知名度也不断提升，今年海尔冰箱获得了联合国开发计划署和美国政府联合颁发的"全球气候奖"，成为国内唯一获奖企业，再次显现了"海尔"品牌的实力。

资料来源：《大连理工大学学报》（社会科学版）

（3）质量优势分析

质量优势是指企业的产品以高于其他企业同类产品的质量赢得市场，从而取得竞争优势。

由于企业技术能力及管理等诸多因素的差别，不同企业间相同产品的质量是有差别的。

消费者在进行购买选择时,产品的质量始终是影响他们购买倾向的一个重要因素。当一个企业的产品价格溢价超过了其为追求产品的质量优势而附加的额外成本时,该企业就能获得高于其所属行业平均水平的盈利。换句话说,在与竞争对手成本相等或近似的情况下,具有质量优势的企业往往在该行业中占据领先地位。

阅读参考

海尔重视全面质量

青岛海尔在高度重视全面质量管理的前提下,产品质量目标为 7 个 100%:包括开箱100%合格、出工位部品 100%合格、上线全检部品 100%合格、库存物资无损坏 100%、三检执行率 100%、顾客满意率 100%、进货交验合格率 100%等。一流的品质保证与极低的库存规模,使产品的价格质量比具有非常强的竞争优势。

资料来源:http://wenwen.soso.com/z/q156748231.htm

2. 产品的品牌战略

品牌是商品名称和商标的总称,可以用它来识别一个卖者或卖者集团的货物或劳务,以便同竞争者的产品相区别。一个品牌不仅是一种产品的标识,而且是产品质量、性能、满足消费者效用可靠程度的综合体现。品牌竞争是产品竞争的深化和延伸,当产业发展进入成熟阶段,产业竞争充分展开时,品牌就成为产品及企业竞争的一个越来越重要的因素。如果企业有知名的品牌,其产品的竞争力就会相对强一些,会更有利于企业的快速发展。

例如,可口可乐是世界闻名的品牌,可口可乐公司也因此获得了巨大的市场份额。海尔品牌在中国是数一数二的品牌,因此其近几年的发展也是有目共睹的。

品牌的知名度对企业持久发展十分重要。在分析企业财务报告时,投资者需要了解企业是否知名、是否有知名的产品品牌,以及是否有较强的市场地位。另外,投资者还应了解行业内是否有其他的领先品牌。这些分析都有利于了解企业产品的竞争力,从而判断该企业是否因其在行业内的领先地位而前景光明。

阅读参考

海尔冰箱名牌战略

自 1984 年海尔集团的前身青岛电冰箱总厂成立至 1991 年的 7 年时间里,海尔在实施名牌战略过程中,坚持技术质量上的高起点,强化全员质量意识和产品质量意识,坚持技术进步,通过狠抓产品质量,创立了海尔冰箱品牌。

一、坚持技术、质量上的高起点

1984 年成立的青岛电冰箱总厂是轻工业部最后一批电冰箱定点生产厂家,当时市场上国产冰箱已有 100 多个品牌,竞争非常激烈,但是没有"名牌"冰箱。因此,在海尔刚开始生产冰箱时,就提出了"名牌战略"的口号。"名牌战略"的核心就是产品的高质量。

1985 年,海尔从德国利勃海尔集团引进了先进技术,生产出我国甚至亚洲第一代四星级冰箱,领先一步在国内市场上形成了质量可靠和技术先进的优势。很快海尔便以高新技术、高质量的产品赢得了广大消费者的信任。

二、强化全员质量意识,强化产品质量管理

要创名牌冰箱,就要从抓质量入手。海尔认为,人是质量中最关键的因素,第一流的产品是第一流的人干出来的,质量实际上是职工整体素质的体现,抓质量应该首先从人抓起。

1985 年,集团总裁张瑞敏毅然决定,将 76 台存在一定质量问题的冰箱,由责任者亲自用大锤砸毁。这次事件在职工中造成极大的震动,职工的质量意识从此有了质的提高。

三、坚持技术进步不停顿

海尔在发展过程中十分注重技术开发,不断否定自己,加快更新换代的步伐,始终保持技术上、质量上的发展创新,确保了市场上的技术领先地位。海尔在无氟节能冰箱研制上已达到国际最高水平,成果曾代表中国和亚洲先后参加了美国"世界地球日",维也纳"氟利昂及哈龙替代国际学术交流会",印度新德里"国际无氟成果研讨会"等多个国际学术交流会,引起世界的轰动,被世界环保组织誉为"世界多一个海尔,地球多一分安全"。

资料来源:http://mall.cnki.net/magazine/Article/JSSC2002Z1053.htm

(四) 公司经营能力分析

1. 公司治理结构分析

公司治理结构是一套制度安排,用以管理在企业组织中有重大利害关系的投资人、经理人和职工之间的关系,并从这种联盟中实现经济利益。公司治理结构的核心问题包括:如何配置和行使控制权,如何监督和评价董事会、经理人员和职工,如何设计和实施激励机制等。

衡量一个公司治理结构的标准应该是如何使公司最有效地运行,如何保证股东、债权人、当地政府、顾客、供应商等各方面的利益得到维护。因此,科学的公司决策不仅是公司的核心,也是公司治理的核心。

① 规范的股权结构。规范的股权结构是法人治理结构的基础,它包括三层含义:一是降低股权集中度,避免"一股独大";二是流通股股权适度集中,大力发展机构投资者;三是股权的普遍流通性。

② 完善的独立董事制度。上市公司独立董事是指不在公司担任除董事外的其他职务,并与其所受聘的上市公司及其主要股东不存在可能妨碍其进行独立客观判断关系的董事。中国证监会于 2001 年颁布了《关于在上市公司建立独立董事制度的指导意见》,根据该规范性文件,上市公司应当建立独立董事制度。

③ 监事会的独立性。监事会是由全体监事组成的,对公司业务活动及会计事务等进行监督的机构。监事会也称公司监察委员会,是股份公司法定的必备监督机关,是在股东大会领导下,与董事会并列设置,对董事会总经理行政管理系统行使监督的内部组织。

④ 优秀的经理层。经理是公司的日常经营管理和行政事务的负责人,由董事会决定聘任或者解聘。经理对董事会负责,可由董事和自然人股东充任,也可由非股东的职业经理人

充任。经理依照《公司章程》《公司法》和董事会的授权行使公司经营权利,并有任免经营管理干部的权力。经理是公司对内生产经营的领导,也是公司对外活动的代表,其行为就是公司的行为,即使其行为违反了《公司章程》和董事会授权规定的权限范围,一般也都视为公司行为,后果由公司承受,这就是我国《合同法》规定的表见代理制度的法理实践来源之一。

2. 管理层经营能力分析

一个企业的兴衰,与管理层的素质和开拓精神密切相关。管理层的经营能力直接影响企业的盈利能力和长期发展,是投资者在选择投资对象时必须考虑的因素之一。很多时候对企业的投资就是对企业管理层的投资,也是对管理层的认同。管理层经营能力的分析可以从以下几方面来进行。

① 管理层的学历分析。一般来说,管理者的能力和其他素养同他的知识水平成正比关系,知识面越宽,思路越宽,眼光就越远,思维能力也就越强。优秀的管理者应具备企业管理、经济学、文学、心理学、社会学和行为科学等方面的知识。健全的知识结构,对于管理者认识企业发展的外部环境,进行有效的内部管理具有重要的意义。

② 管理层的经历分析。管理者除了要有很高的知识水平外,还要有将各种管理理论和业务知识应用于实践、进行具体管理、解决实际问题的本领。能力和知识是相互联系、相互依赖的,基本理论和专业知识的不断积累与丰富,有助于潜能的开发与实际才能的提高;而实际能力的增长与发展,又能促进管理者对基本理论知识的学习消化和具体运用。管理者的基本能力主要是技术技能、人际技能和概念技能。例如,有国外工作经历的管理者在国际化方面有优势,有政府工作经历的管理者在公共关系方面有优势。

③ 管理层的品德分析。品德体现了一个人的世界观、人生观、价值观、道德观和法制观念,持续有力地指导着他对现实的态度和他的行为方式。作为管理者,从其所应履行的职责出发,应具有强烈的管理意愿和良好的精神素质。如果一个人缺乏为他人工作承担责任和激励他人取得更大成绩的愿望,那么即使他已经走上了管理岗位或者具有从事管理工作的潜能,他也不可能成为一名合格的管理者。

阅读参考

优秀的管理者——张瑞敏

张瑞敏,男,汉族,1949 年 1 月 5 日出生,山东省莱州市人,高级经济师,1995 年获中国科技大学工商管理硕士学位,现任海尔集团党委书记、董事局主席、首席执行官。张瑞敏是中共十四大、十五大、十六大代表。2001 年,张瑞敏荣获“全国优秀共产党员”称号。2002 年 11 月,在党的十六次全国代表大会上,张瑞敏光荣地当选为第十六届中央委员会候补委员。

1984 年,张瑞敏由青岛市原家电公司副经理出任青岛电冰箱总厂厂长。他确立了“名牌战略”思想,带领员工抓住机遇,加快发展,创造了从无到有、从小到大、从弱到强的发展奇迹。海尔集团已由一个亏损 147 万元的集体小厂,发展成为全球营业额千亿的中国第一品牌,并在全世界获得了越来越高的美誉度。在管理实践中,张瑞敏将中国传统文化精髓与西方现代管理思想融会贯通,“兼收并蓄、创新发展、自成一家”,创造了富有中国特色、充满竞争力的海尔文化。从"日事日毕、日清日高"的 OEC 管理模式到每个人都面向市场的 SST 市场链管理,张瑞敏在企业管理上的不断创新,赢得了世界管理界的高度评价。

1998 年以来,张瑞敏先后应邀登上哈佛大学、瑞士国际管理学院、哥伦比亚大学、沃顿商学院等世界一流大学的讲坛。海尔集团近几年来在海内外市场取得的突出成就,尤其是张瑞敏在开拓全球市场时的与众不同的思路,引起世界著名营销大师米尔顿·科特勒的关注。2001 年 8 月 25 日,米尔顿在海尔集团访问时,称赞张瑞敏是一位很优秀的中国企业英雄。

1997 年,张瑞敏荣获《亚洲周刊》颁发的"1997 年度企业家成就奖";1999 年,被英国《金融时报》评为"全球 30 位最具声望的企业家"第 26 名;2002 年 9 月 6 日,他荣获国际联合劝募协会设立的"全球杰出企业领袖奖"和"最佳捐赠者奖",是国内唯一获此殊荣的企业家。

2003 年 8 月,美国《财富》杂志分别选出"美国及美国以外全球 25 位最杰出商界领袖",在这些商界领袖中,张瑞敏排在第 19 位。张瑞敏的目标是使海尔成为世界名牌。

资料来源:http://www.zhinet.com/space-54987-do-blog-id-35821.html

(五) 公司成长性分析

1. 公司发展战略分析

企业战略规划支配着企业的发展,预示着企业的前景;发展战略是企业面对激烈的市场变化和严峻的挑战,为求得长期生存和不断发展而进行的总体性谋划。它是企业战略思想的集中体现,是企业经营范围的科学规定,同时也是制定规划的基础。企业的发展战略是在符合和保证实现企业使命的条件下,在充分利用环境中存在的各种机会和创造新机会的基础上,确定企业同环境的关系,规定企业从事的经营范围、成长方向和竞争对策,合理地调整企业产业结构和分配企业资源。企业的发展战略具有全局性、长远性和纲领性的特点,它从宏观上规定了企业的成长方向、成长速度以及实现方式。企业发展战略主要有产品发展战略、营销发展战略和人才发展战略。

2. 公司管理风格及经营理念分析

管理风格是企业在管理过程中一贯坚持的原则、目标及方式等方面的总称。经营理念是企业发展一贯坚持的一种核心思想,是公司员工坚守的基本信条,也是企业制定战略目标及实施战术的前提条件和基本依据。一个适应社会经济发展、不断创新的管理风格及经营理念是企业成功的前提和保障,也是公司经营管理能力的重要体现。一般而言,公司的管理风格和经营理念有稳健型和创新型两种。

① 稳健型公司的特点是在管理风格和经营理念上以稳健原则为核心,一般不会轻易改变已形成的管理模式和经营模式。奉行稳健型原则的公司的发展一般较为平稳,大起大落的情况较少。

② 创新型公司的特点是管理风格和经营理念上以创新为核心,公司在经营活动中的开拓能力较强。创新型企业依靠自己的开拓创造,有可能在行业中率先崛起,获得超常规的发展;但创新并不意味着企业的发展一定能够获得成功,有时实行的一些冒进式的发展战略也有可能迅速导致企业的失败。

分析公司的管理风格,可以跳过现有的财务指标来预测公司是否具有可持续发展的能力,而分析公司的经营理念则可用来判断公司管理层制定何种公司发展战略。

阅读参考

海尔文化

海尔人学习美国、日本企业推崇的创新精神与团队精神,在中国优秀的传统文化基础上将二者有机地结合起来,形成了极其丰富的海尔文化。对于企业运行过程中出现的各种问题和错误,海尔人习惯于通过各种形式的大讨论,从主宰人们行为的思想、观念上彻底解决,杜绝同样的问题、错误再次发生。海尔文化卡上面列有:"敬业报国、追求卓越"的海尔精神;"迅速反应、马上行动"的海尔作风;"东方亮了、西方再亮"的资本运营观;"先难后易"开拓国际市场的理念;"用户永远是对的"的服务观;"优秀的产品是优秀的人才干出来的"的质量观;"只有淡季的思想,没有淡季的市场"的市场观念等。其中最突出的是在企业管理中提出的"斜坡球体论"(即海尔定律):认为企业如同斜坡上的球体,市场竞争与员工的惰性会形成下滑力,如果没有一个止动力,球体便会下滑,这个止动力就是基础管理;斜坡上的球体不会自行上升,因此需要一个向上的拉动力,企业才能发展,这个拉动力就是创新。基于这一理论,海尔创出了"OEC"("日事日毕、日清日高")管理模式。

海尔集团本着先卖信誉,后卖产品的营销理念,创出并打响了自己的品牌。在国门之内无名牌的理念下,"海尔"品牌走出国门,在世界各国注册海尔商标,与世界大品牌抗争。为了大踏步进入国际市场,不仅率先在国内家电行业通过了 ISO 9001 质量体系认证,而且先后获德国 OS、EMC,美国 UL、ETL、DOE,加拿大 CSA、EEV,美洲 NRTL/C,澳大利亚 SAA,日本 S—MARK,欧盟 CE,沙特 SASO,俄罗斯 6057,国际 CB,南非 SABS,菲律宾 PSB,中国 CCEE,韩国安全认证等 18 类产品认证,并获得了美国 UL 的"CTDP"认可,加拿大 CSA 全权认证,同时获欧盟 EN 45001 实验室认证,产品可直接出口 87 个国家和地区。在环境保护方面,海尔通过了 ISO 14001 国际环境管理认证。

海尔人认识到,在产品质量差异日趋缩小的情况下,服务已成为市场竞争的主旋律,推出了顾客至上的三全服务:全天候 24 小时服务、全方位登门服务、全免费义务服务。海尔的标准化服务在国内外有口皆碑。1996 年,海尔作为唯一的亚洲企业获得了美国优质服务协会颁发的"五星钻石奖"。

资料来源:http://wiki.mbalib.com

3. 公司发展前景分析

公司的股票价格会因公司发展前景的变动而波动。若公司具有良好的发展前景,投资者就会看好公司的未来发展趋势,便会买进并持有这家公司的股票,该公司股票价格便会上涨;反之,投资者就会对公司的未来发展前景担忧,便会出售这家公司的股票,该公司股票价格便会下跌。

公司发展前景的好坏可以从以下几个方面进行分析。

（1）公司募集资金的投向

公司通过发行股票、公司债券或向银行借贷所募集的资金，主要用于项目投资。公司的投资项目是否具有良好的发展前途，是否具有较高的盈利能力，是判断一家上市公司是否具有良好发展前景的关键。投资者应多关注上市公司项目投资的计划及进展情况。如果上市公司具有良好的投资项目，并且投资进展顺利，则上市公司的投资项目便会成为公司利润的新增长点，公司的未来利润有望不断增长，公司便具有了良好的成长性。

（2）公司产品的更新换代

随着商品经济的不断发展，市场对公司生产的商品提出了更高的要求，要求产品不仅质量要好，而且款式要新。因此，公司必须加强科技投入，加大新产品的开发力度，才能根据市场的不同需求开发出适应市场需要的新产品，才能在市场上占有领先和主导地位。这类公司将有良好的发展前景。

三、公司财务分析

（一）公司主要财务报表

上市公司必须遵守财务公开的原则，定期公开自己的财务状况，提供有关财务资料，便于投资者查询。上市公司公布的财务资料主要是一些财务报表。其中最主要的是资产负债表、利润表和现金流量表。对投资者而言，学会如何利用上市公司提供的财务报表获得有用的信息是极为重要的。投资者为决定是否投资，要分析公司的资产盈利能力；为决定是否转让股份，要分析公司的发展前景；为考察公司高级管理人员的绩效，要分析公司的竞争能力；为预测公司的股利分配，要分析公司的投资、融资状况等。

阅读参考

巴菲特看年报

有这么一个故事：1965年的时候，巴菲特的一对朋友夫妇去了埃及旅游，回来后邀请巴菲特夫妇吃晚饭。饭后东道主夫妇提议拿投影仪来给巴菲特夫妇欣赏一下他们在埃及拍的照片，那时候连美国人去趟埃及都是件稀罕事，而金字塔又充满了神秘感，于是巴菲特老婆自然是满口应承。巴菲特却说："我有一个更好的提议，你们在客厅欣赏金字塔的照片，我去你们书房看一会年报怎么样？"——我们不清楚东道主夫妇有没有当场晕倒，但我们知道，那份年报是迪斯尼公司的，因为没看狮身人面像而看了米老鼠的财务成绩单，巴菲特又挖掘到一只大牛股。而2007年的时候，当被问到是如何找到"中石油"（601857）这个金娃娃时，巴菲特回答道："我研究公司不分国家，不分行业，我尽可能地读每份年报并试图搞清楚是否有便宜货。幸运的是，当时我看到了一份英文版的中石油年报。你要是问我别人为什么没看到，我想说的是，在其他人享受《花花公子》杂志的时候，我看的是年报。"——我无论如何也想不通，年报怎么能读得像《花花公子》一样的有趣。

资料来源：http://blog.sina.com.cn/s/blog_4c51d4090100de1j.html

1. 资产负债表

资产负债表是反映企业在某一特定日期财务状况的会计报表。它是根据资产、负债、股东权益之间的相互关系,按"资产=负债+所有者权益"等式编制而成的。

（1）资产

资产代表公司拥有或掌握的资源,一般由流动资产和固定资产两部分组成。流动资产主要包括现金、有价证券、应收账款、存货和预付款。固定资产由企业的房地产、工厂和设备等组成,被用来生产企业出售的货物和提供劳务。由于这些资产在生产中被不断地磨损消耗,所以其价值是按成本减去累积的折旧来计算的。企业所使用的折旧方法很重要,因为它影响公司必须支付的税款,进而对利润产生影响。按变现的先后顺序排列资产项目,可以反映企业的支付能力状况,将资产与公司的负债及股东权益联系起来考察,可以了解企业的偿债能力状况。

（2）负债

负债主要包括流动负债和长期负债两部分。流动负债是指在将来1年或者长于1年的一个营业周期内偿付的债务。流动负债主要有应付账款、应付票据、应计利息和应付税费等项目。非流动负债包括长期借款、应付债券、长期应付款和其他非流动负债等项目。

（3）股东权益

资产负债表中的这个部分代表了全部股东的所有权和利益。总资产在减去全部债务之后就是公司资产的净值。股东权益分为三个部分,即实收资本、资本公积和留存收益。留存收益又包括盈余公积和未分配利润。

我国企业的资产负债表按账户式反映,即资产负债表分为左方和右方,左方列示资产各项目,右方列示负债和所有者权益各项目,资产各项目的合计数等于负债和所有者权益各项目的合计数。账户式资产负债表可以反映资产、负债和所有者权益之间的内在关系,并达到资产负债表的左方和右方的平衡。同时,资产负债表还提供年初数和期末数的比较。

2. 利润及利润分配表

利润表也叫损益表,是反映企业一定期间生产经营成果的财务报表。利润表把一定期间的营业收入与其同一会计期间的营业费用进行配比,以计算出企业一定时期的净利润（或者净亏损）。利润表反映的收入、费用等情况,能够反映企业生产经营的收益和成本耗费情况,表明企业生产经营的成果;同时,通过利润表提供的不同时期的比较数字,可以分析企业今后利润发展的趋势及获利能力,了解投资者投入资本的完整性。按照所包括的要素不同,利润表所反映的利润可分为销售利润、其他业务利润、营业利润、利润总额等不同的层次。由于不同的国家和地区对财务报表的信息要求不完全相同,利润表的结构也不完全相同。目前比较普遍的利润表结构有多步式利润表和单步式利润表两种。我国一般采用多步式利润表格式。

利润分配表是反映企业一定期间对实现净利润的分配或弥补亏损的会计报表,是利润表的附表,用以说明利润表中所反映的净利润的分配去向。通过利润分配表,可以了解企业实现净利润的分配情况或亏损的弥补情况,了解利润分配的构成,以及年末分配利润的数额。

3. 现金流量表

现金流量表是以现金为基础编制的财务状况变动表,反映企业一定期间内现金的流入和流出。这里的现金是指企业库存现金、银行存款、其他货币资金和现金等价物。现金流量表按照企业经营业务发生的性质,将企业一定期间内产生的现金流量分为三类。

① 经营活动产生的现金流量。经营活动是指企业投资活动和筹资活动以外的所有交易和事项,包括销售商品或提供劳务、经营性租赁、购买货物、接受劳务、制造产品、广告宣传、推销产品、交纳税款等。

② 投资活动产生的现金流量。投资活动是指企业长期资产的购建和不包括在现金等价物范围内的投资及其处置活动。

③ 筹资活动产生的现金流量。筹资活动是指导致企业资本及债务规模和构成发生变化的活动,包括吸收投资、发行股票、分配利润等。

由于现金流量表所反映的是资产负债表中现金项目从期初到期末的具体变化过程,所以,它为投资者分析上市公司财务报表提供了新的视角。

(二) 财务比率分析

财务比率分析是指从指标数值的对比结果上分析企业财务状况的方法,主要是计算比值。

1. 偿债能力分析

偿债能力是企业偿还到期债务本息的能力。按到期时间,企业债务可分为短期债务(到期时间不超过 1 年的负债)和长期债务(到期时间超过 1 年的负债)。因此,偿债能力分析可分为短期偿债能力分析和长期偿债能力分析。短期偿债能力分析又叫流动性分析。

(1) 短期偿债能力

短期偿债能力的高低,对企业的生产经营和财务状况有重要的影响。一个企业虽然拥有良好的营运能力和盈利能力,但如果短期偿债能力不足,就可能要被迫出售长期资产以偿还债务。这将直接影响企业的正常生产经营活动,甚至会出现资不抵债的情况,从而导致企业破产。

流动资产 1 年内可以变现,是短期偿债能力的基础,因此通常以流动资产与流动负债的比较来衡量企业的短期偿债能力。流动负债通常包含应付账款、应付票据、应付税费和年内到期的长、短期债务。企业偿还流动负债的现金来源主要依靠流动资产,流动资产通常包含现金、短期投资、应收账款和存货。衡量企业短期偿债能力主要有以下几个指标。

① 流动比率。流动比率是流动资产除以流动负债的比值。其计算公式为:

$$流动比率＝流动资产÷流动负债$$

对流动比率的计算公式还可以做如下变形:

$$
\begin{aligned}
流动比率 &＝流动资产÷流动负债 \\
&＝[(流动资产－流动负债)＋流动负债]÷流动负债 \\
&＝(营运资金＋流动负债)÷流动负债 \\
&＝1＋(营运资金÷流动负债)
\end{aligned}
$$

流动比率反映企业利用可在短期内转变为现金的流动资产偿还到期流动债务的能力。一般来说,流动比率越高,说明企业的流动性越强,流动负债的安全程度越高。但从企业角度来看,流动比率不是越高越好。流动比率太高,就要注意分析企业的资产结构和负债结构是否存在以下问题:一是流动负债低,即企业没有充分利用商业信用和现有的借款能力,可能更多地用长期负债解决流动资产需求,从而提高了筹资成本;二是流动资产高,这可能是由于存货大量积压、大量应收账款迟迟不能收回等原因所致,表明企业的资产管理效率较低,盈利能力较差。

根据经验通常认为,流动比率等于2比较合理,若偏离2太多,则存在一定的问题。但是这个经验数据不是绝对的,不同的环境、不同的时期、不同的行业,情况不尽相同。例如,商业企业的流动比率往往大大高于服务行业的流动比率,因为商业企业有大量的商品存货等流动资产,而服务行业的流动资产相对较少。又如,一般来说,企业的营业周期越短,流动比率可能越低。因为营业周期短,则意味着存货、应收账款等流动资产的周转速度快,因此存货和应收账款的存量必然小,流动比率也就低。实际上,由于各个企业的经营能力和筹措短期资金的能力不同,对流动比率的要求也有所不同。对于一个信誉良好、很容易筹措到短期资金的企业来说,即使流动比率较低也不会影响企业资产的安全性和流动性。

② 速动比率。速动比率是速动资产除以流动负债的比值。其计算公式为:

$$速动比率＝速动资产÷流动负债$$

其中:

$$速动资产＝流动资产－存货$$

把存货从流动资产中剔除的主要原因是,在流动资产中存货的变现速度最慢;由于某种原因,部分存货可能已损失报废还没做处理;部分存货已抵押给某债权人;存货估价还存在着成本与合理市价相差悬殊的问题。综合上述原因,在不希望企业用变卖存货的办法还债,以及排除使人产生种种误解因素的情况下,把存货从流动资产总额中剔除而计算出的速动比率所反映的短期偿债能力更加令人可信。

一般来说,速动比率越高,说明企业的流动性就越强,流动负债的安全程度也就越高。与流动比率类似,从企业的角度来看,速动比率也不是越高越好,对速动比率的分析要具体情况具体分析。根据经验通常认为,正常的速动比率为1,低于1的速动比率被认为是短期偿债能力偏低。这仅是一般的看法,因为行业不同,速动比率会有很大的差别,没有统一标准的速动比率。例如,采用大量现金销售的商店,几乎没有应收账款,大大低于1的速动比率则是很正常的;相反,一些应收账款较多的企业,速动比率可能大于1。

影响速动比率可信度的重要因素是应收账款的变现能力。账面上的应收账款不一定都能变成现金,实际坏账可能比计提的准备要多;季节性的变化可能使报表的应收账款数额不能反映平均水平。

由于各行业之间存在差别,在计算速动比率时,除扣除存货以外,还可以从流动资产中去掉其他一些可能与当期现金流量无关的项目(如待摊费用等),以计算更进一步的变现能力。如保守速动比率(也称超速动比率)为现金、交易性金融资产、应收票据和应收账款净额各项之和,再除以流动负债的比值。

③ 现金流动负债比率。现金流动负债比率是经营现金流量净额除以流动负债的比值。其计算公式为：

$$现金流动负债比率＝经营现金流量净额÷流动负债×100\%$$

现金流动负债比率更能说明企业的短期偿债能力。如果用流动比率，流动资产中的存货和应收账款比较多，那么这个比率会比较高，说明流动性好，但实际上这个企业的流动性是有限的。用经营现金流量净额代替流动资产，就能更真实地反映这个企业的流动性。

之所以选择经营活动产生的现金流量净额，而没有选择企业所有活动带来的现金流量净额，是因为经营活动在各个期间都具有一定的稳定性，而各个期间的投资活动和筹资活动则相差较大，不易预测。

一般来说，现金流动负债比率越高，说明企业的流动性就越强，流动负债的安全程度也就越高。与流动比率和速动比率类似，从企业的角度来看，现金流动负债比率也不是越高越好，要具体情况具体分析。将流动比率、速动比率和现金流动负债比率这三个指标放在一起分析，可以更好地反映企业的短期偿债能力。

④ 已获利息倍数。已获利息倍数是指息税前利润除以利息费用，用以衡量企业偿付借款利息的能力，也叫利息保障倍数。其计算公式为：

$$已获利息倍数＝息税前利润÷利息费用$$

在公式中，息税前利润是企业利润表中的利润总额与利息费用之和。由于息税前利润总和表述了企业经营的实际收益，是计算和分析企业经营成果的一个重要指标。利息费用是指本期发生的全部应付利息，即它不仅包括计入财务费用中的利息费用，还包括计入固定资产价值中的资本化利息。企业为构建长期资产而专门借入的债务在长期资产购建期间发生的利息费用，不计入当期财务费用，而应列入该长期资产的构建成本，这些列入长期资产购建成本的利息费用就是已资本化的利息费用。但是一般投资者往往很难获得已经资本化的利息费用，在这种情况下，通常用财务费用代替利息费用来计算已获利息倍数。

已获利息倍数指标反映企业经营收益为所需支付的债务利息的多少倍。已获利息倍数越大，说明企业支付利息的能力越强；反之亦然。若此比率低于1，说明企业的经营收益还不足以支付当期的利息费用，这意味着企业支付利息的能力非常低，财务风险高，需要引起重视。当然，要合理评价企业的已获利息倍数，还需要与其他企业以及本行业平均水平进行比较；而且还要从稳健性角度出发，分析、比较本企业连续几年该指标的水平，并选择指标最低年度的数据作为标准。这是因为，企业在经营好的年度要偿债，而在经营不好的年度也要偿还大约等量的债务。某一个年度利润很高，利息保障倍数就会很高，但未必能年年如此。采用指标最低年度的数据，可反映最低的偿债能力。如果一个很高的已获利息倍数不是由高利润带来的，而是由低利息导致的，则说明企业的财务杠杆程度很低，没有充分利用举债经营的优势。

（2）长期偿债能力

长期偿债能力是指企业偿还到期长期债务的能力。企业的长期资产如固定资产、无形资产等变现能力弱，因此衡量企业长期偿债能力的指标除了考虑企业的总资产外，还应特别注意企业的盈利指标。衡量企业长期偿债能力的指标主要有以下几个。

① 资产负债率。资产负债率是负债总额除以资产总额的百分比,也就是负债总额与资产总额的比例关系。其计算公式为:

$$资产负债率＝负债总额÷资产总额×100\%$$

公式中的负债总额既包含长期负债,也包含短期负债。这是因为,短期负债作为一个整体,企业总是长期占用着,可以视为长期性资本来源的一部分。公式中的资产总额应为扣除累计折旧后的资产净额。

资产负债率反映在总资产中有多大比例是通过借债来筹资的,也可以衡量企业在清算时保护债权人利益的程度,也称为举债经营比率。从公式中可见,资产负债率越低,长期偿债能力就越强。但从企业的角度来看,并非资产负债率越低越好。由于债务资本成本低于权益资本成本,负债筹资具有财务杠杆作用,因而可以提高企业的盈利能力,只是财务杠杆在被运用的同时,也会给企业带来财务风险,影响企业的长期偿债能力。因此,在评价企业的资产负债率时,需要在收益与风险之间权衡利弊,充分考虑企业内部各种因素和外部市场环境,作出合理、正确的判断。

② 股东权益比率。股东权益比率是指股东权益总额除以资产总额的比值。其计算公式为:

$$股东权益比率＝股东权益÷资产总额×100\%$$

股东权益比率反映了在企业全部资金中,有多少是由所有者提供的。由于一个企业的资金要么是所有者提供的,要么是债权人提供的,因此股东权益比率与资产负债率之和必然是 100%。因此,股东权益比率越高,资产负债率就越低,说明所有者投入的资金在全部资金中所占的比例就越大,债权人投入的资金所占的比例就越小;反之亦然。

2. 营运能力分析

营运能力是指企业的经营运作能力,即企业运营各项资产以赚取利润的能力。企业营运能力的财务分析比率有存货周转率、应收账款周转率、营业周期、流动资产周转率和总资产周转率等。这些比率揭示了企业资金运营周转的情况,反映了企业对经济资源管理、运用的效率高低。企业资金周转越快,流动性越高,企业的偿债能力就越强,资产获取利润的速度也就越快。企业营运能力指标详解如下。

(1) 存货周转率

存货周转率也叫存货的周转次数,是指主营业务成本与存货平均余额的比值,用时间表示的存货周转率就是存货周转天数。其计算公式为:

$$存货周转率＝主营业务成本÷存货平均余额$$
$$存货周转天数＝360÷存货周转率$$

公式中,平均存货来自资产负债表中的期初存货与期末存货的平均数,即期初存货加上期末存货再除以 2。

存货周转率是衡量和评价企业购入原材料、投入生产、销售收回等各环节管理状况的综合性指标。一般来讲,存货周转速度越快,存货的占用水平就越低,流动性就越强,存货转换为现金或应收账款的速度也就越快。提高存货周转率可以提高企业的变现能力,而存货周转速度越慢则变现能力越差。但是,如果一个企业的存货周转率过高,则有可能是企业的存货水平太低所致,要防止存货水平太低导致缺货,影响企业的正常生产。

投资者还可以对存货的结构以及影响存货周转速度的重要项目进行分析,如分别计算原材料周转率、在产品周转率或某种存货的周转率。存货周转分析的目的是从不同的角度和环节找出存货管理中的问题,使存货管理在保证生产经营连续性的同时,尽可能少占用经营资金,提高资金的使用效率。

(2) 应收账款周转率

应收账款和存货一样,在流动资产中有着举足轻重的地位。应收账款周转率是主营业务收入与应收账款平均余额的比值,用时间表示的应收账款周转率就是应收账款周转天数。其计算公式为:

$$应收账款周转率＝主营业务收入÷应收账款平均余额$$
$$应收账款周转天数＝360÷应收账款周转率$$

应收账款周转率就是年度内应收账款转换为现金的平均次数,它说明应收账款流动的速度。应收账款周转天数表示企业从取得应收账款的权利到收回款项、转换为现金所需要的时间。及时收回应收账款,不仅可以增强企业的短期偿债能力,也能反映出企业在管理应收账款方面具有较高的效率。

一般来说,应收账款周转率越高,平均收账期就越短,说明应收账款的收回也就越快。否则,企业的营运资金会过多地呆滞在应收账款上,影响正常的资金周转。但是,如果一个企业的应收账款周转率过高,则可能是由于企业的信用政策过于苛刻所致,这样可能会限制企业销售规模的扩大,影响企业长远的盈利能力。因此,对应收账款周转率和应收账款周转天数不能片面分析,应结合企业具体情况深入地了解原因,以便作出正确的决策。

(3) 营业周期

营业周期是指从取得存货开始到销售存货并收回现金为止的这段时间。营业周期的长短取决于存货周转天数和应收账款周转天数。其计算公式为:

$$营业周期＝存货周转天数＋应收账款周转天数$$

把存货周转天数和应收账款周转天数加在一起计算出来的营业周期,指的是取得的存货需要多长时间才能变为现金。一般情况下,营业周期短,说明资金周转速度快;营业周期长,说明资金周转速度慢。

(4) 流动资产周转率

流动资产周转率是主营业务收入与平均流动资产的比值。其计算公式为:

$$流动资产周转率＝主营业务收入÷平均流动资产$$

其中:

$$平均流动资产＝(期初流动资产＋期末流动资产)÷2$$

流动资产周转率反映流动资产的周转速度。周转速度快会相对节约流动资产,相当于扩大资产的投入,增强企业的盈利能力;而延缓周转速度,需补充流动资产参加周转,形成资产的浪费,降低企业的盈利能力。当然,如果流动资产周转速度过快,还需要结合企业具体情况分析原因,看是不是由于流动资产不合理等原因造成的。一般企业设置流动资产周转率的标准值为1,应结合存货、应收账款一并进行分析。它和反映盈利能力的指标结合在一起使用,可全面评价企业的盈利能力。

3. 盈利能力分析

盈利能力是企业赚取利润的能力。盈利是企业存在的根本目的,不论是投资人、债权人还是企业经理人,都非常重视和关心企业的盈利能力。一般来说,企业的盈利能力只涉及正常的营业状况。非正常的营业状况也会给企业带来收益或损失,但只是特殊情况下的个别结果,不能说明企业的盈利能力。衡量企业盈利能力主要有以下指标。

(1) 主营业务毛利率

主营业务毛利率是主营业务毛利与主营业务收入的比值。其计算公式为:

$$主营业务毛利率＝主营业务毛利÷主营业务收入×100\%$$

其中:

$$主营业务毛利＝主营业务收入－主营业务成本$$

主营业务毛利率表示每1元主营业务收入扣除主营业务成本后,有多少钱可以用于各项期间费用和形成盈利。主营业务毛利率是企业主营业务净利率的基础,没有足够大的毛利率便不能盈利。对主营业务毛利率可以进行横向和纵向的比较。通过与同行业平均水平或竞争对手的比较,可以洞悉企业主营业务的盈利空间在整个行业的地位以及与竞争对手相比的优劣。通过与以往年度的主营业务毛利率的比较,可以看出企业主营业务盈利空间的变动趋势。

(2) 主营业务净利率

主营业务净利率是净利润与主营业务收入的比值。其计算公式为

$$主营业务净利率＝净利润÷主营业务收入×100\%$$

该指标反映每1元主营业务收入带来的净利润是多少,表示主营业务收入的收益水平。企业在增加销售收入的同时,必须相应获取更多的净利润才能使主营业务利润率保持不变或有所提高。

(3) 现金主营业务收入比率

现金主营业务收入比率是经营现金流量净额与主营业务收入的比值。其计算公式为:

$$现金主营业务收入比率＝经营现金流量净额÷主营业务收入×100\%$$

该指标反映每1元主营业务收入带来的净现金流入量,其值越大越好。该指标的计算结果要与过去和同业比较才能确定其高与低。这个比率越高,企业的收入质量就越好,资金利用效果也就越好。

(4) 资产净利率

资产净利率是企业净利润除以平均总资产的比值。其计算公式为:

$$资产净利率＝净利润÷平均总资产×100\%$$

公式中,平均总资产等于期初总资产加上期末总资产再除以2。将企业一定期间内的净利润与企业的资产相比较,表明企业资产利用的综合效果。该指标值越高,表明资产的利

用效率越高,说明企业在增加收入和节约资金使用等方面取得了良好的效果;否则相反。

（5）净资产收益率

净资产收益率又称为股东报酬率,是净利润与净资产的百分比。其计算公式为:

$$净资产收益率＝净利润÷净资产×100\%$$

净资产是指资产负债表中"股东权益合计"的期末数。一般来讲,如果所考察的公司不是股份制企业,该公式中的分母也可以使用"平均净资产"。而作为主要分析对象的上市公司基于股份制企业的特征,采用年末净资产或年末股东权益为分母,一方面,符合中国证监会发布的《公开发行证券的公司信息披露的内容与格式准则第 2 号:年度报告的内容与格式》中关于净资产收益率计算公式的规定;另一方面,也可以和上市公司每股收益、每股净资产等按"年末股份数"计算保持一致。上市公司如果发行股票使股东权益增加,则净资产一般按加权计算。

净资产收益率反映企业所有者的投资报酬率,具有很强的综合性。美国杜邦公司最先采用的杜邦财务分析法就是以净资产收益率为主线,将企业在某一时期的主营业务成果以及资产营运状况全面联系在一起,层层分解、逐步深入,构成了一个完整的分析体系。

（6）主营业务利润比率

主营业务利润比率是指主营业务利润占利润总额的百分比。其计算公式为:

$$主营业务利润比率＝主营业务利润÷利润总额×100\%$$

主营业务产生的利润是持续性的,而非主营业务利润和营业外利润则是非经常性的。主营业务利润比率计算的主营业务利润占利润总额的百分比,可以反映企业当年的利润有多大比重是在正常经营下产生的。在分析企业利润的增长率时,要弄清是由主营业务利润的增长还是由非主营业务利润或者营业外利润的增长所引起的。如果是由非主营业务利润或营业外利润的增长所引起的,则这种增长率可能是不持续的。

（7）净利润现金比率

现金税后利润比率是指经营现金流量净额与税后利润的比值。其计算公式为:

$$净利润现金比率＝经营现金流量净额÷税后利润$$

该指标说明了盈利的质量,如果盈利的质量高,那么企业的利润会有相应的现金作为支持;如果企业只是有盈利,但是现金没有相应地增加,或者反而减少了,那么盈利的质量就低。

4. 投资收益分析

投资收益分析是将公司财务报表中公布的数据与有关公司发行在外的股票数、股票市场价格等资料结合起来进行分析,以便投资者对不同上市公司股票的优劣作出评估和判断。对公司投资收益的分析主要有以下指标。

（1）每股净资产

每股净资产又称为每股权益,是指净资产与普通股份总数的比值。该指标反映发行在外的每股普通股所代表的净资产成本即账面净资产。其计算公式为:

$$每股净资产＝净资产÷股本总数$$

在投资分析时,只能有限地使用这个指标,因为它是使用历史成本计量的,既不反映净资产的变现价值,也不反映净资产的产出能力。

例如,某公司的资产只有一块前几年购买的土地,并且没有负债,公司的净资产即土地的原始成本。现在土地的价格比过去翻了几番,引起股票价格上升,而其账面价值不变。这个账面价值,既不说明土地现在可以卖多少钱,也不说明公司使用该土地能获得什么。

每股净资产在理论上提供了股票的最低价值。如果公司的股票价格低于每股净资产的成本,成本又接近变现价值,说明公司已无存在价值,清算是股东最好的选择。

(2)每股收益

在对公司的财务状况进行研究时,投资者最关心的一个数字是每股收益。每股收益是将公司的净利润除以公司的总股本,反映了公司每一股所具有的当前获利能力。考察每股收益历年的变化是研究公司经营业绩变化最简单明了的方法。

每股收益是指本年净利润与发行在外的年末普通股总数的比值。其计算公式为:

$$每股收益＝净利润÷股本总数$$

公式中的股本总数是指发行在外的普通股股数,当普通股发生增减变化时,该公式的分母应使用按月计算的“加权平均发行在外的年末普通股总数”。其中,“发行在外股数”是指发行已满1个月的股数,即发行当月不计入“发行在外股数”。当公司发行了不可转换优先股时,计算时要扣除优先股股数及其分享的股利,已作部分扣除的净利润通常被称为“盈余”,所以扣除优先股股利后计算出的每股收益又称为每股盈余。

(3)每股经营现金流量净额

每股经营现金流量净额是经营活动产生的现金流量净额与发行在外普通股的股数对比的结果,用以反映公司支付股利和资本支出的能力。其计算公式为:

$$每股经营现金流量净额＝经营现金流量净额÷股本总数$$

一般而言,该比率越大,证明公司支付股息的能力及资本支出的能力越强。对投资者来说,如果公司支付能力很强,每年都能在满足各项开支后支付一定量的股息,那么投资者就能在较短的时间内收回投资成本,对公司的信心就会增强;反之,如果公司支付能力不强,即使账面上获利颇丰,前景良好,部分投资者仍会对公司失去信心,他们或者将资金投向别处,或者要求公司延缓投资项目而发放股息,这将会影响公司的发展前景。

(4)市盈率

市盈率是指普通股每股市价除以每股收益的倍数。其计算公式为:

$$市盈率＝每股市价÷每股收益$$

市盈率反映上市公司股票的盈利状况,是人们普遍关注的指标,有关证券刊物几乎每天都报道各类股票的市盈率。它是投资者用以衡量某种股票投资价值和投资风险的常用指标,也是公司管理者了解公司股票在证券市场上的影响程度的主要依据。

市盈率反映投资者对每1元净利润所愿支付的股票价格,相当于净收益的倍数,可以用来估计股票的投资报酬和风险。由于它揭示了每股市价相当于每股净利润的倍数,表明公司需要积累多少年的净利润才能达到目前的股价水平。显然,市盈率越高,表明市场对公司的未来越看好。在市价确定的情况下,每股收益越高,市盈率就越低,投资风险也就越小;反之亦然。在每股收益确定的情况下,市价越高,市盈率就越高,风险也就越大;反之亦然。仅从市盈率高低的横向比较来看,高市盈率说明公司能够获得社会信赖,具有良好的前景;反之亦然。

投资者一般都偏好市盈率低的股票,而在股票市盈率高时出货。但是这并不是绝对的,当投资者预期公司盈利将增加时会争相购买该公司股票,市盈率会迅速上升,因此,经营前景好、有发展前途的公司股票,市盈率会趋于升高;而发展机会不多,前景黯淡的公司股票,市盈率经常处于较低水平。

阅读参考

个人境外投资会放开吗

《中国外汇》刊登了对国家外汇管理局资本项目管理司司长叶海生的专访。

叶海生表示:"研究有序放宽个人资本项下业务限制。修订境内个人参与境外上市公司股权激励计划的管理规定,取消年度购付汇额度限制,优化管理流程;研究论证允许境内个人在年度5万美元便利化额度内开展境外证券、保险等投资的可行性。"

市场人士解读认为,外管局有意放宽个人资本项下业务限制,放宽个人投资境外证券和保险,是进一步放宽个人境外投资限制以及促进人民币国际化的新举措。

结合当前人民币持续升值、去年年底和今年年初以来企业和居民结汇持续上升的趋势来看,也有维持人民币汇率稳定和外汇收支平衡的意味,这和外管局特别提到的"促进跨境资金双向有序流动,维护国际收支平衡"逻辑一致。但境外投资额度共享原政策的5万美元个人购汇额度,显示开放的节奏仍保持稳健。

资料显示,2007年外管局出台相关规定,个人每年5万美元以内的购汇、结汇,凭身份证件在银行直接办理;超过5万美元的,凭有交易额的证明材料在银行办理。

"个人5万美元投资境外证券短期落地并大规模开展可能性小,开展初期可能通过局部区域试点并由符合适当性管理要求的高净值人群先行先试,居民少量投资境外证券市场不影响A股市场稳定性。"浙商宏观团队认为。

瑞银财富管理投资总监办公室(CIO)的观点是,外管局目前只是研究开放投资境外的可行性,新规未知会否建立在港股通政策之上,对市场构成的影响也较长远。

当前,个人投资者要参与港股通,证券及资金账户内合计资产不得少于50万元人民币,并需要满足知识水平及风险承受能力等要求。

一旦允许境内投资者配置海外证券及保险等,将有利于个别面向内地市场的境外银行及保险公司的理财产品销售业务,大湾区政策及经济融合的港股将受益。

一、跨境理财通

叶海生还表示,国家外汇管理局将配合人民银行做好粤港澳大湾区"理财通"试点工作。值得注意的是,国家外汇管理局还拟在部分区域开展跨境贸易投资高水平对外开放试点。在试点地区集中出台一揽子开放措施,内容涵盖跨境贸易、投融资各个领域,重点支持实体经济发展。

此外,在资本市场开放方面也有重大举措。据了解,今年国家外汇管理局的工作重点将会是证券市场开放。

2月月初,人民银行、银保监会、证监会、外管局与香港金管局、香港证监会、澳门金管局签署有关"跨境理财通"业务试点的谅解备忘录,内容涵盖监管信息交流、执法合作及投资者保护等方面,为地区深化互联互通进一步奠定基础,但执行细则仍有待公布。

在"跨境理财通"下,不仅境内投资者资金可以"走出去",中国港澳地区居民也可以认购内地金融机构发行的境内理财产品。

瑞银财富认为,中国蕴藏独特的科技及高端制造业机遇。相对于发达国家,中国国债的收益率一枝独秀,收益类理财工具也具有吸引力。

在政策支持下,除了证券交易所、基金及财富管理等企业有望受益于其中,跨境人员及资金流动性提高将拉动大湾区内房地产、消费、基建及物流业需求,中国香港作为国际金融中心的角色也将得以巩固。

二、升值持续

瑞银认为,即便允许境内投资者"走出去",这不代表人民币的升值趋势即将"脱轨"。基于投资者配置境外资产的需求日益增加,中央政府也希望稳步推进人民币国际化,有序放宽投资境外。

虽然美国国债收益率上行,但跟中国债券收益率相比仍有相当大差距,资金持续流进中国债券市场,1月境外机构投资者净买入2 994亿元人民币债券。

此外,中国去年经常账户顺差2 989亿美元,相对国内生产总值比率为2%,体现了跨境资金流动双向平稳,国际收支基本平衡,瑞银预计人民币对美元汇率在6月左右走强至6.2。

三、利好券商

开源证券认为,后续涉及非银金融行业的资本项目便利或主要涉及以下三方面。

①修订境内个人参与境外上市公司股权激励计划的管理规定,取消年度购付汇额度限制,优化管理流程;研究论证允许境内个人在年度5万美元便利化额度内开展境外证券、保险等投资的可行性。

②继续推进证券公司结售汇业务试点工作,选择部分实力较强的证券公司开展跨境业务试点,支持证券公司做大做强,发挥证券公司对外汇市场的积极作用。

③优化保险机构境外投资管理政策,对保险机构境外直接投资和证券投资实施分别管理。

目前境内个人受购汇用途限制较难直接参与境外证券投资。若限制放开,个人购买境外股票便利化程度将明显提升。满足居民全球资产配置需求,跨境投资业务需求扩容,从整体来看,对境内和境外互联网券商均是利好。

一方面,目前境外互联网券商相较于中资券商在门槛、价格、便捷和产品上具有优势,跨境投资限制放松将提高便捷度,直接利好境外互联网券商。另一方面,政策放开后,境内券商在客户资源和渠道上具有优势,若有结售汇资格加持,有望实现份额提升。目前该政策尚处于研究论证阶段,落地周期或较长,短期影响较小。

跨境业务试点下,实力较强的券商有望优先获得业务资格,拥有资格的券商在业务种类和额度方面或得到更多便利,对头部券商零售和机构端跨境业务形成全面利好。

四、激发配置境外保险

在保险方面,目前境内个人购买境外保险往往需要出境。开源证券认为,若跨境购买保险便利度提升,或激发境内个人海外保险购置需求。

在额度方面或与境外证券投资共用 5 万美元购汇额度,对理财型需求满足程度有限,对国内保险公司影响较小。从投资端来看,优化保险机构境外投资管理政策利于境内险企分散投资风险、加强资产负债匹配。

申万宏源认为,赴港购买保险是内地个人境外保险等投资的重要渠道,友邦和保诚是中国香港保险离岸市场龙头。

如果放松内地居民赴港购买保险限制,银联或重启香港保险保费的缴纳,但额度会被限制在"每人每年 5 万美元"的额度之内。此前为突破上限存在的"擦边球"行为或将纳入监管,跨境资金流动将得到进一步规范。

若银联重启,则理赔、给付、年金等或有可能通过银联,将显著提升内地居民赴港投保积极性。

资料来源:《理财周刊》2021 - 03 - 12

我国现阶段,股票的市价可能并不能很好地代表投资者对公司未来前景的看法,因为股价中含有很多炒作的成分在内。我们应用市盈率对公司做评价时要谨慎,使用市盈率指标时应注意以下问题:该指标不能用于不同行业公司的比较,充满扩展机会的新兴行业市盈率普遍较高,而成熟工业的市盈率普遍较低,这并不能说明后者的股票没有投资价值。在每股收益很小或亏损时,市价不会降至 0,很高的市盈率往往不能说明任何问题。市盈率高低受净利润的影响,而净利润受可选择的会计政策的影响,从而使得公司之间的比较受到限制。

市盈率高低受市价的影响,市价变动的影响因素很多,包括投机炒作等,因此观察市盈率的长期趋势很重要。由于一般的期望报酬率为 2.5%～10%,所以正常的市盈率为 10～40 倍。通常,投资者要结合其他有关信息,才能运用市盈率指标判断股票的价值。

此外,还有市现率和市净率等。

市现率是每股市价和每股经营现金流量净额的比值,这是一个类似于市盈率的指标。

市净率是每股市价和每股净资产的比值,是市场对公司价值的评价。市净率可用于投资分析。

每股净资产是股票的账面价值,它是用成本计量的,而每股市价是这些资产的现在价值,它是证券市场上交易的结果。市价高于账面价值时公司资产的质量较好,有发展潜力;反之则资产质量差,没有发展前景。优质股票的市价都超出每股净资产许多,一般市净率达到 3 可以树立较好的公司形象。市价低于每股净资产的股票,就像售价低于成本的商品一样,属于"处理品"。当然,"处理品"也不是没有购买价值,问题在于该公司今后是否有转机,或者购入后经过资产重组能否提升获利能力。

5. 成长性分析

成长性比率一般反映公司的扩展经营能力。成长性指标一般是用本期的数据减去上期的数据,再除以上期数据。反映成长性的指标如下。

(1) 主营业务增长率

主营业务增长率就是本期的主营业务收入减去上期的主营业务收入之差再除以上期主营业务收入的比值。其计算公式为:

主营业务增长率＝[(本期主营业务收入—上期主营业务收入)÷

上期主营业务收入]×100％

通常具有成长性的公司都是主营业务突出、经营比较单一的公司。因此，利用主营业务收入增长率这一指标可以较好地考查公司的成长性。主营业务收入增长率高，表明公司产品的市场需求大，业务扩张能力强。如果一家公司能连续几年保持30％以上的主营业务收入增长率，基本上可以认为这家公司具备成长性。

（2）主营利润增长率

主营利润增长率就是本期主营业务利润减去上期主营业务利润之差再除以上期主营业务利润的比值。其计算公式为：

$$主营利润增长率＝（本期主营业务利润－上期主营业务利润）÷$$
$$上期主营业务利润×100％$$

一般来说，主营利润稳定增长且占利润总额的比例呈增长趋势的公司正处在成长期。一些公司尽管利润总额有较大幅度的增加，但主营业务利润未相应增加，甚至大幅下降，这样的公司质量不高。投资这样的公司，特别需要警惕，这里可能蕴藏着巨大的风险。

（3）净利润增长率

净利润增长率就是本期净利润减去上期净利润之差再除以上期净利润的比值。其计算公式为：

$$净利润增长率＝（本期净利润－上期净利润）÷上期净利润×100％$$

净利润是公司经营业绩的最终结果。净利润的增长是公司成长性的基本特征，净利润增幅较大，表明公司经营业绩突出，市场竞争能力强。反之，净利润增幅小甚至出现负增长就谈不上具有成长性了。

四、公司重大事项分析

（一）资产重组

资产重组是通过不同法人主体的法人财产权、出资人所有权及债权人债权进行符合资本最大增值目的的相互调整与改变，对实业资本、金融资本、产权资本和无形资本的重新组合。资产重组一般可分为两种情况。一种是不会发生股权变动的，是投资主体在自己所属的公司内部或者公司之间进行的资产重组。另一种是会发生股权变动的，是投资主体在所属公司外部之间或者在投资主体之间进行的资产重组，是资产和股权的交互重组，上市公司即这种完整意义上的资产重组。上市公司的资产重组主要有股权转让、兼并收购、资产置换、资产剥离等方式。

1. 资产重组的类型

（1）扩张型重组

扩张型公司重组主要有购买资产、收购公司、收购股份、合资或联营组建子公司和公司合并这几种方式。

购买资产是指购买房地产、债券、业务部门、生产线、商标等有形或无形的资产，其特点是收购方不必承担与该部分资产有关联的债务和义务。

　　收购公司是指获取目标公司全部(大部分)股权使其成为全资子公司,或取得绝对或相对控股地位的重组行为。收购公司是所有因契约而产生的权利和义务的转让,因此不仅可获得目标公司某些专有权利,还能快速获得目标公司特有的资本产生的核心能力。

　　收购股份是指获取参股地位而非控制权的股权收购行为。它通常是试探性多元化经营的开始和策略性投资,或是为强化与上下游公司间的协作关系。

　　合资或联营组建子公司是合作战略最基本的手段,适合缺少某些特定能力或资源的公司,可以将公司与具有互补技能和资源的公司联系起来获取共同竞争优势。

　　公司合并是指通过吸收合并、新设合并使两家以上的公司结合成一家公司,原有公司的资产、负债、权利和义务由新设或存续公司承担。

　　(2) 调整型重组

　　调整型公司重组主要有股权置换、股权资产置换、资产置换、资产出售或剥离、公司分立和资产配负债剥离这几种方式。

　　股权置换的目的是引入战略投资者或合作伙伴,实现公司控股股东与战略伙伴间交叉持股,建立利益关联。

　　股权资产置换是指由公司原股东以出让部分股权(或增发新股)为代价,使公司获得其他公司或股东的优质资产,其最大优点是公司不用支付现金便可获得优质资产。股权置换和股权资产置换不改变控制权。

　　资产置换是为使资产处于最佳配置状态或其他目的而对资产进行交换,获得与自己核心能力相协调、相匹配的资产。资产置换不改变公司资产规模。

　　资产出售或剥离是公司将拥有的某些资产出售给其他经济主体。从某种意义上来说,资产剥离只是公司资产形式的转化,从实物资产转化为货币资产。

　　公司分立是指并股、裂股,其结果是母公司以子公司股权向母公司股东回购母公司股份,子公司成为由母公司原股东控股的与母公司没有关联的独立公司。

　　资产配负债剥离是将公司资产配上等额负债一并剥离出公司母体,接受主体一般为其控股母公司。资产配负债剥离能甩掉劣质资产,同时还能迅速减小公司总资产规模,降低负债率,公司净资产不会发生改变。

　　资产出售或剥离、公司分立和资产配负债剥离会使公司的规模缩小。

　　(3) 控制权变更型重组

　　控制权变更时是资产重组的前提。控制权变更型公司重组主要有股权无偿划拨、股权协议转让、公司股权托管与公司托管、表决权信托、表决权委托书、股份回购和交叉控股这几种。

　　股权无偿划拨是指国有股无偿划拨,国有股受让方一定为国有独资公司,其实质是公司控制权转移和管理层重组,目的是调整、理顺国有资本运营体系,利用优势公司管理经验重振处于困境中的上市公司。

　　股权的协议转让是场外交易。在我国的资本市场上,场外协议转让产生的主要原因是处于控股地位的大量非流通股的存在。

　　公司股权托管与公司托管是指公司大股东将其持有的股权以契约的形式,在一定条件下和一定期限内委托给其他法人或自然人,由其代为行使表决权和控制权。

　　表决权信托是指许多分散股东集合设定信托,受托人通过集中原本分散的表决权实现对公司的控制。

表决权委托书是指中小股东通过征集其他股东委托书来召集临时股东大会,改组公司董事会以控制公司。

股份回购是指公司用现金或债权换股权,或以优先股换普通股的方式,购回流通在外的普通股。股份回购会导致公司股权结构发生变化,我国《公司法》对此有严格限制,只有在注销股本或公司合并时方能回购本公司股份。

交叉控股是指母、子公司之间互相持有绝对或相对控股权,可互相控制运作。

小贴士

控制权变更型重组——郑州百文重组

郑州百文的重组方案主要包括:郑百文现有的全部资产、债务、人员和业务全部从上市公司退出,转入母公司进行整顿调整;山东三联集团以 3 亿元的价格购买中国信达公司对郑百文(600898)的部分债权约 15 亿元,并向郑百文注入部分优质资产和业务后实现借壳上市;三联集团公司向信达公司购买上述债权后将全部豁免;在三联集团豁免债权的同时,郑百文的全体股东,包括非流通股和流通股股东将所持股份的约 50% 过户给三联集团,不同意过户的股东所持的股份由公司按照下一次股东大会确定的公平价格收回。重组方案要求"三联无偿获取一半流通股,普通投资者缩股一半",使得三联集团通过买壳实现间接上市。重组后的郑州百文更名为三联商社,这实际上就是典型的控制权变更型重组。

---

2. 资产重组的影响

公司开展资本运作,无疑是为了实现某种战略发展目标。对于公司而言,其从事生产经营的目标是为了实现利润最大化,或者从公司创造价值的角度来看,是为了实现净现值最大化。公司资本运作活动正是这种资产净现值最大化理念的具体展开。开展资本运作的公司能够得到诸多利益,如兼并、收购活动的完成使得该公司能够获得管理协同效应、财务协同效应和经营协同效应等,使得公司的未来现金流得到较大的增长。而通过资本运作实现的经营业务多样化,则使得公司未来现金流的稳定性得到更好的保证,所以资本运作符合公司股东的根本利益。

不同类型的重组对公司业绩和经营的影响是不一样的。对于扩张型资产重组而言,通过收购、兼并以及对外进行股权投资,公司可以拓展产品市场份额,或者进入其他经营领域。但这种重组方式的特点之一是其效果受被收购兼并方生产及经营现状影响较大,磨合期较长,因而见效可能较慢。对于调整型资产重组而言,首先需鉴别实质性重组和报表性重组,关键是看有没有进行大规模的资产置换或合并。实质性重组一般要将被并购公司 50% 以上的资产与并购公司资产进行置换,或双方资产合并;报表性重组一般不进行大规模的资产置换或合并。对于公司控制权变更型资产重组,控制权变更后必须进行相应的经营重组,才会对公司经营和业绩产生显著效果。

3. 资产重组存在的问题

我国上市公司资产重组的主要问题是虚假重组盛行,短期"炒作"特征和"年末效应"明显。一些上市公司重组的目的不是为了改善公司的经营效率,提高上市公司整体实力,而是将操纵利润和股票价格放在首位。这种上市公司进行虚假重组的行为不仅浪费社会资源,使得上市公司普遍质量不高,而且不利于上市公司法人治理结构的优化改善,不利于产业结构的调整,不利于形成清晰的优势主导产业,以及提高核心竞争力。同时,这种非实质性的资产重组会极大地破坏市场的信用。

陷入困境的上市公司通过资产重组,可以改变上市公司的资产质量,提高上市公司的经营业绩。资产重组实际上是给上市公司输血,或者给上市公司送红包。作为大股东或者后来的大股东,给上市公司输血是有目的的,现在给上市公司输血是为了将来有其他用途。

资产重组本来是通过资产置换和股权置换来优化公司资本结构、调整业务结构和实现战略转移的一种方法,但因资产重组需要将公司某些以历史成本记账的资产转换为现时价值,所以给原资产升值留下了想象空间,导致资产重组被广泛滥用。近年来,不少公司通过资产重组,将原以历史成本法记账的资产转化为现时价值,从而产生出巨额利润。

典型做法是凭借关联交易将上市公司的劣质或闲置资产以大大高于账面值的金额与其国有控股母公司的优质资产相交换,或者直接出售,从而获取巨额利润。识别这种操纵利润的方法并不难,可从利润表中的营业外收入、投资收益、其他业务利润等项目及其明细表中查出虚增的利润金额,也可以从资产负债表中有关长期资产项目及其明细表中查出其置换资产的性质和金额,还可以从财务报表附注的说明中了解资产置换的其他情况。掌握了这些信息,就可以调减这部分人为虚增的利润和相应的净资产。

(二) 债务重组

债务重组是指在债务人发生财务困难的情况下,债权人按照其与债务人达成的协议或者法院的裁定作出让步的事项。债务重组和资产重组是密切相关的,实际上不少上市公司进行资产重组的前提条件是先进行债务重组。一般陷入困境的上市公司往往会有很多的债务,负债率很高,很高的负债率使得上市公司每天支付很高的利息,以至于陷入困境。所以重组方要重组上市公司,首先会提出债务重组的计划,要求上市公司的债权人,通常是银行减免或者豁免一部分债务。重组方只有在债务降低的情况下,才愿意重组上市公司。

1. 债务重组的方式

(1) 以资产清偿债务

以资产清偿债务就是债务人转让其资产给债权人以清偿债务。资产是指作为过去事项的结果而由公司控制的可向公司流入未来经济利益的资源。债务人常用于偿债的资产主要有存货、短期投资、固定资产、长期投资、无形资产等。

(2) 债务转为资本

债务转为资本是站在债务人的角度来看的。如从债权人的角度来看,则为债权转为股权。债务转为资本实质上是增加债务人的资本。债务人以债务转为资本方式进行债务重组时,必须严格遵照国家有关法律的规定。债务转为资本时,对股份有限公司而言,即将债务转为股本;对其他公司而言,即将债务转为实收资本。债务转为资本的结果是,债务人因此而增加股本(或实收资本),债权人因此而增加长期股权投资。

(3)修改其他债务条件

修改其他债务条件包括:减少债务本金、减少债务利息、延长债务偿还期限、延长债务偿还期限并加收利息,延长债务偿还期限并减少债务本金或债务利息等。其中对债务的减免最为重要,因为陷入困境的公司,减少其债务才能使其重组顺利进行,债务重组是资产重组的前提条件。

例如,在郑州百文的重组案例中,山东三联集团以3亿元的价格购买信达资产管理公司对郑百文的部分债权约15亿元,相当于建设银行豁免了郑州百文12亿元的债务,债务的减免使郑州百文的资产重组得以进行下去。

(4)混合重组方式

混合重组方式是指以上两种或两种以上方式的组合。例如,以转让资产、债务转为资本等方式的组合来清偿某项债务。再如,以转让资产清偿某项债务的一部分,并对该项债务的另一部分以修改其他债务条件的方式进行债务重组。

2.债务重组的影响

债务重组对公司的影响主要有两个方面:一方面,债务负担减轻以后,公司的资产由负变正;另一方面,上市公司负债减少,利息支出减少,那么利润也就由负变正,使上市公司保住上市资格。

资产重组和债务重组都是给上市公司输血,对上市公司的发展是有利的。债务重组当中,利益相关者之间所发生的交易,从市场公平交易的角度来看,显然是一种不公平的交易。很明显,上市公司是得到利益的,而作为重组方是要作出牺牲的。这种交易能够发生,显然两者之间是有特殊关系的,这种关系是建立在所谓的关联关系之上的。

(三)关联交易

随着经济的不断发展,我国公司经营逐步由单一的产品经营向资本经营转化,通过收购兼并、参股、控股、重组等形式,快速扩展经营规模和经营领域,提高抗御风险的能力,因此产生大量的关联交易。关联方之间的交易就是所谓的关联交易。

1.关联方

一方控制、共同控制另一方或对另一方施加重大影响,以及两方或两方以上同受一方控制、共同控制或重大影响的,构成关联方。控制是指有权决定一个公司的财务和经营政策,并能据以从该公司的经营活动中获取利益。共同控制是指按照合同约定对某项经济活动所共有的控制,仅在与该项经济活动相关的重要财务和经营决策需要分享控制权的投资方一致同意时存在。重大影响是指对一个公司的财务和经营政策有参与决策的权利,但并不能够控制或者与其他方一起共同控制这些政策的制定。

下列各方构成企业的关联方。

① 该公司的母公司。

② 该公司的子公司。

③ 与该公司受同一母公司控制的其他公司。

④ 对该公司实施共同控制的投资方。

⑤ 对该公司施加重大影响的投资方。

⑥ 该企业的合营企业。

⑦ 该企业的联营企业。

⑧ 该企业的主要投资者个人及与其关系密切的家庭成员。主要投资者个人是指能够控制、共同控制一个企业或者对一个企业施加重大影响的个人投资者。

⑨ 该企业或其母公司的关键管理人员及与其关系密切的家庭成员。关键管理人员是指有权力并负责计划、指挥和控制企业活动的人员。与主要投资者个人或关键管理人员关系密切的家庭成员是指在处理与企业的交易时,可能影响该个人或受该个人影响的家庭成员。

⑩ 该企业主要投资者个人、关键管理人员或与其关系密切的家庭成员控制、共同控制或施加重大影响的其他企业。

2. 关联交易的形式

关联交易是指关联方之间转移资源、劳务或义务的行为,而不论是否收取价款。在资产重组和债务重组中所发生的交易一般都是关联交易,判断关联方交易的存在应当遵循实质重于形式的原则。会计准则列举的关联交易的形式如下。

① 购买或销售商品。购买或销售商品是关联方交易较常见的交易事项,例如,企业集团成员之间互相购买或销售商品,从而形成了关联方交易。

② 购买或销售除商品以外的其他资产。购买或销售除商品以外的其他资产也是关联方交易的主要形式,例如,母公司出售给其子公司的设备或建筑物等。

③ 提供或接受劳务。例如,A 企业为 B 企业的联营企业,A 企业专门从事设备维修服务,B 企业的所有设备均由 A 企业负责维修,B 企业每年支付设备维修费用 20 万元。

④ 担保。担保包括在借贷、买卖、货物运输、加工承揽等经济活动中,为了保障其债权实现而实行的保证、抵押等。当存在关联方关系时,一方往往为另一方提供担保,上市公司的母公司经常让上市公司为其银行贷款担保。

⑤ 提供资金。关联方之间提供资金包括以现金或实物形式提供的贷款或股权投资。上市公司的母公司经常用这种方式占用上市公司的资金。

⑥ 租赁。租赁通常包括经营租赁和融资租赁等,关联方之间的租赁合同也是主要的交易事项。

⑦ 代理。代理是依据合同条款,一方可为另一方代理某些事务,如代理销售货物,或一方代另一方签订合同等。

⑧ 管理合同。管理合同通常是指企业与某一企业或个人签订管理企业或某一项目的合同,按照管理合同约定,由一方管理另一方的财务和日常经营。

⑨ 研究与开发项目的转移。在存在关联方关系时,有时某一企业所研究与开发的项目会由于一方的要求而放弃或转移给其他企业。例如,B 公司是 A 公司的子公司,A 公司要求 B 公司停止对某一新产品的研究和试制,并将 B 公司研究的现有成果转给 A 公司最近购买的、研究和开发能力超过 B 公司的 C 公司继续研制。

⑩ 许可协议。当存在关联方关系时,可能关联方之间达成某项协议,允许一方使用另一方的商标等,从而形成了关联方之间的交易。

⑪ 债务结算。代表企业或由企业代表另一方进行债务结算,也是一种关联交易。

⑫ 管理人员报酬。企业支付给关键管理人员的报酬,也是一种关联交易。

3．关联交易的影响

关联双方通过明确的产供销关系,可以优化资本结构和内部资源配置,提高资产盈利能力。通过相互拆借资金和担保等及时筹措资金,可以有效地把握投资机会,降低机会成本,提高资金营运效率。但是,关联交易毕竟是关联方之间的交易,受利益的驱动,在交易中难免存在着不公平。

利用关联交易将关联交易一方的利润转移至另一方,从而使其利润增加。这种操纵利润的现象常见于国有企业改制而成的上市公司,其目的在于利用上市公司的壳资源从股市上筹措资金。这与跨国公司通行的利用关联交易,将高税区的利润转移至低税区以降低税负,或将资金从外汇管制严的地区转移至外汇管制松的地区以逃避外汇管制等做法正好相反。

利用关联交易虚增利润的方式多种多样,既可利用产品和原材料的转移价格调节收入和成本,也可利用资产重组获取资产增值收益,利用高回报率的委托经营方式虚增业绩,利用利率差异降低财务费用,利用管理费收支、共同费用分摊等方式调节利润等。上述调节利润的方法,除转移价格和管理(共同)费用分摊之外,其余所产生的利润基本上都体现在"其他业务利润""投资收益""营业外收入""财务费用"等具体项目之中,其识别相对容易。

如果说资产重组和债务重组是大股东或潜在大股东利用关联交易给上市公司输血,那么担保、资金占用和产品购销等关联交易往往是大股东掏空上市公司的手段。因此,财务信息使用者必须对企业关联及其交易给予足够的重视。当然,在关联方的交易中,也有相当一部分属于正常交易。关联交易是否正常,应当通过公司在报表附注中披露的交易内容,特别是定价政策等信息来判断。

(四) 控制权变更

控制权变更是指控股股东和管理当局的变更。通常用来界定公司是否发生了控制权变更的标准有以下几个。

① 公司的投票权是否发生了变化,如某一股东获取了某一比例的投票权。

② 公司是否发生了并购、合并和重组行为。

③ 是否更换了公司董事会的大多数成员。

④ 是否出售了公司的全部或者相当大部分资产。

⑤ 公司是否清算或者解散。

上述标准中的最后三项是控制权变更安排中普遍采用的标准,前两项标准的采用及其具体比例的设定则因公司而异,相互差异很大。

出现控制权变更的原因有很多,如由于大股东对上市公司发展前景定位的不同而出现的控制权争夺;在公司内部控制上,由于存在内部人控制问题,股东和高管层在利益上存在不相容性,股东为保证投资者的最大利益,有积极性和能力对上市公司的代理人及高管层进行监督,当公司绩效比同行业差时,管理层就面临控制权变更问题。

对于上市公司控股股东或者管理当局在报告期内发生的变更,上市公司必须在年报中的"重大事项"中加以阐述,投资者可以通过年报来掌握相关的信息。

团队活动组织

第一步　分别阅读以下材料

买股票就是买上市公司的未来

中国股市目前有2 300多只股票,翻翻它们的行情图,你会发现,它们的价格差异非常大,如"中国船舶"(600150)最高价达到了300元,而有的股票只有几元钱。如果说奥迪比奥拓贵、法拉利比夏利价高我们容易理解,但股票是看不见、摸不着的玩意儿,是什么造成了股价之间这么大的差异呢?这里我们就必须了解一个概念——股票的内在价值。

股票不同于普通商品的是,它没有实质上的使用功效。我们买块牛排,是因为它可以刺激我们的味蕾、填饱我们的肠胃;我们买件靓衫,是因为它可以遮体御寒乃至帮我们吸引到异性的眼球。这些商品都可以给我们带来具体的效用,因此,我们能够直观地理解它的价值。但是股票呢?我们买股票甚至连纸都没有一张,它不能看、不能摸,也不能吃,它的效用在哪里呢?

金融是拿钱生钱的行业,而金融产品的效用也正是它所带来的未来的收入。股票具有收益性,你拥有一只股票后,便可在未来享受该上市公司的利润或者说是利润分红,这便是股票的效用——它可以带来"未来的钱"。

那么,既然其效用是带来"未来的钱",而我们买卖股票却是在现在,如何在现在为"未来的钱"定价? 现代金融学认为,股票的价值便是其未来股利的现值(present value)。

这里出现了一个术语——"现值",建议你牢牢记住,因为术语是最能冒充内行、吓唬外行的工具之一。比如,跟朋友一起看科幻片时,你如果能冒几个"奇点""虫洞"之类的怪词,别人准以为你对宇宙物理学有深入研究;同样,如果几个人在一起聊股票,你装作漫不经心地说"这只股票的价格已经低于它未来5年利润的现值",必然会让同性佩服异性臣服。"现值"是金融学上的一个重要概念,简单地说,现值就是未来的钱在现在值多少钱,而把未来的钱换算成现在的钱的运算过程就叫作"贴现"。举个最简单的例子,如果目前的年收益率是5%,现在的100元钱在1年后就变为105元。那么反过来看,1年后的105元就相当于现在的100元,现在的100元便是未来的105元的现值。

据说霍金在写《时间简史》的时候,手痒难抑,毕竟他是数理专业的,打算在书中插入不少数学公式。一个朋友忠告他:"你每写一个数学公式,读者就会减少一半。"最后,他在书里只保留了一个数学公式,就是著名的质能方程式。现值的算法也有一套公式,只要有了未来收入的数据与贴现率,拿EXCEL或计算器就能算出现值(当然,如果这两样工具都没有,你也可以用铅笔,只是耗费的时间要长一点)。

具体在股票上,未来的钱便是股票的股利即上市公司的分红,所以上市公司未来的分红越多,股票的价值就越大。由于上市公司分红的来源是它的利润,那么最后我们可以得出这样的结论:买股票,就是买上市公司未来的利润;上市公司未来的利润越多,股票的价值就越大。如果你在看这一段的时候手边有支笔的话,建议你在这句话上做个记号。为了以后叙述方便,我们就把这条定律叫作"价值定律",它是股票投资的精要所在。

会跳起来的苹果

前面讲到股票的价值,这其实只是理论上的概念,在实际中经常上蹿下跳引得无数股民脸上的表情像走马灯一般变化的,都是股票的价格。那么又是什么影响着股票的价格呢?

有一个讽刺经济学家的笑话说,如果你能教会一只鹦鹉说"供给"与"需求",那么你就把它培养成了经济学家。由此可见,供需决定价格的理论在经济学中的重大意义。股票也是一种商品,它的价格也是由供需来决定的。如果卖股票的人多(其实准确点说,应该是卖的股票的数量多,因为人多未必股数大),那么相当于股票的供给加大,股价会下跌;而如果买股票的人多,则相当于股票的需求增加,股价会上涨。但这相当于没说,因为这又会引入另外一个问题:什么影响着股票的供给和需求?

这个问题既复杂又简单。说这个问题复杂,因为这可以列出一大堆因素,它们都可以影响股价:上市公司的经营状况、银行利率、资金充裕程度、经济周期、大众心理、小道消息……国外有好事者甚至把股价的波动跟太阳黑子活动的关系做过专门研究,然后根据太阳黑子的变化来预测股市。想象一下,有人拿着天文望远镜对着太阳晃了几下,然后压低声音,很神秘地告诉你:"太阳黑子今天非常活跃,股市近期将要大涨,赶紧去买股票吧!"——你是不是想抢过天文望远镜来砸他的头?

正因为影响股价的因素非常多,所以股市似乎跟天气一样,存在着蝴蝶效应。这个定律说的是,一只蝴蝶在巴西扇动一下翅膀,会造成一个月后在得克萨斯州的一场龙卷风。我们来看一个据说是真实的案例:英国有一家银行是上市公司,它的总行装修得气派奢华,在大厦边有一圈像屋檐的设计,上面是各种各样那种在国外常见的扭胳膊拧腿的雕塑,这本来也是件再正常不过的事,但这个大厦的设计师可能做梦也想不到,这会在后来惹出大祸。有一天突然下起了大雨,于是许多人到这家银行的屋檐下避雨,人越聚越多,远远望去像一条排队的长龙。这时不知道哪个路人突然发挥了可怕的想象力,认为这些避雨的人是在集体取钱,说得专业一点就是"挤兑",这可是银行最大的噩梦。这个谣言一下子传开来,人们都以为这家银行出了问题,它的股价应声下落,而股价的下跌更让人们相信了传言,在这家银行有存款的纷纷去取钱,形成了真正的挤兑……有谁会想到一场大雨会冲垮一家银行的股价?

因为股价变化如此的扑朔迷离,有的经济学家就干脆说股价纯粹就是一个心理预期因素的反映,你认为它值多少钱,它就可以值多少钱——是不是很像我们"人有多大胆,地有多大产"的口号?这其中最有名的是"博傻理论",就是说我花很高的价钱买了一只股票,你认为我傻?不要紧,我相信有人比我更傻,他会花更高的价从我手里买走,我还是有钱赚——一个类似击鼓传花的游戏。这个理论在短期内是成立的。最近的例子就是2007年那波让很多人兴奋得快要抽搐的牛市了,当"中石油"(601857)超越埃克森·美孚成为全球第一大公司、"工商银行"(601398)超过花旗银行成为世界市值最高的银行、"万科"(000002)变成全球第一大市值地产公司的时候,你真的会相信我们的这些公司值这个"世界第一"的价格吗?除非你真的是"很傻很天真",不然不会相信这样的神话。但是,这不妨碍我们继续推高股价,因为我们在潜意识里总相信,这不是最高点,还会有人来接盘,于是股指继续高攀,直到6 124点的历史高位。

如果股价真的是由投资者的心理因素决定的,那么是不是意味着我们观测大众的心理就可以在股市中稳操胜券?理论上是这样的,但在实践中没有比预测大众心理更难的事了。牛顿够牛了吧？结果还是在股市中亏得灰头土脸,最后只能酸溜溜地自嘲:"我可以计算到天体的运动,却不能计算到大众的疯狂。"为什么牛顿有这么高的智商又有这么吉利名字的人都不能预测到股价呢? 你可能会想到前面那家倒霉银行的例子,但那只是极端案例,是小概率事件,大众心理难以预测的根本原因在于你预测的对象是会学习、变化的,所以没有规律可循。

牛顿研究的物理世界与股市不一样,在他研究的那个世界里,科学定律可以被重复验证。比如,由于存在地心引力,苹果会从树上垂直落到地上,不管试验多少个苹果,都会得到相同的结果。所以知道这条定律之后,我们路过苹果树下就要小心,因为不是每个人都像牛顿那样幸运,被苹果砸中了还能发现科学定律而没有得脑震荡。不可想象这样的情况——我们看见地上有一个苹果,正在不以为然的时候,它突然跳起来砸在我们的脸上,然后顽皮地哈哈大笑说:"小样,你以为我就不会跳起来吗?"——因为苹果是没有学习能力的,它不可能根据我们的位置来变换它运行的轨道。而股市不一样,股市的参与者跟我们一样,都是具有学习能力的人,他们就像那只会跳起来的苹果,根据历史经验、对手的行动等信息来调整自己的行动策略。这个在经济学上叫作"博弈论"(game theory),既然这里的目的不是打算教你混个经济学学位,就不详细讲这个理论了。你只需要认识到,参与股市的人都与你一样智商正常,你所能依据公开信息做出的判断,其他人一样可以做到。我们可以把这条定律叫作"博弈定律"。这里再一次请你拿起笔做个记号——放心,做完这个记号你就可以把你的笔扔掉了,不会第三次提出这个要求。"价值定律"与"博弈定律"是股市里的两条最基本的定律,绝大部分结论都是由这两条定律演化而来的。

根据"博弈定律",因为人具有学习与应变能力,所以股市中会存在一种"规律自动失效"的现象。简单地说,人们如果发现了一条股市涨跌的规律,那么这条规律被发现以后就会自动失效。2007年,曾经有人对大盘的几次单日大跌做了一个分析,发现几次大跌时间间隔都是26天,于是他得出一个结论,大盘具有较为规律的生理周期,并预测出大盘的下一次大跌是2007年6月11日。结果如何呢? 那天大盘上涨了2.11%。很清楚,如果大家都预期6月11日会跌,那么人人都会在这个日期之前出逃,规律便自动失效。显然,股市是最不能容忍教条主义的地方,《孙子兵法》中说的"兵无常势,水无常形"倒是对股市的一个好的总结。所以反复亏损的老股民会调侃地说"傻瓜次次不同",意即每次上的当都不一样。

所以总结起来说,如果有利好,那么市场上所有的人都会调整对股票的估值,价格会直接到达充分考虑了利好因素的水平,如果有利空则恰好相反。在到达了这个充分考虑了利好或利空因素的水平之后,便是无数大众的心理博弈,而这是无法预测的。要明白这种预测的不可能性,你只需要想象一下这个事实:实际上,市场上的每一笔交易都是在两个意见相反的人之间达成的,买家认为股价要涨,否则他不会买;而卖家却认为股价要跌,否则他也不会卖。——你能说得清楚股价到底是会涨还是会跌吗?

这种股价在短期内不可预测的现象,在经济学上有个专门的名称,叫作"随机漫步"(random walk)。如果你还是不相信,认为这只是理论上的空谈,那么再举几个真实的例子。

第一个例子是自己的实验。在进入证券行业之初,花了一个月时间进行了一项实验:每天开盘前看完三大证券报,并根据掌握的所有信息对今天的大盘做一个涨跌预测。一个月的实验下来,正确率大约是55%,错误率为45%。盯着这两个数看了好久,突然想到,这个结果其实跟抛硬币没有两样啊! 如果正确率与错误率有极大的悬殊那该多好——哪怕是错误率特别高也好,比如错误率是 90%,反向操作也能赚大钱。——什么世道,想犯错误都这么困难!

第二个例子是国内的统计研究。中国证券网曾对三大证券报于 2000 年 9 月 7 日—11 月 14 日所发表的各种形式的股评和荐股文章进行统计,并按荐股在有效期内的涨跌幅度评分,按统计者的话说,"得出的结果令人惊讶"。按所列入的股评家人数计,304 人中 152 人得的是负分,正好占 50%;304 人总共得了 60.32 分(每人满分为 100 分),平均得 0.198 分,接近 0 分。按所荐股票的数量计,在 43 个交易日中总共推荐股票 4 937 只(次),平均每只(次)得分 0.012 2 分,几乎全军覆没。

第三个例子是华尔街的实验。你可能还会说国内黑嘴是被庄家收买了,股评的失败是因为他们的动机不良,并不意味着股价在技术上不可预测,那么我们再来看看国外的例子。美国几个经济学家在一间屋子里挂满了纸条,每张纸条上写着股票代码,然后找了一只猩猩(理论上它的智商应该比我们都低),让猩猩去扯纸条,它扯下来哪张纸条,经济学家就买入纸条上写的股票。隔了一段时间之后,把猩猩所选的投资组合的业绩与市场上基金经理的业绩相比较,惊讶地发现它的成绩居然在整个基金业中处于中等偏上的水平!这意味着美国基金经理的选股水平跟这个长毛光腚、憨态可掬的大猴子差不多!——天知道猩猩的选股标准是什么,也许它只是看哪个代码更像香蕉。如果说随机选股与经过刻意研究选股的结果差不多,那么就只能说,股价是随机变动的,所以刻意选股不能胜出。

最后一个例子是一个"股神"的事迹。伊莱恩·葛莎莉是美国一家证券公司的副总裁,1987 年 10 月 12 日,她预测说"股市崩溃就在眼前"。两天之后,她更把胸脯拍得"砰砰"响,信誓旦旦地告诉美国一家著名的日报,道·琼斯指数很快就会下挫 500 点以上。一个礼拜后,著名的"黑色星期一"降临了。刹那间,她变成了媒体的宠儿。而几年之内,她就把她的名声转化成了一笔财富。她是怎么做的呢?按自己的预测来炒股吗?当然不是。实际上,资金如潮水般涌入她创办的基金,不到一年就达到了 7 亿美元,只收 1% 的管理费,她一年就入账 700 万美元。此外,她还开始发表投资业务通讯,而订阅者很快就增加到了 10 万人。权威的预测形象让伊莱恩·葛莎莉发了大财——但她的追随者们却没有这么幸运。据统计,她在 1987—1996 年间作了 14 次预测,只有 5 次正确,正确率为 36%。由于她在股灾之后仍然看空,结果错过了此后的大幅反弹。直到 1994 年,她的基金持有者们打碎了牙齿往肚子里吞,不声不响地投票决定终止该基金的运营。

说了这么多,运用到实际上来,"随机漫步"对我们有两点指导意义。

一是不要去迷信"权威人士"的预测。以后谁再告诉你这只股票短线将要涨或是将要跌,你不要真的以为自己像武侠小说中掉到悬崖下的正直青年捡到了武林秘籍。看到电视上的股评节目,很惊讶许多股民会问所谓的专业人士:"我买了××××,后期该怎么操作?"还有些公司开发出什么炒股软件,打开电脑就能清楚看到所谓的"买点"与"卖点",仿佛炒股是全天下最容易的事。令人不解的是,据说卖这些软件的人还赚了大钱——当然,利润的来源不是炒股而是软件的销售收入。你如果实在不相信"随机漫步"的理论,那么应该相信自己的常识:一个最简单的逻辑是,如果那个人真有预测股价的本事,他早就在福布斯财富排行榜上了,用得着这么辛苦穿西装打领带对镜头做表情来听你提问、两眼发黑地对着电脑屏幕编程?

二是不要进行短线操作。很多散户热衷于频繁买进卖出,个别"高手"还喜欢做所谓的 T+1(买卖两笔操作相隔一天)、T+0(买卖两笔操作发生在同一天),1 万元的资金量一年可以做出几十万的交易量。他们对证券市场的贡献确实很大,给政府交了不少印花税、给证券公司奉献了很多手续费,没有他们,难以想象中国证券市场可以养活那么多闲杂人员。根据观察,这种操作的结果一般是牛市赚小钱、熊市亏大钱。当你在不断短线进出的同时,你很快就会发现,市场上似乎有一双眼睛一直在暗暗窥视你的操作并总是跟你对着干:股票在你手里捏了几天就是不动,等你一卖出去马上就会涨;看着一只股票连涨了几天似乎会有大行情,结果你一按捺不住冲了进去立刻就开始跌。

不过,股价短期无法预测有一个例外,那就是庄家(或者内幕信息知情者),他在一定程度上可以控制股价,从而他是可以预测的。但是这个例外对我们来说是没有任何好处的,有庄家的股票散户只会死得比"随机漫步"还要惨。当然,如果庄家是你大舅子,那又另当别论。

股价无法预测似乎让人悲观:这是不是意味着研究股票没有任何意义? 不要绝望,股价在短期内无法预测,但对于长期而言还是有可能的。股价在长期内终会向价值回归。

第二步　团队活动

将团队分为两组,分别扮演辩论两方,就"选股应当以什么作为主要依据"这个专题展开以下两个方面的辩论

① 公司未来成长性(长期持有为主)。

② 公司短期技术位(短期博利差为主)。

网络模拟训练

① 打开同花顺 flash 在线股票行情,输入一个股票代码,如 601028 玉龙股份,回车,得到图 2-3-2。

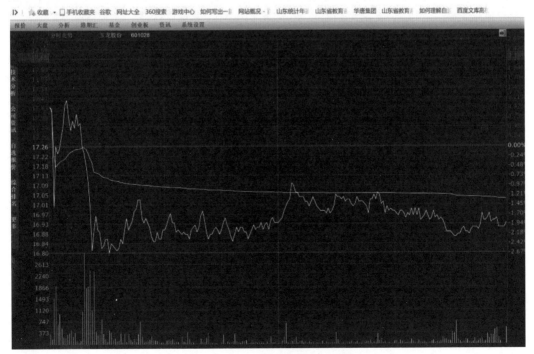

图 2-3-2　玉龙股份股票行情页面

② 单击右边公司资讯标签,或直接按键盘上的 F10 按键,得到图 2-3-3。

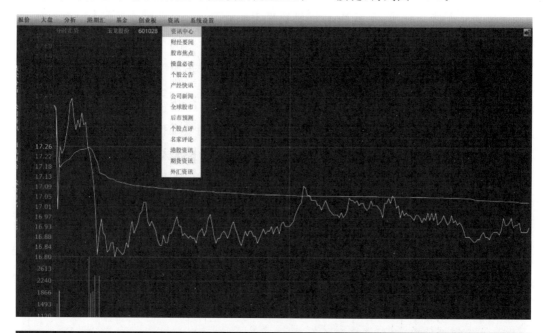

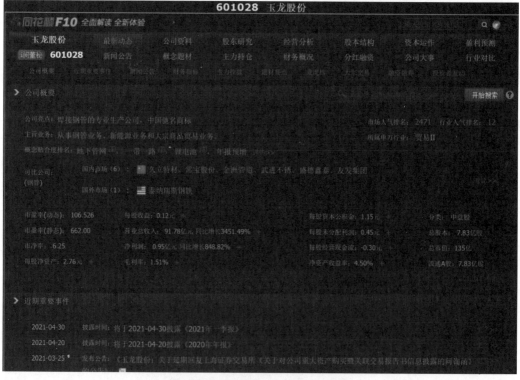

图 2-3-3　玉龙股份公司资讯页面

③ 单击上面的技术分析标签,得到图 2-3-4。

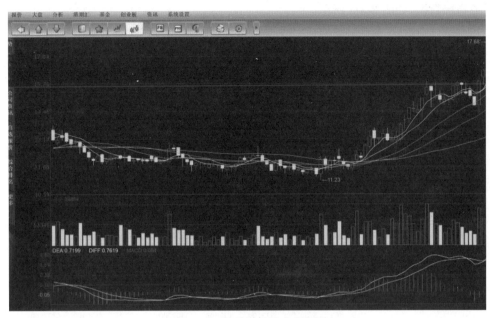

图 2-3-4 玉龙股份技术分析图

④ 显示的是主要指标页面,依次单击右边的导航条,可以查看资产负债表、利润表、现金流量表等,还可以单击"导出数据"标签,将该股上市以来的历史数据以电子表格的形式导出并保存,如图 2-3-5 所示。

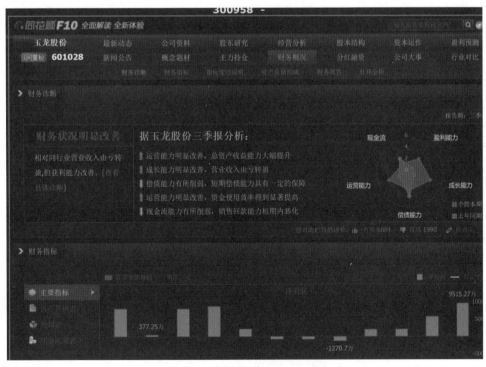

图 2-3-5 玉龙股份主要指标页面

⑤ 选好保存路径,单击下载。然后打开下载的文件,可显示该股上市以来每个季度主要财务指标数据,如图 2-3-6 所示。

科目\时间	2020-09-30	2020-06-30	2020-03-31	2019-12-31	2019-09-30	2019-06-30	2019-03-31	2018-12-3
流动资产(元)								
货币资金(元)	1.117E+09	1.059E+09	1.09E+09	1.054E+09	1.594E+09	1.652E+09	1.086E+09	1.501E+09
交易性金融资产(元)	--	--	5200	4292000	1836300	--	382400000	--
应收票据及应收账款(元)	431352700	155676100	153419200	30029000	59912000	73548200	161201100	254752700
其中:应收票据(元)	2043800	--	--	--	2212800	257800	14674200	6880300
应收账款(元)	429309000	155676100	153419200	30029000	57699200	73290400	146527000	247872400
预付款项(元)	1.719E+09	1.415E+09	1.14E+09	1.074E+09	44192500	4486400	36895100	38718100
其他应收款合计(元)	10781900	2310300	2852300	2719900	412281800	410419300	9721300	9946000
其中:应收利息(元)	--	--	--	--	--	--	--	--
其他应收款(元)	--	2310300				410419300		9946000
存货(元)	335188500	190909300	131972800	43009500	902500	5634200	112044900	118943000
其他流动资产(元)	3427200	1321200	6183800	2598700	1929400	1203200	34053700	31268300
总现金(元)			1.09E+09	1.059E+09	1.595E+09		1.468E+09	
流动资产合计(元)	3.617E+09	2.825E+09	2.524E+09	2.211E+09	2.115E+09	2.147E+09	1.822E+09	1.955E+09
非流动资产(元)								
长期股权投资(元)								
固定资产合计(元)	2767400	2170300	2078100	2104200	3169300	5017100	111784200	102106700
其中:固定资产(元)		2170301.1				5017110		102106675
在建工程合计(元)	--	--	--	--	--	--	16275800	20783400
其中:在建工程(元)								20783400
无形资产(元)	36061.98	22492.65	23842.2	25191.75	147695.24	134884.7	70181788	72364201
商誉(元)							635016700	635016700
长期待摊费用(元)	3156200	3346400	2962200	3329400	--	--	24380700	22253300
递延所得税资产(元)	1593800	552900	773500	317600	1107900	--	4530100	6477600
其他非流动资产(元)	--	--	--	--	--	--	20021500	20558500
非流动资产合计(元)	7553400	6092100	5837700	5776300	4424900	5152000	882838600	879560500
资产合计(元)	3.624E+09	2.831E+09	2.53E+09	2.217E+09	2.119E+09	2.152E+09	2.705E+09	2.834E+09
流动负债(元)								
短期借款(元)	180000000	30000000						

图 2-3-6　玉龙股份财务指标数据页面

知识拓展

一、总股本

总股本包括新股发行前的股份和新发行股份的数量的总和。商务印书馆《英汉证券投资词典》解释:总股本 capitalization 亦作资本总额。公司资产的总价值包括股本金、长期债务及经营盈余所形成的资产。

二、流通股本

流通股本是指公司已发行股本中在外流通没有被公司收回的部分。它是指可以在二级市场流通的股份。"流通股本"是一个很有中国特色的股市术语,外国的股票从一上市就是全流通的,总股本就等于流通股本。

三、限售流通股

限售流通股是指股权分置改革之前的非流通股,也就是原来非流通股股东持有的没有流通权的股份。股权分置改革之后,这部分股份也具有了流通权,不过,为了防范大量股份入市的风险,对这部分股份采取了限售条款,所以称为限售流通股。

四、股权分置改革

股权分置改革是我国资本市场中一项重要的制度改革,就是政府将以前不可以上市流通的国有股(还包括其他各种形式不能流通的股票)拿到市场上流通。它分为三个阶段。

第一阶段,股权分置问题的形成。我国证券市场在设立之初,对国有股流通问题总体上采取搁置的办法,在事实上形成了股权分置的格局。

第二阶段,通过国有股变现来解决国企改革和发展资金需求的尝试问题,开始触动股权分置问题。1998年下半年到1999年上半年,为了推进国有企业改革发展的资金需求和完善社会保障机制,开始国有股减持的探索性尝试。但由于实施方案与市场预期存在差距,试点很快被停止。2001年6月12日,国务院颁布《减持国有股筹集社会保障资金管理暂行办法》也是该思路的延续。但同样由于市场效果不理想,于当年10月22日宣布暂停。

第三阶段,作为推进资本市场改革开放和稳定发展的一项制度性变革,股权分置问题正式被提上日程。2004年1月31日,国务院发布《国务院关于推进资本市场改革开放和稳定发展的若干意见》,明确提出"积极稳妥解决股权分置问题"。2005年9月4日,中国证监会发布《上市公司股权分置改革管理办法》,我国的股权分置改革全面铺开。

五、股票中的"一二三线"

一线股通常是指股票市场上价格较高的一类股票。这些股票业绩优良或具有良好的发展前景,股价领先于其他股票。大致上,一线股等同于绩优股和蓝筹股。一些高成长股,如我国证券中场上的一些高科技股,由于投资者对其发展前景充满憧憬,它们也位于一线股之列。一线股享有良好的市场声誉,为机构投资者和广大中小投资者所熟知。

二线股是指价格中等的股票。这类股票在市场上数量最多。二线股的业绩参差不齐,但从整体上看,它们的业绩也同股价一样在全体上市公司中居中游。

三线股是指价格低廉的股票。这些公司大多业绩不好,前景不妙,有的甚至已经到了亏损的境地。也有少数上市公司,因为发行量太大,或者身处夕阳行业,缺乏高速增长的可能,难以塑造出好的投资概念来吸引投资者。这些公司虽然业绩尚可,但股价徘徊不前,也被投资者视为了三线股。

六、股市未来会怎么走

2021年是牛市,牛市有无数条理由,见仁见智。若只选一条,我的选择是注册制,因为A股是制度变革的风向标!人言三十而立,中国A股从制度上可分为两个15年:第一个15年是审批制;第二个15年是核准制。2020年,《证券法》二次修订版生效,注册制正式启航,可比的历史记录是2005年《证券法》第一次修订版生效,全流通股市启航。A股从2005年到2007年的走势为下探1 000点,上看8 000点(未实现),在沪指6 124点折返,本轮牛市正在下探途中。

虽然都是A股市场,制度不同,行为不同,核心价值必然不同。近日A股开户数首破1.8亿,股民不会会全部,因为还有"基民"。本轮下跌的推手是机构,是机构"抱团股"解体,如果认同这个解释,可以说A股市场正在重复美国股市当年的一幕:机构抱团的"漂亮50"解体,取而代之的是私募基金和游资。1974年,华尔街基金经理们吹捧的"漂亮50"突然解体暴跌,市场投资人切换到小市值板块,一直到1978年"漂亮50"的盈利水平恢复到暴跌之前,股价依然在低位徘徊,甚至继续下挫。去年下半年,机构"抱团股"暴涨,核心概念是大消费,核心资产是贵州茅台和海天酱油,当贵州茅台的总市值超过可口可乐的时候,我讲了"喝茅台的多还是喝可乐的多",提醒人们不要再"撒酒疯了",违背常识的"价值投资"不可持续。

无论是什么市场,也无论讲什么价值,第一要看趋势,第二要有常识。股票市场中"成王败寇"的故事很多,人们所犯的错误几乎都是违反常识的过度自信,所以要记住"四不":不迷信理论;不相信股评;不依赖预测;不寻找股神。没有预测就没有决策,但任何预测都不可信。如今还有人在纠结我 2007 年预测的"问顶八千",注定是穷人。只要是投资人,就要为自己的选择承担责任,就要理解股市投资唯一确定的就是不确定性,所以华尔街真正的信条是"不担风险无收益"。

注册制来了,随之而来的就是程序化退市。流水不腐,户枢不蠹,所以投资人必须防范的是退市风险。由于有退市风险,适合长期持有的股票如凤毛麟角,多数股票只能交易,不能持有。会买的是孙子,会卖的是爸爸,会空仓的才是爷爷。

越来越多的投资人开始"掌握股市",因为智能化时代开始了。智能化投资工具中,用户最多的前三名是同花顺、东方财富和大智慧。截止到 2021 年 1 月,同花顺的用户为 3 173 万人,东方财富的用户为 1 443 万人,大智慧的用户为 857 万人。在 1.8 亿人开户的 A 股市场,"掌握股市"的投资人是一个高速增长的群体,所以会卖的人越来越多,结果必然是股票价格的波动率上升。波动率上升的背后也是价值投资,尽管投资大佬们一再劝诫人们不要"炒股",然而炒股源于人性,这就是与生俱来的一种财富偏好——波动性偏好。价值投资其实是两种选择,其一是趋势价值;其二就是波段价值。二者互为条件,缺一不可。

注册制时代的价值投资要牢记的第一是风险,第二是风险,第三还是风险,所以现代投资学讲的价值首先是"在险价值"。好公司不等于好股票,好股票不等于好价格。价值投资追求"三好",但要记住,第一是好公司,其次是好股票,最后才是好价格。尤其是在高波动的股票市场中,宁可以较高的价格持有好公司,也不能在股市中捡便宜货。

项目三　K线分析与运用

任务一　K线理论与分析

一、K线理论概述

(一) K线的概念

1. K线的起源

K线起源于200多年前日本德川幕府时期的本间宗久,当时他在大阪的堂岛大米会所,进行大米的交易。他深入研究了大米价格的历史记录,凭借过人的天赋,很快积累了大量的财富,后人根据他的交易心得以及记录价格的方式,慢慢地将价格图表演进成蜡烛图,而他进行交易的方法,就被称为"酒田战法"(本间宗久的出生地为日本山形县酒田市)。

K线具有东方人所擅长的形象思维特点,没有西方用演绎法得出的技术指标那样的定量,因此在运用上还是主观意识占上风。后来这种方法传到美国,被运用到技术分析中去,被称为"远东分析方法"。它逐渐在世界证券市场中流行起来,现已成为世界上最权威、最古老、最通用的技术分析工具,又称"日本线",因其形状像蜡烛,也称"蜡烛图"。

2. K线的定义

K线又称阴阳线或阴阳烛,它能将每个交易期间的开盘与收盘的涨跌以实体的阴阳表示出来,并将交易中曾出现的最高价及最低价以上影线和下影线形式直观地反映出来。就单根K线而言,一般上影线和阴线实体表示股价的下压力量;下影线和阳线实体则表示股价的上升力量。多根K线组合在一起所包含的信息更加丰富,从而使人们对变化多端的市场行情有一种一目了然的直接感受。

K线将买、卖双方力量的增减与转变过程及实战结果用图形表示出来。经过上百年的使用与改进,目前已形成一整套K线分析理论,受到了证券市场、外汇市场以及期货市场等各类市场投资者的喜爱。常用的K线类型有日K线、周K线、月K线。

(1) 日K线

一根日K线记录的是交易在一天内价格的变动情况。将每天的K线按时间顺序排列在一起,就组成了交易价格的历史变动情况,叫作日K线图。

(2) 周K线

周K线是指以周一的开盘价,周五的收盘价,全周最高价和全周最低价来画的K线图。周K线较之日K线而言,属于偏中期K线形态,其走势也多表现了市场较长周期的变化。在趋势波段操作中,偏重的是一段完整的波段,因此在时间周期上周线便较日线更为准确适合。

（3）月K线

月K线是以一个月的第一个交易日的开盘价,最后一个交易日的收盘价和全月最高价与全月最低价来画的K线图。

（二）K线图的画法及主要形状

1. K线图的画法

（1）K线图的元素构成

K线是一条柱状的线条,由实体和影线组成,中间的方块是实体,影线在实体上方的部分叫上影线,影线在实体下方的部分叫下影线。实体表示开盘价和收盘价,上影线的上端顶点表示最高价,下影线的下端顶点表示最低价,如图3-1-1所示。

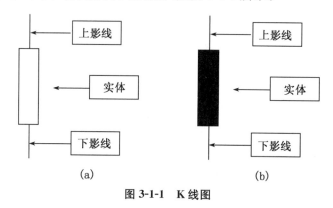

图 3-1-1　K 线图

根据开盘价和收盘价的关系,K线分阴线和阳线两种,收盘价高于开盘价的称为阳线,收盘价低于开盘价的称为阴线。最常见的K线是日K线,也有周K线、月K线,甚至还有60分钟K线等不同种类。

下面以日K线为例来说明其画法。

（2）画K线图

第一步,确定K线的阴阳。

画日K线时需要四个价格,即交易日的开盘价、收盘价、最高价和最低价。开盘价是每个交易日的第一笔成交价格,收盘价是每个交易日的最后一笔成交价格。道氏理论认为,收盘价是一天当中最重要的价格。最高价和最低价是每个交易日的最高和最低成交价格,二者之间的区域即当天股价波动的范围。当天开盘价低于收盘价为阳线,当天开盘价高于收盘价为阴线。无论阴线还是阳线,都将开盘价和收盘价之间的价格区域用方框表示,即K线的实体部分。

第二步,画出上、下影线,将当天最高价与K线实体上端用一根细线连接起来为上影线,将当天最低价与K线实体下端用一根细线连接起来为下影线。

画K线图的具体步骤如下。

① 收集一天的开盘价、收盘价、最高价与最低价;

② 在开盘价、收盘价处用"—"标记,在最高价、最低价处用"."标记;

③ 将开盘价、收盘价横杠的两端用竖线连接起来,形成方格状;

④ 将最高价、最低价与收盘价或开盘价用竖线相连;

⑤ 若开盘价低于收盘价,则 K 线保持原状为阳线;若收盘价低于开盘价,则 K 线方格就需涂黑为阴线,如图 3-1-2 所示。

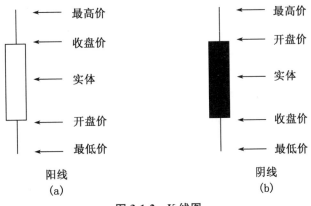

图 3-1-2　K 线图

2. K 线的主要形状

除上图所画 K 线图形外,由于四个价格的不同取值,还会产生别的形状的 K 线,具体可概括为以下 10 种,如图 3-1-3 所示。

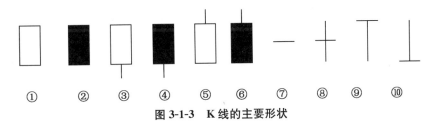

图 3-1-3　K 线的主要形状

(1) 实体阳线和实体阴线

这是没有上、下影线的 K 线。开盘价、收盘价正好与最低价和最高价相等形成阳线实体(图①);开盘价、收盘价分别与最高价和最低价相等形成阴线实体(图②)。

(2) 光头阳线与光头阴线

这是没有上影线的 K 线。当收盘价或开盘价正好与最高价相等形成图③和图④。

(3) 光脚阳线和光脚阴线

这是没有下影线的 K 线。当开盘价或收盘价正好与最低价相等时形成图⑤和图⑥。

(4) 一字型

K 线四个价格重合则形成这种形状(图⑦)。

(5) 十字星

这是开盘价与收盘价相等,同时带有上、下影线的 K 线(图⑧)。

(6) T 字形和倒 T 字形

在十字星的基础上,再加上秃头和光脚的条件,就形成这两种 K 线(图⑨和图⑩)。

二、单根 K 线的分析与应用

单根 K 线可以分为 12 种有意义的基本形状。

从单独一根 K 线对多、空双方优势进行衡量,主要依靠实体的阴阳、长短和上下影线的长短。一般来说,上影线越长,下影线越短,阳线实体越短,越有利于空方占优,而不利于多方占优;下影线越长,阳线实体越长,越有利于多方占优,而不利于空方占优。上影线和下影线相比的结果也影响多方和空方取得优势。上影线长于下影线,利于空方;反之,下影线长于上影线,利于多方。

1. 长实体

长实体(见图 3-1-4)是占主要地位的 K 线,分为大阳线实体和大阴线实体。"长"描述了实体的长度,或者说是开盘和收盘的差距。长实体表示当天的开盘价与收盘价之间差距很大。换句话说,开盘价和收盘价之间有相当的不同。

(a)　　　　　　　　(b)

图 3-1-4　长实体

要确定实体是否算作"长",必须考虑前后的情况。最好只同最靠近的价格移动相比。K 线分析所依赖的是短期的价格移动,所以"长短"用短期的方式。

2. 短实体

短实体(见图 3-1-5)表示价格所覆盖的区域小,一般发生在交易不活跃的时候。同样,判断是否是"小"的问题,可以用与长实体一样的考虑问题的方法。

(a)　　　　　　　　(b)

图 3-1-5　短实体

3. 光头光脚阴线

光头光脚阴线(见图 3-1-6)是两头都没有影线的长阴线实体。这被认为是极度脆弱的 K 线。它通常是熊市持续或牛市反转组合形态的一部分。

4. 光头光脚阳线

光头光脚阳线(见图 3-1-7)是两头都没有影线的长阳线实体,被认为是极度强壮的 K 线。与光头光脚阴线相反,它通常成为牛市继续或熊市反转形态的一部分。

图 3-1-6　光头光脚阴线　　　　**图 3-1-7　光头光脚阳线**

5. 收盘无影线(光头阳线和光脚阴线)

收盘无影线(见图3-1-8)的K线没有从收盘方向外伸出的影线,无论是阳线还是阴线。如果实体是阳线的,则没有上影线。此时,该K线也称为秃头阳线,表示的是强势。如果实体是阴线的,则没有下影线,也称为光脚阴线,是表示弱市的K线。

图 3-1-8　收盘无影线

6. 开盘无影线(光脚阳线和光头阴线)

开盘无影线(见图3-1-9)的K线没有从开盘方向向外伸出的影线。如果实体是阳线,则没有下影线,也称为光脚阳线,表示强势。如果实体是阴线,则没有上影线,又称为秃头阴线,是表示弱势的K线。

图 3-1-9　开盘无影线

7. 纺轴线

纺轴线(见图3-1-10)是有上影线和下影线的小实体K线。在长度方面,影线比实体长。这表示多、空双方的不可靠性。纺轴线实体的颜色和影线的实际长度是不重要的。同影线相关的小实体是构成纺轴线的主体。

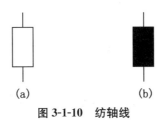

图 3-1-10　纺轴线

8. 无实体线

当K线的实体小到开盘价和收盘价相等的程度时,就被称为无实体线(见图3-1-11)。无实体线发生在开盘和收盘相同或几乎相同的时候。影线的长度是可以变化的。完美的无实体线有相同的开盘和收盘价格。如果要求开盘价和收盘价严格相等,将对数据的限制过多,在实际中只出现很少的无实体线。开盘和收盘之间的差距在一个小的范围,就可以认为是无实体线(小十字星)。

图 3-1-11　无实体线

判断一根无实体线与判断一根长实体线的方法类似,没有严格的规则。与长实体线一样,需要参考前面的价格的高低。如果前面的 K 线多数是无实体线,那么无实体线就不重要。如果无实体线单独出现,那么,它是一个不能被忽视的有关"不确定因素出现"的信号。靠无实体线自己还不足以预测价格趋势改变,它仅仅是趋势即将改变的警告。

9. 大无实体线

大无实体线(见图 3-1-12)有很长的上、下影线,当天的交易区域在居中的部分,清楚地反映了买、卖双方力量对比的不确定性。在全天的交易中,市场大起大落。如果开盘价或收盘价正好在交易区域的正中,这时候的大无实体就是"十字"。

10. 墓碑线

墓碑线(见图 3-1-13)是无实体线的一种。当没有下影线或下影线很短的时候,就会出现这种 K 线。如上影线很长,墓碑线有很强烈的下降含义。开盘后全天在高位进行交易,但收盘又回到了开盘位置,这也是当天的最低的价格。这除了解释为反弹失败外,没有别的解释。

11. 蜻蜓线

蜻蜓线(见图 3-1-14)出现开盘和收盘处在全天的最高点的时候。同其他无实体线一样,这种 K 线通常出现在市场的转折点。

图 3-1-12　大无实体　　　　图 3-1-13　墓碑线　　　　图 3-1-14　蜻蜓线

12. 一字线

当开盘价、最高价、最低价和收盘价都相同,就会出现一字线(见图 3-1-15)。对于一开盘就涨停或跌停的股票,若一天中都持续以这个价格交易,则日 K 线图就是一条直线。称为一字线。

———

图 3-1-15　一字线

三、组合 K 线的分析与应用

单根 K 线只反映股票单日的交易情况,不能说明市场趋势的持续和转折等信息。实践中,投资者还需要研究K线组合形态,即通过观察几根K线组成的复合图形,来分析市场多空力量的强弱,判断股价的后期走向。

(一) K线的分析要素

K线是多空双方争斗结果的图形表现方法。投资者通过对单根K线或两根、三根、四根及多根K线的分析,可以研判多空双方力量对比及未来一定时期的股价走势。

K线是阴线还是阳线代表了一日(或一段时间)的总体趋势方向;K线及其实体是长还是短代表了一日的股价震荡幅度,是市场内在动力大小的表现。阳线实体越长,越有利于上涨;阴线实体越长,越有利于下跌;上、下影线则代表了趋势是否受阻以及阻力的大小,是一种转折的信号。指向一个方向的影线越长,越不利于股价今后向这个方向变动。K线正是由这三种要素综合而成,具体可概括如下。

第一,阴阳代表总体趋势;

第二,长短代表内在动力和趋势强弱;

第三,影线代表转折信号。

三个要素综合作用,变化无穷,其中每一种细小的变化(包括实体和影线长短)均会打破暂时的多空力量平衡,从而形成无数种K线的具体形式。因此,K线分析不能死记硬背某一种K线图形,而要从三要素的原理上去理解K线的丰富含义,这样才能举一反三,提高预测的准确性。

(二) 由两根K线的组合推测市场行情

以K线组合推测市场行情,主要从两方面着手:一方面,要通过前后两根K线的相对位置来判定。这种相对位置关系一共有七种(见表3-1-1)。

表3-1-1　K线组合位置关系表

种　类	第二根K线处于前一根K线的位置	后市判断
1	上影线以上	多方绝对优势
2	上影线	多方相对优势
3	实体上半部	多方略强
4	中点附近	不明
5	实体下半部	空方略强
6	下影线	空方相对优势
7	下影线以下	空方绝对优势

由上表可知,两根K线组合中第二根是判断行情的关键。第二根K线的位置越高,越有利于上涨;反之,越低越有利于下降。上表中从1至7是多方力量减弱,空方力量增强的过程。

另一方面,两根K线组合的意义不止于位置关系,还取决于它们各自的K线要素,比如是阴线还是阳线,实体及影线的长度等。K线组合分析是位置关系和K线要素两方面的综合,只强调一方面,难免会得出错误的结论。

两根K线的组合情况非常多,要考虑两根K线的阴阳、高低、上下影线,一句话,两根K线能够组成的组合数不胜数。但是,K线组合中,有些组合的含义是可以通过别的组合含义推测出来的。我们只需掌握几种特定的组合形态,然后举一反三,就可得知别的组合的含义。

无论是两根K线还是今后的三根K线,都是以两根K线的相对位置的高低和阴阳来推测行情的。将前一天的K线划出,然后将这根K线划分为五个区域(见图3-1-16)。

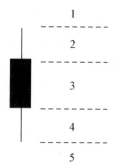

图 3-1-16　K 线的五个区域

第二天的K线是进行市场行情判断的关键。简单地说,第二天多空双方争斗的区域越高,越有利于上涨;反之,越低越有利于下降。也就是从区域1到区域5是多方力量减少、空方力量增强的过程。

以下是几种具有代表性的两根K线的组合情况。

1. 两组合一

这是多空双方的一方已经取得决定性胜利,牢牢地掌握了主动权,今后将以取胜的一方为主要运动方向(见图3-1-17)。(a)图是多方获胜,(b)图是空方获胜。第二根K线实体越长,且超出前一根K线越多,则取胜一方的优势就越大。

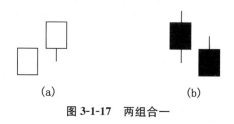

(a)　　　　　　　　(b)

图 3-1-17　两组合一

2. 两组合二

如图3-1-18所示,其中(b)图中一根阴线之后又有一根跳空阴线,表明空方全面进攻已经开始。如果出现在高价附近,则下降将开始,多方无力反抗。如果在长期下跌行情的尾段出现,则说明这是最后一跌,是逐步建仓的时候了。要是第二根阴线的下影线越长,则多方反攻的信号更强烈。

(a)　　　　　　　　(b)

图 3-1-18　两组合二

(a)图正好与(b)图相反。如果在长期上涨行情的尾段出现,则是最后一涨(缺口理论中把这叫作竭尽缺口),第二根阳线的上影线越长,越是要跌了。

3. 两组合三

如图 3-1-19 所示,其中(a)图中一阳加上一根跳空的阴,说明空方力量正在增强。若出现在高价位,说明空方有能力阻止股价继续上升。若出现在上涨途中,则说明空方的力量还是不够,多方将进一步创新高。

(b)图与(a)图完全相反。多空双方中多方在低价位取得了一定优势,改变了前一天空方占优势的局面。今后的发展趋势还要由以下因素判断:这种组合是在下跌行情的途中,还是在历史的低价位。

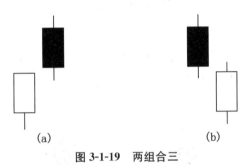

(a)　　　　　　　　　　(b)

图 3-1-19　两组合三

4. 两组合四

如图 3-1-20 所示,其中(b)图中连续两根阴线,第二根的收盘不比第一根低。说明空方力量有限,多方出现暂时转机,故价格回头向上的可能性大。(a)图与(b)图正好相反,是空头出现转机,股价将向下调整。如前所述,两种情况下,上、下影线的长度直接反映了多空双方力量的大小。

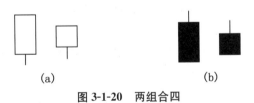

(a)　　　　　　　　　　(b)

图 3-1-20　两组合四

5. 两组合五

如图 3-1-21 所示,其中(b)图中一根阴线被一根阳线吞没,说明多方已经取得决定性胜利,空方将节节败退,寻找新的抵抗区域。阳线的下影线越长,多方优势越明显。(a)图与(b)图正好相反,是空方掌握主动权,多方已经完全瓦解。

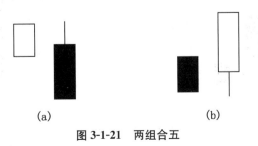

(a)　　　　　　　　　　(b)

图 3-1-21　两组合五

6. 两组合六

如图 3-1-22 所示,其中(b)图中一根阴线吞没一根阳线,空方显示了力量和决心,但收效不大,多方没有伤元气,可以随时发动进攻。(a)图与(b)图刚好相反,是多方进攻了,但收效不大,空方仍有相当实力。同样,第二根 K 线的上下影线的长度也是很重要的。

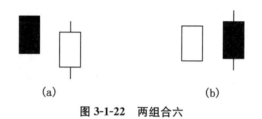

(a)   (b)

图 3-1-22　两组合六

7. 两组合七

如图 3-1-23 所示,其中(b)图中为一根阴线后的小阳线,说明多方抵抗了,但力量相当弱,很不起眼,空方将发起新一轮攻势。(a)图与(b)图正好相反,是空方弱,多方将发起进攻,创新高。

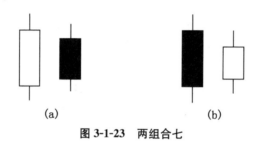

(a)   (b)

图 3-1-23　两组合七

(三) 由三或四根 K 线的组合推测市场行情

两根 K 线的各种组合较多,三根 K 线的各种组合就更多、更复杂了。但是,两者考虑问题的方式是相同的,都是由最后一根 K 线对于前面 K 线的相对位置来判断多空双方的实力大小。由于三根 K 线组合比两根 K 线组合多了一根 K 线,获得的信息就多些,得到的结论相对于两根 K 线组合来讲要准确些且可信性更大些。

1. 多组合一

如图 3-1-24 所示,其中(a)图中一根阳线比两根阴线长,多方充分刺激股价上涨,空方已经失败。结合两根 K 线组合中的组合五(见图 3-1-19)进行分析,会发现二者相通的地方。

(b)图与(a)图正好相反,是空方一举改变局面的形势,多方因此而势头强劲。同样与图 3-1-19 有相似之处。

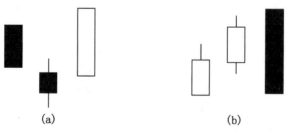

(a)   (b)

图 3-1-24　多组合一

2. 多组合二

如图 3-1-25 所示,其中(a)图中为连续两根阴线之后出现一根短阳线,比第二根阴线低。这说明买方力量不大,这一次的反击已经失败,下一步是卖方发动新一轮攻势再创新低的势头。比较一下两根 K 线中的组合七(见图 3-1-23)会发现一些相通的东西。

(b)图与(a)图刚好相反,卖方力量不足,买方仍居主动地位。

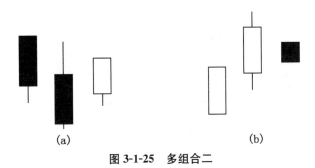

图 3-1-25　多组合二

3. 多组合三

如图 3-1-26 所示,其中(a)图中为一长阴、两小阳,两阳比一阴短。这表明多方虽顽强抵抗第一根 K 线的下跌形势,但收效甚微,下面即将来临的是空方的开始进攻。

(b)图与(a)图相反,多方占据主动,空方力量已消耗过多,多方将等空方力尽展开反击。

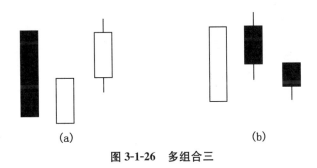

图 3-1-26　多组合三

4. 多组合四

如图 3-1-27 所示,其中(a)图中一根阴线没有一根阳线长,空方力度不够,多方第三天再度进攻,但未能突破高档压力,后市将是以空方进攻为主,空方这次力度的大小将决定大方向。

(b)图与(a)图正好相反,多空双方反复拉锯之后,现在轮到多方向上抬,结果将如何,要看向上的力度。

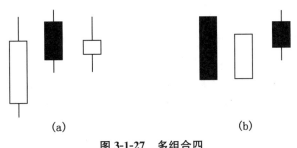

图 3-1-27　多组合四

5. 多组合五

如图 3-1-28 所示,其中(b)图中一根阴线比前一根长,说明空方力量已占优,后一根阳线未超过前一根阴线,说明多方力量已经到头了。后势将以空方为主角,主宰局面。

(a)图与(b)图正好相反,是多方的市场,因为第三根阴线比第二根阳线低,多方将唱主角。

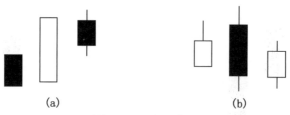

图 3-1-28 多组合五

6. 多组合六

如图 3-1-29 所示,其中(a)图中两阴夹一阳,第二根阴线比阳线低。这种组合是空方占优,在下落途中多方只做了小的抵抗,暂时收复了一些失地,但在第三天空方的强大打击下,溃不成军,空方已占优势。

(b)图与(a)图相反,是多方的优势。

图 3-1-29 多组合六

7. 多组合七

两阴吃掉第一天的一根阳线,空方的力量已经显示出很强大(见图 3-1-30)。

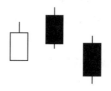

图 3-1-30 多组合七

如图 3-1-31 所示,多方连续两天失利,并不能肯定就完全无望,此时应结合这三根 K 线前一天的 K 线情况加以细分。大约可以分成三种情况。

第一种情况,如图 3-1-31(a)所示。两阴比两阳短,说明多方优势还在,还握有主动权。

第二种情况,如图 3-1-31(b)所示。两阴比两阳长,说明空方优势已确立,下一步是空方的主动。

第三种情况,如图 3-1-31(c)所示。四根 K 线中有三根阴线,说明空方进攻态势很明确。这种情形下,单从前三根 K 线来看,第四天是多方的主动,但是第四根 K 线只稍微向上拉了一下就向下直泻,表明我们原先期待的多方优势其实是非常小的,根本经不起空方的冲击。

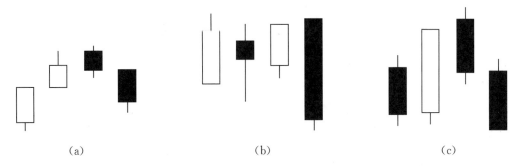

(a)　　　　　　　　　　　　(b)　　　　　　　　　　　　(c)

图 3-1-31　多组合七的三种情况

8. 多组合八

多组合八如图 3-1-32 所示,它与图 3-1-30 刚好相反,多方和空方的地位正好颠倒了一下。

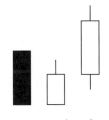

图 3-1-32　多组合八

简单地叙述如下(见图 3-1-33)。

(1) 如图 3-1-33(a)中,空方优势仍然在手。

(2) 如图 3-1-33(b)中,空方优势已经不在了。

(3) 如图 3-1-33(c)中,多方优势明显。

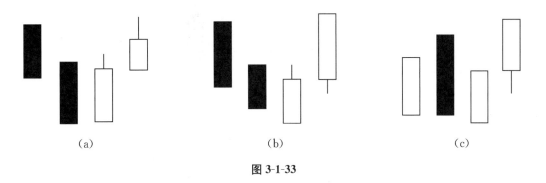

(a)　　　　　　　　　　　　(b)　　　　　　　　　　　　(c)

图 3-1-33

(四) 反转组合形态和持续组合形态

我们这里只列举其中的 15 种(见图 3-1-34 至图 3-1-48)反转组合形态和四种(见图 3-1-

49 至图 3-1-52)持续组合形态。

1. 锤型线和上吊线（见图 3-1-34、图 3-1-35）

图 3-1-34　锤型线　　　　　图 3-1-35　上吊线

这两种线的组合形态有以下特征。

① 小实体在交易区域的上面；

② 下影线的长度应该比实体的长度长得多；

③ 上影线非常短甚至没有。

锤形线处在下降趋势中。在疯狂卖出被遏制、市场又回到了或者接近了当天的最高点。投资者担心踏空。如果收盘价高于开盘价，产生一根阳线，则情况甚至更有利于上升。第二天的较高的开盘价和更高的收盘价将使得锤形线的牛市含义得到确认。

上吊线则是处在上升趋势中。连续上涨的股价已经成为强弩之末，当天虽然有投资者依靠惯性思维把下探的股价再次拉起，毕竟主力已经打算撤退了。那些抢到股票的投资者在庆幸自己买到比前两天价格较低的股票之时，其实自己已经成为被套的大军。第二天较低的开盘价和更低的收盘价将使得上吊线的熊市含义得到确认。

2. 包含型（见图 3-1-36）

包含型分为牛市和熊市两种。其组合形态有以下特征。

① 本形态出现前一定有相当明确的趋势；

② 第二天的实体必须完全包含前一天的实体；

③ 前一天的颜色反映趋势（黑色是下降趋势，白色是上升趋势）；

④ 包含型的第二根实体颜色与第一根的颜色相反。

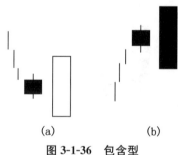

(a)　　　　　(b)

图 3-1-36　包含型

熊市包含型处在上升趋势中，只有小成交量配合和小阳线实体发生。第二天，以新高开盘，然后是迅速地卖出狂潮并伴随大的成交量。收盘比前一天的开盘更低。上升的趋势已经被破坏。如果第三天的价格仍然保持在较低的位置，那么，上升趋势将小反转。

牛市包含型的情况与熊市包含型的相反。

3. 被包含型（见图3-1-37）

被包含型分为牛市和熊市两种。其组合形态有以下特征。

① 长实体之前有趋势存在；

② 第一天的长实体的颜色反映市场的趋势方向；

③ 长实体之后是小实体，它的实体被完全包含在长实体的实体区域内；

④ 小实体与长实体的颜色相反。

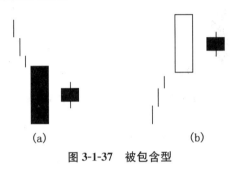

图 3-1-37　被包含型

牛市被包含型处在下降趋势进行了一段时间后，一根伴随有平均成交量的长阴线已经出现，它维持了熊市的含义。第二天价格高开，动摇了空头，引起价格的上升。价格的上升被逐步加强，因为后来者把它当成一次机会来弥补他们在此之前的"失误"。这一天的成交量超过前一天，这就强烈地建议买进。第三天得到确认的反转将提供必要的趋势反转的证明。

熊市被包含型的叙述正好与之相反。

这种组合形态的特殊情况是十字胎（见图3-1-38）。第二天的实体是十字。十字胎是比普通被包含型更为强烈的反组合形态。

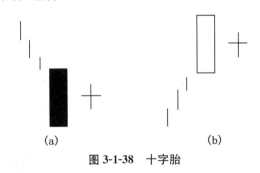

图 3-1-38　十字胎

4. 倒锤线和射击之星（见图3-1-39、图3-1-40）

（1）倒锤线

① 小实体在价格区域的较低部分形成；

② 不要求有缺口，只要在一个趋势之后下降；

③ 上影线的长度一般是实体长度的两倍多；

④ 下影线短到可以认为没有。

（2）射击之星

① 在上升趋势之后,以向上的价格缺口开盘;

② 上影线的长度至少是实体的长度的 3 倍;

③ 下影线短到可以认为不存在。

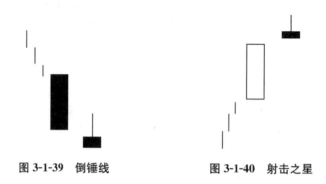

图 3-1-39　倒锤线　　　　　　图 3-1-40　射击之星

对于倒锤线,当市场以跳空向下开盘时,已经有了下降趋势。当天的上冲失败了,市场的收盘较低。与锤型线和上吊线相似,在决定形态引起趋势反转是成功还是失败方面,第二天的开盘是判断的准则。如果第二天的开盘高于锤线实体,潜在的趋势反转将引起对空头的恐慌,这将支持上升。

射击之星处在上升趋势中,市场跳空向上开盘,出现新高,最后收盘在当天较低的位置。后面的跳空行为只能当成看跌的熊市信号。

5. 刺穿线和黑云盖顶（见图 3-1-41、图 3-1-42）

刺穿线与黑云盖顶是相互对称图形,分别发生在下降和上升市场的两线组合形态。

刺穿线组合形态有以下特征。

① 第一天是反映继续下降的长阴线实体;

② 第二天是阳线实体,开盘低于前一天的最低点;

③ 阳线的收盘在第一天的实体之内,但是高于第一天实体的中点;

④ 刺穿线的两根线都应该是长实体。

形成于下降趋势中的长阴线实体保持了下降的含义。第二天的跳空低开进一步加强了下降的含义。然而,市场后来反弹了,并且收盘高于长阴线实体的中点。此行为引起一个潜在的底部。阳线穿入阴线的幅度越大,越像是反转形态。

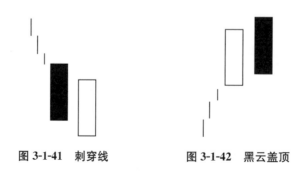

图 3-1-41　刺穿线　　　　　　图 3-1-42　黑云盖顶

　　黑云盖顶组合形态有以下特征。

　　① 第一天是继续指出上升趋势的长阳线；

　　② 第二天是开盘高于第一天最高点的阴线；

　　③ 第二天的收盘价落在第一天的中下部。

　　④ 两根线都是长实体。

　　在典型的上升趋势中，形成了一条长阴线。第二天市场跳高开盘，这是保持上升趋势的。收盘的时候价格下降到阳线实体的中间之下。面对这样的情况，多头不得不重新考虑自己的投资策略。与刺穿线一样，明显的趋势反转已经发生。阴线刺进前一根阳线的程度越深，顶部反转的机会越大。

　　6. 早晨之星和黄昏之星（见图 3-1-43、图 3-1-44）

　　这两种组合形态有以下特征。

　　① 第一天的实体颜色与趋势方向一致，早晨之星是阴线，黄昏之星是阳线；

　　② 第二天的星形线与第一天之间有缺口，颜色不重要；

　　③ 第三天的颜色与第一天相反；

　　④ 第一天是长实体，第三天基本上也是长实体。

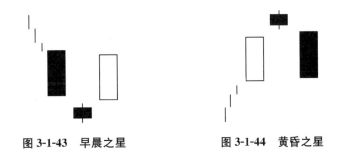

图 3-1-43　早晨之星　　　　　　　图 3-1-44　黄昏之星

　　早晨之星的开始是一根长阴线，它加强了下降趋势。第二天价格向下跳空出现新低，交易发生在小的范围内，收盘同开盘接近持平。这个小实体显示了不确定性的开始。第三天价格跳空高开，收盘更高。显著的趋势反转已经发生。

　　黄昏之星的情况与早晨之星正好相反，是上升趋势出现反转的组合形态。

　　7. 上升缺口两乌鸦（见图 3-1-45）

　　上升缺口两乌鸦是熊市反转组合形态。它有以下特征。

　　① 一根长线使得上升趋势得以继续；

　　② 在长阳线之后出现第一根带上升缺口的阴线；

　　③ 第一根阴线的实体被第二根阴线所包含；

　　④ 第二根阴线的实体仍然高于长线的收盘价。

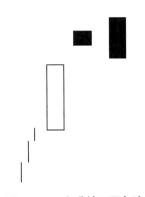

　　与大多数熊市反转组合一样，一根长线发生在上升趋势中。后一天是带有缺口的跳高开盘，上升失败后，低收形成阴线。这并不能使人着急，因为它没有低于第一天的收盘。第三天的时候，价格再次高于开盘，出现缺口，最终收在比前一

图 3-1-45　上升缺口两乌鸦

天的收盘价更低的位置,但仍然高于长阳线的位置。牛市被限制了。猛烈的牛怎么能容忍连续出现两次更低的收盘呢?

8. 三白兵(见图 3-1-46)

这种组合形态有以下特征。

① 三根连续的长阳线,每天出现更高的收盘价;

② 每天的开盘价应该在前一天的实体之内;

③ 每天的收盘价应该在当天的最高点或接近最高点。

图 3-1-46　三白兵

三白兵发生在下降趋势中,是市场中强烈反转的信号。每天开盘价较低,收盘价却是最近的新高。这种价格运动行为表示原来的跌势再也难以维持,进场机会初步显现。

9. 强弩之末(见图 3-1-47)

这种组合形态有以下特征。

① 第一根和第二根是长阳线实体;

② 第三天的开盘接近第二天的收盘;

③ 第三天是纺轴线并极有可能是星形线。

强弩之末是三白兵的导出品。前面两天的长阳线创出了新高,其后是小阳线。最好是最后一天高于第二天并存在跳空缺口。因为是小实体,这说明不确定性有阻止向上移动的必要。强弩之末展示了原来上升趋势的弱化。

10. 三乌鸦(见图 3-1-48)

三乌鸦是看跌的组合形态,有以下特征。

① 连续三天长阴线;

② 每天的收盘出现新低;

③ 每天的开盘在前一天的实体之内;

④ 每天的收盘等于或接近当天的最低。

三乌鸦是三白兵的反面"副本"。在上升趋势中,三乌鸦成阶梯形逐步下降。市场要么靠近顶部,要么已经有了一段时间处在一个较高的位置了。由于出现一根长阴线,明确的趋势倒向了下降的一边。后面的两天伴随着由众多的脱手和获利了结所引起的进一步的价格下降。

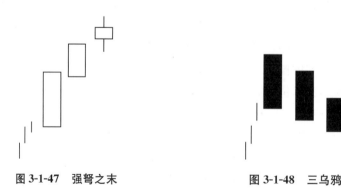

图 3-1-47　强弩之末　　　　　图 3-1-48　三乌鸦

11. 并排阳线（见图 3-1-49、图 3-1-50）

并排阳线是持续组合形态,有以下特征。

① 在趋势方向形成缺口；

② 第二天是阳线；

③ 第三天也是阳线,其大小和开盘价与第二天阳线差不多。

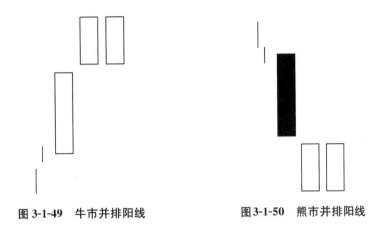

图 3-1-49　牛市并排阳线　　　　图 3-1-50　熊市并排阳线

牛市并排阳线说明,市场处在上升趋势中,形成了加强牛市的阳长线。接下来的一天,市场跳高开盘出现缺口,收盘价仍然很高。然而在第三天,市场的开盘很低,实际上与第二天的开盘一样低。引起较低开盘的最初的空方卖压迅速地结束了,市场攀上了较高的位置。这就证明了多方还有力量,上升将会继续。

熊市并排阳线说明,当长阴线之后一天的开盘是一个大的下降缺口的时候,下降的趋势得到了加强。第二天的市场交易全天在较高的位置,但是还没有高到封闭缺口的地步。第三天开盘较低,同第二天的开盘持平。第三天也是上升并收盘较高,但是还是没有封闭缺口,下降趋势会继续。

12. 上升和下降三法（见图 3-1-51、图 3-1-52）

上升和下降三法是持续组合形态。该组合形态有以下特征。

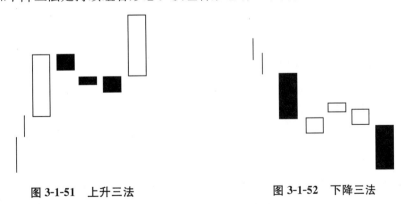

图 3-1-51　上升三法　　　　图 3-1-52　下降三法

① 长实体的形成表示了当前的趋势；

② 长实体被一小组小实体所跟随,小实体的颜色最好与长实体相反；

③ 小实体沿着与当前趋势相反的方向或高或低地排列,并保持在第一天实体的最高和最低所限定的范围之内;

④ 最后一天应该是强劲的一天,其收益应高于或低于第一根长实体的收益。

对于上升三法,长阳线形成于上升趋势之中。这条长阳线之后是一群抵抗原来趋势的小实体。这些反向的 K 线一般是阴线,但是最重要的是,这些小实体都位于长阳线的最高和最低所限定的范围之内,最高和最低的范围包括上影线与下影线。最后一根 K 线的开盘价高于前面一根 K 线的收盘价并且收盘价出现新高,维持了原来的趋势。

下降三法是上升三法的熊市版本,其含义正好相反,是下降趋势经过停顿后继续下降的组合形态。

四、缺口分析

(一) 缺口的概念

如图 3-1-53 所示,股价在快速大幅变动中有一段价格没有任何交易,显示在股价趋势图上是一个真空区域,这个区域称之为缺口,通常也称为跳空。当股价出现缺口后,经过几天甚至更长时间的变动,然后反转过来,回到原来缺口价位时,称为缺口的封闭,又称补空。

(二) 缺口的种类(见图 3-1-54)

缺口分普通缺口、突破缺口、持续性缺口与消耗性缺口四种。从缺口发生的部位和大小可以预测走势的强弱,确定是突破,还是已到趋势的尽头。它是研判各种形态时最有力的辅助材料。

1. 普通缺口

这类缺口通常在密集的交易区域中出现,因此许多需要较长时间形成的整理或转向形态如三角形、矩形等都可能有这类缺口形成。

2. 突破缺口

突破缺口是指当一个密集的反转或整理形态完成后突破盘局时产生的缺口。当股价以一个很大的缺口跳空远离形态时,表示真正的突破已经形成了。因为错误的移动很少会产生缺口,同时缺口能显示突破的强劲性,突破缺口愈大,表示未来的变动愈强烈。

3. 持续性缺口

在上升或下跌途中出现的缺口,可能是持续性缺口。这种缺口不会和突破缺口混淆,离开形态或密集交易区域后的急速上升或下跌出现的缺口大部分是持续性缺口。这种缺口可帮助我们估计后市的波幅(此次波动由此缺口出发的上下距离基本相等),因此亦称之为量度性缺口。

4. 消耗性缺口

和持续性缺口一样,消耗性缺口是伴随快的、大幅的股价波动而出现的。在急速的上升或下跌中,股价的波动并非渐渐出现阻力,而是愈来愈急的。这时可能发生价格的跳升(或跳位下跌),此缺口就是消耗性缺口。消耗性缺口大多在恐慌性抛售或消耗性上升的末段出现。

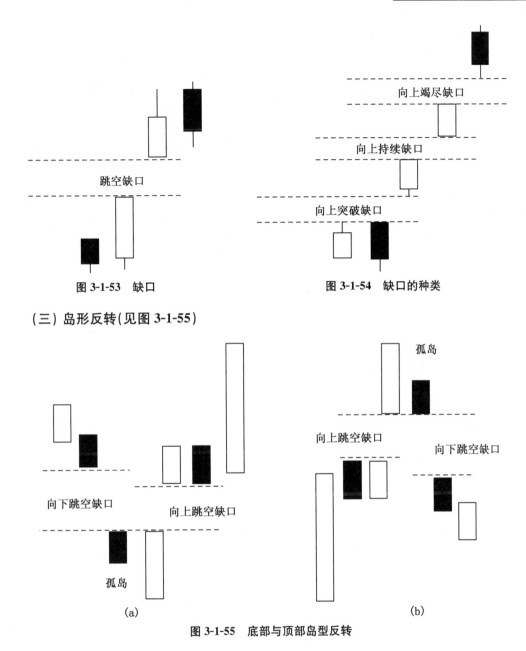

图 3-1-53 缺口 　　　　　图 3-1-54 缺口的种类

（三）岛形反转（见图 3-1-55）

图 3-1-55 底部与顶部岛型反转

1. 形态分析

股市持续上升一段时间后，忽然呈现缺口性上升，接着股价位于高水平徘徊，很快价格又出现缺口性下跌，两边的缺口大约在同一价格区域发生，使高水平争持的区域在图表上看来就像是一个岛屿的形状，两边的缺口令这座岛屿孤立独耸于海洋之上。成交量在形成的岛型期间十分巨大。

2. 市场含义

股价不断上升，使原来想买入的无法在预期的价位追入，持续的升势令投资者终于不计价抢入，于是形成一个上升缺口。可是股价却没有因为这样的跳升而继续向上，在高水平处明显呈现阻力，经过一段短时间的争持后，股价终于无法在高位支撑，从而出现缺口性下跌。

股价不断地下跌,最后所形成的岛形和升市时一样。

岛形经常在长期或中期性趋势的顶部或底部出现。在上升时,如果岛形明显形成,则是一个沽出讯号;反之,若下跌时出现这种形态,则是一个买入信号。

3. 要点提示

第一,在岛形前出现的缺口为消耗性缺口,其后在反方向移动中出现的缺口为突破性缺口。

第二,这两个缺口在很短的时间内先后出现,最短的时间可能只有一个交易日,亦可能长达数天至数个星期。

第三,形成岛形的两个缺口大多在同段价格范围之内。

第四,岛形以消耗性缺口开始、突破性缺口结束,这种情形是以缺口填补缺口,因此缺口已被完全填补了。

(四) 缺口形态的实战运用

1. 普通缺口并无特别的分析意义

普通缺口一般在几个交易日内便会完全填补,它只能帮助我们辨认清楚某种形态的形成。普通缺口在整理形态时要比在反转形态时出现的机会大得多。所以当发现发展中的三角形和矩形有许多缺口时,就应该增强它是整理形态的信念。

2. 突破缺口的分析意义较大

突破缺口经常在重要的转向形态如头肩式的突破时出现,这种缺口可帮助我们辨认突破讯号的真伪。如果股价突破支持线或阻力线后以一个很大的缺口跳离形态,可见突破十分强而有力,很少有错误发生。形成突破缺口的原因是其水平的阻力经过争持后,供给的力量完全被吸收,短暂时间缺乏货源,买进的投资者被迫以更高价买入;又或是其水平的支持经过一段时间的供后,购买力完全被消耗,需以更低价才能找到买家,因此便形成缺口。

假如缺口发生前有大的交易量,而缺口发生后成交量却相对减少,则有一半的可能是缺口将被封闭,若缺口发生后成交量并未随着股价远离缺口而减少,反而加大,则短期内缺口将不会被封闭。

3. 持续性缺口的技术性分析意义最大

它通常是在股价突破后远离形态至下一个反转或整理形态的中途出现,因此持续性缺口能大约预测出股价未来可能移动的距离,所以又称之为量度缺口。其量度的方法是从突破点开始,到持续性缺口始点的垂直距离,就是未来股价将会达到的幅度。也可以说,股价未来所走的距离,和过去已走距离一样。

4. 消耗性缺口的出现表示股价的趋势将暂告一段落

该缺口如果在上升途中出现,即表示快要下跌了;若在下跌趋势中出现,就表示即将回升。不过,消耗性缺口并非意味着趋势必定出现转向,尽管意味着有转向的可能。

在缺口发生的当天或后一天,若成交量特别大,而且趋势似乎无法随成交量而有大幅的变动时,就可能是消耗性缺口。假如在缺口出现的后一天其收盘价停在缺口的边缘,形成了一天行情的反转时,就更能确定这是消耗性缺口了。

消耗性缺口很少是突破前一形态大幅度变动过程中的第一个缺口,绝大部分的情形是它的前面至少会再现一个持续性缺口。因此可以假设,在快速直线上升或下跌变动中期出现的第一个缺口为持续性缺口,但随后的每一个缺口都可能是消耗性缺口,尤其是当这个缺口比前一个空距大时,更应特别注意。

持续性缺口是股价大幅变动的中途产生的,因而不会于短时期内封闭,但是消耗性缺口是变动即将到达终点的最后现象,所以多半在2~5天的短期内被封闭。

5. 要点提示

第一,一般缺口都会填补。因为缺口是一段没有成交的真空区域,反映出投资者当时的冲动行为,当投资情绪平静下来时,投资者反省过去的行为有些过分,于是缺口便告补回。其实并非所有类型的缺口都会填补,其中突破缺口、持续性缺口未必会填补,或者说不会马上填补;只有消耗性缺口和普通缺口才可能在短期内补回,所以缺口填补与否对分析者观察后市的帮助不大。

第二,突破缺口出现后会不会马上填补呢? 我们可以从成交量的变化中观察出来。如果突破缺口出现之前有大量成交,而缺口出现后成交相对减少,那么立即填补缺口的机会是50%;但假如缺口形成之后成交大量增加,股价在继续移动远离形态时仍保持大量的成交,那么缺口短期填补的可能性便很低了,就算出现后抽,也会在缺口以外。

第三,股价在突破其区域时急速上升,成交量在初期量很大,然后在上升中不断减少,当股价停止原来的趋势时成交量又迅速增加。这是双方激烈争持的结果,其中一方得到压倒性胜利之后,便形成了一个巨大的缺口,这时候成交量又开始减少了。这就是持续性缺口形成时成交量的变化情形。

第四,消耗性缺口通常是形成缺口的一天成交量最高(但也有可能在成交量最高的翌日出现),接着成交量减少,显示市场购买力(或沽售力)已经消耗殆尽,于是股价很快便告回落(或回升)。

第五,在一次上升或下跌的过程中,缺口出现愈多,显示其趋势愈快接近终结。举个例子来说,当升市出现第三个缺口时,暗示升市快告终结;当第四个缺口出现时,短期下跌的可能性更大。

五、K线理论应注意的问题

K线是最能表现市场行为的图表之一,有很强的视觉效果。尽管如此,上面所列举的组合形态只是一些典型的形状,是市场趋势和组合形态表现的一类混合体。无论是单根K线,还是两根、三根以至多根K线,都要对多空双方的争斗进行描述,其分析结论是相对的而不是绝对的。也就是说,后市到底是涨是跌,不能只靠K线组合进行判断,还要采用其他方法综合研判才能提高预测概率。投资者在利用K线组合分析时应把握以下几点。

1. 一般来说,K线组合数量越多,其结论越准确

有时应用一种组合得到次日会下跌的结论,但是实际没有下跌,而是与判断相反。因此,这时一个重要的原则是尽量采用根数多的K线组合的结论。通常多根K线组合得到的结果的准确度较高。

2. 要深刻领会K线分析要素的内涵

这是运用K线分析行情的核心。不认识这一点,对于K线位置关系的分析就失去了技

术保障。

3. K 线分析不能拘于理论模式本身

要注意理论联系实践,善于观察总结,在实践中把握 K 线的预测功能。切不可死记硬背,拘泥于 K 线的组合图形。股市变幻莫测,生搬硬套往往会招致失败的结局,这是本书关于 K 线特别强调的地方。

4. 要注意与其他分析方法结合起来使用,准确性会更高

例如,移动平均线分析是在 K 线基础上产生的,但是由于其平滑特征会对偶然因素加以剔除,从而更能体现股价走势的内在规律,K 线分析与之结合则比其单独分析更有说服力。

5. K 线理论的错误率是比较高的

市场的变化是复杂的,实际的市场情况可能与我们的判断有距离。从统计结果中可以知道 K 线的成功率是不能令人满意的。从 K 线的使用原理来看,K 线理论涉及短时间内的价格波动,容易为某些人的非市场行为提供条件。如果增加限制条件,有可能提高成功率,但使用的方便性又会出现问题。

6. K 线分析方法只能作为战术手段,不能作为战略手段

战略手段是指决定投资方向的手段。比如,价格已经经历比较长时间的下降,并且价格下降到可以认为是"足够低"的区域,我们战略决策的投资方向应该是买入。决定在这个价格区域买入,需要使用的就是战略手段。如果战略决策是正确的,即使买入的点不是很好,也不至于有太大的差错。而要作出这样的决策,依靠 K 线理论是办不到的。

战术手段是指在从其他的途径已经做出了战略决策的决定之后,选择具体的行动时间和地点(价格位置)的手段。战术手段所决策的内容是相对小的范围。使用战术手段可以使正确的战略决策得到更好的效果。价格在某个区域停留的时间是不确定的,而且我们所认为的"足够低"的区域并不是某个确定的价格,而是一个比较"宽"的价格"箱"。战术决策所做的事情就是尽量选择在"箱子"的较低的位置买入,而且买入后等待上升的时间比较短。K 线理论所扮演的应该是战术手段的角色。在从其他的途径已经做出了该买还是该卖的决策之后,采用 K 线组合来选择具体的采取行动的时间的价格。

例如,某只股票的价格从 30 元附近开始一路下降,最后在 8 元至 12 元之间进行横向整理。现在,从支撑压力、浪波理论等其他技术分析方法得知,这个横向整理区域是强支撑所在。如果从形态理论或者其他的分析方法看出价格有启动的迹象,就可以从战略决策方面认为 8 元至 12 元的区域是应该买入的。

具体的买入点在什么地方呢? 这就需要使用一些战术决策的分析手段。K 线理论是其中的一种。如果在 9 元附近出现了上面介绍的某个形态组合,就可以开始买入了。

假设今后这只股票上升到了 40 元或更高,回头再看看我们当初所做的决策。其实只要在价格横向整理的过程中作出了买入的决策,在 12 元以下随便一个价格位置买入,都是正确的决策。但是,战术决策可以使得买入的位置偏低一点,等待上升的时间偏短一点。

7. K 线分析的结论在空间和时间方面的影响是有限的

用 K 线分析方法所做出的预测结果,影响的时间短,在我国股票市场中一般不超过 3

天;预测的价格波动的幅度相对浅,一般不超过 5%。在具体使用时要加以注意,以免超出 K 线理论的范围。

例如,反转点会出现 K 线的反转形态,但出现了 K 线的反转形态不一定是反转点。回顾实际的价格波动图形可以发现,在每个被称为"低点"或"高点"的地方,都或多或少出现了本任务中所列举的 K 线组合形态。但是,出现了这些形态并不意味着就是局部的低点或高点。

8. 根据实际情况,不断修改、创造和调整已有的 K 线组合

组合形态只是总结经验的产物,实际市场中,完全满足我们所介绍的 K 线组合形态的情况是不多见的。如果机械地照搬组合形态,有可能长时间碰不到合适的机会,要根据实际情况适当地改变组合形态。

另外,为了更深刻地了解 K 线组合形态,应该了解每种组合形态的内在和外在的原理。因为它不是一种完美的技术,这一点同其他技术分析方法是一样的。K 线分析是靠人类的主观印象而建立的,并且是基于对历史的形态组合进行表达的分析方法之一。

团队活动组织

第一步,分散学习资料一;

第二步,由团队负责人进行分组,根据资料二的数据画出几种价格类图形(每组一种);

第三步,集中起来讨论,比较几种图形的优、缺点。

资料一

价格类图形只记录证券价格的波动情况。在价格类图形中,只出现价格。也就是说,如果知道了每个交易区间证券的价格,就可以画出价格类图形。除了 K 线图外,还有以下几种。

一、点线图(见图 3-1-56)

1. 点线图的概念

点线图是最简单的图形,就是将定出的时间单位上的价格(收盘价)标出并连成一条线。

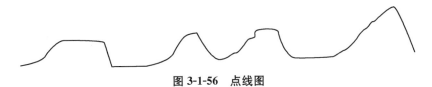

图 3-1-56　点线图

2. 点线图的优、缺点

① 优点。制作省时,绘画方法简单,可扼要地掌握市场的大致走势。

② 缺点。价格变动的细节得不到反映,因而无法精确地观察到市场的行为变化;同时,在证券价格波动频繁或交投冷清时,很难据此观察到价格的走势规律。

二、条线图(见图 3-1-57)

1. 条线图的概念

条线图亦称为直线图,是欧美技术分析师最常用的绘图方式。

条线图是用一条直线表示当天或当周行情的最高价与最低价的波动幅度。左侧横线代表相应的开盘价,右侧横线则代表相应的收盘价。

在习惯上,常常省略左侧开盘价的横线。

图 3-1-57　条线图

2. 条线图的优、缺点

条线图的优点是,既显示了证券市场在一段时间里的变动情况,又显示了每一股价或合约的变动范围,因而能比较全面地反映市场的表现和趋势,再配合成交量的变化,对市场的变动趋势便可一目了然;同时,图形的绘制也非常简便迅速。

条线图的缺点是,对于想更清楚地了解每日(或月、季等)市况变化的投资者来说,条线图所提供的信息显然不够。

三、○×图(见图 3-1-58)

○×图的英文名称叫 Point and Figure Chart,简称 P&F 图。在图形中,"○"表示下跌,不是英文字母 O;"×"表示上涨,不是英文字母 X。这里的涨跌以收盘价为判断标准。

×						
×	○					
×	○	×			○	
×	○	×	○	×	○	
×	○	×	○	×	○	×
×	○		○	×	○	×
×			○	×	○	
×			○	×		
			○	×		

图 3-1-58　○×图

○×图横轴上没有时间坐标,每一直栏不代表一个交易日,而是代表显著的反转趋势,且同一栏上只能画上相同的符号。

○×图是近几十年在欧美流行的技术分析方法,在对价格变动趋势的预测方面有一定的效果。目前,国内市场上的投资者对○×图的兴趣不大,有可能是因为○×图的画法比较复杂,使用不方便。

1. ○×图的画法

○×图的画法与 K 线极为不同。○×图的画法是,并不是每天的情况都一定会在图上体现出来,有时,好几天的数据可能画在一列;而有时某一天的数据可能根本就不往上画。○×图画出结果之前,已经对数据进行了初步的整理,并进行了筛选。

○×图的画法分为以下三个步骤。

(1) 确定每天的符号

首先把当天的收盘价格与前一个交易日的收盘价格进行比较,进而决定当天的○×符号是用"○"还是用"×"。如果今天的收盘价比上一个交易日的收盘价高,则今天的符号用"×",表示是上涨日;如果今天的收盘价比上一个交易日的收盘价低,则今天的符号用"○",表示今天是下降日。

(2) 确定是否需要新画一列"○"或"×"

如果今天使用的符号"○"或"×"与上一个交易日的符号相同,就不需要"另起炉灶",不需要重新画一列"○"或"×",只需要在原来的○列或×列的基础上进行补充。如果今天使用的符号"○"或"×"与上一个交易日的符号不相同,则需要另外新画一列。由此可见,○×图是涨时加涨,跌时加跌。

(3) 确定每列"○"或"×"的范围

以每天的最高价和最低价决定每列"○"或"×"的范围。这可分为以下两种情况。

① 当天需要新画一列"○"或"×"。此时,只要将当天的最高价和最低价的高度标出,然后,用应该使用的符号"○"或"×"将从最高价到最低价的区域填满。

② 当天不需要新画一列"○"或"×"。这时,需要对原来的"○"或"×"列进行补充。补充的方式以当天的最高价和最低价与原来的"○"或"×"列的最高位和最低位进行比较,进而决定是否需要补充原来的"○"或"×"列。

第一,如果今日的最高价比这个"○"或"×"列的最高还高,则在这个"○"或"×"列之上需要增加"○"或"×"的符号。原来的"○"或"×"列将变得更高,新的高度是今日的最高价。

第二,如果今日的最高价比这个"○"或"×"列的最高还低,则在这个"○"或"×"列之上需要增加"○"或"×"的符号。原来的"○"或"×"列将变得更低,新的下端是今日的最低价。

第三,如果今日最高价没有高过原来"○"或"×"列的高度,今日最低也没有低过原来"○"或"×"列的高度,原来的"○"或"×"列就不需要调整。即今日的数据在图形上没有体现。这一点是○×图很独特的地方。

画○×图的过程可以简述为:先决定今日符号是用"○"还是用"×",再决定是否新画一列,最后决定这列"○"或"×"的长度和位置("○"或"×"的符号所覆盖的区域)。

另外应该说明的是,在比较特殊的情况下,如果今日的收盘价与上一个交易日的收盘价相同,则今日的"○"或"×"符号与上一个交易日相同。

2. ○×图与K线图的异同点

○×图和K线图都表示多空双方经过争斗的结果,前者以表示涨跌为主,注重最大最小值,反映的是一段时间的情况,而不是每一天的情况;后者以阴和阳表示每天的双方实力,不仅反映争斗结果,而且反映争斗过程。

在显示未来价格动向时,○×图更明确,因为它注重的是最高价和最低价,可以很容易看到近期的局部高点和低点。在价格进入横向整理阶段时,○×图和K线图都会出现整理形态,只是形状不同罢了,而且在整理阶段的后期,都会出现最后关键性的向上或向下突破的时刻。

○×图的优势是可以清楚地从图中看出横向整理以及向上向下突破的趋势,进而精确掌握整理将要结束时的交易时机。

较之于 K 线图,○╳图有很多不足之处。首先,由于不是每天的价格变动都反映在图上,○╳图对小幅度的价格波动进行了压缩和忽略,使得 K 线图中能够使用的支撑压力线以及形态学方面的各种形态在○╳图中几乎没有用武之地。因此,○╳图对价格今后升降的度量无法给出有用的提示,不能暗示价格今后上升或下降的高度,甚至连参考高度都没有。另外,○╳图不与成交量联系,使得已经得到公认的量价配合得不到保证,这就容易产生一些假突破、伪信号。

3. ○╳图的使用法则

使用○╳图是以○╳图的形状为基础的。其形状主要分为五个种类,即平头形(包括二点平头形和三点平头形)、对称三角形、倾斜形和盘整形。本书不具体画出这些形状。

① 二点平头形。它表示在一段横向整理阶段结束后的向上或向下突破的时候是买进或卖出的时机。同以往所碰到的突破一样,这里的突破也有是否被确认的问题。

② 三点平头形。与二点平头形的含义一样,它也是横向整理后的突破,只不过三点平头形在突破之前多经过了一次往返。平头形在某种意义上有点类似于双重顶底和三重顶底。

③ 对称三角形。当价格进入横向整理的末期,价格上下波动的幅度就会越来越小,最后价格会有一个窄小的范围摆动,从○╳图上看,就会出现一个对称三角形的形状。横向整理之后,当然就是突破了。突破的方向是不确定的,可上可下,在突破之后就是买入或卖出的时机。这一点同形态理论中的对称三角形形态有极为相似的地方,但是这里没有保持原有趋势这一说法。

④ 倾斜形。在价格缓慢上升时,会出现一底比一底高的情况,反映在○╳图上就是向上倾斜的形状。这有点类似于形态理论中的直角三角形。当价格向上突破或向下突破直角三角形的水平直角边线时,是买进或卖出的信号。

⑤ 盘整形。当价格在某个范围出现得越多,这个价位的"○"或"╳"出现的次数也越多,这个范围称为成交密集区。如果价格突破了成交密集区,将上升或下降到一个新的价位区域。当然,这不是绝对的。盘整形有时要用到平头形的内容。

资料二(见表 3-1-2)

表 3-1-2 某只股票 15 个交易日的资料

序　　号	开盘价	最高价	收盘价	最低价	序　　号	开盘价	最高价	收盘价	最低价
1	8.35	8.42	8.36	8.27	9	8.75	9.02	8.94	8.71
2	8.6	8.72	8.31	8.25	10	8.42	8.81	8.77	8.37
3	8.59	8.72	8.59	8.42	11	8.92	8.93	8.46	8.38
4	8.9	8.99	8.65	8.55	12	8.72	8.93	8.89	8.72
5	9.07	9.08	8.94	8.86	13	8.81	8.9	8.76	8.68
6	8.96	9.05	9.02	8.87	14	8.8	8.96	8.86	8.65
7	8.78	9.15	9.03	8.76	15	8.71	8.82	8.78	8.61
8	8.95	8.95	8.82	8.68					

网络模拟训练

一、背景资料

1. 同花顺

同花顺,即浙江核新同花顺(300033)网络信息股份有限公司,前身为上海核新软件技术有限公司,成立于2001年8月24日。公司推出的同花顺股票软件是一个提供行情显示、行情分析和行情交易的股票软件。同时同花顺网站也为股民提供股票行情技术分析服务。

2. 同和药业(股票代码:300636)

江西同和药业股份有限公司是内地与香港合资的企业,于2004年4月正式落户江西省奉新县,注册资金6 000万元。公司主要从事化学原料药、液晶化合物及中间体的研发、生产与销售;研发、生产能力及产品质量在国内处于领先水平,产品出口到全球40多个国家和地区。同和药业生产的大多数产品,在细分市场上的份额已进入全球前三位,并实现在欧、美、日三大市场的均衡销售。

二、网络模拟训练

请按照以下步骤在股票行情分析网站同花顺网站查询同和药业(股票代码:300636)的相关K线图。

第一步,打开同花顺行情中心(http://q.10jqka.com.cn/)——沪深市场页面,如图3-1-59所示。

图3-1-59　同花顺"行情中心——沪深市场"页面

第二步,找到个股中心,并找到同和药业(股票代码:300636),如图 3-1-60 所示。

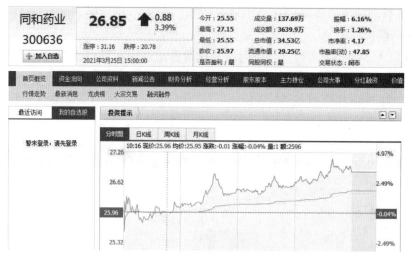

个股行情													
全部股票		上证A股	深证A股	中小板		创业板	科创板						
序号	代码	名称	现价	涨跌幅(%)▼	涨跌	涨速(%)▼	换手(%)▼	量比	振幅(%)	成交额	流通股	流通市值▼	市盈率▼
281	300302	同有科技	8.80	3.41	0.29	0.00	2.15	1.59	6.23	6422.02万	3.43亿	30.16亿	261.19
282	603501	韦尔股份	254.07	3.41	8.37	0.03	0.64	1.22	7.70	12.48亿	7.84亿	1993.10亿	81.49
283	603268	松发股份	17.03	3.40	0.56	-0.06	0.58	1.36	5.28	1211.24万	1.24亿	21.15亿	222.69
284	002667	鞍重股份	7.62	3.39	0.25	-0.26	2.33	1.58	6.65	4044.82万	2.31亿	17.60亿	348.65
285	300636	同和药业	26.85	3.39	0.88	-0.45	1.26	0.57	6.16	3639.94万	1.09亿	29.25亿	47.85
286	300106	西部牧业	11.63	3.38	0.38	0.09	6.99	2.14	8.36	1.72亿	2.11亿	24.58亿	289.27
287	603658	安图生物	109.00	3.38	3.56	0.00	0.79	1.74	5.00	3.70亿	4.31亿	469.36亿	71.69

图 3-1-60　同花顺"个股行情"页面

第三步,点击股票代码或名称,结果如图 3-1-61 所示。

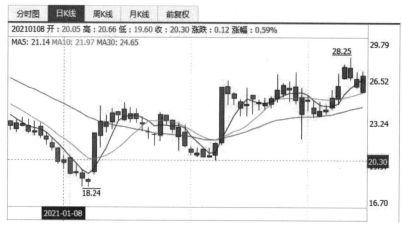

图 3-1-61　同和药业股票行情

第四步,查询日 K 线,选择"日 K 线",结果如图 3-1-62 所示,显示的是以每日的开盘、收盘、最高、最低价格所画出的 K 线。

图 3-1-62　同和药业股票的日 K 线

第五步,查询周 K 线,选择"周 K 线",结果如图 3-1-63 所示,显示的是以每周的开盘、收盘、最高、最低价格所画出的 K 线。

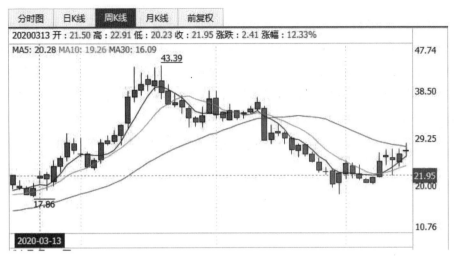

图 3-1-63　同和药业股票的周 K 线

第六步,查询月 K 线,选择"月 K 线",结果如图 3-1-64 所示,显示的是以每月的开盘、收盘、最高、最低价格所画出的 K 线。

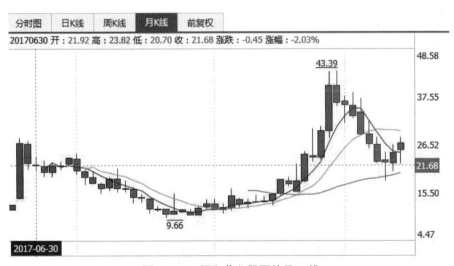

图 3-1-64　同和药业股票的月 K 线

注:在查看日 K 线、周 K 线和月 K 线时,均可借助滑动鼠标来放大或缩小 K 线图,向上滚动鼠标,放大 K 线图,使 K 线变宽,以显示更短时间的股票信息;向下滚动鼠标,缩小 K 线图,使 K 线变窄,以显示更长时间的股票信息。

知识拓展

一、涨停板

为了防止股票市场的价格发生暴涨而影响市场正常运行,有些股票市场的管理机构对每日股票买卖价格上涨的上限作出规定,即每天市场价格达到了上限时,不允许再有上涨。当天市价的最高上限叫作涨停板。涨停板时的价格叫作涨停板价。我国沪、深证券交易所对股票、基金交易实行价格涨幅限制,涨幅比例为10%,其中ST股票和*ST股票价格涨幅比例为5%。股票、基金涨幅价格的计算公式为:

涨幅价格=前收盘价×(1+涨幅比例)

计算结果按照四舍五入原则取至价格最小变动单位。属于下列情形之一的,首个交易日无价格涨幅限制。

① 首次公开发行上市的股票和封闭式基金;

② 增发上市的股票;

③ 暂停上市后恢复上市的股票;

④ 交易所认定的其他情形。

一般来说,开市即封涨停板的股票,势头较猛,只要当天涨停板不被打开,第二日仍然有上冲动力。

二、跌停板

跌停板与涨停板相反。为了防止股票市场的价格发生暴跌而影响市场正常运行,有些股票市场的管理机构对每日股票买卖价格下跌的下限作出规定,即每天市场价格达到了下限时,不允许再有下跌。当天市价的最低下限叫作跌停板。跌停板时的价格叫作跌停板价。我国沪、深证券交易所对股票、基金交易实行价格跌幅限制,跌幅比例为10%,其中ST股票和*ST股票价格跌幅比例为5%。

对于一开盘就涨停或跌停的股票,若一天中都持续以这个价格交易,则日k线图就是一条直线。称为一字线。

任务二　移动平均线分析

任务描述

了解移动平均线原理,学会其计算方法。掌握多条平均线组合使用方法,并应用其对股票买卖做出决策。掌握乖离率和震荡量指标OSC的计算以及使用方法。能够应用一系列移动平均指标对股票进行综合分析,并确定买卖时机。

一、概念

移动平均线简称为均线(MA)。均线理论作为投资大师葛兰维尔的得意之作,是现有技术分析方法中最重要、最有效和最具有可操作性的分析工具之一。其核心思想是通过移动平均的方法来消除价格变动的偶然性因素,以发现其中的必然性因素(即价格运行的趋势)。

移动平均线是利用统计学中的"移动平均原理",将某一段时间内的价格(一般是收盘价)计算出平均值并绘制的曲线。

移动平均线的计算方法有三种,即算术移动平均法、加权移动平均法、指数平滑移动平均法。其中以算术移动平均法最为通用,指数平滑移动平均法即指数平均数指标(Exponential Moving Average,简称 EMA),也叫 EXPMA 指标。

二、移动平均线的实质与用途

(一) 实质

1. 均线方向代表了计算期内证券价格的运动趋势

平均的基本作用在于消除偶然性因素而留下必然性因素。移动平均线通过移动平均的方法将价格变动中的偶然性因素去掉,剩下的即股价运动的必然性因素。从这个角度来讲,均线的运动方向即股价的运动趋势。

2. 均线代表了计算期内市场投资者的平均成本

以 10 日均线为例,其第 10 日的移动平均值是这 10 个交易日收盘价的平均价。假定一个交易日内所有投资者都按照收盘价来买入和卖出股票,这样第 10 日的移动平均值即 10 天内投资者的平均成本。理解这一点对于投资者把握短期买卖的时机非常重要。

3. 均线代表了计算期内多空双方力量的均衡点

这一点很好理解,道氏理论认为,收盘价即一个交易日内多空双方的均衡点,均线值是收盘价的平均值,自然就代表了多空双方在计算期内的均衡点。这可以帮助投资者理解为什么通常股价在均线位上方时会上涨、股价在均线位下方时会下跌。

多方希望拉动股价上升而空方希望拉动股价下跌,当股价站在均线位的上方就说明了计算期内多方将股价拉到均衡点上方,这时多方占优、股价上升;反之,站在均线下方说明空方占优,股价自然下跌。

(二) 用途

1. 揭示股价平均成本

将一定期间的价格加起来平均,则知道目前价格的平均成本,再与当日价格做比较,并且从过去价格的变动中可以看出平均成本增加或降低。

若移动平均线保持上行状态,对价格有不断上推的助涨作用;相反,若移动平均线保持下滑状态,则使市场买方的人气逐渐消散,对价格有助跌的作用。

将一段时间内购买股票者的平均成本公开,在知己知彼的情况下,买卖双方可以从未来成本变动中作出明智决定。

2. 显示股价变动的基本趋势

移动平均线是一条趋势线,移动平均的周期天数越长,平均线就越平滑,也就越能反映市场价格趋势。短期移动平均线代表短期趋势,中长期移动平均线则代表中长期趋势。

在欧美市场,投资机构较看重200日的长期移动平均线,并以此作为长期投资的依据。一般而言,行情价格在长期移动平均线之下,属于空头市场;行情价格在长期移动平均线之上,则为多头市场。

3. 股价支撑线和阻挡线

行情价格走在平均线之上,移动平均线具有对股价的支撑作用。价格即使下跌,只要多头市场尚未结束,跌到特定的移动平均线时,一定会获得相当的支撑。这是因为此时的移动平均线代表的是买入股票的平均成本。

行情价格走在平均线之下,移动平均线则可视为股价的阻挡线。价格即使回升,只要空头市场尚未结束,遇到特定的移动平均线时,一定会遇到压力。这是因为此时的移动平均线代表的是卖出股票的平均成本。

4. 自动发出买卖讯号

自动发出买卖讯号,不需要主观判断。葛兰维尔将其概括为八大买卖法则(见图3-2-1),要点如下。

平均线从下降转为水平且有向上波动趋势,或者价格从平均线下方向上突破平均线且回跌时不跌破移动平均线,是运用短期移动平均线操作的最佳买入时机。

平均线从上升转为水平且有向下波动趋势,或者价格从平均线上方向下突破平均线且回升时无力穿过平均线,是运用短期移动平均线操作的最佳卖出时机。

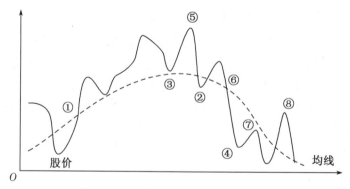

图3-2-1 葛兰维尔八大买卖法则

第一买入点,均线从下降转为盘局或上升,股价从均线下方向上突破均线,买入。理由是均线向上说明股价有向上的趋势,股价也向上运动并突破均线,则二者相互确认。

第二买入点,股价跌破均线,但立刻回升到均线上,而均线仍持续上升,买入。理由是均线持续上升说明股价的趋势依然向上。

第三买入点,股价跌至均线附近立即回升,均线依然向上,买入。理由是均线产生了支撑作用且股价运动趋势依然向上。

第四买入点,股价急跌,远离均线,买入。理由是被套牢的投资者有买入股票降低加权成本的要求,抢反弹的投资者也有买入要求。但总体来说,此时对股价向上的推动力不大,因此此处仅是一个短期买入点。

第一卖出点,均线从上升转为盘局或下行,股价在均线上方已远离均线且有下跌迹象,卖出。理由是均线趋势向下,且股价也向下,二者互相确认。

第二卖出点,股价向上突破均线,但立即回跌至均线以下,均线仍持续下跌,卖出。理由是股价运动趋势向下。

第三卖出点,股价走在均线下方,股价上升至均线附近时立即下跌,卖出。理由是均线对股价产生压力作用,同时股价趋势依然向下。

第四卖出点,股价急涨,突破均线且远离均线,卖出。理由是短期获利盘对股价造成向下压力,因而短期获利了结。

三、计算方法和分类

移动平均线的计算方法就是连续若干交易日的收盘价的算术平均。连续交易日的数目就是 MA 的参数。例如,参数为 10 的移动平均线就是连续 10 个交易日的收盘价的算术平均价格,记为 MA(10)。常说的 5 日线、30 日线实际就是参数为 5 和 30 的移动平均线。

应该说明的是,计算 MA 并不是只能针对交易日,也可以自己选择时间区间的单位,例如,可以选择周、月、60 分钟、30 分钟等。

1. 计算方法

将连续若干天的收盘价进行算术移动平均,然后把每天算出的若干天的移动平均值连接成线,就形成了 MA。计算公式如下:

$$MA(N) = (C_1 + C_2 + \cdots + C_t) \div N$$

其中,C 为第 t 日收盘价,$t = 1, 2, \cdots, n$

N 为参数,即 MA 的时间周期,基本单位可以是日、周、月等。

以上是计算移动平均线最常用的方法。除了移动平均方法之外,还有加权移动平均线、指数平滑移动平均线等。

表 3-2-1 是计算 MA 的实际结果。这里的参数选择的是 3 和 5,这样做是出于篇幅的考虑。其他参数可以同样计算。从表中看出,最开始的几天是没有 MA 值的,"缺损"的数目与参数的大小有关。

表 3-2-1 MA 的计算

单元:元

日　　期	收盘价	MA(3)	MA(5)
1	2.10	—	—
2	2.30	—	—
3	2.20	2.20	—
4	2.40	2.30	—
5	2.45	2.35	2.29

2. 分类

根据时间周期的长短,即 MA 参数值的大小,移动平均线可分为短期、中期和长期移动平均线。短期 MA 代表短期趋势,中期 MA 代表中期趋势,长期 MA 代表长期趋势。需要强调的是,这里时间的长短是相对的,要根据不同投资者的具体需要确定。

由于短线较长线反应灵敏,所以一般又把短期 MA 称为快速移动平均线,长期 MA 则称为慢速移动平均线。

根据沪、深交易所交易的日历时间,我国证券营业网点所使用的技术分析工具中,MA 的参数值常取为 5 日(周线)、10 日(半月线)、20 日(月线)、30 日、60 日(季线)、120 日(半年线)、240 日(年线)。其中,短线投资者喜欢采用 5 日、10 日、20 日或 30 日均线。而机构投资者由于进出数量庞大,炒作期间长,更看重季线、半年线和年线。在实践中,还有的投资者采用菲波纳奇数列,如以 13、21、34、55 作为 MA 的参数,也收到了意想不到的效果。

3. 本质

MA 最基本的作用是消除偶然因素的影响,留下反映其本质特征的数字。

价格在波动过程中会不断地出现上下起伏,显然,有些小级别的起伏肯定是不应该被考虑的,MA 在某种程度上可以将小级别的趋势“过滤”掉。此外,MA 还有一点平均成本价格的含义。

参数选择对 MA 特性的影响。参数的大小将影响 MA 对数列平滑的作用,参数选择得越大,对数列平滑的作用就越强。比如,突破 5 日线和突破 10 日线的助涨助跌性的力度就完全不一样。突破 10 日线比 5 日线更具有说服力,未来的波动力度也较大,改变起来比较困难。

四、移动平均线的应用

单条移动平均线的应用见前述葛兰维尔移动平均线八大法则,这里介绍多条移动平均线的组合应用。

(一)两条移动平均线

由于单条移动平均线使用时假信号太多,为了提高移动平均线方法的效果和可信度,分析者常常选择两条或三条移动平均线,将其组合起来使用。效果较好的是双移动平均法,即以较长期的移动平均线来识别趋势,以较短期的移动平均线来选择时机。

1. 双线交叉法

当短期移动平均线由下往上交叉长期移动平均线时,是买入信号(见图 3-2-2)。反之,当短期移动平均线由上往下穿越长期移动平均线时,是卖出信号(见图 3-2-3)。

图 3-2-2　黄金交叉　　　　　　　图 3-2-3　死亡交叉

2. 中性区法

将两条移动平均线中间的区域看作中性区,当收市价同时穿越两条移动平均线之后,才构成买入或卖出信号,收市价在两条移动平均线之内时不操作(见图 3-2-4)。

例如,浦发银行上扬行情中,5 日线与 10 日线构成了一个价格中性区,图中箭头所指处如按 5 日线信号操作则应卖出,但若按中性区法则应继续持有。

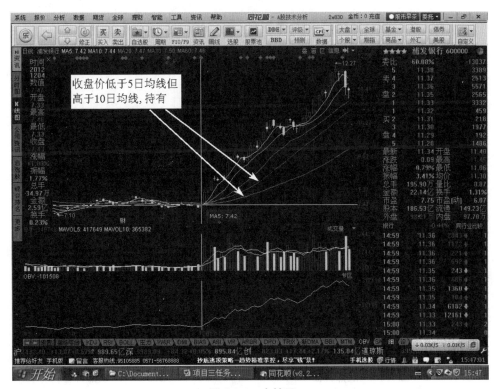

图 3-2-4　中性区

（二）三条移动平均线

1. 三线交叉法

上升趋势中,当短期移动平均线首先向上穿过长期移动平均线,然后中期移动平均线又向上穿过长期的移动平均线,其间形成了一个"女"字形三角区域(见图 3-2-5)。下降趋势中方向正好相反（见图 3-2-6）。应当指出，三线交叉法在市场调整时失效。

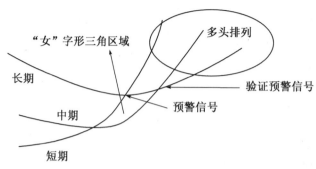

图 3-2-5　上升三线交叉

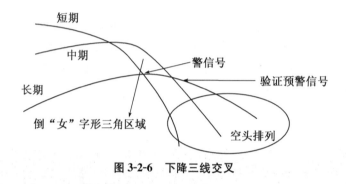

图 3-2-6　下降三线交叉

2. 金蜘蛛与死蜘蛛（见图 3-2-7、图 3-2-8）

图 3-2-7　金蜘蛛　　　　　　　　　图 3-2-8　死蜘蛛

3. 与 K 线结合（见图 3-2-9、图 3-2-10）

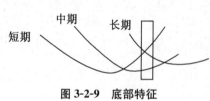
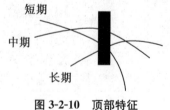

图 3-2-9　底部特征　　　　　　　　图 3-2-10　顶部特征

4. 行情判断

一般情况下，运用 5、10、20 日线判断月行情；20、40、60 日线判断季行情；5、10、60 日短、长期结合判断中级行情。

五、使用移动平均线分析应注意的问题

MA 虽然非常实用并具有很高的理论价值，但应用时也有很多不足。

1. 移动平均线的最大不足就是它的滞后性

为了避免移动平均线买卖信号的滞后性,应遵循以下原则进行操作。

价格从下降快速转为上升,底部停留短暂,这种买入信号往往不是最佳,应耐心等待股价调整后再介入。

只有筑底充分的上涨趋势,MA给出的信号才是可靠的。

卖出过程则相反,一旦给出卖出信号,马上清仓。

2. 短期 MA 的敏感性

短期 MA 非常贴近收盘价的轨迹,因此经常发生股价穿越 MA 的问题,这些信号常常是假突破陷阱,致使投资者进行错误决策,遭受损失。

为弥补以上不足,我们可以利用较长期 MA 的滞后性过滤掉一些短期信号,减少入市次数,并保证与大趋势保持一致。

因此,我们在市场处于无趋势状态时采用反应灵敏的短期 MA;当市场处于单边走向的趋势状态下,应采用较长期的 MA。当趋势处于反转过程中时,较短期 MA 就可发挥其灵敏的天性,提前发出警讯。这样我们就在 MA 的敏感与迟钝之间找到一个平衡点,将其弱点变成优势。

六、乖离率(BIAS)

(一) 乖离率的由来

乖离率(Bias)是依附于移动平均线的指标,无移动平均线,则无乖离率,它可算是移动平均线衍生的指标。移动平均线只能用来判断趋势,无法预测股价高低点,而乖离率(Bias)则可用来测试高低点。

葛兰维尔八大法则中提到,股价若离移动平均线(MA)太远,则未来股价会朝移动平均线靠近,此为"磁线"效应;而股价与移动平均线的距离即乖离。其计算公式为:

$$乖离率＝[P－(T)MA]÷(T)MA$$

其中,T 代表天数;(T)MA 代表周期为 t 日的移动平均值;P 代表当天收盘价;$P－(T)$MA 代表股价与移动平均线的距离,即乖离。

乖离是正数时,股价在移动平均线之上,称为正乖离;乖离是负数时,股价在移动平均线之下,称为负乖离。

(二) 乖离率的特性

① 区间性:预测股价波段的高低点。

② 趋势性:Bias 加上一条移动平均线,可看出股价趋势。

③ 领先性:把 Bias 看成 K 线与移动平均的关系,可领先 K 线出现买卖讯号。

④ 强弱性:依 Bias 之背离,可测多空力道的强弱。

(三) BIAS 指标的应用

Bias 的原理是离得太远了就该回头,因为股价天生就有向心的趋向,这主要是人们心理的因素造成的。另外,经济学中价格与需求的关系也是产生这种向心作用的原因。股价低需求就大,需求一大,供不应求,股价就会上升。反之,股价高需求就小,供过于求,股价就会下降,最后达到平衡,平衡位置就是移动平均线。

1. Bias 的应用法则

这主要是从三个方面考虑。

(1) 从 Bias 的取值大小方面考虑

这个方面是产生 Bias 的最初的想法。找到一个正数或负数,只要 Bias 一超过这个正数,我们就应该感到危险而考虑抛出;只要 Bias 一低于这个负数,我们就感到机会可能来了而考虑买入。这样看来,问题的关键就成了如何找到这个正数或负数,它们是采取行动与保持沉默的分界线。

应该说明的是,这条分界线与三个因素有关。

① Bias 选择的参数(实际上是移动平均线参数)和大小;

② 选择的具体是哪只股票;

③ 不同的时期,分界线的高低也可能不同。

一般来说,参数越大,采取行动的分界线就越大。股票越活跃,选择的分界线也就越大。

在一些介绍 Bias 的书籍中,给出了这些分界线选择的参考数字。注意,仅仅是参考,我们应该根据具体情况对它们进行适当的调整。

举例如下。

① Bias(5)>3.5%、Bias(10)>5%、Bias(20)>8%以及 Bias(60)>10%是卖出时机;

② Bias(5)<-3%、Bias(10)<-4.5%、Bias(20)<-7%以及 Bias(60)<-10%是买入时机。

从上面的数字中可看出,正数和负数的选择不是对称的,一般来说,正数的绝对值要比负数的绝对值大一些。例如,3.5>3 和 5>4.5 等。这种正数的绝对值偏大是进行分界线选择的一般规律。

如果遇到由于突发的利多或利空消息产生的暴涨暴跌的情况,应该考虑别的应急措施。例如,暴涨暴跌时:

① 对于综合指数,Bias(10)>30%为抛出时机,Bias(10)<-10%为买入时机;

② 对于个股,Bias(10)>35%为抛出时机,Bias(10)<-15%为买入时机。

(2) 从 Bias 的曲线形状方面考虑

形态学和切线理论在 Bias 上也能得到应用。

① Bias 形成从上到下的两个或多个下降的峰,而此时股价还在继续上升,则这是抛出的信号;

② Bias 形成从下到上的两个或多个上升的谷,而此时股价还在继续下跌,则这是买入的信号。

以上两条包含指标背离原则和趋势的内容。

(3) 从两条 Bias 线的结合方面考虑

当短期 Bias 在高位下穿长期 Bias 时,是卖出信号;当短期 Bias 在低位上穿长期 Bias 时,是买入信号。

2. 应用 Bias 应注意的问题

Bias 的应用应该与 MA 的使用结合起来,这样效果可能更好。当然与更多的技术指标结合起来也会极大地降低 Bias 的错误,具体的结合法如下。

① Bias 从下向上穿过 0 线,或 Bias 从上向下穿过 0 线可能也是采取行动的信号。上穿为买入信号,下穿为卖出信号。因为此时股价也在同方向穿过了 MA。

② Bias 是正值,股价在 MA 之上,如果股价回落到 MA 之下,但随即又反弹到了 MA 之上,同时 Bias 也是呈现相同的走势,则这是买进信号。对于下降的卖出信号也可类似处理。

③ Bias 是正值,并在向 0 线回落,如果接近 0 线时反弹向上,则这是买入信号。对 Bias 的负值可照此反向处理。

团队活动组织

第一步　查看资料

某只股票 3 周的交易情况如表 3-2-2 所示。

表 3-2-2　某只股票 3 周的交易情况

单位:元

日　　期	最高价	最低价	收盘价	日　　期	最高价	最低价	收盘价
5.01	36.70	31.80	35.10	5.09	36.00	33.10	35.70
5.02	35.30	33.70	34.60	5.10	35.80	31.20	32.40
5.03	37.40	34.00	34.60	5.11	30.30	28.60	30.00
5.04	35.90	33.50	33.80	5.12	33.00	29.80	29.80
5.05	34.00	31.00	33.40	5.13	29.60	25.10	27.50
5.06	35.70	31.00	32.60	5.14	27.40	23.00	23.90
5.07	34.70	31.80	34.40	5.15	22.50	19.50	19.90
5.08	35.20	32.60	32.90				

第二步　分工活动

团队负责人将全部人员分为三组,一组计算移动平均数(5 日),并描点连线;二组计算移动平均数(10 日),并描点连线;三组计算乖离率,并描点连线。

第三步　分析总结

团队根据计算结果进行分析并作出买入卖出决策。

网络模拟训练

① 在同花顺网站单击"软件下载"按钮,打开下载中心页面,如图 3-2-11 所示。

图 3-2-11 同花顺"下载中心"页面

② 单击"免费下载"按钮,选择免费版,如图 3-2-12 所示。

图 3-2-12 同花顺免费版下载

③ 双击已下载完毕的软件图标,开始安装,如图 3-2-13 所示。

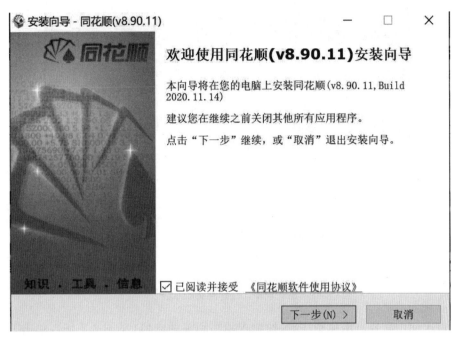

图 3-2-13　同花顺软件安装一

④ 按提示单击"下一步"按钮,直至开始安装,如图 3-2-14 所示。

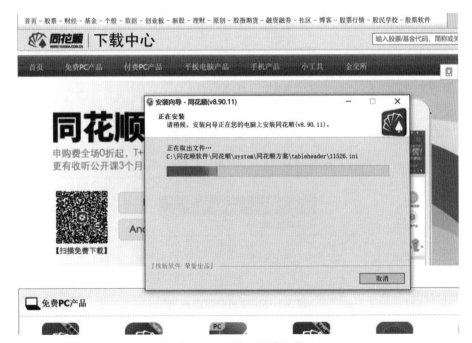

图 3-2-14　同花顺软件安装二

⑤ 双击桌面上已经安装完毕的同花顺图标,结果如图 3-2-15 所示。

图 3-2-15 打开同花顺软件

⑥ 首次使用需要点击免费注册,按要求填写相关的内容(见图 3-2-16),单击"下一步"按钮即可。

图 3-2-16 注册同花顺账号

⑦ 注册完毕,关闭界面,重新打开软件,填写账号与密码,点击登录,即可出现如图 3-2-17 所示的界面。

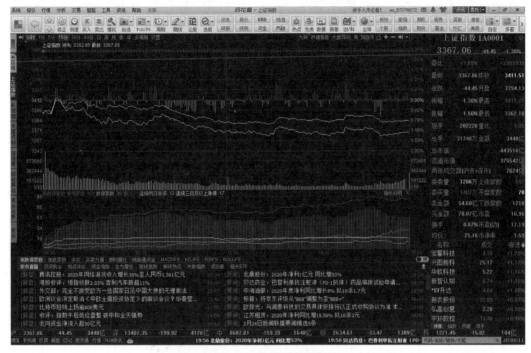

图 3-2-17　登录同花顺软件

⑧ 单击左侧"K线图"标签,可显示技术分析页面,如图 3-2-18 所示。

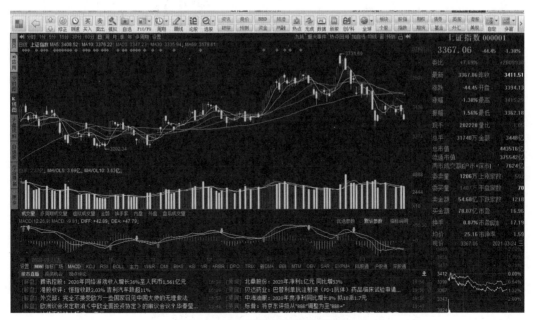

图 3-2-18　同花顺技术分析页面

⑨ 单击左下角"设置"标签，可打开对话框，对分析指标进行设置，如图 3-2-19 所示。

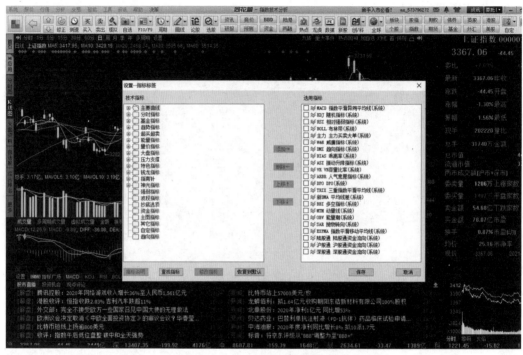

图 3-2-19　设置同花顺分析指标

⑩ 例如，单击左边的超买指标，选中变动速率线，单击添加并保存，即可将该指标添加至分析系统内，如图 3-2-20 所示。

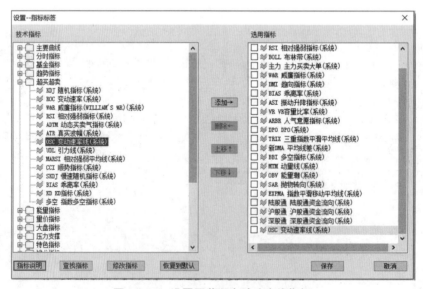

图 3-2-20　设置同花顺变动速率线指标

⑪ 打开 OSC 指标分析界面如图 3-2-21 所示,下半部显示的是该指标的两条曲线走势。

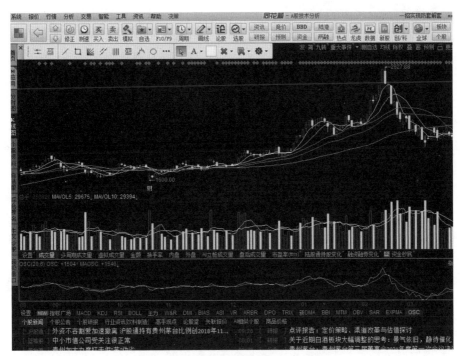

图 3-2-21　同花顺 OSC 指标分析界面

知识拓展

一、加权移动平均线

加权移动平均线(WMA)是将过去某特定时间内的价格取其平均值。计算方式是将每一价格乘以一个比重,最新的价格给予最大的比重,其之前的每一日的比重将会递减。加权方式分为以下四种。

1. 末日加权移动平均线

其计算方法(以 5 日为例)如下。

第 5 日末日加权移动平均数=(第 1 日收盘价+第 2 日收盘价+第 3 日收盘价+第 4日收盘价+第 5 日收盘价×2)÷(5+1)

2. 线性加权移动平均线

其计算方法(以 5 日为例)如下。

第 5 日线性加权移动平均数=(第 1 日收盘价×1+第 2 日收盘价×2+第 3 日收盘价×3+第 4 日收盘价×4+第 5 日收盘价×5)÷(1+2+3+4+5)

3. 梯形加权移动平均线

其计算方法(以 5 日为例)如下。

第 5 日阶梯加权移动平均数=[(第 1 日收盘价+第 2 日收盘价)×1+(第 2 日收盘价+第 3 日收盘价)×2+(第 3 日收盘价+第 4 日收盘价)×3+(第 4 日收盘价+第 5 日收盘价)×4]÷(2×1+2×2+2×3+2×4)

4. 平方系数加权移动平均线

其计算方法(以5日为例)如下。

第5日平方系数加权移动平均数 MA＝[(第1日收盘价×1×1)＋(第2日收盘价×2×2)＋(第3日收盘价×3×3)＋(第4日收盘价×4×4)＋(第5日收盘价×5×5)]÷(1×1＋2×2＋3×3＋4×4＋5×5)

二、指数平滑移动平均线(EXPMA)

EXPMA 指标简称 EMA,中文名字是指数平均数指标或指数平滑移动平均线,一种趋向类指标。从统计学的观点来看,只有把移动平均线(MA)绘制在价格时间跨度的中点,才能够正确地反映价格的运动趋势,但这会使信号在时间上滞后,而 EXPMA 指标是对移动平均线的弥补。

1. 计算公式

EXPMA＝[当日或当期收盘价×2＋上日或上期 EXPMA×($N-1$)]÷($N+1$)

首次计算时,上期 EXPMA 值为昨天的 EXPMA 值,N 为天数。

可设置多条指标线,同花顺股票分析软件设置的参数为5、10、20、60,显示四条指标线。

2. 应用原则

本指标随股价波动反应快速,用法与移动平均线相同。

① 当短期的指数移动平均线由下往上突破长期的移动平均线时,是买入信号。

② 当短期的指数移动平均线由上往下突破长期的移动平均线时,是卖出信号。

任务三　趋势分析

任务描述

掌握趋势线、支撑线、压力线、轨道线、黄金分割线与百分比线的意义与应用方法。能够熟练运用各种趋势线进行技术分析,并能同其他技术分析手段结合起来进行股价走势预测。

任务资讯

一、趋势的界定

证券市场交易价格的涨跌形成自己的运行趋势。如果一波高过一波,则为涨势;如果一波低于一波,则为跌势。股价在某一相当长的时间内,沿着一个特定的轨道,作一定方向的移动,形成趋势。证券市场异常复杂,在开始证券投资前,需要看清楚市场趋势,理解趋势变化逻辑,才能顺势而为、趋利避害、稳健盈利。

（一）趋势的概念

简单地说，趋势就是价格的波动方向，或者说是证券市场运动的方向。

若确定了一段上升（或下降）的趋势，则价格的波动必然朝着这个方向运动。在上升的行情里，虽然也时有下降，但不影响上升的大方向，不断出现的新的高价会使偶尔出现的小幅度下降黯然失色。下降则情况相反，不断出现的新低会使投资者悲观失望，人心涣散。

技术分析三大假设的第二条明确指出，价格的变化是有趋势的，没有特别的理由，价格将沿着这个趋势继续运动。这一点就说明趋势这个概念在技术分析中占有很重要的地位，是我们应该注意的核心问题。

一般来说，市场变动不是朝一个方向直来直去，中间肯定要出现曲折，从图形上看就是一条曲折蜿蜒的线条，每个折点处就形成一个峰或谷。从这些峰和谷的相对高度，我们可以看出趋势变化的幅度。

（二）趋势的方向

简单地说，趋势就是股票价格的波动方向，或者说是股票市场运动的方向。趋势的方向有三个。

1. 上升方向

如果图形中每个后面的峰和谷都高于前面的峰和谷，则趋势就是上升方向。这就是常说的一底比一底高，或底部抬高。

2. 下降方向

如果图形中每个后面的峰和谷都低于前面的峰和谷，则趋势就是下降方向。这就是常说的一顶比一顶低或顶部降低。

3. 水平方向

水平方向也就是无趋势方向。如果价格图形中后面的峰和谷与前面的峰和谷相比，没有明显的高低之分，几乎呈水平延伸，这种趋势就是水平方向。这种方向在市场上出现的机会是相当多的。就水平方向本身而言，也是极为重要的。大多数的技术分析方法在对处于水平方向的市场进行分析时都容易出错，或者说作用不大。这是因为市场正处于供需平衡的状态，下一步朝哪一个方向运动是没有规律可循的，可以向上也可以向下，而对这样的对象去预测它朝哪一个方向运动是极为困难的。

如图 3-3-1 所示，是三种趋势方向最简单的表示图形。

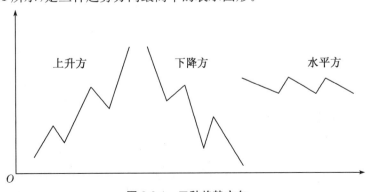

图 3-3-1　三种趋势方向

（三）趋势的类型

按道氏理论的分类，趋势分为三种类型。

道·琼斯理论又称为道氏理论（Dow Theory），于 19 世纪 80 年代至 90 年代由美国分析师兼出版商查尔斯·道首先提出。之后又经过几位分析师的补充和发展，在 20 世纪初形成较完整的道氏理论体系。

道氏理论最主要的内容之一就是提出股价运动的三种波动形式，即三种趋势：基本趋势、次级趋势和短期趋势。

1．基本趋势及其特征

基本趋势又叫原始波动或主要趋势，是趋势的主要方向，相当于通常所说的长期趋势，一般持续时间比较长（通常是几个月到几年，甚至更长时间）。投资者只有掌握了基本趋势才能做到顺势而为。基本趋势分为上升趋势（牛市或多头市场）和下降趋势（熊市或空头市场）。不管是上升趋势还是下降趋势，都可以把基本趋势分为发生、发展和结束三个阶段。

（1）基本上升趋势

从整体来看，股价形态呈现一顶比一顶高，一底也比一底高的走势。

在发生阶段，一般投资者尚未察觉股价已到很低的程度，仍然在抛售股票。只有少数投资者和部分市场主力认为市场股价已经很有投资价值并开始吸筹。股价缓慢上涨，成交量走出低谷开始回升。

进入发展阶段，这时多数投资者都注意到了股价的回升及其投资价值，开始分批买进，但此时最佳买点已经错过。

到了结束阶段，市场上多数投资者在第二阶段获得的丰厚利润不断鼓励着后来者入市，大部分人并未意识到上涨过程将要结束，市场处于狂热的气氛中。事实上，在没有增量资金入场的情况下，场内剩余资金已经不能继续维持长久和整体的上涨。市场在上行无望的条件下自然会演化成分化走势及投机行情，在主力出货及中小投资者获利回吐的双重压力下，市场将进入下跌行情。

（2）基本下降趋势

从整体看，股价形态呈现一顶比一顶低，一底也比一底低的走势。

在发生阶段，股价普遍下跌，这时多数投资者还沉浸在狂热的气氛中，认为只是"正常"的回档，更有甚者在借机买入，而主力机构及小部分中小投资者却正在卖出。

在发展阶段，当大部分投资者都意识到空头市场来临的时候，争相出货，股价屡创新低。此间的技术反弹都可视为出货的良机。

进入结束阶段，多数投资者并未意识到空头行情已快结束，仍在不断抛售股票。市场成交低迷，屡创地量。事实上，在市场气氛极度悲观的时候，已有增量资金悄悄进场，市场正在逐渐酝酿一波新的上升行情。

2．次级趋势

次级趋势又叫次级波动或次要趋势，相当于通常所说的中级趋势，即在基本上升趋势中的回档过程或基本下降趋势中的反弹行情。在一个基本趋势中会出现几个次级趋势。次级趋势是对基本趋势的修正和反复,一般会调整前面基本趋势的 1/3 到 1/2,有时甚至会调整 2/3。

次级趋势是在进行主要趋势的过程中进行的调整。我们知道,趋势不会一成不变地直来直去,总有局部调整和回撤的过程,次要趋势正是完成这一使命。

3. 短期趋势

短期趋势又叫日常波动,是在次级趋势中的调整,一般指两个星期以内的股价变化。短期趋势同次级趋势的关系与次级趋势同基本趋势的关系一样。道氏理论以重视长期趋势著称,所以他认为短期趋势意义不大。道氏理论把三种趋势比喻为波浪,基本趋势像海潮,长久而稳定;次级趋势像海浪,波动较大并较有方向和节奏感;短期趋势像水面上的波纹,波动小而不定。

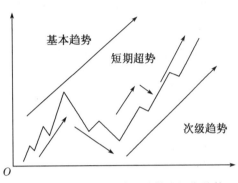

图 3-3-2　基本趋势、次级趋势和短期趋势

以上三种划分可以解释绝大多数的行情。这三种趋势的最大区别是时间的持续长短和波动幅度大小上的差异,见图 3-3-2。

二、支撑线与压力线

支撑线和压力线是最为常见的两种趋势线。它们对价格趋势的发展所起的作用恰好相反,前者支持价格上涨趋势,后者阻碍价格上涨趋势。

如果已经认识到大牛市的来临,我们总是希望在大涨之前的低点买入,或者在涨势的途中回落的低点买入,这些低点在哪里呢? 要回答这个问题当然没有十全十美的答案,但是支撑线和压力线会给我们一定的帮助。如果一轮行情趋势已经确认,投资者在买入股票时常常选择股价能够获得支撑的价位,卖出股票常选择在上行受阻即将回落的价位。那么这样的价位如何发现并确认呢? 这正是支撑线和压力线所要解决的问题。

(一) 支撑线和压力线的含义

1. 支撑线

支撑线又称为抵抗线。当价格跌到某个价位附近时,价格停止下跌,甚至有可能还有回升,这是因为多方在这个位置买入造成的。支撑线起到阻止价格继续下跌的作用。当股价下跌到某个价位附近时,会有大量主动性买盘以抵抗卖方沽空压力,使股价停止下跌继而产生反弹或沿基本趋势继续上行。这个阻止股价继续下跌或暂时阻止股价继续下跌的价格线就是支撑线。

2. 压力线

压力线又称为阻力线。当价格上涨到某价位附近时,价格会停止上涨,甚至回落,这是因为空方在此抛出造成的。压力线起到阻止价格继续上升的作用。当股价上涨到某个价位附近时,会出现大量主动性卖盘,而买方力量减小,使股价上涨或反弹受阻,产生回档或沿基本趋势继续下行。这个阻止股价继续上涨或暂时阻止股价继续上升的价格线就是压力线。

不要产生这样的误解,认为只有在下跌行情中才有支撑线,只有在上升的行情中才有压力线。其实,在下跌行情中也有压力线,在上升行情中也有支撑线。但是由于在下跌行情中人们最关注的是跌到什么地方才能结束,关心支撑线就多一些;在上升行情中,人们最关注涨到什么地方,所以关心压力线多一些。

最初的支撑线和压力线就是简单地指出价格位置。后来发展了支撑线和压力线的概念,支撑压力扩大成了一个区域。常用的选择支撑线和压力线的方法是前期的高点和低点、成交密集区、跳空缺口等。

(二)支撑线和压力线的作用

如前所述,支撑线和压力线会阻止或暂时阻止价格向一个方向继续运动。我们知道价格的变动是有趋势的,要维持这种趋势,保持原来的变动方向,就必须冲破阻止其继续向前的障碍。

要维持下跌行情,就必须突破支撑线的阻力和干扰,创造出新的低点。

要维持上升行情,就必须突破压力线的阻力和干扰,创造出新的高点。

由此可见,支撑线和压力线有被突破的可能,它们不可能长久地阻止价格保持原来的变动方向,使之在一个区间永远地待下去。只不过是使之暂时停顿而已,见图 3-3-3。

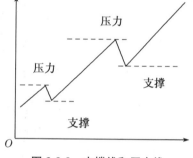

图 3-3-3　支撑线和压力线

支撑线和压力线的作用具体表现在两个方面。

1. 支撑线和压力线会阻止或暂时阻止股价朝一个方向继续运动

在上升趋势中,压力线往往意味着股价在这里暂时停留,以后迟早会被强有力的买盘向上击穿;下降趋势中,支撑线也难以支撑股价的下跌,只是延缓了市场下跌的时间。

2. 支撑线和压力线又有彻底阻止股价按原方向变动的可能

一波基本趋势要想维持下去,必须不断创出新高或新低,形成一系列上升或下降的波峰与浪谷。

在上升趋势中,如果下一次股价未创出新高,即未突破压力线,表明上升趋势经受严峻考验,倘若临近的支撑线还能撑住价格,股价变为横盘整理的可能性较大。如果股价跌破了支撑线,预示着上升趋势已经结束,空头市场来临。

同理,在下降趋势中,如果下一次股价未创出新低,即未跌破支撑线,说明下降趋势已经处于关键位置,如果压力线还压制价格向上发展,市场将变为横盘整理。一旦股价突破了压力线,预示着下降趋势已经结束,进入上升行情。

当一个趋势终结时,支撑线和压力线就显得异常重要,是取得巨大利益的地方。当然,应该指出,"趋势终结"是相对的,不是绝对的。从经验上看,没有不可能被突破的高点,突破只是时间问题。

在上升趋势中,如果下一次股价未创出新高,即未突破压力线,这个上升趋势就已经处在很关键的位置了。如果在往后的价格又向下突破了这个上升趋势的支撑线,这就产生了一个趋势有变的很强烈的警告信号。这通常意味着,本轮上升趋势已经结束,下一步的走向是下跌的过程。

同样,在下降趋势中,如果下一次股价未创出新低,即未突破支撑线,这个下降趋势就已经处于很关键的位置。如果下一步价格向上突破了这个下降趋势的压力线,就发出了本轮下降趋势将要结束的强烈信号,下一步将是上升的趋势,见图 3-3-4。

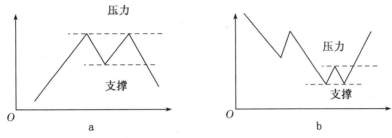

图 3-3-4　支撑与压力的突破

(三) 支撑线和压力线的相互转化

投资者在股市上升和下降趋势中分别扮演着四种角色,即多头、空头、持股者、持币者。不同类型投资者有着不同的心理活动,这使他们在股市中分别扮演了不同的角色,也就促成了支撑线和压力线的相互转化。当一条压力线被有效突破后,股价再次回跌到该线时,该压力线将转化为支撑线。

支撑线和压力线之所以能起到支撑和压力的作用,很大程度上是由于心理因素方面的原因,这就是支撑线和压力线理论上的依据。当然,心理因素不是唯一的依据,还可以找到别的依据,但心理因素是主要的理论依据。

一个市场无外乎有三种人,即多头、空头、旁观。旁观的又可分为持股和持币两种。

假设价格在一个支撑区域停留了一段时间后开始向上移动,在此支撑区买入股票的多头们很肯定地认为自己对了,并对自己没有多买入些而感到后悔。在支撑区卖出股票的空头们这时也认识到自己错了,他们希望价格再跌回他们的卖出区域,以便将他们原来卖出的股票补回来。

在旁观者中的持股者的心情和多头相似,持币者的心情同空头相似。无论是这四种人中的哪一种,都有买入股票成为多头的愿望。

正是由于这四种人决定要在下一个买入的时机买入,所以价格稍一回落就会受到大家的关注,他们会或早或晚地进入市场买入股票,这就使价格根本还未下降到原来的支撑位置,上述四个新的买进大军就把价格推上去了。在该支撑区发生的交易越多,就说明越多的股票投资者在这个支撑区有切身利益,这个支撑区也就越重要。

我们再假设价格在一个支撑位置获得支撑后,停留了一段时间开始向下移动,而不是像前面假设的那样是向上移动。对于上升,由于每次回落都有更多的买入,因而产生新的支撑。而对于下降,跌破了该支撑,情况就截然相反。在该支撑区买入的多头都意识到自己错了,而没有买入的或卖出的空头都意识到自己对了。无论是多头还是空头,他们都有抛出股票逃离目前市场的想法。一旦价格有些回升,尚未到达原来的支撑位,就会有一批股票抛向市场,再次将价格压低。

以上的分析过程对于压力线也同样适用,只不过方向正好相反。

这些分析的附带结果是支撑和压力地位的相互转换。

如上所述,一个支撑如果被突破,那么这个支撑将成为今后的压力;同理,一个压力被突破,这个压力将成为今后的支撑。

这说明支撑和压力的角色不是一成不变的。它们是可以改变的,条件是被有效的、足够强大的价格变动所突破,见图 3-3-5。

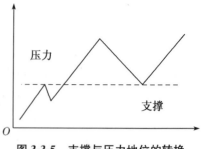

图 3-3-5 支撑与压力地位的转换

支撑和压力相互转化的重要依据是被突破。怎样才能算被突破呢? 用一个数字来严格区分突破和未突破是很困难的,没有一个明确的截然的分界线。

一般来说,穿过支撑线或压力线越远,突破的结论越正确,越值得我们相信,就越让我们认识到新的压力线和支撑线。

(四) 支撑线和压力线的确认和修正

1. 支撑线和压力线的确认

每一条支撑线和压力线的确认都是人为进行的。其主要依据是根据价格变动所画出的图表,这里面就有很大的人为因素。

一般来说,一个支撑线或压力线对当前时期影响的重要性出于对三个方面的考虑。

一是价格在这个区域停留的时间的长短;

二是价格在这个区域伴随的成交量的大小;

三是这个支撑区域或压力区域发生的时间距离当前这个时期的远近。

很显然,价格停留的时间越长,伴随的成交量越大,离现在越近,则这个支撑或压力区域对当前的影响就越大;反之就越小。

2. 支撑线和压力线的修正

上述三个方面是确认一个支撑和压力的重要识别手段。有时,由于价格的变动,会发现原来确认的支撑和压力可能不真正具有支撑和压力的作用。比如,不完全符合上面所述的三条。这时,就有一个对支撑线和压力线进行调整的问题,这就是支撑线和压力线的修正。

对支撑线和压力线的修正过程其实是对现有各个支撑线和压力线的重要性的确认。每个支撑和压力在人们心目中的地位是不同的。价格到了这个区域,你心里清楚,它很有可能被突破,而到了另一个区域,你心里明白,它就不容易被突破。这为进行买入、卖出提供了一些依据,不至于仅凭直觉进行买卖决策。

如果投资者发现原来的支撑线或压力线可能不真正具有支撑或阻力作用,这时就要对现有各个支撑线和压力线的重要性重新确认,这个过程就是对支撑线和压力线的修正。经过重新确认和修正后的支撑线和压力线才可能为投资者提供股价有效获得支持和遭受阻力的价位,从而为指导投资者正确决策提供依据。

(五) 支撑位和压力位的突破

突破是指股价对于已有的支撑位和压力位的穿透。突破有着重要的技术分析意义。一般来说,股价突破压力位将会看高一线,而股价突破支撑位则会看低一线。对于投资者的投资行为有着重大影响,但股价运动过程中经常会出现一些假的突破。因此如何判断一次有效的突破就显得非常重要。一般来说,判断突破有效与否有三个原则。

第一,收盘价原则。有效突破当天的收盘价应该在支撑位(压力位)的下方(上方)3%以上。当然,3%只是一个参考幅度,投资者应该结合具体情况具体判断,此外股价指数的幅度可以小点,而个股的幅度应该大点。

第二,成交量原则。向上突破应该有成交量的放大作为配合,而向下突破则不一定需要大成交量的配合。

第三,时间窗原则。自突破当天之后的连续 2~3 个交易日内收盘价应该站在支撑位(压力位)的下方(上方),以表示对此次突破的确认。

对于这三条原则,投资者在应用的时候应该本着确认和背离的原则,即一次突破符合的原则(互相确认)越多则越可能有效;相反,如果在一次突破中,这几条原则互相背离,则假突破的可能性较大。

三、趋势线与轨道线

(一) 趋势线

1. 趋势线的含义

所谓趋势线,就是根据股价上下变动的趋势所画出的线段,画趋势线的目的是依其脉络寻找出恰当的卖点与买点。分为上升趋势线和下降趋势线两种。

2. 趋势线的画法

趋势线是衡量价格波动方向的有效工具,由趋势线的方向可以明确地看出股价的趋势。在上升趋势中,将两个低点连成一条直线,就得到上升趋势线;在下降趋势中,将两个高点连成一条直线,就得到下降趋势线,如图 3-3-6 所示。

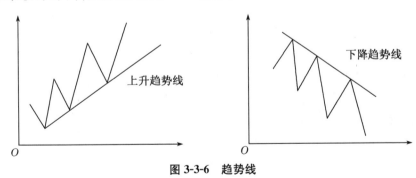

图 3-3-6　趋势线

正确地画出趋势线是广大投资者必须掌握的。画出的趋势线要经得起时间的检验,要具有使用价值。为了画出符合逻辑的趋势线,投资者最好以不同的点位画几条趋势线,然后进行挑选评判,最终保留一条确实有效的趋势线。

要想得到一条真正反映股市运行趋势的直线,必须注意以下三点。

① 确定股价的运行趋势。也就是必须找出股价运行过程中相继出现的波峰和谷底。

② 如果是上升趋势,要找到两个依次上升的低点(谷底);如果是下降趋势,要找到两个

依次下降的高点(波峰)。然后,将找到的两个高点或低点连接成线。

③ 得到的直线是不是有效,还要应用第三个点来验证。所画出的直线被后市的波峰和浪谷触及的次数越多,延续的时间越长,该趋势线就越有效、越重要。

另外,从实践来看,趋势线越陡峭,有效性越低;反之越高。

由图 3-3-6 中可以看出,上升趋势线起支撑作用,下降趋势线起压力作用,也就是说,上升趋势线是支撑线的一种,下降趋势线是压力线的一种。

由图 3-3-6 可知,我们很容易画出趋势线,但这并不意味着趋势线已经被我们掌握了。我们画出一条直线后,有很多问题需要我们去回答。

最迫切需要解决的问题是,我们画出的这条直线是否具有使用的价值,以这条线作为我们今后预测市场的参考是否具有很高的准确性?这个问题实际上是对用各种方法画出的趋势线进行筛选评判,最终保留一个确实有效的趋势线的问题。也就是对趋势线进行筛选,去掉无用的,保留有用的。

首先,必须确实有趋势存在。也就是说,在上升趋势中,必须确认出两个依次上升的低点;在下降的趋势中,必须确认两个依次下降的高点,才能确认趋势的存在,连接两个点的直线才有可能成为趋势线。

其次,画出直线后,还应得到第三个点的验证才能确认这条趋势线是有效的。一般来说,所画出的直线被触及的次数越多,其作为趋势线的有效性越能被得到确认,用它进行预测就越准确有效。

3. 趋势线的作用

一条趋势线一经确认,下一个问题就是怎样使用这条趋势线来进行对股价的预测工作?一般来说,趋势线有两种作用。

① 对股价今后的变动起约束作用。使股价总保持在这条趋势线的上方(上升趋势线)或下方(下降趋势线)。实际上,这就是起支撑或压力作用。

② 趋势线被突破后,就说明股价的下一步走势将要反转方向。越重要、越有效的趋势线被突破,其转势的信号越强烈。被突破的趋势线原来所起的支撑和压力作用,现在将互相交换角度。即原来是支撑线的,现在将起压力作用,原来是压力线的现在将起支撑作用。

得到了一条有效的趋势线,对投资者是大有帮助的。

(1)给出股价调整和反弹的极限位置

在上升趋势中,股价经常进行技术性调整,这种调整的最低限度应该是触及或接近上升趋势线的位置。对于计划补仓跟进的投资者来说,在趋势线处买进是绝好机会。在下降趋势中,股价反弹的高度将受制于趋势线相应价位,这也正是投资者借反弹出货的抛压效应。概括来说,趋势线实质上是起支撑和压力作用。

(2)给出股价反转的信号

趋势线被突破,即发出了股价下一步将要反转方面的信号,投资者可依据这个信号止损平仓,认赔出局。越重要、越有效的趋势线被突破,其转势的信号越强烈。被突破的趋势线原来所起的支撑和阻力作用,现在将更换角色。即原来是支撑线的,现在将起压力作用;原来是阻力线的,现在将起支撑作用(见图 3-3-7、图3-3-8)。

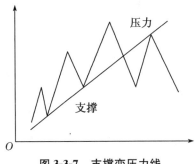

图 3-3-7 支撑变压力线

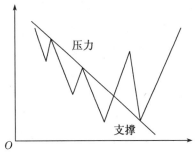

图 3-3-8 压力变支撑线

4. 趋势线的突破

股价有效地突破趋势线将要改变方向。那么,怎样才算是有效突破呢? 下面提供几点意见供投资者参考。

① 收盘价原则。突破趋势线的价格仅是收盘价,日内其他价格的突破视为无效。

② 百分比原则。在空间上,股价对趋势线的突破必须达到一定的幅度和百分比,常见的标准有 3%、5%和 10%。

③ 时间原则。在时间上,股价突破趋势线后,在另一方停留的时间越长,突破越有效。如有的分析人士提出了"双日确认原则"及 3 天以上的确认标准,等等。

投资者在操作过程中,应根据不同时间、空间以及股票的不同特性作出自己的判断,而不应死记硬背。这样才能识别假突破,以免被震仓出局及遭受套牢之苦。

这个问题本质上是对前面支撑和压力的突破问题的进一步延伸。同样没有一个截然醒目的数字告诉我们,这样算突破,那样不算突破。这里面包含很多的人为因素,或者说是主观成分。这里只提供几个判断是否有效的参考意见,以便在具体判断中进行考虑。

① 收盘价突破趋势线比日内最高、最低突破趋势线重要。

② 穿越趋势线后,离趋势线越远,突破越有效。人们可以根据各只股票的具体情况,自己制定一个界限。

③ 穿越趋势线后,在趋势线的另一方停留的时间越长,突破越有效。很显然,只在趋势线的另一方停留了 1 天,肯定不能算突破。至少多少天才算,这又是一个人为的选择问题。

5. 趋势线的绘制

有效趋势线的判断原则有两项,原则一是有效的趋势线应该包括趋势中的所有价格轨迹;原则二是通过两点尝试绘制趋势线,有第三个点验证趋势线的作用,如果未得到验证,则需要调整趋势线,如图 3-3-9 所示。在上升趋势中,通过 A 点和 B 点尝试绘制 AB。行情发展到点 C,没有验证直线 AB(实线),且直线 AB 不能包括点 C 的价格轨迹,因此这

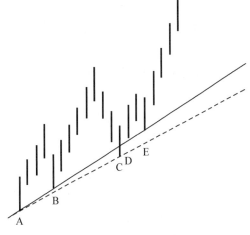

图 3-3-9 趋势线的调整一

时候需要通过 A 点和 C 点绘制新的直线 AC(虚线)。D 点验证了直线 AB(实线),因此以直线 AB 作为有效的上升趋势线,同时保留虚线 AC,以待进一步观察。

以欧元兑美元月线图(见图 3-3-10)为例,图中有 A、B、C、D、E 五个点,从点 A 开始出发,行情发展到点 B,尝试绘制直线 AB,在 C 点的行情不在 AB 线的趋势轨迹上,未能验证,这时候需要调整趋势线,于是通过 A 点和 C 点绘制直线 AC。行情继续发展到点 D,直线 AC 被勉强验证,但是点 D 的价格轨迹已经超过了直线 AC 所描述的范围,需要继续调整,于是再次尝试绘制 AD 直线。通过上述尝试调整并验证的过程,才能得到 3-3-10 的趋势线。

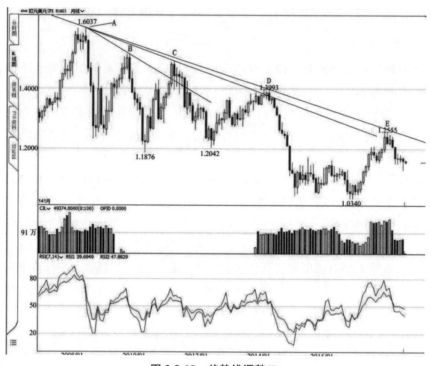

图 3-3-10　趋势线调整二

(二) 轨道线

1. 轨道线的含义及确认

随着对趋势线的深入研究,又发展出轨道线理论。轨道线(Channel Line)又称通道线或管道线,是基于趋势线的另一种方法。已经得到趋势线后,通过第一峰或第一谷可以做出这条趋势线的平行线,这条平行线就是轨道线。如图 3-3-11 中的虚线。

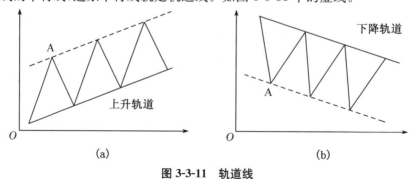

图 3-3-11　轨道线

　　两条平行线组成一个轨道,即上升轨道和下降轨道。在随后的行情发展中,如果价格在抵达该条轨道线时受阻而回落或获支撑而反弹,说明轨道线在起作用。

　　轨道的作用是限制股价的变动范围,让它不能远离得过分,远离得太离谱。一个轨道一旦得到确认,那么股价将在这个通道里变动。如果上面的或下面的直线被突破,这意味着行情将有一个大的变化。

　　同趋势线一样,轨道线也有是否被确认的问题。图3-3-11中的股价在A点的位置如果的确得到支撑或受到压力而在此掉头,并一直走到趋势线上,那么这条轨道线就可以被确认了。一般而言,轨道线被触及的次数越多,延续的时间越长,其被认可的程度和重要性就越高。这一点同趋势线以及今后将要介绍的大多数直线是相同的。

　　轨道线的另一个作用是发出趋势转向的预警。如果在一次波动中未触及轨道线,离得很远就开始掉头,这往往是趋势将要改变的信号。它说明市场已经没有力量继续维持原有的上升或下降的趋势了。

　　轨道线和趋势线是相互合作的一对。很显然,先有趋势线,后有轨道线。趋势线比轨道线重要得多。趋势线可以独立存在,而轨道线则不能。

　　2. 轨道线的作用

　　轨道限制了股价的变动范围,使股价在轨道间上下波动,主要作用有三个方面。

　　① 轨道线为投资者建仓或平仓的精确价位提供了参考依据。在一个确定的上升轨道中,价格回落到趋势线的时候,便是建仓的良好时机。而当价格攀升到轨道线时,则是短线获利平仓的机会;相反,在下降轨道中,我们可以在轨道线处买进而在趋势线处卖出。

　　② 轨道线被突破,给出了股价运动加速的信号。对于分阶段建仓的交易者来说,上升轨道线被突破后,应是补仓的好机会;但下降轨道线被突破后,则说明市场从缓慢盘跌转变为价格跳水,理智的交易者应斩仓离场观望。

　　③ 轨道线的第三个作用是提出趋势转向的警报。一般来说,在一个比较标准的上升或下降轨道中,当股价无力抵达上轨,那么下轨被突破的可能性开始加大;当价格拒绝向下靠拢,那么上轨被突破的可能性正在加大。股价未抵达轨道线的次数越多,趋势转向的可能性越大。

　　3. 轨道线的修正

　　与突破趋势线不同,对轨道线的突破并不是趋势反向的开始,而是趋势加速的开始,即原来的趋势线的斜率将会增加,趋势线将会更加陡峭,见图3-3-12。

　　当股价穿越了轨道线,表明趋势的运动强度发生变化。这时要根据突破阶段的走势重新来画趋势线,进而画出一条正确反映价格走势的轨道线,继续帮助我们进行市场分析,这就是轨道线的修正。经过轨道线的修正,我们可以更确切地观察未来趋势的运行情况。

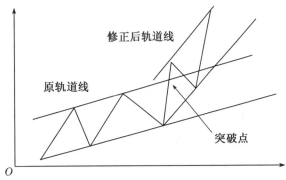

图3-3-12　轨道线的突破与修正

四、黄金分割线与百分比线

这两种趋势线是水平的直线(别的趋势线大多是斜的)。它们注重于支撑线和压力线所在的价位,而对什么时间达到这个价位不过多关心。很显然,斜的支撑线和压力线随着时间的推移,支撑位和压力位也要不断地变化。向上斜的切线价位会变高,向下斜的切线价位会变低,对水平切线来说,每个支撑位或压力位相对来说较为固定。为了弥补它们在时间上考虑得不周到,往往在画水平切线时多画几条。也就是说,同时提供好几条支撑线和压力线,并指望被提供的这几条中最终确认有一条能起到支撑和压力的作用。为此,在应用水平切线的时候,应注意它们同别的切线的不同。

水平切线中最终只有一条被确认为支撑线或压力线,这样,别的被提供的切线就不是支撑线和压力线,它们应该被取消,或者说在图形上消失,只保留那条被认可的切线。这条保留下来的切线就具有一般的支撑线或压力线所具有的全部特征和作用,对我们今后的价格预测工作有一定的帮助。

(一)黄金分割线

黄金分割是一个古老的数学方法。它的各种神奇的作用和魔力,屡屡在实际中发挥着我们意想不到的作用。在实际中还被广泛用于"优选法"中。在技术分析中,还有一个重要的分析方法——波浪理论要用到黄金分割的内容。

黄金分割线是依据上升或下跌幅度的 0.618 及其黄金比率的倍率来确定支撑和压力线的位置。常见的最为重要的黄金分割数字有 0.382、0.618、1.382 和 1.618。这些位置在价格上升和下跌的过程中表现出较强的支撑和阻力效能。

1. 黄金分割率

黄金分割率又称黄金律,是指事物各部分间一定的数学比例关系,即将整体一分为二,较大部分与较小部分之比等于整体与较大部分之比,其比值为 1∶0.618 或 1.618∶1,即长段为全段的 0.618。0.618 被公认为最具有审美意义的比例数字。上述比例是最能引起人的美感的比例,因此被称为黄金分割。

通过简单的计算就可以发现如下几点。

1÷0.618=1.618

(1-0.618)÷0.618=0.618

这个数值的作用不仅仅体现在诸如绘画、雕塑、音乐、建筑等艺术领域,而且在管理、工程设计等方面也有着不可忽视的作用。

2. 菲波那契数列与黄金分割率

让我们首先从一个数列开始,它的前面几个数是 1、1、2、3、5、8、13、21、34、55、89、144……这个数列的名字叫作"菲波那契数列",这些数被称为"菲波那契数"。其特点是除前两个数(数值为 1)之外,每个数都是它前面两个数之和。

菲波那契数列与黄金分割有什么关系呢? 经研究发现,相邻两个菲波那契数的比值是随序号的增加而逐渐趋于黄金分割率的,即 $f(n)/f(n+1) \rightarrow 0.618$。由于菲波那契数都是整数,两个整数相除之商是有理数,所以只是逐渐逼近黄金分割率这个无理数。但是当我们继续计算出后面更大的菲波那契数时,就会发现相邻两数之比确实是非常接近黄金分割率的。

例如:

$1÷1=1,2÷1=2,3÷2=1.5,5÷3=1.666,\cdots,8÷5=1.6,\cdots$

$89÷55=1.618\ 181\ 8,\cdots,233÷144=1.618\ 055,\cdots$

$75\ 025÷46\ 368=1.618\ 033\ 988\cdots$

越到后面,这些比值越接近黄金律。

它们有如下一些特点。

第一,数列中任何一个数字都是由前两个数字之和构成的。

第二,从5开始,任何两个相邻数字彼此相除,结果分别趋向固定数字0.618和1.618。

例如,$21÷34=0.618;34÷21=1.618;55÷34=1.618;34÷55=0.618;\cdots$。

第三,任何两个相隔数字彼此相除,结果分别趋向固定数字0.382和2.618。

例如,$21÷55=0.382;55÷21=2.618;\cdots$

第四,黄金分割数字的特性如下:

$2.618-1.618=1.000$

$1.000-0.618=0.382$

$2.618×0.382=1.000$

$2.618×0.618=1.618$

$1.618×0.618=1.000$

$0.618×0.618=0.382$

$1.618×1.618=2.618$

3. 黄金分割率的应用

在股价预测中,有两种黄金分割分析方法。

第一种方法:以股价近期走势中重要的峰位或谷位,即重要的高点或低点作为计算测量未来走势的基础。

当股票价格上涨时,以谷位股价为基数,在跌幅达到某一黄金比时有可能受到支撑。当行情接近尾声,股价发生急升或急跌后,其涨跌幅达到某一重要黄金比时,则可能发生转势。

第二种方法:行情发生转势后,无论是止跌转升的反转或止升转跌的反转,以近期走势中重要的峰位和谷位之间的涨额作为计量的基数,将原涨跌幅按0.191、0.382、0.5、0.618、0.809分割为五个黄金点。股价在反转后的走势将有可能在这些黄金点上遇到暂时的阻力或支撑。

黄金分割率的神秘数字由于没有理论作为依据,所以有人批评是迷信、是巧合,但自然界的确充满了一些奇妙的巧合,一直难以说出道理。

黄金分割率被艾略特所创的波浪理论所套用,广泛地为投资人士所采用。黄金分割率在股市上无人不知、无人不用,作为一个投资者不能不做研究,只是它也不是唯一的指标。

4. 黄金分割线的画法

① 记住若干个特殊的数字。0.191、0.382、0.618、0.809、1.191、1.382、1.618、1.809、2.618、4.236、6.854。

这些数字中 0.382、0.618、1.382 和 1.618 最为重要,股价很容易在由这四个数产生的黄金分割线处产生支撑和压力。

② 找到一个点。只要能够确认一个趋势(无论是上升还是下降)已经结束或暂时结束,那么这个趋势的转折点就可以作为进行黄金分割的点。这个点一经选定,我们就可以画出黄金分割线了。

在上升行情开始调头向下时,我们关心的是这次下降将在什么位置获得支撑。黄金分割提供的是如下几个价位,它们是由这次上涨的顶点价位分别乘以上面所列特殊数字中的几个得到的。

假设,这次上涨的顶点是 10 元,则下降过程中的黄金分割价位有:

8.09＝10×0.809

6.18＝10×0.618

3.82＝10×0.382

1.91＝10×0.191

这几个价位极有可能成为支撑位,其中 6.18 元和 3.82 元的可能性最大,如图 3-3-13 所示。

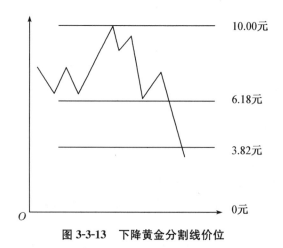

图 3-3-13　下降黄金分割线价位

同理,在下降行情开始调头向上时,我们关心上涨到什么位置将遇到压力。黄金分割线提供的位置是这次下跌的底点价位乘以上面的特殊数字。

假设,谷底价位为 10 元,则上升过程中的黄金分割价位有:

11.91＝10×1.191

13.82＝10×1.382

16.18＝10×1.618

18.09＝10×1.809

20＝10×2

26.18＝10×2.618

42.36＝10×4.236

68.54＝10×6.854

它们将有可能成为未来的压力位。其中13.82、16.18以及20成为压力线的可能性最大,超过20的那几条很少用到(见图3-3-14)。

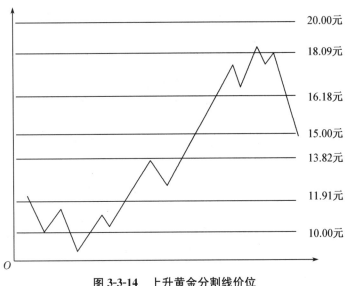

图 3-3-14　上升黄金分割线价位

(二) 百分比线

1. 百分比线的概念

百分比线是利用百分比率的原理进行的分析,可使股价前一次的涨跌过程更加直观。百分比线是将上一次行情中重要的高点和低点之间的涨跌幅按1/8、2/8、1/3、3/8、4/8、5/8、2/3、6/8、1/8、8/8的比率生成百分比线。

在各比率中,4/8(即1/2)最为重要,1/3、3/8、5/8及2/3四条距离较近的比率也十分重要,往往起到重要的支撑与压力位作用。实际上,上述五条百分比线的位置与黄金分割线的位置基本上是相互重合或接近的,如图3-3-15所示。

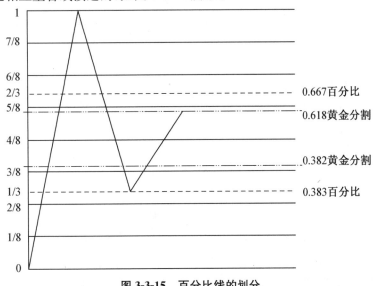

图 3-3-15　百分比线的划分

2. 百分比线应用的条件

百分比线考虑问题的出发点是人们的心理因素和一些整数的分界点。当价格持续向上涨到一定程度时,肯定会遇到压力,遇到压力后就要向下回撤,回撤的位置很重要。黄金分割线提供了几个价位,百分比线也提供了几个价位。

以本次上涨开始的最低点和开始向下回撤的最高点两者之间的差,分别乘以几个特别的百分比数,就可以得到未来支撑位可能出现的位置。

这里的百分比线中,1/2、1/3、2/3这三条线最为重要。在很大程度上,回撤到1/2、1/3、2/3是人们的一种心理倾向。如果没有回落到1/2、1/3、2/3以下,就好像没有回落充分似的;如果已经回落了1/2、1/3、2/3,人们自然会认为回落的深度已经够了。

对于下降行情中的向上反弹,百分比线同样适用,其方法与上升情况完全相同。

黄金分割线与百分比线是两类重要的切线,在实际中得到了广泛的应用。这两条线的共同特点是,它们都是水平的直线(其他的切线大多是倾斜的)。它们注重于支撑线和压力线所在的价位,而对什么时间达到这个价位并不过多关心。斜的支撑线和压力线随着时间的向后移动,支撑位和压力位也要不断变化。对水平切线而言,每个支撑位或压力位相对而言都是固定的。为了弥补它们在时间上考虑的不周,在应用时,往往画多条支撑线或压力线,并通过分析,最终确定一条支撑线或压力线,这条保留下来的切线具有一般支撑线或压力线的全部特征和作用,对今后的股价预测有一定的帮助。

五、应用趋势线应注意的问题

趋势线方法为我们提供了很多价格移动可能存在的支撑线和压力线。这些支撑线和压力线对进行行情判断有很重要的作用。但是,应该明确的是,支撑线和压力线有突破和不突破两种可能。在实际应用中会产生一些令人困惑的现象,往往要等到价格已经离开了很远的时候才能够肯定突破成功和突破失败。

用各种方法得到的切线提供了支撑线和压力线的位置,它们的位置所代表的价格仅仅是参考价格,不能把它们当成万能的工具而完全依赖它们。证券市场中影响价格波动的因素很多,支撑线和压力线仅仅是多方面因素中的一个。多个方面同时考虑才能提高正确的概率。

跟踪趋势的日常操作要点如下。

第一项判断趋势方向。证券投资市场技术分析的首要工作就是判定长期趋势方向月线图繁简得当,运用基本趋势分析工具足以判断长期趋势方向。长期趋势方向向上或者向下,为后续工作建立良好的基础。如果长期趋势为横向延伸,则可能带来更多困扰。大型横向趋势图上涨或下跌过程幅度大、时间长,趋势走势特征较弱,具有较高不确定性。

第二项判断趋势阶段(见图3-3-16)。趋势演变常常表现为三个阶段,每个阶段都有自身的特点,应当针对各阶段不同的特点来应用趋势分析工具,而不是简单地一视同仁。第一个阶段新趋势刚刚出现趋势,重点是判断和确认趋势反转信号,在操作上仅可在形成确凿的反转信号后小额尝试。不在第一阶段匆忙入市,而是一定要等待道氏信号。图右侧上升趋势的第一阶段是双重底反转形态。当市场向上突破双重底颈线时,发出道氏信号,上升趋势第一阶段完成,进入第二阶段。第二个阶段以横盘为主,且持续时间长,走势一波三折,很难走出清晰行情。投资交易者要重点提防市场在不经意间完成从第二阶段到第三阶段的转变,在操作上一定要耐心地等待时机慢慢积累筹码,或者干脆静观其变。不要在第二阶段草率入市,一定要等待时机;入市后不轻易止损。归根结底,止损是因为趋势做错了,而在第二阶段,行情进退无常。右侧上升趋势的第二阶段持续时间较长,为 3 年左右,此间操作难度极大。当市场向上突破第二阶段最高点后,进入第三阶段。第三个阶段的趋势状态最为突出,趋势分析工具如鱼得水,投资交易者在操作上一定要果断进取,适当重仓。这是收获的季节,之前所有的挫折和等待都得到了良好的报偿。不要在趋势演变的第三阶段追求一再确认,而是必须当机立断。

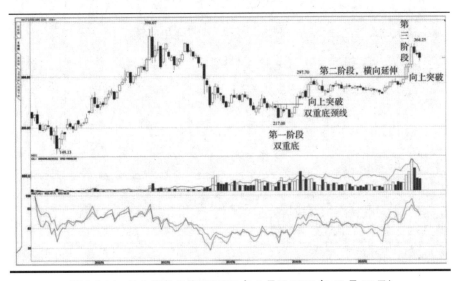

图 3-3-16　沪金指数月线图(2008 年 1 月至 2019 年 11 月 23 日)

团队活动组织

描绘趋势线

趋势分析的主要步骤是描绘趋势线,不同的人有不同的观点,所描绘出来的趋势线不同,其得出的结论也不同,因此需要充分讨论确定结果。团队活动步骤如下。

第一步,团队负责人确定一只股票(或上证综合指数),将近期周 K 线图打印在 A4 纸上面,一式两份。

第二步,将团队成员分为两组,组内成员集思广益,然后在 K 线图上描出趋势线、轨道线等,并写出简单理由。

第三步,两个组将各自的结果进行对比分析,陈述各自理由,最后得出一致的结论,确定目前的走势,以便作出买卖决策。

第四步,两个组分别在原来两张纸上根据 K 线图历史高点或低点分别描出黄金分割线和百分比线,验证其有效性。

网络模拟训练

① 打开同花顺软件,输入 601555(东吴证券),回车,单击右键选中"分析周期——周线",然后单击左侧标签"K 线图",结果如图 3-3-17 所示。

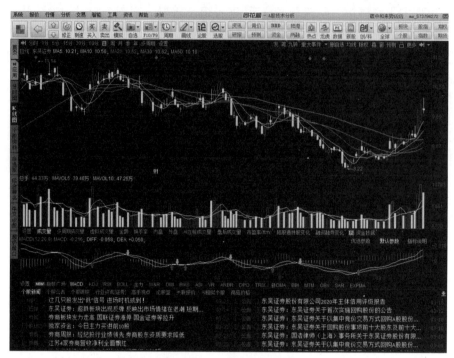

图 3-3-17　东吴证券 K 线图

② 单击上面的"画线"标签,如图 3-3-18 所示。

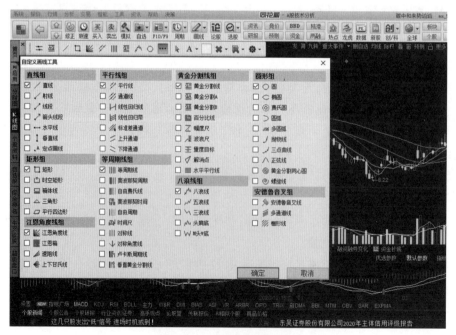

图 3-3-18　"画线"标签页面

③ 选中对话框中的直线趋势功能,关闭对话框,画出一条斜线,如图 3-3-19 所示。

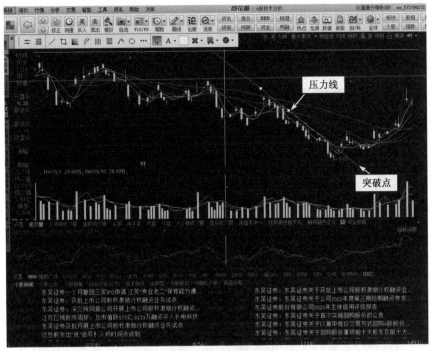

图 3-3-19　画出斜线

④ 这条直线叫"压力线"。不难发现,股价已经突破原来的下降趋势形成的压力点,变为上升趋势了。可以再画出一条上升支撑线,如图 3-3-20 所示。

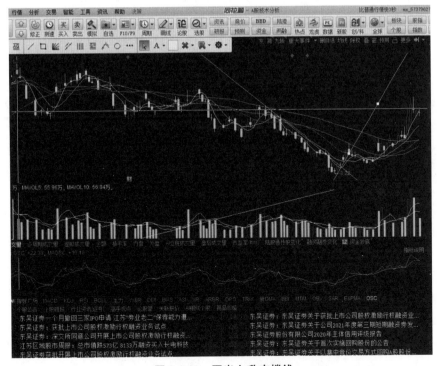

图 3-3-20　画出上升支撑线

⑤ 在"画线"对话框中单击选中"删除",按钮在以前所画的两条线上单击即可删除,如图3-3-21所示。

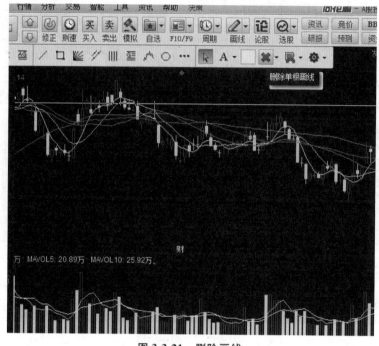

图 3-3-21　删除画线

⑥ 继续在对话框中选中"水平黄金分割线"按钮,并关闭对话框,然后由最高点开始,向下拖动鼠标至最低点结束,可得到由上到下的黄金分割线,如图 3-3-22 所示。

图 3-3-22　画出黄金分割线

⑦ 图中的黄金分割线对股价的波动有一定的支撑和压力作用,分析如图 3-3-23 所示。

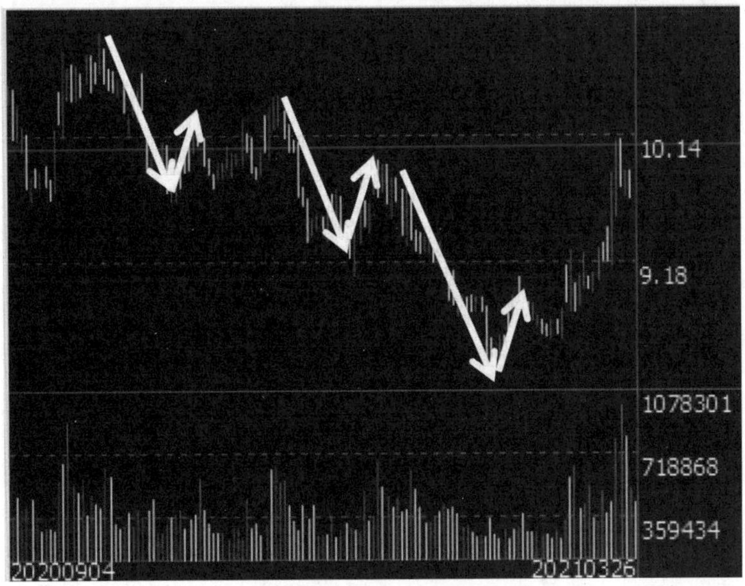

图 3-3-23 黄金分割线分析

知识拓展

同花顺画线工具的操作说明

点击"工具"主菜单里的"画线工具"菜单,或者在"工具栏"上点击画线图标,会出现各种画线工具,将辅助分析大盘及个股走势。

一、入口菜单工具画线工具、工具栏画线、快捷键 ctrl+x 或者 hx+enter

二、画线工具栏说明

画线工具栏有两种样式可供选择,可以点击工具栏上的按钮进行横版、竖版的切换。

工具栏分三大类,即智能分析、自主分析、辅助工具。

① 智能分析目前支持承压分析、黄金分割自动画线。

② 自主分析从左至右展示直线、箭头线段、矩形、江恩角度线、平行线、等周期线、黄金分割线、八浪线、圆、安德鲁音叉线和更多按钮,点开可自主调整工具栏默认展示的线型。自主选择从左上至右下的顺序分别为直线组、矩形组、江恩角度线组、平行线组、等周期线组、黄金分割线组、八浪组、圆形组、安德鲁音叉组。

③ 辅助工具分别为选择、字体、颜色选择、其他功能组、删除、设置、切换版式、解盘。

更多自主选择设置如图 3-3-24 所示。

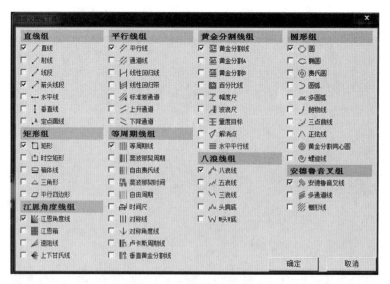

图 3-3-24　更多自主选择设置

可以勾选子线型,自主调整工具栏默认展示的线型。工具栏默认展示 10 个线型,至多可以选择 15 个线型,至少需要保留 5 个线型。

选择:将鼠标切换到正常指针状态,同时停止画线。

设置:可以对全部画线进行设置,包括颜色、粗细、隐藏、锁定等所有通用属性。

其他功能:包括截屏、曲线平移、区间统计、未来预演、测量距离、查看画线说明。

曲线平移,点击以后可以对 K 线进行平移,再次点击曲线平移可取消平移状态,也可以在右键菜单中选择曲线平移,对 K 线进行平移或者取消。

删除:可以选择删除单根画线或者删除全部画线,默认为删除单根画线。

三、画线操作说明

1. 调用画线工具

若是鼠标用户,最方便的方式为在工具栏上点击“画线”按钮;若是键盘用户,最方便的方式为快捷键 ctrl+x 或者 hx+enter。

2. 画线

画线有两种方式,即自动画线、手动画线。

(1) 自动画线

鼠标点击智能分析下的撑压分析和黄金分割,当前 K 线页面会自动画出由研究员提供算法计算得出的线型位置。

最方便的方式是,键盘快捷键入“CYFX”“70”能快速画出支撑、压力线;键入“HJFG”“71”能够快速画出当前 K 线的黄金分割线,不用找点位调距离并且还带有投顾的点评分析(见图 3-3-25)。

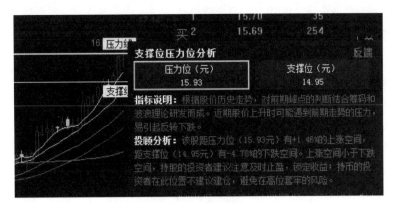

图 3-3-25　自动画线

（2）手动画线

以画直线为例。

① 点住鼠标左键并且不松开（设置起点），然后拖动鼠标到合适的位置松开鼠标（设置终点）。

② 在窗口的某个位置先点一下鼠标（设置起点），松开鼠标，然后移动鼠标，在合适的位置再点击鼠标（设置终点）。

3. 删除画线

可以点击画线工具栏上的"删除"按钮，然后选择需要删除的画线；也可以选中画线后按delete 键。

4. 修改画线

对画线做修改，可以在画线上单击右键，选择需要设置的内容，或者在画线上双击，对画线风格进行设置。

此外，选错画线时，可以在画线工具栏上点击"选择"按钮，或者单击右键结束画线。

四、画线类型说明

1. 直线类

直线类画线有直线、射线、线段、箭头线段、水平线、垂直线、定点画线。

① 直线、射线、线段、箭头线段：选择画线后，在窗口中确定两个点后完成画线。

② 水平线、垂直线：在窗口中选择一个点确定画线位置。

③ 定点画线：点击左键设置定位点，点击右键结束定位点设置。

2. 趋势类

趋势类有平行线（原回归线）、通道线（原回归通道线）、线形回归线、线性回归带、标准差通道、上升通道、下降通道。其中，线形回归线、线形回归带、标准差通道、上升通道、下降通道的画线范围仅为 K 线。

① 平行线、通道线：在窗口中先设置两个定位点，确定第一条线的位置，然后拖动鼠标，确定第二条线的位置。

② 线形回归线、线性回归带、标准差通道、上升通道、下降通道：先在窗口中确定起点位置（从哪一根 K 线开始），然后拖动鼠标确定终点位置（结束的 K 线），会根据选中的 K 线区

间自动计算并画线。

3. 形态类

形态类有八浪线、五浪线、三浪线、头肩线、M头W底八浪线。

4. 水平分割类

水平切割类有水平黄金分割线、黄金分割A、黄金分割B、调整百分比线、幅度尺、波浪尺、量度目标、解消点、水平平行线。

5. 垂直分割类

垂直分割类有等周期线、斐波那契周期、自由费氏线、斐波那契时间、自由周期、时间尺、对称线、对称角度线、卢卡斯周期线、垂直黄金分割线。

6. 时空类

时空类有江恩角度线、江恩箱、速阻线、上下甘氏线。

7. 多通道类

多通道类有安德鲁音叉线、多通道线、栅形线。

8. 多边形类

多边形类有矩形、时空矩形、箱体线、三角形、平行四边形。

9. 圆弧类

圆弧类有圆、椭圆、费氏圆、圆弧、多圆弧、抛物线、三点曲线、正弦线、黄金分割同心圆、螺旋线。

10. 标注类

标注类有文字注释、标注、上涨箭头、下跌箭头、价格签条。

五、画线属性说明

画线属性分为两类，一类为颜色、粗细、线型、延伸（部分画线）、箭头、显示背景色；另一类为显示、隐藏、锁定。

1. 颜色

画线的颜色，可以通过工具栏上的"颜色"按钮修改颜色，或者双击/右键单击画线，调用单根画线风格设置进行修改。全局修改在工具栏的设置中进行修改。

2. 粗细

画线的粗细分为粗、中、细三个级别。可以双击/右键单击画线，调用单根画线风格设置进行修改。全局修改在工具栏的设置中进行修改。

3. 线型

线型分为实线、点画线、虚线。可以双击/右键单击画线，调用单根画线风格设置进行修改。全局修改在工具栏的设置中进行修改。

4. 延伸

直线、趋势线类画线附加属性，可以设置画线是否需要延长。设置方式为双击/右键单击画线，调用单根画线风格设置进行修改。

5. 箭头

直线类画线附加属性，可以设置画线的起点、终点处是否有箭头，作用为指向方向。设置方式为双击/右键单击画线，调用单根画线风格设置进行修改。

6. 显示背景色

对多边形、圆形类画线有效,效果为选中的区域中可以显示蓝色背景。设置方式为双击/右键单击画线,调用单根画线风格设置进行修改。

7. 显示

原始状态,即画线为可见状态。

8. 隐藏

画线不可见,非删除,可以在隐藏/删除/锁定中设置为显示,也可以点击显示全部画线进行显示。

9. 锁定

锁定画线后,不能对画线进行移动、删除、隐藏。作用是固定一些比较重要画线的位置,防止因为误操作而引起的画线变化。可以在右键中锁定/解锁,也可以在隐藏/删除/锁定中进行设置。

六、画线案例介绍

画线工具主要分以下十类:直线类、趋势通道类、形态类、水平分割线类、垂直分割线类、时空类、多通道类、多边形类、圆弧类、标注类。

1. 直线类(见图3-3-26)

直线类画线分为直线、射线、线段、箭头线段、水平线、垂直线、定点画线。

用法:趋势线反映在过去的一段时间内股价的走向,以帮助预测未来的价格走势。趋势线由连接一个特定的时间内股价的最高或最低点而成。其行走角度反映股价处于上升或下跌轨。连接股价波动高点的直线为下降趋势线,连接股价波动低点的直线为上升趋势线。根据波动的时间,它又可分为长期趋势线(连接长期波动点)和中期趋势线(连接中期波动点)。趋势线的本质是指向或提示趋势的,严格定义时段的趋势线和5、20均线基本一致。

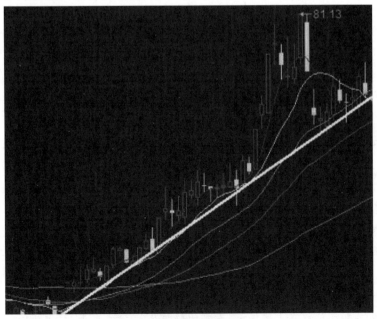

图3-3-26　直线

案例:300288 朗玛信息,2012 年 7 月 6 日—2012 年 9 月 10 日

该股股价经过一字板出水芙蓉后,就进入了上升趋势,沿着趋势线稳步上升,每当股价回归到趋势线时,就会受到趋势线的强力支撑,每当股价与趋势线偏离太远时,也会回调。

定点画线画法:点击左键设置定位点,定位点只能在分时/K 线图中,点击右键结束定位点设置。定位点最多设置 9 个。

2. 趋势通道类

趋势通道类分为平行线(原回归线)、通道线(原回归通道线)、线性回归线、线性回归带、标准差通道、上升通道、下降通道。

(1)平行线(见图 3-3-27)

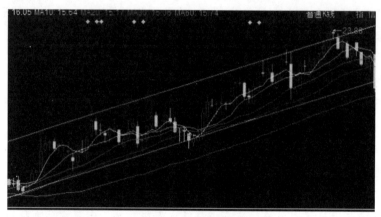

图 3-3-27　平行线

用法:平行线又称管道线,是一根与趋势线平行的直线,且该直线穿越近段时期价格的最高点或最低点。这两条线将价格夹在中间运行,有明显的管道或通道形状。通道的主要作用是限制价格的变动范围,让它不能变动得太离谱。通道一旦得到确认,那么价格将在这个通道里变动。如果通道线一旦被价格有效突破,往往意味着趋势将有一个较大的变化。当通道线被价格突破后,趋势上升的速度或下降的速度会加快,会出现新的价格高点或低点,原有的趋势线就会被废止,要重新依据价格新高或新低来画趋势线和管道线。很多交易者就是利用价格突破管道线的时机来进行加仓或减仓的。

案例:1A0001 上证指数,2007 年 10 月 19 日—2008 年 11 月 7 日

上证指数在创了 6 124 的历史新高后。股价开始进入了下跌周期,股价的波动始终在 2 条通道线之内,在碰到下边线时,会有短暂的反弹,然后迫于上边线的压力,又开始了新一轮的下跌。

(2)通道线(见图 3-3-28)

用法:与趋势线原理相同,先确定一条通过股价最高点或最低点的线,然后向上、向下各衍生出一条平行线,形成通道。通道的主要作用是限制价格的变动范围,让它不能变动得太离谱。通道一旦得到确认,那么价格将在这个通道里变动。如果通道线一旦被价格有效突破,往往意味着趋势将有一个较大的变化。当通道线被价格突破后,趋势上升的速度或下降的速度会加快,会出现新的价格高点或低点,原有的趋势线就会被废止,要重新依据价格新高或新低来画趋势线和管道线。很多交易者就是利用价格突破管道线的时机来进行加仓或减仓的。

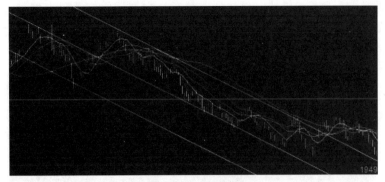

图 3-3-28　通道线

（3）线性回归线（见图 3-3-29）

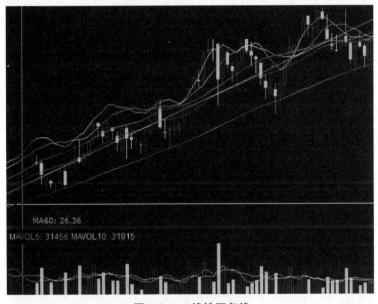

图 3-3-29　线性回归线

用法：线性回归线是计量学中预测时间序列的方法，它讲究"让数据自己说话"，通过研究一段数列的走势规律来预测后一段数据的走势。近些年，它也被广泛地运用在股市的预测当中。通过选择两个基准点连成一条直线，衍生出一段线性回归线，作为后市股价的基准线。股价后市会围绕基准线波动，当超出基准线太多，会被拉回到基准线；当低于基准线较多，会回归到基准线。

案例：603000 人民网，2012 年 6 月 11 日—2012 年 10 月 18 日

连接该股 2012 年 5 月 31 日与 2012 年 7 月 6 日这两个点（一波小幅上涨），进而衍生出一条线性回归线，之后的股价基本围绕该线运动，可以结合均线进行高抛低吸操作。

（4）线性回归带（见图 3-3-30）

用法：线性回归带是线性回归线的加强版，线性回归线通过选择两个基准点连成一条直线，衍生出一段线性回归线，作为后市股价的基准线。股价后市会围绕基准线波动，当超出基准线太多，会被拉回到基准线；当低于基准线较多，会回归到基准线。但它对于股价大概会偏离线性回归线多少并未说明。线性回归带在线性回归线的基础上增加了两条通道线,这2条线是线性回归线向上以及向下平移产生的(平移到完全包含所选的K线为止),当股价接近通道线时,说明回归将至,而一旦通道线被有效击破,股价将反转。

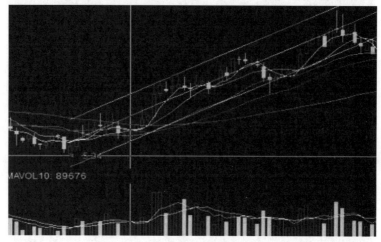

图 3-3-30　线性回归带

案例:000503 海虹控股,2012 年 7 月 7 日—2012 年 9 月 20 日

连接该股 2012 年 5 月 31 日与 2012 年 8 月 20 日这两个点(一波小幅上涨),进而衍生出一条线性回归线,和对应的两条通道线,之后的股价基本围绕该线运动,并在接近通道线的时候出现反转,可以进行高抛低吸操作。

(5) 标准差通道(见图 3-3-31)

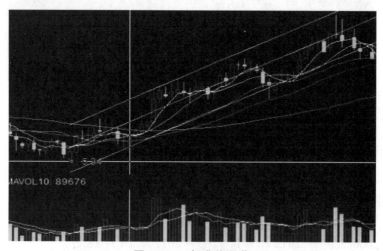

图 3-3-31　标准差通道

用法:标准差通道也是线性回归线的加强版,线性回归线通过选择两个基准点连成一条直线,衍生出一段线性回归线,作为后市股价的基准线。股价后市会围绕基准线波动,当超出基准线太多,会被拉回到基准线;当低于基准线较多,会回归到基准线。但它对于股价大概会偏离线性回归线多少并未说明。标准差通道线在线性回归线的基础上增加了两条通道线,这两条线是线性回归线向上以及向下平移一个标准差产生的。当股价接近通道线时,说明回归将至,而一旦通道线被有效击破,股价将反转。

案例:000503 海虹控股,2012 年 7 月 7 日—2012 年 9 月 20 日

连接该股 2012 年 5 月 31 日与 2012 年 8 月 20 日这两个点(一波小幅上涨),进而衍生出一条线性回归线,和对应的 2 条标准差通道线,之后的股价基本围绕该线运动,并在接近通道线的时候出现反转,可以进行高抛低吸。

(6)上升通道(见图 3-3-32)

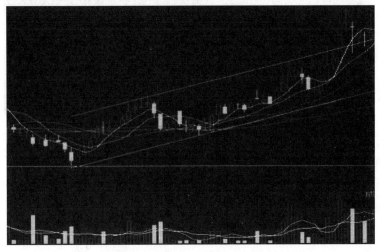

图 3-3-32　上升通道

用法:一般来讲,当某只股票处于上升趋势中,将其 K 线图中两个明显低点连成一条直线,并向上平行移动,直到与一个高点相切为止,如果形成的平行线倾斜的角度大体为 45 度,这就是所谓的上升通道。总体来说,上升趋势中的股票价格总会在一定时期内相对稳定地运行在上升通道中,上升通道的宽窄取决于庄家震仓洗盘的剧烈程度,很多投资者已习惯于在上升通道内高抛低吸做波段。上升通道出现跌破下轨的情况则意味着上升趋势结束的可能较大。上升通道出现放量向上突破时,则往往意味着头部即将来临,这是因为此前在上升通道中已经累积一定获利盘,一旦向上突破,反而缺乏进一步涨升的动力。

案例:000671 阳光城,2012 年 8 月 28 日—2012 年 11 月 1 日

连接该股 2012 年 8 月 28 日与 2012 年 9 月 25 日这两个点(两个阶段性低点),进而衍生出两条上升通道线,之后的股价基本在这两条线之内上下波动,可以结合均线进行高抛低吸。

(7)下降通道(见图 3-3-33)

用法:一般来讲,当某只股票处于下降趋势中,将其 K 线图中两个明显高点连成一条直线,并向下平行移动,直到与一个低点相切为止,如果形成的平行线倾斜的角度大体为 45 度,这就是所谓的下降通道。一旦进入下降通道,说明该股空头动能强劲,上轨成为强压力位。首次(甚至前三次)触碰上轨下跌的概率较大,下降通道出现有效突破上轨的情况则意味着下降趋势结束的可能性较大。

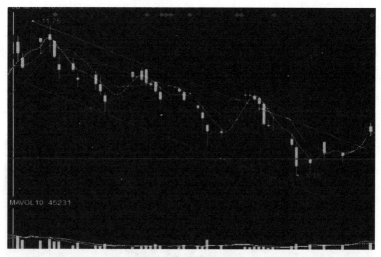

图 3-3-33　下降通道

案例:000716 南方食品,2012 年 7 月 9 日—2012 年 10 月 9 日

连接该股 2012 年 7 月 9 日与 2012 年 8 月 13 日这两个点(两个阶段性高点),进而衍生出两条下降通道线,之后的股价基本在这两条线之内上下波动,可以结合均线轻仓进行高抛低吸,并等待有效突破上轨时买入。

3. 形态类

形态类分为八浪线、五浪线、三浪线、头肩线、M 头 W 底八浪线。

(1) 八浪线(见图 3-3-34)

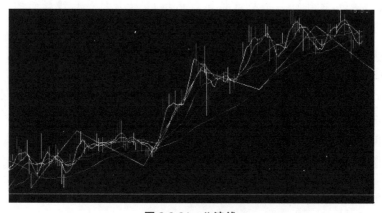

图 3-3-34　八浪线

用法:八浪线是经典的波浪理论。何为八浪线? 也即我们说的 ABCDEFGH 八波走势,在上升过程中,A 浪为第一浪,B、D 浪为调整浪,C 浪是主升浪,E 浪是延伸浪。它的核心是抓上升初期的反弹,以此在低点买入,享受后面的更大涨幅(主要为 C 浪,第五浪常常会失败)。后三波(即 FGH)为下跌浪,可以计算出五浪上升浪走完后大概的跌幅。

案例:002250 联化科技,2012 年 3 月 7 日—2012 年 11 月 5 日

该股从 2012 年 3 月 7 日开始回升,连接起涨点与回升后的高点,即 A 浪(第一根黄线段),之后衍生出第二至第八根黄线段。达到高点后开始回调,回调幅度大约为 40%,在第二根黄线段即B浪走完后,可以逢低买入,或是在突破A浪的高点时买入,之后可以在第三根黄线段的终点处卖出。而第四浪与第五浪并没有走出相应的走势,因此在卖出后可以不用再考虑D浪的回调以规避风险。到2012年9月26日五浪已经走完,开始了下跌三浪。

(2) 五浪线(见图 3-3-35)

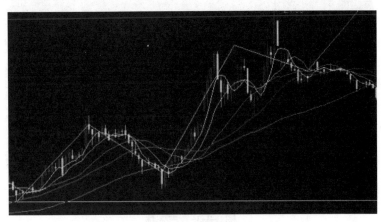

图3-3-35 五浪线

用法:五浪线是波浪理论中经典八浪的简化走势。何为五浪线? 也即我们说的ABCDE五波走势,在上升过程中,A浪为第一浪,B、D浪为调整浪,C浪是主升浪,E浪是延伸浪。它的核心是抓上升初期的反弹,以此在低点买入,享受后面的更大涨幅(主要为C浪,第五浪常常会失败)。

案例:300035 中科电气,2009 年 8 月 21 日后走势

该股从2009年8月21日开始回升,连接起涨点与回升后的高点,即A浪(第一根黄线段),之后衍生出第二至第五根黄线段。达到高点后开始回调,回调幅度大约为40%,在1根黄线段中阴后,第二根黄线段即B浪也刚好走完,可以逢低买入,或是在突破A浪的高点时买入,之后可以在第三根黄线段的终点处卖出。而第四浪与第五浪并没有走出相应的走势,因此在卖出后可以不用再考虑D浪的回调以规避风险。

(3) 三浪线(见图 3-3-36)

用法:三浪线是波浪理论中经典八浪的简化走势。何为三浪线? 也即我们说的A、B、C三波走势或N字走势,在上升过程中,A浪为第一浪,B浪为调整浪,C浪是主升浪。它的核心是抓上升初期的反弹,以此在低点买入,享受后面的更大涨幅。

案例:300035 中科电气,2012 年 7 月 31 日—2012 年 9 月 17 日

该股在创出7.77的阶段性新低后,开始回升,连接7.77的点与回升后的高点,即A浪(第一根黄线段),之后衍生出第二、第三根黄线段。达到高点后开始回调,回调幅度大约为40%,在两根黄线段中阴后,第二根黄线段即B浪也差不多走完,可以逢低买入,或是在突破A浪的高点时买入,之后可以在第三根黄线段的终点处卖出。

(4) 头肩线(见图 3-3-37)

K线中典型的趋势反转形态,由两个近似的肩与一个明显高于肩的头部组成。以头肩底为例,在股价下跌的过程中,当跌到某一水平后,股价开始回调,上涨到某一价格后,股价继续下跌,直到创出新低;下跌到某一位置时,股价开始反弹,并反弹到前期高点附近,之后调整回落,回落的低点一般高于左肩的低点,然后开始反转,反转高度大致与头部到颈线的距离相同。

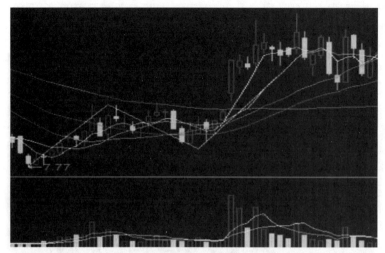

图 3-3-36　三浪线

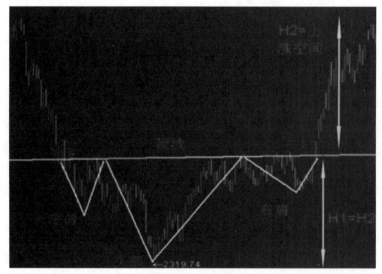

图 3-3-37　头肩线

(5) M 头 W 底八浪线(见图 3-3-38)

它是 M 头 W 底 K 线图中常见的反转形态之一。以 M 头为例,它由两个较为相近的高点构成,其形状类似于英文字母"M",因而得名。在连续上升过程中,当股价上涨至某一价格水平,股价开始掉头回落;下跌至某一位置时,股价再度反弹上行,反弹至前高点附近之后再第二次下跌,并跌破第一次回落的低点,之后股价大跌几乎成定局。股价下跌幅度为最高点与颈线之间的垂直高度。

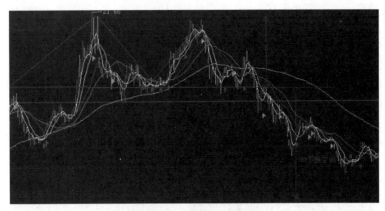

图 3-3-38 M 头下跌空间

4．水平分割线类

水平分割线类分为水平黄金分割线、黄金分割 A、黄金分割 B、调整百分比线、幅度尺、波浪尺、量度目标、解消点、水平平行线。

（1）水平黄金分割线（见图 3-3-39）

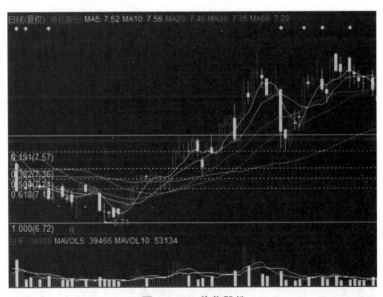

图 3-3-39 传化股份

用法：得到水平黄金分割线的第一步是记住以下几个特殊的数字：0.191，0.382，0.618，0.809，1.191，1.382，1.618，1.809，2.382……第二步是找一个点，这个点是上升行情结束掉头向下的最高点，或者是下降行情结束调头向上的最低点。第三步是用找到的点的价格分别乘以上述的特殊数字，就得到若干条直线。当价格遇到这些点时，就会有较大可能得到支撑或是遇到压力。

案例：002010 传化股份，2012 年 6 月 5 日—2012 年 7 月 3 日

设股股价在经过一波上涨后开始调整，由于大盘开始下行，因此调整幅度较大，当回调到 50％的位置时，开始止跌回升，之后走出一波涨势。

（2）黄金分割 A（见图 3-3-40）

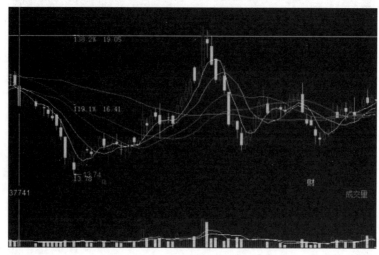

图 3-3-40　黄金分割 A

用法：黄金分割是一个古老的数学方法。对于它的各种神奇的作用和魔力，数学上至今还没有明确的解释，只是发现它屡屡在实际中发挥我们意想不到的作用。画黄金分割 A 的第一步是记住若干个特殊的数字：1.191，1.382，1.5，1.618。这些数字中 1.191、1.382 最为重要，意味着股价极容易在上涨 19.1％和 38.2％处面临压力。或是在下跌 19.1％和 38.2％处面临支撑。可见，黄金分割 A 是一种以绝对数为基准点的画线方式。

以上涨为例，选择好两个基准点，系统会自动计算出基准向上 19.1％和 38.2％的价位，当股价到达这些点时，往往是反转的信号；下跌亦然。

案例：600038 哈飞股份，2012 年 8 月 2 日—2012 年 9 月 13 日

该股在选择 13.74 的价位作为基准点后，之后在上涨了 19.1％后股价调整了几天，在上涨 38.2％后股价见顶，开始了慢慢阴跌。因此可以在一段上升趋势中，判断出股价见顶的价位，以作出分批卖出决策。也可以在一段下降趋势中，判断出股价见低的价位，以作出分批买入决策。

（3）黄金分割 B（见图 3-3-41）

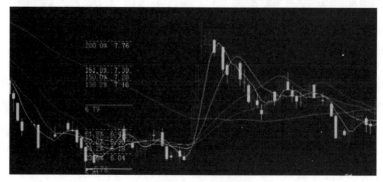

图 3-3-41　黄金分割 B

用法：与黄金分割 A 一样，画黄金分割 B 的第一步是记住若干个特殊的数字：1.382，

1.5,1.618。当股价出现急拉的时候,先计算出上涨的绝对幅度,即一个基准区间,股价极容易在上涨该区间幅度的 38.2%、50% 以及 61.8% 处面临压力。或是在下跌该区间幅度的 38.2%、50% 以及 61.8% 处面临支撑。可见,黄金分割 B 是一种以相对数为基准点的画线方式。该画线方法主要针对强势股。

以上涨为例,选择好一个基准区间,系统会自动计算出基准区间的 38.2%、50% 以及 61.8% 的价位,当股价到达这些点时,往往是反转的信号;下跌亦然。

案例:600075 新疆天业,2012 年 7 月 31 日—2012 年 9 月 6 日

在 2012 年 7 月 31 日该股见底,价格为 5.78。之后盘整了一段时间后,以涨停板(价格为 6.79)突破盘整区间,预示着可能会有一波涨幅,因此以 5.78 和 6.79 作为基准区间,该区间的绝对幅度大致为 1,因此,衍生出的价位为 1×0.382%,1×0.5%,1×0.618%。这也预示着当价格到达 6.79+0.382(7.17),6.79+0.5(7.29),6.79+0.618(7.4)时会遇到阻力,如图所示,价格在运行到 7.4 时基本见顶,虽然之后还探到 200%,但不建议作为普遍情况使用。因此可以在遇到强势股起涨时,判断出股价见顶的价位,以作出分批卖出决策。也可以在遇到股票急跌时,判断出股价见低的价位,以作出分批买入决策。

(4)调整百分比线(见图 3-3-42)

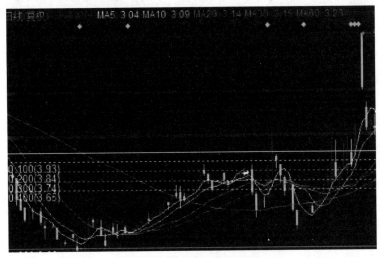

图 3-3-42 调整百分比线

用法:百分比线考虑问题的出发点是人们的心理因素和一些整数的分界点。价格连续向上(向下),涨(跌)到一定程度,肯定会遇到压力(支撑),当遇到压力(支撑)后,就要向下回落(往上升)。回落(上升)的位置是很重要的,百分比线可以提供几个位置:1/8,2/8,3/8,4/8,5/8,6/8,7/8,8/8,1/3,2/3。最为重要的是 1/2、1/3 和 2/3。在很大程度上,回撤到 1/2、1/3 和 2/3 的位置,是人们的一种心理倾向。如果没有回落到 1/3 以下,就好像没有回落够似的,如果已经回落到 2/3,人们自然会认为已经回落够了。

案例:600620 天宸股份,2012 年 1 月 6 日—2012 年 3 月 28 日

经过一波上涨后,该股股价开始回调,当回调到 60% 的位置时,已经符合人们的一种心理倾向,认为调整完毕,之后股价果然开始止跌反弹,随即走出一波涨势。

(5)幅度尺(见图 3-3-43)

用法:幅度尺用于测量选择的区间内的涨跌幅与涨跌值。

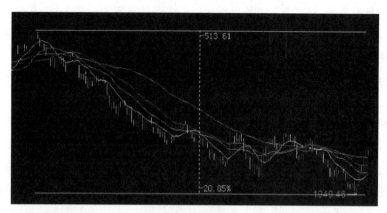

图 3-3-43　幅度尺

(6) 波浪尺(见图 3-3-44)

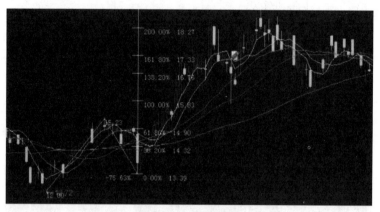

图 3-3-44　东方金钰

用法:波浪尺是波浪理论的一个重要工具,当前二浪走完后,运用波浪尺可以测算出第三浪的幅度,从而得到压力位或支撑位。

以上涨为例,选择好三个基准点(起涨点、阶段顶点、回调点),系统会以回调点为起点,向上衍生第一浪绝对涨幅的 38.2%,61.8%,100%,138.2%,161.8%……当第三浪越过第一浪的高点时,使用波浪尺成功概率更大,一般都能走完第一浪绝对涨幅的 2 倍。

案例:600086 东方金钰,2012 年 6 月 29 日—2012 年 8 月 23 日

该股于 12.72 见底后,上升到 15.23,因此第一浪的绝对涨幅为 15.23－12.72＝2.51,之后回调到 13.39 后开始重新上涨,直到越过了第一浪的高点 15.23,预示着第三浪成功为大概率事件。因此之后的压力位依次为 13.39＋2.51×1＝15.9、13.39＋2.51×1.382＝16.8、13.39＋2.51×1.618＝17.4……,最终该股于 18.27 见顶(即第一浪绝对涨幅的 2 倍),因此可以在第三浪确立(越过第一浪的高点)的时候,判断出股价见顶的价位,以作出分批卖出决策。

（7）量度目标（见图3-3-45）

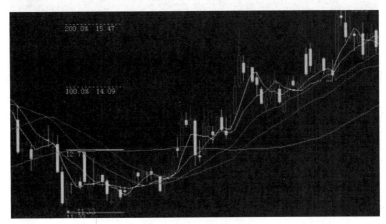

图3-3-45　量度目标

用法：量度目标是一个有关箱体理论的计算值，它先算出箱体内最低点到最高点的涨幅，然后将箱体上沿价格加上一个以及两个这样的涨幅，得到第一压力位和第二压力位，理论依据是箱体内的平均价格是庄家的建仓成本，而庄家一般的收益目标为100%到200%，所以在突破了箱体并上涨100%和200%后，反转的可能性较大。

案例：002271东方雨虹，2012年7月17日—2012年10月22日

该股在2012年7月17日创下新低后开始回升，形成了一个小箱体。该箱体涨幅的100%即14.09为第一压力位，该箱体涨幅的200%即15.47为第二压力位。当股价在到达14.09时，调整了几天，之后突破价格，在到达15.47时买盘枯竭，价格开始回落。

（8）解消点

解消点又叫"神秘黑洞"，是一种辅助波浪理论、预估上涨或下跌幅度的工具。一般被用来估算反弹、回档、下跌浪、上升浪结束后的涨跌目标。通过股价涨跌比例对应关系，我们先选出一类高低点，画出一个线段，又有一种说法叫找"阴阳中心线"，然后以一边拉出45度角作切线，然后寻找能和另一个点相交的融会点（该点位的夹角要求为30度），该点就是我们所得到的解消点。股价就有可能在它们所组成的三角形范围内进行运动。譬如，当反弹波结束时，选取反弹低点与反弹高点；当回档波结束时，选取起跌高点与回档低点，解消点都会提示下一波涨幅目标位。当一段下跌浪结束时，选取末跌浪的起跌高点与末跌浪低点，解消点会指出其下一波回升的涨幅目标。当一段上升浪结束时，选取末升浪的起涨低点与末升浪高点，解消点也会指出其下一波回跌的跌幅目标。

（9）水平平行线（见图3-3-46）

用法：水平平行线主要是用于价格（包括指数）在做水平横向波动阶段的分析与研判，以及价格突破"旧箱"的上（或下）边线之后波动空间（长度）的量度。在横向行情中画"等距水平平行线"时只需要选定两个点，即一个上边线的点和一个下边线的点。这两个点之间会衍生出等距的6条线，可以在这些线表示的价格上建仓，并在价格突破上边线时加仓。

图 3-3-46　水平平行线

案例:300026 红日药业,2010 年 12 月 3 日—2011 年 12 月 2 日

经过 1 年的震荡整理,红日药业开始了一波行情,价格突破"旧箱"的上边线之后开始迅速拉高,1 年的蓄势创造了一个月内 70%多的涨幅。

5. 垂直分割线类

垂直分割线类可分为等周期线、斐波那契周期、自由费氏线、斐波那契时间、自由周期、时间尺、对称线、对称角度线、卢卡斯周期线。

(1)等周期线(如图 3-3-47)

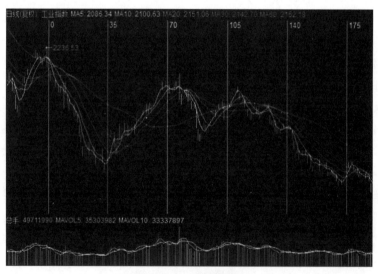

图 3-3-47　等周期线

用法:等周期线主要是根据对称原理来判断分析指数和股价可能发生大波动(或是涨跌的转折)的时间。它是依据费氏周期线衍生出来的一种画线方式。等周期线首先确定一个高点和一个低点(当然这里高低点的选择要有意义),之后计算这两个点之间的天数,然后根据这个天数向后衍生出相同的天数,当这个天数越近时,发生转折的可能性越大。

案例:1B0001 工业指数,2011 年 11 月 18 日—2012 年 1 月 6 日

该股股价从 2 236.53 点开始下跌,在经过一波 35 天的下跌后,开始回升,在上涨了 35 天后,果然到达阶段性的顶部,之后的 35 天,又离阶段性的顶部只有四五天。这里的时间对称较为明显。

（2）斐波那契周期（见图3-3-48）

用法：斐波那契时间周期线是在斐波那契数列基础上演化而来，以斐波那契的时间间隔1、2、3、5、8、13、21、34等画出的许多垂直线。假定主要的价格变化期望在这些线附近。

选择好基准点（基准日期，通常为创了新高或新低的日期）。根据斐波那契数列，其他的线是在此单位间隔的基础上确定的。在使用上述神奇数字比率时，投资者和分析者若与波浪形态配合，再加上动力系统指标的协助，能较好地预估股价见顶、见底的讯号。

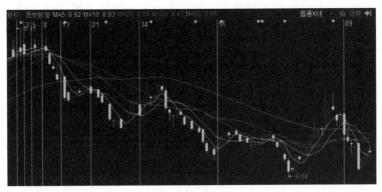

图3-3-48

案例：000610西安旅游，2012年5月17日—2012年9月20日

在选择创了新高的5.17的日期作为基准日后，之后的13天、21天、55天都较为准确地找到了阶段性高点或低点。因此可以在一段下降趋势的周期中，选择斐波那契数字出现的时点进行买入。

（3）自由费氏线（见图3-3-49）

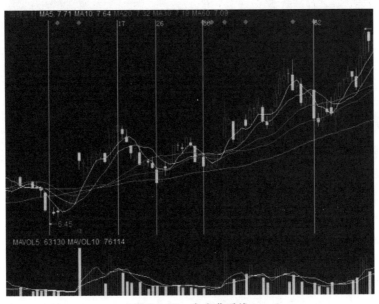

图3-3-49　自由费氏线

用法:自由费氏线是在斐波那契数列上衍生出的线,它的内在含义是当时间达到特定的数值,价格将发生大的波动。一般是选择一段明显波段(这里以上涨波段为例)的起点与终点,然后选择一个回调的低点,之后会自动按照斐波那契数列的原理向后衍生出特定的时间点。当价格遇到这些时间点时,出现反转的概率较大。

案例:002140 海螺型材,2012 年 6 月 26 日—2012 年 9 月 21 日

该股在 2012 年 6 月 26 日创出新低后,向上上涨了一波并于 2012 年 7 月 17 日到达阶段性高点,之后回调到 2012 年 7 月 31 日,因此选择这三个点作为基准点,向后衍生出其余的费氏线。可以看出,当时间运行到费氏线时,价格确实发生了明显的反转,因此可以通过费氏线来判断阶段性的底部,要点是要选择好有意义的基准点。

(4) 斐波那契时间

(5) 自由周期(见图 3-3-50)

用法:自由周期线是在卢卡斯数列基础上演化而来,以自然数的平方数列为时间间隔 1、4、9、16、25、36、49、64 等画出许多垂直线。假定主要的价格变化在这些线附近。

选择好基准点(基准日期,通常为创了新高或新低的日期)。根据自由周期数列,其他的线是在此单位间隔的基础上确定的。在使用上述平方数字时,投资者和分析者若与波浪形态配合,再加上动力系统指标的协助,能较好地预估股价见顶见底的讯号。

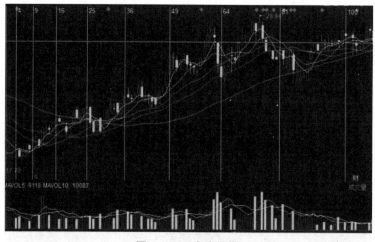

图 3-3-50　自由周期

案例:300017 网宿科技,2012 年 5 月 29 日—2012 年 10 月 23 日

该股在选择创了新低的 5.29 的日期作为基准日后,之后的 16 天、25 天、64 天都较为准确地找到了阶段性高点或低点,因此可以在一段下降趋势的周期中,选择自由周期数列数字出现的时点进行买入。

(6) 时间尺

用法:时间尺用于测量框选范围内的周期数。

(7) 对称线(见图 3-3-51)

用法:对称线是江恩时间法则的一个重要工具。江恩时间法则中的左右对称是以市场的高点以及低点为参照点,假设趋势会运行相同的时间,根据时间的对称性因素,投资者可以根据前波段运行的时间来判断后波段运行的时间,从而对后市市场的行情产生比较明显的预判作用。

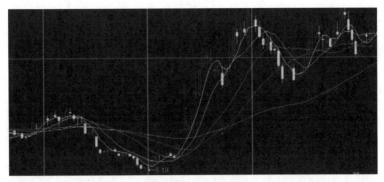

图 3-3-51　对称线

案例:002476 宝莫股份,2012 年 8 月 3 日—2012 年 9 月 10 日

当该股于 8.3 见底时(当该股之后向上上涨了一段时,可以判断出 8.3 基本见底),将 8.3 作为基准点,向前寻找阶段性高点(大致在 6.25),因此根据时间左右对称原理,股价从 8.3 开始向后运行相同的时间段即会遇到阶段性高点,该点果然在 9.10 附近出现。

(8) 对称角度线(见图 3-3-52)

用法:对称角度线是江恩空间法则的一个重要工具。它先判断出前期股价运行的角度,然后根据空间的对称性因素,假设后期也会按照前期的反向角度运行,投资者可以根据前波段运行的角度来判断后波段运行的趋势,从而确定后市股价运行的压力位或支撑位。

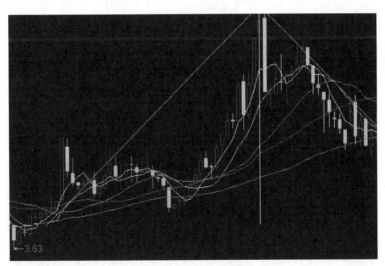

图 3-3-52　对称角度线

案例:600784 鲁银投资,2010 年 9 月 3 日—2011 年 10 月 28 日

当该股于 9.93 见顶时(当该股之后向下下跌了一段时,可以判断出 9.93 基本见底),将 9.93 作为基准点,向前寻找阶段性低点(大致在 3.63),之后衍生出压力线,后期每当股价反弹到该线时,总会在强压力下重新向下。

(9) 卢卡斯周期线(见图 3-3-53)

用法:由于卢卡斯数列和斐波那契数列有着千丝万缕的联系,都符合自然法则黄金分割比例。卢卡斯周期线是在卢卡斯数列基础上演化而来,以卢卡斯数列的时间间隔1、3、4、7、11、18、29、47等画出的许多垂直线。假定主要的价格变化期望在这些线附近。

选择好基准点(基准日期,通常为创了新高或新低的日期)。根据卢卡斯数列,其他的线是在此单位间隔的基础上确定的。在使用上述神奇数字比率时,投资者和分析者若与波浪形态配合,再加上动力系统指标的协助,能较好地预估股价见顶、见底的讯号。

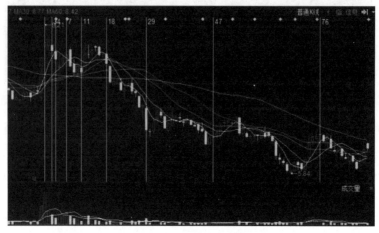

图 3-3-53 卢卡斯周期线

案例:600496 精工钢构,2012 年 5 月 29 日—2012 年 9 月 12 日

在选择创了新高的 5.29 的日期作为基准日后,之后的 11 天、29 天、47 天、76 天都较为准确地找到了阶段性高点或低点。因此可以在一段下降趋势的周期中,选择卢卡斯数字出现的时点进行买入。

(10) 垂直黄金分割线

6. 时空类

时空类分为江恩角度线、速阻线、上下甘氏线。

(1) 江恩角度线(见图 3-3-54)

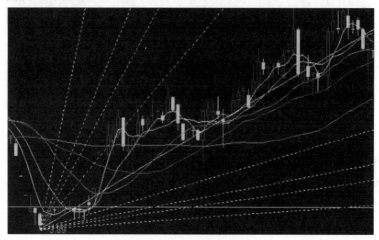

图 3-3-54 江恩角度线

用法:江恩角度线是江恩理论的一个重要工具,角度线并非一般意义上的趋势线,而是根据时间价格两度空间的概念来促成独特的分析体系。江恩宣称:"当时间与价位形成四方形时,市运转势便迫近眼前。"江恩角度线中的每条直线都有一定的角度,这些角度的得到都与百分比线中的那些数字有关。每条直线都有支撑和压力的功能,即当价格由下而上接近一条直线时会受到压力;而当价格由上而下接近一条直线时会获得支撑。甘氏认为,在九条角度线中,比较重要的是1×1线(45度线)、1×2线(26.25度线)和2×1线(63.25度线)。其中又以45度线最重要,代表着市场的一种动态平衡态势。

案例:600860 北人股份,2012 年 8 月 3 日—2012 年 10 月 26 日

该股在创出3.89的新低后,股价沿着45度线(实线)稳步上涨,并在碰到上边虚线的时候回调,而在碰到下边虚线的时候反弹,始终在一个大的区间里震荡上升。

(2)速阻线(见图 3-3-55)

用法:速阻线是由埃德森·古尔德创立的一种分析工具。当价格上升或下跌的第一波形态完成后,利用第一波的展开幅度可推测出后市发展的两条速度线,可作为支撑和压力位置。速阻线的原理与甘氏线较相似,也是试图通过一些特殊的角度(斜率)来界定价格的变化方向。上升趋势如果开始调整,通常会在回调到第一根速度线时得到支撑,回调到第二根速度线时得到强支撑,一旦有效跌破第二根速度线,上升趋势的反转概率较大。

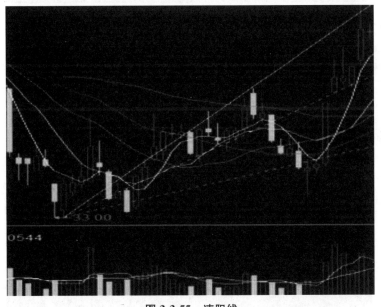

图 3-3-55　速阻线

案例:603000 人民网,2012 年 7 月 23 日—2012 年 9 月 7 日

该股在 2012 年 7 月 23 日创出 33 的新低后,股价开始以一波反弹,并在 2012 年 8 月 22 日处达到阶段性高点,因此连接这两个点,进而衍生出两条速阻线,当股价急跌,回调到第二根速阻线时,受到了速阻线的强力支撑,开始了一波反弹。

(3)上下甘氏线(见图 3-3-56)

用法:甘氏线图中的每条直线都有一定的角度,这些角度的得到都与百分比线中的那些数字有关。每条直线都有支撑和压力的功能,即当价格由下而上接近一条直线时会受到压力;而当价格由上而下接近一条直线时会获得支撑。甘氏认为,在九条角度线中,比较重要的是 1×1 线(45 度线)、1×2 线(26.25 度线)和 2×1 线(63.25 度线)。其中又以 45 度线最重要,代表着市场的一种动态平衡态势。

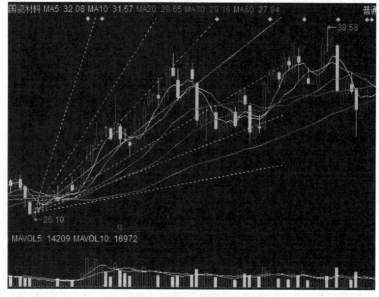

图 3-3-56 上下甘氏线

案例:300285 国瓷材料,2012 年 5 月 28 日—2012 年 7 月 31 日

该股股价沿着 45 度线(实线)稳步上涨,并在碰到上边虚线的时候回调,而在碰到下边虚线的时候反弹,始终在一个大的区间里震荡上升。

7. 多通道类

多通道类分为安德鲁音叉线、多通道线、栅形线。

(1) 安德鲁音叉线(见图 3-3-57)

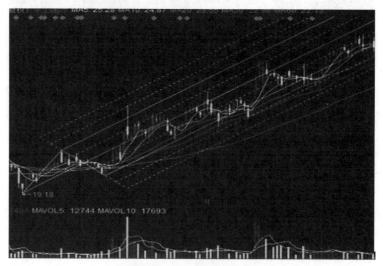

图 3-3-57 安德鲁音叉线

用法:安德鲁音叉线也称为鱼叉线,是研判中期趋势的强势指标。它是一种利用3条平行趋势线来研判可能的支撑位和压力位的技术指标。趋势线的绘制方法是在所判定的趋势上画三个点。这三个点通常放在三个连续的波峰或波谷上,比如,起涨点-阶段性高点-回调点。之后会衍生出九条线,当价格接近这些线时,反转的可能性较大,其中最重要的是中间那条线(中线),指标作者认为市场在接近中线时,可能会有两个结果:一是市场将要在中线处反转;二是市场将要通过中线,朝上方平行线前进,然后反转。

案例:002051 中工国际,2012 年 3 月 29 日—2012 年 8 月 17 日

该股在 2012 年 3 月 29 日创出新低后走出一波涨势,于 4.22 见顶,随后回调并在 5.10 止跌。连接这三点衍生出的安德鲁音叉线,可以看出,当股价接近中线时,往往会反转,并在接近中线下方的第一根虚线时止跌回升,因此可以通过安德鲁音叉线进行高抛低吸。

(2) 多通道线(见图 3-3-58)

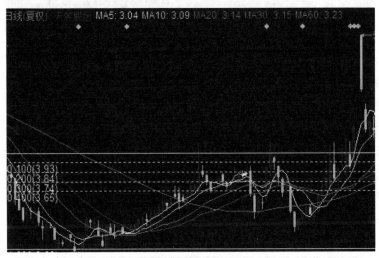

图 3-3-58　多通道线

用法:通道线(以上升通道为例)是指以局部股价最高点为基准做直线,使得图像均在该直线下方且直线与图像至少还有一个交点;做上述直线的平行线,使得第二条直线与图像至少有一个交点,且图像均在第二条直线上方。当形成通道线后,投资者可以以上下轨为参考,进行高抛低吸,但对于超短线投资者来说,这种方法发出的信号太少,因此在两条通道线之间衍生出另外两条与之平行的直线,四条直线依次的距离相等,称之为多通道线。当价格碰到中间的直线时,也会有一两天的小反转,超短线投资者可以以此为依据进行投资。

案例:002124 天邦股份,2012 年 6 月 13 日—2012 年 10 月 22 日

连接该股 2012 年 6 月 13 日与 2012 年 7 月 17 日的低点以及穿过 2012 年 8 月 10 日的高点,衍生出四条通道线,之后的价格每次碰到这些线都会有反转出现。碰到上、下轨基本有大反转,碰到中间的通道线会有小反转,可以以此为信号进行不同策略的高抛低吸。

(3) 栅形线(见图 3-3-59)

用法:栅形线是时间与空间的复合体,栅形线来自江恩轮中轮,轮中轮与中国的先天八卦是同理,反映的都是时空的一分二、二分四、四分八的过程。栅形线其实就是一组平行线,这些平行线间的间距都是固定的,画出来像栅栏一样,所以称之为栅形线。以 3 个点就可以确定两条平行线,而由于栅形线每条平行线之间的距离相等,所以一旦确定了两条平行线,就等于将这一组栅形线全部确定了。一般是连接相邻两个浪的起点,然后过一个阶段性顶点去做前面这条线的平行线。当价格遇到这些线时,出现反转的概率较大。

图 3-3-59　栅形线

案例:002140 东华科技,2012 年 6 月 29 日—2012 年 10 月 25 日

连接该股 2012 年 6 月 29 日与 2012 年 7 月 17 日的低点以及穿过 2012 年 7 月 20 日的高点,衍生出栅形线,之后的价格每次碰到这些线都会有反转出现,如 2012 年 8 月 8 日长上影阴线碰到栅形线后开始回落,2012 年 8 月 27 日碰到栅形线后整理几日开始反弹,因此可以以栅形线为信号进行不同策略的高抛低吸。

8. 多边形类

多边形类分为矩形、时空矩形、箱体线。

(1) 矩形(见图 3-3-60、图 3-3-61)

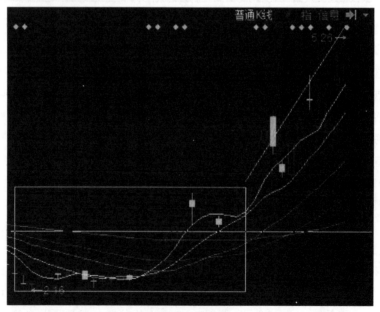

图 3-3-60　矩形一

用法:矩形是为了配合箱体理论而设计的画线工具。股价一般是在一定的范围内波动,这样就形成一个股价运行的箱体。当股价滑落到箱体的底部时会获得买盘的支撑,当股价上升到箱体的顶部时会受到卖盘的压力。一旦股价有效突破原箱体的顶部或底部,股价就会进入一个新的股票箱里运行,原股票箱的顶部或底部将成为重要的支撑位和压力位。因此,只要股价上扬并冲破了箱体上沿,就应买进;反之,则应卖出。

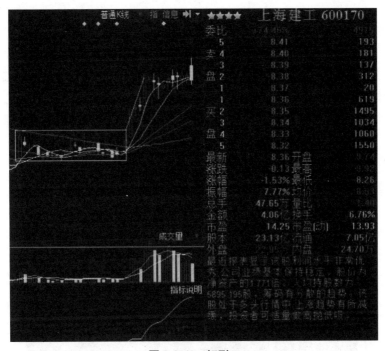

图 3-3-61 矩形二

案例:600170 上海建工,2012 年 8 月 7 日—2012 年 9 月 7 日

该股经过一个月的窄幅震荡整理,股价突破箱体的上沿,意味着原先的强阻力变成了强支撑,股价进入上升周期,开始了一波急速的拉升。

(2) 时空矩形(见图 3-3-62)

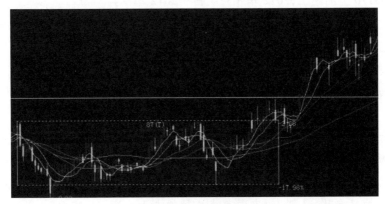

图 3-3-62 时空矩形

用法:矩形即箱体。箱体理论在技术分析中一直占据着重要的地位,当突破箱体上延时即可考虑买入。所谓横有多长,竖有多高,时空矩形同时计算了箱体的时间和幅度,以此对突破后上涨的时间和幅度提供参考。

案例:300020 银江股份,2012 年 3 月 14 日—2012 年 9 月 10 日

该股在横盘了 87 个交易日后,于 2012 年 7 月 24 日开始突破箱体上沿,在回调了几天后,股价开始向上攀升,在 2012 年 9 月 10 日到达阶段性顶部,涨幅与箱体的 17.98% 的振幅相似。

(3) 箱体线(见图 3-3-63)

用法:箱体线是为了配合箱体理论而设计的画线工具。股价一般是在一定的范围内波动,这样就形成一个股价运行的箱体。当股价滑落到箱体的底部时会获得买盘的支撑,当股价上升到箱体的顶部时会受到卖盘的压力。一旦股价有效突破原箱体的顶部或底部,股价就会进入一个新的股票箱里运行,原股票箱的顶部或底部将成为重要的支撑位和压力位。因此,只要股价上扬并冲破了箱体上沿,就应买进;反之,则应卖出。

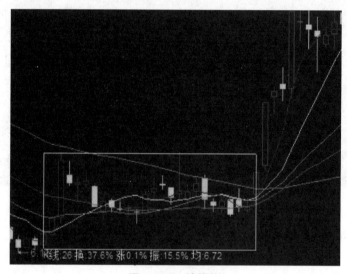

图 3-3-63　箱体线

案例:600170 上海建工,2012 年 8 月 7 日—2012 年 9 月 7 日

该股经过 1 个月的窄幅震荡整理,股价突破箱体的上沿,意味着原先的强阻力变成了强支撑,股价进入上升周期,开始了一波急速的拉升。

9. 圆弧类

圆弧类分为螺旋线、圆、椭圆、费氏圆、圆弧、多圆弧、抛物线、三点曲线、正弦线、黄金分割同心圆。

螺旋线(见图 3-3-64)用法:用趋势的起点作为螺旋形的核心,从而推出无穷无尽向外扩张的对数螺旋线,以预测市场的支撑/压力以及重要的转折点。螺旋线的特点是,每转 90° 半径便增加 1.618 倍,如此不断扩张。收缩时,则每转 90° 半径便收缩 0.618 倍,无穷无尽。在选择螺旋线的起点时,通常以趋势最高点或最低点为首选。换言之,核心至起点便是螺旋线的第一个半径,由此展开一个顺时针或逆时针的向外扩张的螺旋线。螺旋线一旦制作完成,便可以准确地预测市场的支撑及压力。

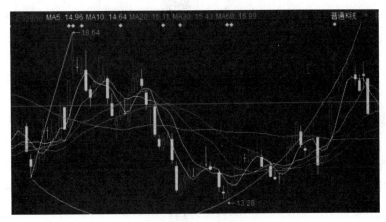

图 3-3-64　汇冠股份

案例:300282 汇冠股份,2012 年 5 月 28 日—2012 年 9 月 5 日

在选择该股 2012 年 5 月 28 日与 2012 年 6 月 11 日作为螺旋线的核心和起点后(该时间段基本完成了一波急拉),之后衍生的螺旋线准确地与阶段性低点 13.28 重合,找到了底部,因此可以在一段下降趋势的周期中,在价格与螺旋线重合时进行买入。

10. 标注类(见图 3-3-65)

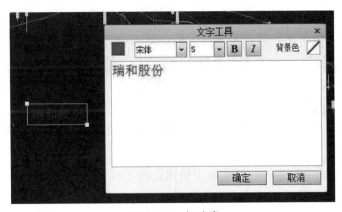

图 3-3-65　标注类

标注类分为文字注释、标注、上涨箭头、下跌箭头、价格签条文字注释。

文字注释作用:可以在分时、K 线图上写注释。

标注作用:在分时 K 线上注释,并可以指定到某个具体的位置。

价格签条作用:显示箭头指向处的价格。

任务四　形态分析

掌握突破形态、持续整理形态中各种图形所包含的意义,及其对于股价走势的影响作用。学会运用同花顺软件在股票 K 线图中找出这些图形,并加以分析。能够熟练地将各种形态与其他技术分析手段结合起来对股价走势进行预测。

一、形态分析概述

(一)形态分析理论的内涵

1. 形态分析理论产生的背景

前面的 K 线理论已经介绍了一些对证券价格今后波动方向进行判断的方法。但是 K 线理论注重短线的炒作,它的预测结果只适用于很短的时期,有时仅仅是一两天。为了弥补这种不足,图表分析人员将 K 线的组合形态中所包含的 K 线的根数扩大到更多、更远。这样,众多的 K 线就组成了一条上下不断进行波动的曲线。这条曲线就是证券价格在这段时间里移动所留下的轨迹。与前面 K 线理论中的 K 线组合形态相比,这里所包括的内容要全面得多。

证券价格曲线上下波动的过程实际上仍然是多方和空方进行争斗的过程。在不同的时期,多方和空方力量对比的大小决定了曲线是向上还是向下。这里的向上和向下所延续的时间和波动的幅度都要比 K 线理论中所说的向上和向下深远得多。

形态理论这一重要的技术分析方法正是通过研究证券价格所走过的轨迹,分析和挖掘出曲线,告诉分析人员一些有关多方和空方力量的对比结果,进而有利于指导投资者的投资行动。

2. 形态分析理论的界定

(1)价格移动规律

价格的移动是由多方和空方力量的大小决定的。在某一个时期内,如果多方处于优势,力量增强,证券价格将向上移动;而在某一个时期内,如果空方处于优势,占据上风,则证券价格将向下移动。

根据多方和空方力量对比可能发生的变化,不难发现证券价格的变动应该遵循这样的规律:证券价格应在多方和空方取得均衡的位置上下来回波动;原有的平衡被打破后,证券价格将寻找新的平衡位置。

可以用下面的表示方法具体描述证券价格移动的规律：持续整理，保持平衡—打破平衡—新的平衡—再打破平衡—再寻找新的平衡……

价格的移动按这一规律循环往复，不断进行。证券市场中投资的胜利者往往是在原来的平衡快要被打破之前或者是在被打破的最初过程中采取行动从而获得收益的。原平衡已经打破或者新的平衡已经找到，这时才开始行动，就已经晚了。

（2）股价移动的形态

股价移动的规律是完全按照多空双方力量对比的大小和所占优势的大小来行动的。股价经过一段时间的移动后，在图上形成一种特殊区域或形态，不同形态显示出不同意义。我们可以从这些形态的变化中摸索出一些有规律的东西来。一般的形态类型可分为反转形态、调整形态和缺口形态等。

（二）形态分析的特征

1. 形态的典型性

形态学中有多种形态，如头肩底、头肩顶、三角形、圆弧底、圆弧顶、M头、W底、旗形、楔形、矩形、菱形等。这些形态的出现都非常典型，简单易懂，容易辨认、理解，便于投资者掌握。

2. 形态的周期性

一种典型的形态经过一段时间后，又重复出现，而当它重复出现时则反映市场又处于一种相同或相近的情况。投资者如果把握住这种形态，便可以采取相同或相近的操作策略。

3. 形态的可靠性

一种形态出现时，往往反映出一种相同的因果关系，相同的原因产生相同的后果，相近的原因产生相近的后果。如果符合形态规定的标准，则形态的可靠性非常强，具有较强的可操作性。

4. 形态的标准

每一种形态都有它固定的标准和要求，只有当形态符合这些标准和要求时，它的可靠性才强。如果不符合形态的标准和要求，特别是关键的要求，则形态不能得到确认，没有可操作性。

5. 形态的可度量性

当一种标准的形态出现时，如果其是比较典型的底部形态，如W底，则投资者根据一定的条件可以知道可能出现的最小上涨空间，也就是最小上涨度量。W底的最小上涨度量是两底的连线至颈线的垂直距离。投资者掌握W底形态后，就可以较明确地了解在最小上涨度量中，操作股票承担的风险非常小，并可以知道它至少涨到什么价位。当一种比较典型的顶部形态出现时，如头肩顶，投资者也可以根据头部到颈线的位置，得出这种形态的最小下跌度量，在此期间应该持币，在股价完成了最小度量之后，才可以考虑寻找买点。掌握了可度量性，投资者在很大程度上就可以降低风险。

6. 形态分析要结合成交量

成交量在形态分析中占有非常重要的地位，尤其在关键位置形态是否成立，很多时候都

要依成交量来判断,特别是在向上突破时。因此,在形态分析中,要结合成交量的变化。

(三)形态类型

价格移动方向是由市场中多空双方力量大小决定的。在一个时期内,如果多方处于优势,占据上风,则价格将向上移动;而在另一个时期,如果空方占优势,则股价将向下移动。证券价格曲线的形态可以分为两类:反转突破形态和持续整理形态。反转突破形态主要有头肩形、三重顶、三重底、圆弧形态和V形等。持续整理形态主要有三角形、矩形、旗形、楔形、喇叭形、菱形等。

二、反转突破形态分析

(一)头肩顶和头肩底

头肩顶和头肩底是股价反转形态中出现得较多的形态,是最著名和最可靠的反转突破形态,如图 3-4-1、图 3-4-2 所示。

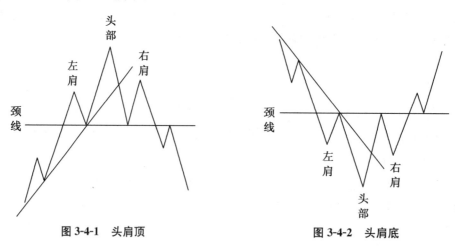

图 3-4-1 头肩顶   图 3-4-2 头肩底

1. 形成过程

这种形态一共出现三个顶(底),也就是要出现三个局部的高点(低点)。中间的高点(低点)比另外两个都高(低),称为头(底),左右两个相对较低(高)的高点(低点)称为肩,这就是头肩形态名称的由来。下面以头肩顶(见图 3-4-1)为例对头肩形态进行介绍。

从图 3-4-1 中可以看出,股价沿着上涨趋势线向上运动,至左肩处创出第一高点,股价回落至趋势线处受到支撑继续上升,一鼓作气超越了左肩而形成了另一高点即头部,此时多方力量消耗殆尽而致使股价下跌,跌到前期低点时受到支撑而反弹,但由于多方力量减弱而空方力量增加,使得反弹空间有限而形成一个与左肩相近高度的右肩,当股价回落跌破水平直线的时候,头肩顶正式确立。头肩底的形成过程刚好与之相反。

另外值得投资者注意的是,对于头肩顶来讲,左肩、头和右肩所对应的成交量依次减少。而对于头肩底来讲,其左肩、底和右肩所对应的成交量没有明显的规律,但是其向上突破颈线时需要大成交量配合。

2. 颈线的作用与意义

头肩顶的颈线是连接左肩与右肩对应的两个低点而形成的一条直线,头肩底的颈线是连接左肩与右肩对应的两个高点而形成的一条直线。

颈线的作用与意义体现在三个方面。

第一,对于头肩顶来讲,在股价没有跌破颈线前,颈线起的是支撑作用,跌破后颈线起的是压力作用。对于头肩底来讲,在股价没有突破颈线前,颈线起的是压力作用,突破后颈线起的是支撑作用。

第二,对于头肩顶来讲,颈线被股价向下突破是头肩顶成立的最终标志。对于头肩底来讲,颈线被股价向上突破是头肩底成立的最终标志。

第三,对于头肩顶来讲,颈线被向下突破是坚决卖出的机会。对于头肩底来讲,颈线被向上突破是坚决买入机会。

3. 反扑的作用与意义

反扑也称回档,在头肩顶中,股价向下突破颈线后有一个回升的过程,当股价回升至颈线附近后受到其压力又继续掉头向下运行,从而形成反扑。在头肩底中则刚好与之相反。对于反扑,投资者应该注意两方面的问题。

第一,在头肩顶中,反扑为多方提供了最后出逃的机会。在头肩底中,反扑为空方提供了补买机会。

第二,反扑不是这两个形态的必然组成部分,也就是说,反扑可能会出现,也可能不会出现。所以对于投资者来讲,不能指望一定要等到反扑出现后再采取行动,而应该在颈线被突破后坚决采取行动。

4. 预测价值

对于头肩顶来讲,当颈线被向下突破之后,股价向下跌落的幅度等于头和颈线之间的垂直距离,也就是说,股价至少下跌了这个幅度后才有可能获得一定的支撑。同样,对于头肩底来讲,股价向上突破颈线之后,其上涨的幅度等于底部与颈线之间的垂直距离。此时,股价上升才有可能遇到一定的压力。

5. 操作策略

对于头肩顶来说,头是第一卖出点,但大部分投资者认为先前的上升趋势仍然持续,故而不太可能把握住这一卖出点。右肩是第二卖出点,这一点是整个头肩顶形态的较佳卖出点,此时股价上升至左肩位置,由于买方动能不足而回落,头肩形态基本成形,因此投资者在此位置要主动卖出。颈线被突破是第三卖出点,这一点是头肩顶最重要的卖出点,当颈线被突破后,头肩顶宣告成立,股价运动趋势逆转无疑,投资者应坚决卖出。股价突破后反弹至颈线附近时是第四卖出点,这一点也是头肩顶最后一个卖出点,但正如前面提到的,这一点有时不会出现,所以投资者面对头肩顶时,一定要把握住前面的三个卖出机会,不要把希望都寄托在反扑上面。

对于头肩底来说,底是第一买入点,右肩是第二买入点,股价向上突破颈线是第三买入点,股价从颈线上方回落至颈线附近时是第四买入点。

(二) 双重顶和双重底

双重顶和双重底是证券市场上众所周知的 M 头和 W 底,这种形态在实际中出现得非常频繁,如图 3-4-3、图 3-4-4 所示。

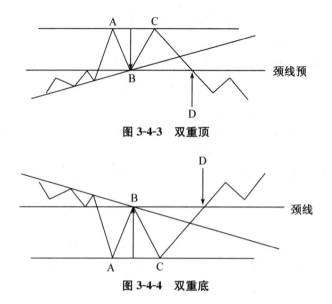

图 3-4-3　双重顶

图 3-4-4　双重底

1. 形成过程

双重顶(底)一共出现两个顶(底),也就是两个相同高度的高点(低点)。

下面以 M 头(见图 3-4-3)为例来说明双重顶形成的过程。在上升趋势过程的末期,股价在第一个高点(A)之后进行正常的回落,受上升趋势线的支撑,这次回档将获得支撑,获得(B)支撑后继续上升,但是由于买方力量不够,上升高度不足,在前期高点(C)处遇到压力,股价向下,这样就形成了两个顶的形状。当股价向下跌破水平直线(D)的时候,M 头正式确立。双重底的形成过程刚好与 M 头相反。

另外值得注意的是,对于 M 头来讲,左边头部所对应的成交量一般大于右边头部所对应的成交量。而对于 W 底来讲,左边底的成交量一般小于右边底部所对应的成交量,尤其是在向上突破颈线时需要大成交量的配合。

2. 颈线的作用与意义

过双头(底)中间的低(高)点作一水平线,得到一条非常重要的直线——颈线。颈线的作用与意义体现在三个方面。

第一,对于 M 头来讲,在股价没有跌破颈线之前,颈线起的是支撑作用,跌破后颈线起的是压力作用。对于 W 底来讲,在股价没有升破颈线前,颈线起的是压力作用,升破后颈线起的是支撑作用。

第二,对于 M 头来讲,颈线被股价向下突破是 M 头成立的最终标志。对于 W 底来讲,颈线被股价向上突破是 W 底成立的最终标志。

第三,对于 M 头来讲,颈线被向下突破是坚决卖出机会。对于 W 底来讲,颈线被向上突破是坚决买入机会。

3. 反扑的作用与意义

对于反扑,投资者也同样要注意两方面的问题。

第一,在 M 头中,反扑为多方提供了最后一次出逃的机会。在 W 底中,反扑为空方提供了最后一次跟进的机会。

第二,反扑不是这两个形态的必然组成部分,也就是说,反扑可能会出现,也可能不会出现。所以对于投资者来讲,不能指望一定要等到其出现后再采取行动,而应该在颈线被突破后坚决采取行动。

4. 预测价值

形态的一个重要功能是能对股价未来的涨跌幅进行较为准确的预测,M头和W底也不例外。当M头被向下突破后,股价向下跌落的幅度等于头和颈线之间的垂直距离,也就是股价至少下跌了这个幅度后才有可能获得一定的支撑。同样,对于W底来讲,股价突破颈线之后,其上涨的幅度等于底部与颈线之间的垂直距离,此时股价上升才有可能遇到一定的压力。

5. 操作策略

对于M头来说,有三个卖出点:第一,右边的头部;第二,颈线被向下突破的位置;第三,股价反弹至颈线附近获阻的位置(这一卖出点有可能不出现)。

对于W底来说,有三个买入点:第一,右边的底部;第二,股价向上突破颈线的位置;第三,股价回落至颈线附近获支撑的位置(这一买入点有可能不出现)。

(三) 圆弧形态

1. 形成过程

圆弧形又称为碟形、圆形、碗形等,是一种不常见但很有爆发力的反转形态。

由于多空双方的力量较为接近,此消彼长的过程既缓和又缓慢,导致股价在顶部或底部的变化幅度要比前面介绍的几种形态的变化幅度小。在这种情况下,将价格在一段时间内的顶部高点用线连起来,从而得到一条类似于圆弧的弧线,盖在股价上面,即圆弧顶;相反,将价格在一段时间内的底部低点用线连起来,从而得到一条类似于圆弧的弧线,托在股价下面,即圆弧底。

在识别圆弧形态时,成交量也是很重要的。无论是圆弧顶还是圆弧底,在它们的形成过程中,成交量的过程都是两头多,中间少。越靠近顶或底成交量越少,到达顶或底时成交量达到最少(圆弧底在达到底部时,成交量可能突然大一下,之后恢复正常)。在突破后的一段,都有相当大的成交量。具体的圆弧形如图 3-4-5、图 3-4-6 所示。

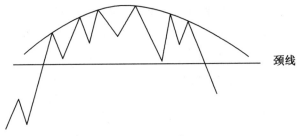

图 3-4-5　圆弧顶

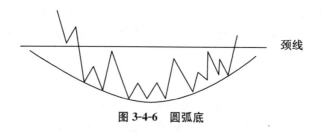

图 3-4-6　圆弧底

2. 颈线与反扑

圆弧形态也有颈线和反扑,从圆弧形态开始的地方做一条水平的直线即颈线,对于圆弧顶来讲,其主要作用是支撑作用,而对于圆弧底来讲,其主要作用是压力作用。一旦颈线被突破之后,也可能有个反扑的过程。其作用和其他反转形态的作用类似,这里不再一一说明。

3. 预测价值

与前面几种反转形态都具有较为明确的预测价值不同,圆弧形态未来的涨跌幅度较难预测。但由于圆弧形态平时极少出现,正如人们所说的物以稀为贵,因此一旦圆弧形态出现,其爆发力极强。总体来说,其未来的涨跌幅度与圆弧形态形成的时间成正比,即形成圆弧形态的时间越长,其未来涨跌的幅度就越大;反之越小。此外,人们通常以圆弧半径作为其未来涨跌的第一个目标位。

4. 操作策略

圆弧形态出现的概率较小,但越是出现概率小的形态,其出现以后对投资者的价值也就越大。

对于圆弧底来说,当股价向上突破颈线时是第一买入点,当股价回落获得颈线支撑后是第二买入点;对于圆弧顶来说,当股价向下突破颈线时是第一卖出点,当股价反弹受到颈线阻碍后是第二卖出点。

(四) 三重顶(底)形态

三重顶(底)形态严格来说是头肩形态的一种变形,它由三个一样高(低)的顶(底)组成。与头肩形的区别是头的价位回缩到与肩差不多相等的位置,有时甚至略低于(高于)肩部。从这个意义上讲,三重顶(底)与双重顶(底)有相似的地方,只是前者比后者多"折腾"了一次。因此,对于这种形态的分析,投资者可以参考头肩顶(底)和双重顶(底)的有关内容。从形成过程、颈线的作用与意义、反扑的作用与意义以及预测价值四个方面进行分析,其操作策略也与头肩形态(双顶、双底形态)类似。三重顶(底)形态如图 3-4-7、图 3-4-8 所示。

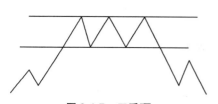

图 3-4-7　三重顶

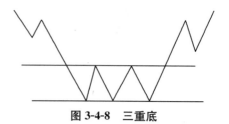

图 3-4-8　三重底

还有这种因股价波动幅度逐渐增大,形成越来越高的三个高点,以及越来越低的两个低点,这就说明当时交易活跃异常,成交量日益放大,市场失控,因此这种交易的风险性比较高,人们难以操作,在经历了剧烈震荡之后,人们会逐渐远离这个市场,股价也将继续下行。

一个标准的喇叭形有三个高点和两个低点。证券投资人员应该在图3-4-9中的5这个点的位置调头向下抛出股票,这在大多数情况下都是正确的。如果股票价格进一步跌落至4点的位置,喇叭形态得到确认,此时抛售股票更加成为必要做法。股票价格在形成喇叭形态后会多方反扑,但是只要股价回升高度不超过下跌高度的一半,股价下跌的势头会继续。

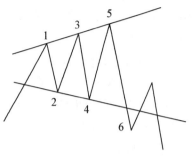

图 3-4-9　喇叭形态

(五) V形反转

1. V形走势的含义

V形走势是个转向形态,显示过去的趋势已逆转过来。V形走势说明市场中卖方的力量很大,令股价快速持续地下跌,当这股沽售力量消失之后,买方的力量完全控制整个市场,使得股价出现戏剧性的回升,几乎以下跌时同样的速度收复所有失地,因此形成一个像V字形的移动轨迹。倒转V形则刚好相反,市场看好的情绪使得股价节节升高,可是突如其来的一个因素扭转了整个趋势,卖方以上升时的速度下跌,形成一个倒转V形的移动轨迹,如图3-4-10所示。通常这个形态是因为一些突如其来的因素引发的。

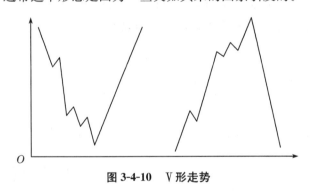

图 3-4-10　V形走势

2. V形走势形态分析

V形走势可分为三个部分。

① 下跌阶段。通常V形的左方跌势十分陡峭,而且持续一段时间。

② 转势点。V形的底部十分尖锐,一般来说,形成转势点的时间仅两三个交易日,而且成交量在这个低点明显增多。有时候转势点就在恐慌交易日中出现。

③ 回升阶段。股价从低点回升,成交量亦随之而增加。

3. 要点提示

第一,V形走势在转势点必须有明显成交量配合,从成交量柱形图上看是V形。

第二,股价在突破伸延V形的徘徊区底部时,必须有成交量增加的配合,在跌破倒转延伸V形的徘徊顶部时,则不必有成交量的增加。

4. 反转突破形态中的操作策略

反转形态的共同点是只有反转形态突破了才能算形态的完成,而一旦确认反转成立,价格已经处于较高或较低的价位上了,在确认突破之后行动,收益就会比较低。但如果反转形态没有确定就贸然行动,又会碰到虚假突破或形态失败等情形而遭遇损失。这是投资者面临的两难问题。

其实任何投资者都难以获得形态反转的所有好处,相对来说,在反转形态即将完成之前采取行动是较好的时点。在反转形态即将完成时,如头肩形的右肩、双重顶(底)的第二顶(底),往往不是简单地朝一个方向直线运动,而是曲折进行,这样就形成一些短期的支撑线或阻力线。我们可以在突破这些短期的支撑线或阻力线时采取行动,突破颈线后就应该大量买进或抛出了。

三、持续形态分析

(一) 三角形

三角形是一种典型的持续形态,根据其形态的不同,可以分为对称三角形、上升三角形和下降三角形三种形态。

1. 对称三角形(见图 3-4-11、图 3-4-12)

对称三角形的情况大多是发生在一个大趋势进行的途中,它表示原有的趋势暂时处于休整阶段,之后还要随着原趋势的方向继续行动。由此可见,见到对称三角形后,股价今后走向最大的可能是沿原有的趋势方向运动。下面以上升的对称三角形为例来介绍。

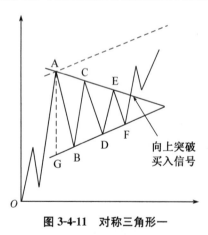

图 3-4-11 对称三角形一

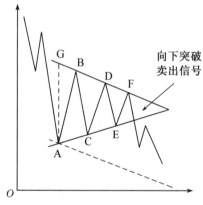

图 3-4-12 对称三角形二

(1) 对称三角形的图形特征

从图 3-4-11、图 3-4-12 中可以看出,对称三角形有两条聚拢的直线,上面的向下倾斜,起压力作用;下面的向上倾斜,起支撑作用。两直线的交点称为顶点。由此可见,对称三角形要求至少应有四个转折点,图中的 A、B、C、D、E、F 都是转折点。不仅如此,正如趋势线的确认要求第三点验证一样,对称三角形一般应有六个转折点,这样上、下两条直线的压力和支撑作用才能得到验证。

（2）对称三角形的突破

对称三角形只是原有趋势运动的途中休整阶段，所以持续的时间不应太长，如果持续时间太长，则股价保持原有趋势的能力就会下降。一般来说，突破上、下两条直线的包围，继续沿原有既定的方向运动的时间要尽量早些，越靠近三角形的顶点，原有趋势的保持能力就越不明显，对投资者进行买卖操作的指导意义也就越不强。

一般来说，对称三角形突破的高度位置一般应在三角形横向宽度的 1/2 到 3/4 的某个点，这样投资者可以大致测算出其要突破的时间范围。

（3）对称三角形的预测价值

三角形被有效突破后，可以通过如下方法来测算其未来涨跌幅度。

如图 3-4-11、图 3-4-12 所示，过 A 点作平行于下边直线的平行线，图中的斜虚线，是股价今后至少要达到的位置。

需要说明的是，对称三角形本身并没有方向，其方向是由其所处的股价趋势所决定的，即上升趋势中的对称三角形在突破后仍将向上运行，而下降趋势中的对称三角形在突破后仍将向下运行。

2. 上升三角形（见图 3-4-13）

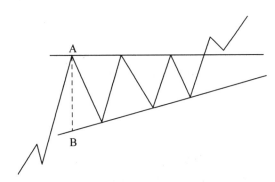

图 3-4-13　上升三角形

（1）上升三角形的图形特征

从图 3-4-13 中可以看到，如果将对称三角形上面的斜线变成水平方向，对称三角形就会变成上升三角形。上面的直线起压力作用，下面的（斜）直线起支撑作用。在对称三角形中，压力和支撑都是逐步加强的。一方是越压越低；另一方是越撑越高，看不出谁强谁弱。在上升三角形中就不同了，压力是水平的，始终都是一样的，没有变化，而支撑都是越撑越高。由此可见，上升三角形比起对称三角形来，有更强烈的上升意识，多方比空方更为积极。通常以三角形的向上突破作为这个持续过程终止的标志。

（2）上升三角形的突破

上升三角形突破的时间、位置以及其有效性的判断都与对称三角形类似，这里不再多作说明。

但投资者应注意一个问题，即"上升"的意思是指三角形的底部支撑越来越高，而不是说其未来运动方向一定向上。如果股价原有的趋势是向上的，则很显然，遇到上升三角形后，几乎可以肯定今后是向上突破。一方面，要保持原有的趋势；另一方面，形态本身就有向上的愿望。这两方面的因素使股价很难逆势而动。如果原有的趋势是下降,则出现上升三角形后,前后股价的趋势判断起来有些难度。一方要继续下降,保持原有的趋势;另一方要上涨,两方必然发生争执。如果在下降趋势处于末期时(下降趋势持续了相当一段时间),出现上升三角形还是以看涨为主,这样上升三角形就成了反转形态的底部。

（3）上升三角形的预测价值

上升三角形突破后的涨跌幅度以及测算方法与对称三角形基本相同,请投资者参照对称三角形进行分析。

3. 下降三角形(见图 3-4-14)

下降三角形同上升三角形正好相反,是看跌的形态。它的基本内容同上升三角形相似,只是方向相反。从图 3-4-14 中可以很明白地看出下降三角形所包含的内容。

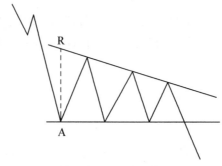

图 3-4-14　下降三角形

（二）矩形

1. 矩形的形成过程

矩形又叫箱形,是一种典型的整理形态。股票价格在两条横着的水平直线之间上下波动,作横向延伸的运动。矩形在形成之初,多空双方会全力投入,各不相让。空方在价格涨到某个位置就会抛出,多方在股价下跌到某个价位就会买入,时间一长就形成两条明显的上下界线。随着时间的推移,双方的战斗热情会逐步减弱,市场趋于平淡。如图 3-4-15 所示。

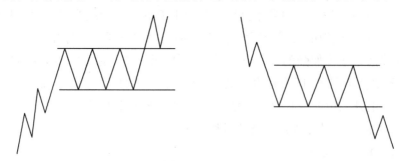

图 3-4-15　矩形

2. 矩形的突破方向

如果原来的趋势是上升,那么经过一段矩形整理后,会继续原来的趋势,多方会占优势并采取主动,使股价向上突破矩形的上界;如果原来是下降趋势,则空方会采取行动,突破矩形的下界。

从图 3-4-15 中可以看出,矩形在其形成的过程中极有可能演变成三重顶(底)形态,这是投资者应该注意的。正是由于矩形的判断有这样一个容易出错的可能性,在面对矩形和三重顶(底)进行操作时,几乎一定要等到突破之后才能采取行动,因为这两个形态今后的走势完全相反。一个是持续整理形态,要维持原来的趋势;一个是反转突破形态,要改变原来的趋势。

3. 矩形突破后的预测价值

矩形被突破后,也具有测算价值,其未来上升或下降的高度等于矩形的宽度。与其他的大部分形态不同,矩形为投资者提供了一些短线操作的机会。如果在矩形形成的早期能够预计到股价将进行矩形调整,那么就可以在矩形的下界线附近买入,在矩形的上界线附近抛出,来回做几次短线的进出。如果矩形的上下界线相距较远,短线的收益也是相当可观的。

(三) 旗形和楔形

旗形和楔形是两个最为著名的持续整理状态。在股票价格的日K线图上,这两种形态出现的频率最高,一段上升或下跌行情的中途,可能出现好几次这样的图形。它们都是一个趋势的中途休整过程,休整之后,还要保持原来的趋势。这两个形态的特殊之处在于,它们都有明确的形态方向,如向上或向下,并且形态方向与原有的趋势相反。例如,如果原有的趋势是上升,则这两种形态的方向就是下降。

1. 旗形(见图 3-4-16)

从几何学的观点看旗形,其应该叫平行四边形。它的形状是一个上倾或下倾的平行四边形。旗形大多发生在股价极度活跃的、近乎直线上升或下降的情况下。这种剧烈运动是产生旗形的条件。由于上升或下降得过于迅速,市场必然会有所调整,旗形就是完成这一休整过程的主要形式之一。旗形的上、下两条平行线起着压力和支撑作用,这一点有些像轨道线。这两条平行线的某一条被突破是旗形完成的标志。如图 3-4-16 所示。

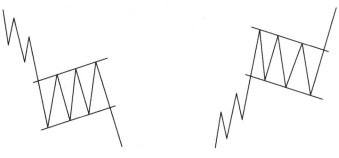

图 3-4-16　旗形

旗形也有预测功能。旗形的形态高度是平行四边形左右两条边的长度。旗形被突破后,股价将至少要走到形态高度的距离,大多数情况是走到旗杆高度的距离。

应用旗形时,应注意以下几点:第一,旗形出现之前,一般应有一个旗杆,这是由于价格做直线运动形成的;第二,旗形持续的时间不能太长,时间太长会导致它保持原来趋势的能力下降,一般不超过 3 周;第三,旗形形成之前和被突破之后,成交量都很大。在旗形的形成过程中,成交量从左向右逐渐减少。

2. 楔形(见图 3-4-17)

如果将旗形上倾或下倾的平行四边形变成上倾或下倾的三角形,就会形成楔形,如图 3-4-17 所示。楔形中三角形的上、下两条边都是朝着同一个方向倾斜,这与前面介绍的三角形态不同。

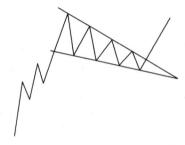

图 3-4-17　楔形

与旗形和三角形一样,楔形有保持原有趋势的功能,股价运行趋势的途中会遇到这种形态。与旗形和三角形不同的是,楔形偶尔也可能出现在顶部或底部而作为反转形态。这种情况一定是发生在一个趋势经过了很长时间接近尾声的时候。投资者可以借助很多其他技术分析方法,从时间上判断趋势是否可能接近尾声。尽管如此,当看到一个楔形后,首先还是应把它当成中途的持续状态。

在形成楔形的过程中,成交量是逐渐减少的。楔形形成之前和突破之后,成交量都很大。

(四)喇叭形和菱形

这两种形态是三角形的变形,在实际中出现的次数不多,但是一旦出现,则极为有用。这两种形态的共同之处是,大多出现在顶部,而且两者都是看跌的。从这个意义上说,喇叭形和菱形又可以作为顶部反转突破的形态。更为可贵的是,喇叭形和菱形在形态完成后,几乎总是下跌的,所以就没有突破是否成立的问题,在形态形成的末期就可以行动了。

1. 喇叭形(见图 3-4-18)

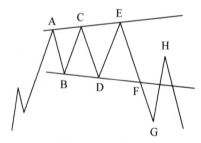

图 3-4-18　喇叭形

喇叭形的正确名称应该是"扩大形"或"增大形",因为这种形态酷似一支喇叭,故得名"喇叭形"。这种形态其实也可以看成一个对称三角形倒转过来的结果,所以可以把它看作三角形的一个变形体,如图 3-4-18 所示。

从图 3-4-18 中可以看出,由于股价波动的幅度越来越大,形成了越来越高的三个高点,以及越来越低的两个低点。这说明当时的交易异常活跃,成交量日益放大,多空双方产生严重分歧。在这个混乱的时候进入证券市场是很危险的,进行交易也十分困难。在经过了剧烈的动荡之后,人们的热情渐渐平静,并远离这个市场,股价将逐步地往下运行。

三个高点和两个低点是喇叭形已经完成的标志。股票投资者应该在第三峰掉头向下时就抛出手中的股票,这在大多数情况下是正确的。如果股价进一步跌破了第二个谷,则喇叭形完全得到确认,抛出股票更成为必然。股价在喇叭形之后的下降过程中,肯定会遇到反扑,而且反扑的力度会相当大,这是喇叭形的特殊性。但是,只要反扑高度不超过下跌高度的一半,股价下跌的势头就还会继续。

2. 菱形(见图 3-4-19)

菱形的另一个名称叫"钻石形",是另一种出现在顶部的看跌形态。它与喇叭形相比,更有向下的愿望。它的前半部分类似于喇叭形,后半部分类似于对称三角形。所以,菱形有对称三角形保持原有趋势的特性。前半部分的喇叭形之后,趋势应该是下跌的,后半部分的对称三角形使这一跌暂时推迟,但终究没能摆脱下跌的命运。菱形的简单图示见图 3-4-19。

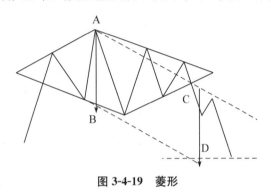

图 3-4-19　菱形

菱形形成过程的成交量是随价格的变化而变化的,开始是越来越大,后来是越来越小。

由于对称三角形的存在,菱形还具有测算股价下跌深度的功能。菱形的测算功能是以菱形最宽处的高度(AB)为形态高度的。今后下跌的深度从突破点(C)算起,至少下跌一个形态高度(CD),这同大多数形态的测算方式是相同的。

识别菱形时有几点应该注意。

第一,菱形有时也作为持续形态,不出现在顶部,而出现在下降趋势的中途,在这种情况下,它还是要保持原来的趋势。换句话说,这个菱形之后的走势仍是下降。

第二,菱形上面两条直线的交点有可能并非一个高点。左、右两边的直线由各自找到的两个点画出,两条直线在什么位置相交则不做要求。同理,菱形下面两条直线也有与上面两条直线相似的可能。

第三,技术分析中,形态理论中的菱形不是严格的几何意义上的菱形。

四、应用形态理论应注意的问题

形态理论是技术分析理论中较早得到应用的方法,相对来说比较成熟,为我们提供了很多价格运动轨迹的形态。但是,在应用形态理论的时候还必须解决下面的问题。

1. 形态的多样性

站在不同的角度,面对不同时间区间的价格形态图形,对同一位置的某个形态可能有不同的解释。例如,一个头肩形可能是某个局部的顶部或底部的反转形态,但是如果从更大的范围来看,它有可能仅仅是一个更大的波动过程中的中途持续形态,如它可能是一个三角形或楔形。在实际的投资行为中,对这样的形态我们究竟应如何判断呢? 这个问题是对波动趋势"层次"的判断问题。当然,还是应该用尽可能宽的时间区间,因为时间区间宽的形态所包含的信息更多。

2. 形态真假突破的判断

在进行实际操作的时候,形态理论要等到形态已经完全明朗后才能行动。形态的明朗必然涉及支撑、压力线的突破问题。这个问题在支撑压力理论中已经详细阐述了,这里不再重复。

3. 信号"慢半拍",获利不充分

形态理论需要等到形势明朗后才行动,这就面临获利不充分的问题。从某种意义上讲,有错失机会之嫌。甚至可以说,此时利用形态分析已经失去意义。

5. 形态规模的大小影响预测结果

形态的规模是指价格波动所留下的轨迹在时间和空间上的覆盖范围。形态规模大,表明在形态完成的过程中,价格的上下波动所覆盖的区域大,在技术图形上所表现出来的就是价格起伏大,从开始到结束所经过的时间跨度长。相反,小规模的形态所覆盖的价格区间小,时间长度也短。对形态规模的大小,可以用几何学中"相似"的概念来解释。规模大的形态是规模小的形态的"放大"。当然,对大小的判断会涉及主观的因素。

从实际应用的角度来讲,规模大的形态和规模小的形态都会对行情判断起作用,不能用简单的一句话来说清两者的区别。一般来说,规模越大的形态所做出的结论越具有战略的性质,规模越小的形态所做出的结论越具有战术的性质。从形态的度量功能来看,规模大的形态其高度就大,对今后预测的深度就必然大。

团队活动组织

第一步,团队人员分为三组,确定一只股票或上证指数。第一组在 K 线图上找出突破形态所在区域,并进行简单说明;第二组在 K 线图上找出持续形态所在区域,并进行简单说明;第三组在 K 线图上找出缺口形态所在区域,并进行简单说明。

第二步,团队负责人填写相关资料(见表3-4-1)。

表3-4-1 相关资料

类 型	具体名称	所属时间段	对后市影响	备 注
突破形态				
持续形态				
缺口形态				

网络模拟训练

① 打开同花顺软件,输入 601028(玉龙股份),打开该股日 K 线界面如图 3-4-20 所示。

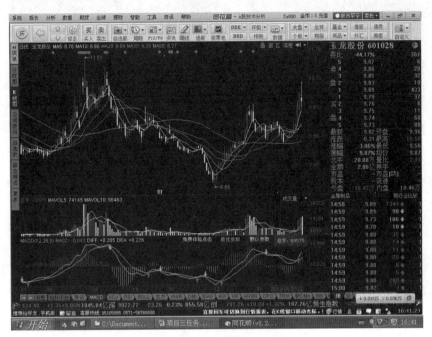

图 3-4-20 玉龙股份日 K 线

② 通过分析,该股在 2012 年 9 月至 2013 年 2 月间形成了一个头肩底突破形态,如图 3-4-21 所示。

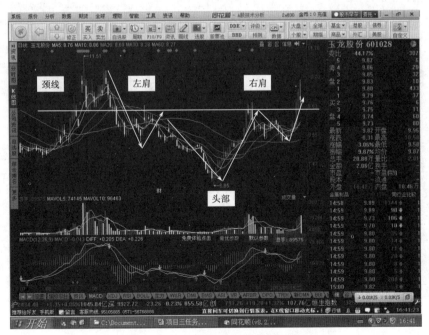

图 3-4-21 玉龙股份头肩底突破形态

③ 该股周 K 线图如下,也可发现其头肩底特征,如图 3-4-22 所示。

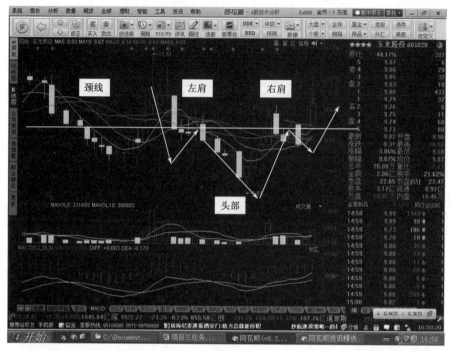

图 3-4-22 玉龙股份周 K 线

④ 输入 601555(东吴证券),选中周 K 线,如图 3-4-23 所示。

图 3-4-23 东吴证券周 K 线

⑤ 通过观察分析,可以发现该股上市一年来形成的上升旗形走势,如图 3-4-24 所示。

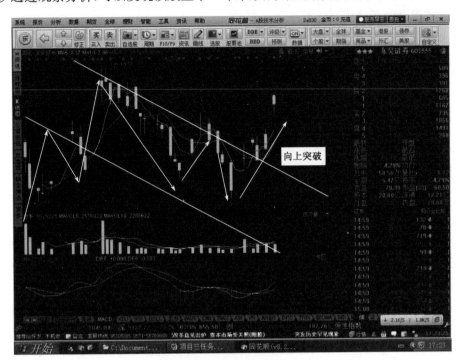

图 3-4-24　东吴证券旗形走势

知识拓展

一、波浪理论

1. 创始人

艾略特(Ralph Nelson Elliot,1871—1948)是波浪理论的创始者,他曾经是专业的会计师,专精于餐馆业与铁路业,由于在中年染上重病,在 1927 年退休,长期住在加州休养。就在他休养的康复时期,他发展出自己的股价波浪理论。很显然,艾略特的波浪理论是受到道氏理论的影响,而有许多的共同点,道氏理论主要对股市的发展趋势给予了较完美的定性解释,而艾略特则在定量分析上提出了独到的见解。

2. 基本要点

① 一个完整的循环包括八个波浪,顺流五浪,逆流三浪。

② 波浪可合并为高一级的浪,亦可以再分割为低一级的小浪。

③ 跟随主流行走的波浪可以分割为低一级的五个小浪。

④ 1、3、5 三个波浪中,第三浪不可以是最短的一个波浪。

⑤ 假如三个推动浪中的任何一个浪成为延伸浪,其余两个波浪的运行时间及幅度会趋于一致。

⑥ 调整浪通常以三个浪的形态运行。

⑦ 黄金分割率奇异数字组合是波浪理论的数据基础。

⑧ 经常遇见的回吐比率为 0.382、0.5 及 0.618。

⑨ 第四浪的底不可以低于第一浪的顶。

⑩ 波浪理论包括三部分,即形态、比率及时间,其重要性以排行先后为序。

⑪ 波浪理论主要反映群众心理。越多人参与的市场,其准确性越高。

3. 理论缺陷

① 波浪理论家对现象的看法并不统一。每一个波浪理论家,包括艾略特本人,很多时候都会受一个问题的困扰,就是一个浪是否已经完成而开始了另外一个浪呢? 有时甲看是第一浪,乙看是第二浪。差之毫厘,失之千里。看错的后果却可能十分严重。一套不能确定的理论用在风险奇高的股票市场,运作错误足以使人损失惨重。

② 甚至怎样才算是一个完整的浪,也无明确定义。在股票市场的升跌次数绝大多数不按五升三跌这个机械模式出现。但波浪理论家却曲解说有些升跌不应该计算入浪里面。数浪(Wave Count)完全是随意主观。

③ 波浪理论有所谓伸展浪(Extension Waves),有时五个浪可以伸展成九个浪。但在什么时候或者在什么准则之下波浪可以伸展呢? 艾略特却没有言明,使数浪这回事变成各自启发,自己去想。

④ 波浪理论的浪中有浪,可以无限伸延,亦即升市时可以无限上升,都是在上升浪之中,一个巨型浪,一百几十年都可以。下跌浪也可以跌到无影无踪都仍然是在下跌浪。只要是升势未完就仍然是上升浪,跌势未完就仍然是下跌浪。这样的理论有什么作用? 能否推测浪顶浪底的运行时间甚属可疑,等于纯粹猜测。

⑤ 艾略特的波浪理论是一套主观分析工具,毫无客观准则。市场运行却是受情绪影响而并非机械运行。波浪理论套用在变化万千的股市会十分危险,出错机会大于一切。

⑥ 波浪理论只考虑了价格形态上的因素,而忽视了成交量方面的影响,这给人为制造形态的人提供了机会。

二、形态与波浪理论的关系

形态的发展和波浪理论的运行是分不开的,五浪上涨三浪调整的过程就是各种形态形成的过程,比如,头肩底和 W 底。

头肩底形成过程如下:价格的下跌会具有明显的波动性,大多数都会有五波下跌,那么头肩底的左肩就是下跌四浪的反弹所形成的。价格经过反弹后又继续做第五浪下跌,如果第五浪创出了新低,并最终确认为最低点,然后开始新的一轮上涨,那么右肩就是价格在经过第一浪上涨后进行第二浪回调后形成的,这样,价格经过下跌四浪、五浪,上涨一浪和二浪后形成头肩底,当然真正的头肩底需要确认,当上升三浪成功超过了左右肩的连线后,头肩底彻底完成,新的主升浪随即展开,很多投资者就是根据这种判断来选择买入点的。

所以,明白了形成过程,自然对头肩底有了更深入的认识。原来头肩底是下跌浪尾声和上升浪的开端所共同形成的。这样我们就非常清楚地把波浪理论知识和一般的形态判断结合在一起,就不会机械地运用一般的形态理论来判断。比如,如果一个形态非常像头肩底,但是前期并没有明显的五浪下跌,这个时候就要当心了,很有可能是下跌中继,并非真正的底部。

当然,这个形成过程还很容易让我们理解 W 底。如果下跌第五浪并没有创出新低,就是我们经常所说的失败五浪,这样就是 W 底。当然,V 型底的形成过程也是如此,无非是下跌五浪杀伤力非常迅猛,价格触底快速反弹而形成。

任务五　量价关系分析

任务描述

理解量价关系的内涵,掌握成交量与成交价格联系的各种形态,并能够运用其进行股价走势分析;学会用量比指标、换手率指标和能量潮指标研判大盘及个股的走向,并进一步为买卖股票的决策提供理论依据。

任务资讯

一、量价关系理论

量价关系就好比风与浪的关系,当风源源不断地吹向水面的时候,浪会持续地向前推进。依此推断,如果没有成交量的推动,股价定会走不远的,所以研究量价关系对于分析后市股价走势至关重要。本任务试图将量价关系的理论和图形及相关指标联系在一起进行分析,以揭示成交量与价格的内在联系。

1. 成交量的含义

成交量是指一个时间单位内某项交易成交的数量。一般情况下,成交量大且价格上涨的交易对象,趋势向好。成交量持续低迷时,一般出现在熊市或整理阶段,市场交投不活跃。广义的成交量包括成交股数、成交金额、换手率;狭义的也是最常用的,是仅指成交股数。

需要注意的是,通常人们说的大盘成交量指的是成交金额,说明市场的活跃度和资金规模。成交量与成交金额用下列公式表示:

$$成交数量(成交量) \times 成交价格 = 成交金额(成交额)$$

供、需双方取得共识后完成交易手续叫作成交。成交是交易的目的和实质,是市场存在的根本意义,换句话说,没有成交的市场就不称其为市场。

成交量是股票市场的原动力,没有成交量配合的股价形同无本之木。因此,成交量是投资者分析判断市场行情并作出投资决策的重要依据,也是各种技术分析指标应用时不可或缺的参照。股市中有句老话:"技术指标千变万化,成交量才是实打实的买卖。"可以说,成交量的大小,直接表明了市场上多、空双方对市场某一时刻的技术形态最终的认同程度。

2. 量价关系原理

成交量与股票价格、交易时间、投资者意愿、市场人气等诸多因素互为因果,相互影响。成交量的变化过程就是股票投资者购买股票欲望消长变化的过程。也就是股票市场人气聚散的过程。当人气聚敛,成交量增大,会吸引更多投资者介入,必定刺激股价攀升;股价升至一定高度,投资者望而却步,成交量开始徘徊;获利盘纷纷出手,成交量放大,又会导致人心趋散,股价会下跌;而当人心惶惶,投资者逃脱唯恐不及,抛盘四起,供大于求,成交量的放大似乎成为人气进一步涣散的引信;待到股价继续下跌到一定程度,卖者减少,成交量萎缩,股价又走入低谷……

成交量的变化最能反映股市的大趋势。上升行情中,做长线和做短线都可获利,因此股票换手频繁,成交量放大;在下跌行情中,人气日趋散淡,成交量缩小。

针对大盘而言,成交总值与加权股价指数涨跌有密切关系。股价指数上升,必须伴有成交量的持续增加。多头市场里,成交量随着指数上升而扩大,到了股价指数上升而成交量停滞或缩小时,预示本轮上升行情即将结束,接踵而来的将是股价指数下跌;在空头市场中,指数的每次下跌都会伴有成交量的急剧萎缩,到指数下降而成交量不再减少,说明买者增加,本轮跌势也就告一段落。这就是"先见量、后见价"说法的实践基础。

3. 量价关系的表现

量价同向,即股价与成交量变化方向相同。股价上升,成交量也相伴而升,是市场继续看好的表现;股价下跌,成交量随之而减,说明卖方对后市看好,持仓惜售,转势反弹仍大有希望。

量价背离,即股价与成交量呈相反的变化趋势。股价上升而成交量减少或持平,说明股价的升势得不到成交量的支撑,这种升势难于维持;股价下跌但成交量上升,是后市低迷的前兆,说明投资者唯恐大祸降临而抛售离市。

成交量是反映股市上人气聚散的一面镜子。人气旺盛才可能买卖踊跃,买气高涨,成交量自然放大;相反,投资者举棋不定,人气低迷,成交量必定萎缩。

成交量是观察庄家大户动态的有效途径。资金巨大是庄家大户的实质,他们的一切意图都要通过成交来实现。成交量骤增,很可能是庄家在买进卖出。

二、量价关系形态分析

(一) 两个基本要素

1. 成交量柱体

成交量柱体图是将每日的成交量用柱体表示在坐标系中。

成交量能够准确地反映市场供求情况,买、卖双方的力量强弱,以及投资者对未来股价的变动看法。

成交量的变化往往在股价变化之前,即"量先于价"。

2. 成交量均线(MV)

单日的成交量会受到许多因素的影响,在成交量柱体图上会出现跳动的现象。如果将移动平均线原理引入成交量图中,就可以得到比较平滑的均量线(MV)。

成交量均线能够反映一定时期内市场平均成交量的情况,通常使用的采样天数为5日、10日、30日等。

如果成交量向上突破MV,则表示人气增加;反之表示市场转冷。当股价突破压力线且有成交量配合,则可以买入;股价连创新低,但成交量基本稳定甚至上升,股价很可能出现反弹。没有成交量配合的股价上升是危险的信号。

(二) 量价关系图形

1. 价升量增

随着价格的不断抬升,成交量也不断放大,这是多头市场最典型的特征。如图3-5-1所示。

(1) 价升量增的特征

成交总值是测量股市行情变化的温度计。

从成交总值增加或减少的速度上可以推断出多空战争规模的大小。

(2) 价升量增的提示

成交量是股市的"元气",股价只不过是它的表征而已,所以,成交量通常比股价先行。

在上升趋势中,投资人购买股票,短期或中长期都可获得利润,赚钱的示范效应激发起更多人的投资意愿,从而使交投活跃。在积极的换手下,成交量不断创纪录,股价也不断上扬,但接最后一棒的投资者往往被套。

2. 价升量减

(1) 价升量减的特征

股价上升,成交量反而减少,表明买气已弱,卖方力量随时有表现的可能。故而对"缩量上涨"应保持高度警惕,如图3-5-2所示。

(2) 价升量减的提示

价升量减是弱市的重要特征。如果把价升称作"高消费",那么量减便表明已"养不起"。

价升量减所显示的是一种量价背离的走势。一般来说,价升量减表明股价将无力上扬,但"股市无铁律",有时也会出现股指不断创出历史新高而成交量却不放大的情况(强庄股)。

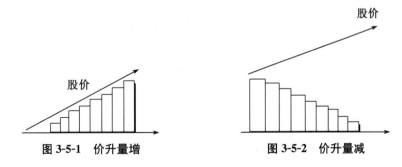

图3-5-1 价升量增   图3-5-2 价升量减

3. 价跌量减

(1) 价跌量减的特征

价跌量减大多是一个多头市场的象征。如图3-5-3所示。在多头市场里,每一次下调或调整,市场都充满一种惜售心理,加之"买涨不买跌",成交量萎缩也就在情理之中了。

（2）价跌量减的提示

价跌是整理的需要,是修复较高技术指标的需要;而量减则表明投资人有很强的持筹信心。

在股价下跌的途中,只要成交量始终保持在一个较低的水平,就应该坚定持筹的信心,就像不要把钱花在生意清淡的餐馆里一样,不要把筹码抛在交易清淡的市场里。

4. 价跌量增

（1）价跌量增的特征

价跌量增大多是一个空头市场的象征。如图 3-5-4 所示。

跌势初期,投资人仍对股价走高抱有预期,多、空双方对股价看法产生分歧,换手积极,这便是成交量放大的主要原因。当日若收出较长上影线的阴线,则表明空方占优,这时"持股仍看高一线者"就应引起警惕。

（2）价跌量增的提示

价跌而量增往往是庄家撤庄、机构出货的先兆,必须高度警惕。

价跌而量增往往在以后的交易日里价虽跌而量不再增,这恰恰表明庄家出货后不再"空头回补",股价还有下行空间。

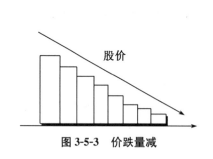

图 3-5-3　价跌量减

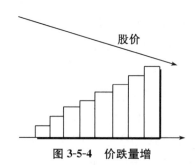

图 3-5-4　价跌量增

5. 天量天价

所谓天量,即成交量已无法再放大,买气减弱使股价见顶。如图 3-5-5 所示。

（1）天量天价的特征

股价上行理应是一个渐进过程,成交量的放大也应比较温和,突放巨量往往欲速而不达。

出现巨量既有庄家拉高出货的阴谋,也有跟风盘盲目追涨惹下的祸根,理性的投资者大多会对天价天量敬而远之。

（2）天量天价的提示

开市后应不断查看"今日量比排名","量比"很大的个股有可能在当日出现天价天量。

盘中应不断关注"领先即时走势"图中的"成交量警示栏",对栏中不断出现的巨量成交股票应引起警惕。

$$委比＝[(委买手数－委卖手数)÷(委买手数＋委卖手数)]×100\%$$

当委比数值为正值时,表示买方比卖方强。

当委比数值为负值时,表示卖方比买方强。

6. 地量地价

所谓地量,即成交量已无法再萎缩,卖气减弱使股价见底。如图 3-5-6 所示。

(1) 地量地价的特征

股价下行后往往导致换手不积极,成交量随股价创新低而萎缩。

每一次萎缩都可能导致再一次小反弹。而当成交量无法再萎缩时,这时股价也可能出现一个新低价,这时下跌行情已基本结束。

(2) 地量地价的提示

关注"特别报道"中"成交量排名"和"今日资金流向排名"的最后一版,若其中有自己的股票,则有可能见到地价。

关注自己持有股票的"即时走势图",若两三分钟才有一笔成交,或每一笔成交量都非常小,量比也仅有零点几,则有可能见到地价。

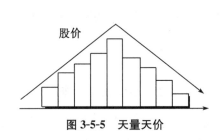

图 3-5-5　天量天价

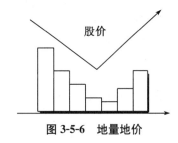

图 3-5-6　地量地价

7. 底部放量

对中长线买家来说,在底部放量时介入,可获"坐轿子"喜悦。如图 3-5-7 所示。

(1) 底部放量的特征

"底部放巨量"之前,庄家已经悄悄吸货一段时间;底部放量阶段是庄家加仓阶段;底部放量过后,庄家已完全控盘。

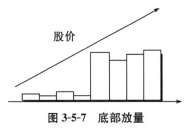

图 3-5-7　底部放量

任何时候,在众多只股票中,都会有蛰伏在底部并突然放量的个股,都会有"轿夫"。

(2) 底部放量的提示

底部一旦放量,犹如雨后春笋忽然冒尖,接下来便会"突突"地往上长。

庄家做某一只股票,大多在其低位介入,"从下往上"发动行情;散户买一只股票,短线客"买涨不买跌",中长线买家则应"买跌不买涨"。

8. 顶部对倒

在相对高位放巨量的个股,往往是其庄家"胜利大逃亡"的序曲。

(1) 顶部对倒的特征

所谓对倒,即庄家在拉高过程中,自己卖自己买,从左手倒到右手,造成放量上行的假象,吸引跟风盘。

对倒过程中,第一天买的股票第二天卖,第二天买的股票第三天卖,等等,反正是卖价大多高于庄家仓位的平均成本。

（2）顶部对倒的提示

顶部对倒与天量天价属于同一道理，而"顶部对倒"更多的是针对强庄股而言。

对庄家想"胜利大逃亡"的个股千万勿做反弹，否则犹如在"半空中接从楼顶上掉下来的飞刀"！

三、量价关系指标分析

（一）量比

1. 定义

量比是衡量相对成交量的指标。它是指股市开市后平均每分钟的成交量与过去五个交易日平均每分钟成交量之比。

量比在观察成交量方面是卓有成效的分析工具。它将某只股票在某个时段上的成交量与过去一段时间的成交量平均值进行比较，排除了因股本不同造成的不可比情况，是发现成交量异动的重要指标。

2. 计算公式

$$量比＝现成交总手÷过去5日平均每分钟成交量×当日累计开市分钟数$$

当量比大于1时，说明当日每分钟的平均成交量大于过去5日的平均值，交易比过去5日火爆；当量比小于1时，说明当日每分钟的平均成交量小于过去5日的平均值，交易比过去5日冷清。

3. 分析与应用

量比为0.8～1.5倍，则说明成交量处于正常水平。

量比在1.5～2.5倍之间则为温和放量，如果股价也处于温和缓升状态，则升势相对健康，可继续持股；若股价下跌，则可认定跌势难以在短期内结束，从量的方面判断应考虑停损退出。

量比在2.5～5倍，则为明显放量，若股价相应地突破重要支撑或压力位置，则突破有效的概率颇高，可以相应地采取行动。

量比达5～10倍，则为剧烈放量，如果是在个股处于长期低位出现剧烈放量突破，涨势的后续空间巨大。

量比达到10倍以上的股票，一般可以考虑反向操作。在涨势中出现这种情形，说明见顶的可能性压倒一切，即使不是彻底反转，至少涨势会休整相当长一段时间。在股票处于绵绵阴跌的后期，突然出现的巨大量比，说明该股在目前位置彻底释放了下跌动能。

量比达到20倍以上的情形基本上每天都有一两单，是极端放量的一种表现，这种情况的反转意义特别强烈。如果在连续的上涨之后，成交量极端放大，但股价出现"滞涨"现象，则是涨势行将死亡的强烈信号。当某只股票在跌势中出现极端放量，则是建仓的大好时机。

此外，量比在0.5倍以下的缩量情形也值得好好关注，其实严重缩量不仅显示了交易不活跃的表象，同时也暗藏着一定的市场机会。缩量创新高的股票多数是长庄股。缩量能创出新高,说明庄家控盘程度相当高,而且可以排除拉高出货的可能。缩量调整的股票,特别是放量突破某个重要压力位之后缩量回调的个股,常常是不可多得的买入对象。

(二) 换手率

1. 定义

换手率表述为日成交量与流通股的比值。

很高的成交量,并不意味着很高的换手率。如大盘股很容易出现较高的成交量,但考量其交投活跃度则需要借助换手率来进行判断。这就是换手率分析的重要意义。

2. 计算与分析

$$换手率＝单位时间内成交股数÷当时的流通股股数×100\%。$$

按时间参数的不同,它在使用上又划分为日换手率、周换手率或特定时间区的日均换手率,等等。

其市场意义是个股的可流通股有多少参与了当日的买卖交易,并以比例的数值表示出来。其比值越高,换手率越大,表明交易活跃,人气旺,参与者众;反之,交投清淡,观望者众。所以换手率指标在个股分析上同成交量指标(VOL)相比,具有直观通用的特点(不论个股的流通股本的大小),实现对个股历史的成交进行量化分析比较。

换手率大致分成如下几个级别。

① 绝对低量:小于1%;

② 成交低迷:1%～2%;

③ 成交温和:2%～3%;

④ 成交活跃:3%～5%,相对活跃状态;

⑤ 带量:5%～8%;

⑥ 放量:8%～15%,高度活跃状态;

⑦ 巨量:15%～25%;

⑧ 成交怪异:大于25%。

我们常使用3%以下这个标准,并将小于3%的成交额称为无量,更为严格的标准是2%。

3. 实战应用

换手率的高低不仅能够表示在特定时间内一只股票换手的充分程度和交投的活跃状况,更重要的是,它还是判断和衡量多、空双方分歧大小的一个重要参考指标。

低换手率表明多、空双方的意见基本一致,股价一般会由于成交低迷而出现小幅下跌或步入横盘整理。高换手率则表明多、空双方的分歧较大,但只要成交活跃的状况能够维持,一般股价都会呈现出小幅上扬的走势。对于换手率的观察,投资者最应该引起重视的是换手率过高和过低时的情况。过低或过高的换手率在多数情况下都可能是股价变盘的先行指标。

一般而言,在股价出现长时间调整后,如果连续一周多的时间内换手率都保持在极低的水平(如周换手率在2%以下),则往往预示着多空、双方都处于观望之中。由于空方的力量已经基本释放完毕,此时的股价基本已进入了底部区域。此后即使是一般的利好消息都可能引发个股较强的反弹行情。

实际上,无论换手率过高或过低,只要前期的累计涨幅过大都应该小心对待。从历史观察来看,当单日换手率超过10％时,个股进入短期调整的概率偏大,尤其是连续数个交易日的换手超过7％,则更要小心。

(三) 能量潮

1. 概念

OBV的英文全称是On Balance Volume,中英名称可翻译为平衡交易量,是由美国的投资分析家Joe Granville所创。该指标通过统计成交量变动的趋势来推测股价趋势。OBV以"N"字形为波动单位,并且由许许多多"N"形波构成OBV的曲线图,对一浪高于一浪的"N"形波,称其为上升潮(Up Tide),至于上升潮中的下跌回落则称为跌潮(Down Field)。OBV指标是由OBV值和OBV线构成的。OBV线方法是葛兰碧又一大贡献。他将"量的平均"概念加以延伸,认为成交量是股市的元气,股价只不过是它的表象特征而已。因此,成交量通常比股价先行。这种"先见量、后见价"的理论早已为股市所证明。

2. OBV指标的原理

股市技术分析有四大要素,即价、量、时、空。OBV指标就是从"量"这个要素作为突破口,来发现热门股票、分析股价运动趋势的一种技术指标。它是将股市的人气——成交量与股价的关系数字化、形象化,以股市的成交量变化来衡量股市的推动力,从而研判股价的走势。关于成交量的研究方面,OBV能量潮是一种相当重要的分析指标。

能量潮理论成立的主要依据如下。

① 投资者对股价的评论越不一致,成交量越大;反之,成交量就越小。因此,可用成交量来判断市场的人气和多、空双方的力量。

② 重力原理。上升的物体迟早会下跌,而物体上升所需的能量比下跌时多。涉及股市则可解释为:一方面,股价迟早会下跌。另一方面,股价上升时所需的能量大,因此股价的上升特别是上升初期必须有较大的成交量相配合;股价下跌时则不必耗费很大的能量,因此成交量不一定放大,甚至有萎缩趋势。

③ 惯性原则。动则恒动,静则恒静。只有那些被投资者或主力相中的热门股会在较长一段时间内成交量和股价的波动都比较大,而无人问津的冷门股,则会在较长一段时间内,成交量和股价波幅都比较小。

3. OBV值的计算方法

OBV指标的计算比较简单,主要是计算累积成交量。

以日周期为例,其计算公式为:

$$当日 OBV=本日值＋前一日的 OBV 值$$

如果本日收盘价或指数高于前一日收盘价或指数,本日值则为正值;如果本日的收盘价或指数低于前一日的收盘价,本日值则为负值;如果本日值与前一日的收盘价或指数持平,本日值则不计算。然后计算累积成交量,这里的成交量是指成交股票的手数。

和其他指标的计算一样,由于选用的计算周期的不同,OBV指标也包括日OBV指标、周 OBV 指标、月 OBV 指标、年 OBV 指标以及分钟 OBV 指标等各种类型。经常被用于股市研判的是日 OBV 指标和周 OBV 指标。随着股市分析软件的开发与应用,投资者只需掌握 OBV 形成的基本原理和计算方法,无须去计算指标的数值,更为重要的是学会利用 OBV 指标去分析、研判股票行情。

举例(见表 3-5-1)如下。

表 3-5-1　OBV 值的计算方法

日　期	收盘价	比前一日涨跌	成交量/手	累积 OBV
1	18.80	—	—	—
2	19.20	+	+3000	+3000
3	19.40	+	+2500	+5500
4	19.10	—	−700	+4800
5	19.00	—	−800	+4000
6	19.50	+	+2000	+6000

4. OBV 线的画法

OBV 线是将 OBV 值绘于坐标图上,以时间为横坐标,成交量为纵坐标,将每一日计算所得的 OBV 值在坐标线上标出位置并连接起来成为 OBV 线。其具体步骤如下。

第一,建立直角坐标系。横轴表示时间,纵轴表示成交量。

第二,根据计算的累积成交量描点。

第三,将这些点连成曲线。

5. OBV 指标的一般研判标准

① 当 OBV 线下降而股价却上升,预示着股票上升能量不足,股价可能随时下跌,是卖出股票的信号。

② 当 OBV 线上升而股价却小幅下跌,说明市场上人气旺盛,下档承接力较强,股价的下跌只是暂时的技术性回调,股价可能即将止跌回升。

③ 当 OBV 线呈缓慢上升而股价也同步上涨时,表示行情稳步向上,股市中长期投资形势尚好。股价仍有上升空间,投资者应持股待涨。

④ 当 OBV 线呈缓慢下降而股价也同步下跌时,表示行情逐步盘跌,股市中长期投资形势不佳。股价仍有下跌空间,投资者应以卖出股票或持币观望为主。

⑤ 一般情况下,当 OBV 线出现急速上升的现象时,表明市场上大部分买盘已全力涌进,而买方能量的爆发不可能持续太久,行情可能将会出现回档,投资者应考虑逢高卖出。尤其在 OBV 线急速上升后不久,且在盘面上出现锯齿状曲线并有掉头向下迹象时,表明行情已经涨升乏力,行情即将转势,为更明显的卖出信号。这点对于短期急升并涨幅较大的股票的研判更为准确。

⑥ 一般情况下,当 OBV 线出现急速下跌的现象时,表明市场上大量卖盘汹涌而出,股市行情已经转为跌势,行情将进入一段较长时期的下跌过程中,此时,投资者还是应以持币观望为主,不要轻易抢反弹。只有当 OBV 线经过急跌后,在低部开始形成锯齿状的曲线

时,才可以考虑进场介入。

⑦ OBV 线经过长期累积后的大波段的高点(即累积高点),经常成为行情再度上升的大阻力区,股价常在这个区域附近遭受强大的上升压力而反转下跌。而股价一旦突破这一长期阻力区的话,其后续涨势将更加强劲有力。

⑧ OBV 线经过长期累积后的大波段的低点(即累积低点),则常会形成行情下跌的大支撑区,股价会在这一区域附近遇到极强的下跌支撑而止跌企稳。而股价一旦向下跌破这一长期支撑区的话,其后续跌势将更猛。

6. OBV 指标的局限性

由于 OBV 指标是根据累积成交量计算而成的,因此,对于周 OBV 指标和月 OBV 指标等这些周期比较长的研判指标来说,在实际操作中就失去了研判功能,这一点是和其他技术分析指标有着本质的不同。投资者在实际操作中应注意这点,尽量少用周 OBV 及月 OBV 等指标来研判行情,以免研判失误。

同样道理,OBV 指标没有原始参数值,它不能根据修改参数值来从更多角度和不同周期去对行情进行多方位研判。因此,OBV 指标的分析方法比较简单、研判功能比较单一。

另外,由于 OBV 指标的计算原理过于简单,并且在 OBV 值的计算公式中,仅用收盘价的涨跌来做依据,则存在着失真的现象。因此,OBV 指标的适用范围仅限于短期操作,而不能用于中长期投资的研判。

团队活动组织

第一步,分别阅读以下材料,分组就文中提到的三种量能突破形式,在同花顺股票分析软件中寻找相似的股票。

第二步,对比分析三种量能突破形式对股票走势的影响,并填写表 3-5-2。

表 3-5-2　三种量能突破形式对股票走势的影响

量能突破形式	主要特征	放量持续时间	突破力度
横盘式平台突破型			
强势横盘调整突破型			
反转量能突破型			

成交量——价格平台突破的王者

1. 平台突破

股价上升平台的突破,一定是带着较大成交量的。现在我们来探讨,平台是怎样被带量突破的。

如图 3-5-8 所示,我们看到 A 点当日放出了一根量能,量能的产生一定是由多、空双方共同产生的,有买必定有卖,有卖必定有买,这是个双向的成交量。而此处的放量基本就说明了此处出现了多、空双方的激烈争斗。那么此时多、空双方战后的结果怎样呢？后面的B点K线震荡均在当日收盘价上方进行，即表示在A点处充当多头量能的资金，通过几个交易日后，仍处于盈利状态，那么此时说明了A点的多头力量就是这场博弈竞局的胜者，而后的上涨也充分说明了多头力量胜者的现实。当通过B点的震荡，我们从成交量获知了A点多、空双方博弈的胜者为多头，则我们在实战操作中也可以跟随进入，此时就能跟随多头获取更丰厚的利润。

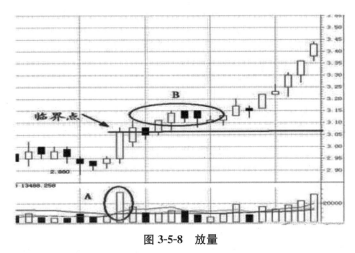

图 3-5-8　放量

那么我们选择的介入点应该是什么时候最好呢？再看图 3-5-9。

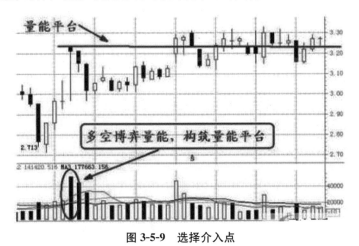

图 3-5-9　选择介入点

从上图我们可以看到，量能平台突破后，股票横盘的时间比较长，如果较早介入的话，则需要忍耐非常长的时间，就算后面真能赚钱，估计也会有大部分投资者因无法预知后面走势而产生信心动摇，导致本来盈利的操作仍然功亏一篑。所以选择一个较好的突破点介入，才能真正在短期内快速盈利。

在实战当中，当第一个博弈量能出现的时候，我们需要观察的是这些博弈多头资金什么时候才出现第二次进攻，而此时的第二次进攻就是我们的介入点，此时我们就称之为量能突破。

当然,在量能突破的同时,更多的情况在 K 线图上显示的是平台突破(见图 3-5-10)。

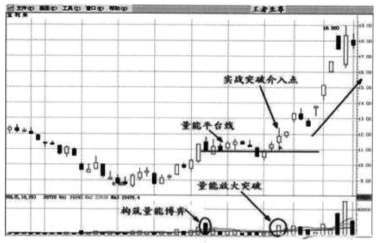

图 3-5-10　平台突破

2. 如何描绘量能平台线

通过上面的几个例子,大家已经清楚量能平台突破是怎么一回事了。那么这个量能平台的那根平台线如何确定呢?按照我们的量能平台突破方式,其画平台线的方法是以近期量能最大一天的收盘价为平台线的标准,无论该天 K 线是阴线还是阳线,都是按当天的收盘价进行。

如果后面的成交量超过前面的成交量,那么此时又该如何计算量能平台线呢?请记住我们计算量能平台的原则,就是采用成交量最大的当天收盘价点位,所以如果后面成交量超过前期成交量,则按后面最大的成交量的收盘价来计算量能平台,此时就会出现量能平台的转移。

从图 3-5-11 中我们可以清晰地看到后量超前量,导致量能平台上移的标准图形,而每次的放量突破,都是一次较好的实战介入点。

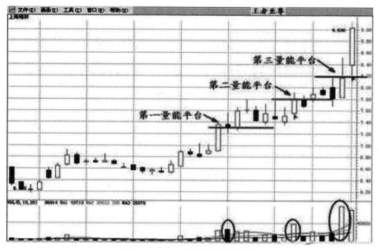

图 3-5-11　量能平台上移

3.三种量能形式突破形式

在这个动态的量能平台中,在后面的突破过程中,将会出现几种量能突破形式。

(1)横盘式平台突破型(见图 3-5-12)

这是平台突破最常见的一种方式。此时一般我们要求量能的放出应该是在建立平台的时候放出,而建立平台后应该以缩量方式运行,此时的量能平台突破就是有效和有力度的。

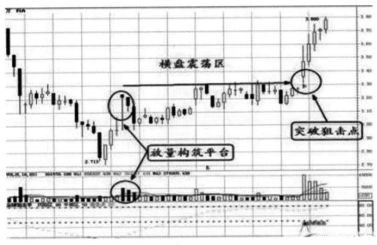

图 3-5-12　横盘式平台突破型

(2)强势横盘调整突破型(见图 3-5-13)

强势的股票经过一段放量上攻后,会出现短暂的调整,此时的调整周期短,幅度小,此时出现的量能再次突破,将是强势追涨的又一介入点。

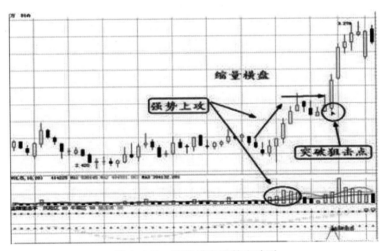

图 3-5-13　强势横盘调整突破型

(3)反转量能突破型(见图 3-5-14 至图 3-5-17)

平台突破不仅仅局限于一段时间的横盘,而一天的放量同样可以出现量能突破,此时狙击同样可以获取较好的盈利。

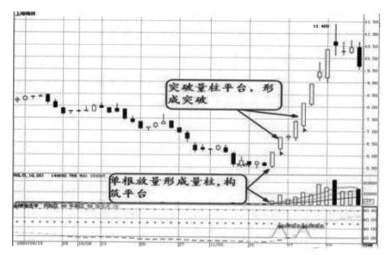

图 3-5-14　反转量能突破型一

　　此种量能反转型就是值得我们期待的一种暴涨盈利模式。当然,要把握此种量能突破形式的难度也非常高。这里我们再重点说说这种量能反转型。

　　由于此时的量能突破在 K 线形态上并不属于横盘状态,仅仅是一天行情的量能平台突破,在突破时就有两种方式,即缩量和放量。如果呈现缩量状态,则表示第二天参与到量能博弈的多、空双方都开始减少了,此时表示的应该是昨日参与的博弈多头已经能很好地控制盘面了。

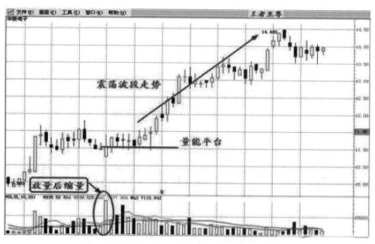

图 3-5-15　反转量能突破型二

　　由于井喷行情运行时间短,所以必须短期内快速发现行情,并捕捉它,才能赢取快速行情。此时我们一般是当第一天放出量能后,在第二天必须继续放量,如果出现缩量情况,则缩量调整时间不能超过两个交易日,此时的放量突破则会出现井喷性质。

　　此时的井喷量能平台突破,大部分情况下都要后量超前量。由于量能的不断放大,新的博弈资金不断介入,从而才能掀起主升浪潮,而真正的主力才能全身而退。

　　从井喷行情的总结来看,启动初期一般均以大阳线的方式进行拉升,主要目的就是要快速地摆脱各种压力位,从而造成形式上的突破,才有进行井喷的基础。所以追击这样的井喷

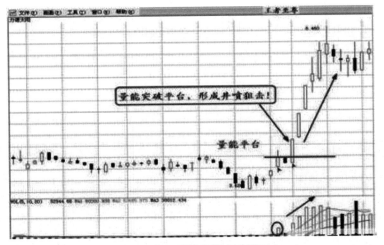

图 3-5-16　反转量能突破型三

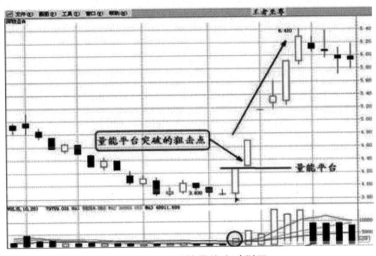

图 3-5-17　反转量能突破型四

行情,一般要求高位追入,拉大阳线后再介入,才能保证此时的拉升为井喷行情,而此时的高位介入,我们仍可以收获后面快速而有力的超级上涨行情。

由于这样的行情具备启动快、周期短、涨幅高的特点,所以这样的机会一年只要把握两三次,则足以跑赢整个股市了。

趋势理论中的"顺势而为"是大家熟悉的一种操作方式,如何才能达到顺势呢?这却是一直困扰投资者的问题,因为许多投资者因相信顺势而为的操作而等待股票出现多头后介入,却更多的是买在顶部,从而也让许多投资者对顺势而为的操作产生了疑惑。其实顺势而为的实战买点讲究的是及时在股票趋势出现拐点向上的时候立刻介入,从而把握最低的追涨风险和最高盈利效益。

网络模拟训练

① 打开同花顺股票分析软件，输入 601555（东吴证券），单击"K 线图"标签，界面如图 3-5-18 所示。由图 3-5-18 可见，该股的量价配合情况基本上呈现价升量增、价跌量减的特征，是典型的升势特征。

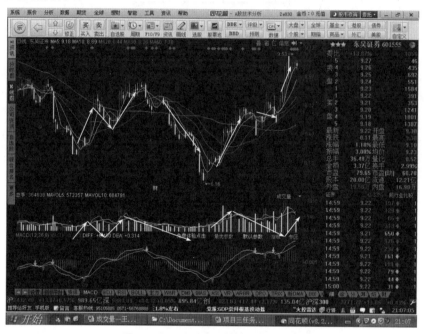

图 3-5-18　同花顺东吴证券的 K 线

② 大同煤业（601001）带巨量突破前期平台（头肩底的肩部）又上一个台阶。如图3-5-19 所示。

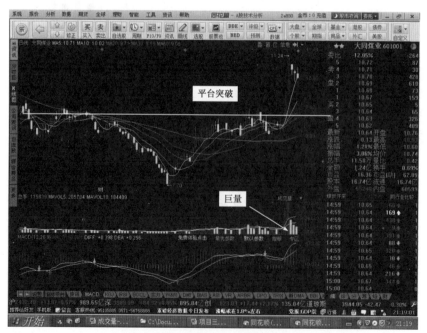

图 3-5-19　同花顺大同煤业的 K 线

③ 点击下面的 OBV 标签,可以通过能量潮界面发现大同煤业的能量堆积,如图 3-5-20 所示。

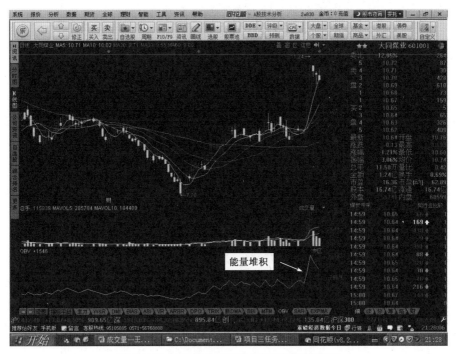

图 3-5-20　同花顺大同煤业的"能量潮"界面

知识拓展

一、量比曲线

量比由于数值单一,投资者在运用时会发现其有先天的不足。如果把当日每分钟的量比数值放在同一坐标系内并连线,就形成了更加直观、便于操作的量比曲线。

由于"量"是"价"的先导,因此我们可以根据量比曲线的变化来分析个股买卖力量对比,进而研判该股当日的运行趋势。

其应用原则如下。

① 量比曲线向上时不可以卖出,直到量比指标线转头向下;

② 量比曲线向下时不可以买入,不管股价是创新高还是回落,短线一定要回避量比指标向下;

③ 股价涨停后量比曲线应快速向下拐头,如果股价涨停量比指标仍然趋势向上,则说明有主力借涨停出货的可能,应当回避;

④ 量比曲线向上时应积极操作,股价上涨创新高同时量比指标也同步上涨并创新高,这说明股价的上涨是受到量能放大支撑的,应当积极买入或持股;

⑤ 如果股价下跌而量比指标上升,这时应赶快离场,因为这时股价的下跌是受到放量下跌的影响,股价的下跌深度远未达到;

⑥ 在短线操作时如果股价首次放量上涨,要求量比指标不可超过5,否则值太大对后期股价上涨无益,如果股价是连续放量,那么要求量比值不可大于3,否则有庄家出货可能;

⑦ 量比指标相对于成交量的变化来讲有明显的滞后性。

二、换手率与强庄股

换手率在市场中是很主要的交易参考,应该说这远比技术指标和技术图形来得加倍靠谱。假如从造假成本的角度来考虑,尽管交易印花税、交易佣金已大幅降低,但成交量越大所缴纳的费用就越高是不争的事实。假如要在K线图上的技术指标、图形、成交量三个要素里面选择,主力必定是在最没有办法时才会用成交量来骗人。因而,研判成交量甚至换手率对于判定一只股票的未来成长是有很大辅助作用的。因此,区分出换手率高是主力要出货还是主力预备拉抬是很重要的。

经过对深、沪市场1 000多只股票每日换手率的持久跟踪和调查发现,股票的每日换手率在1%~25%(不包括上市前3日的上市新股),大约70%的股票的日换手率低于3%。也就是说,3%是一个重要的分界线,3%以下的换手率表明没有较大的实力资金在其中运作。当一只股票的日换手率在3%~7%时,该股已进入相对活跃期,该换手率在强势股中经常出现。日换手率在10%~15%的股票,假如不是在上升的历史高价区,则意味着强庄在其中的大举运作。当一只股票呈现跨越15%的日换手率后,假如该股能够连续在当日密集成交区周围运行,是超级强庄股的技术特征,意味着该股后市具有极大的上升能量,有可能成为市场中的最大黑马。

任务六　技术指标比较分析

▌▌任务描述 ➡

掌握RSI、MACD、DMA、TRIX四种技术指标的基本原理、计算公式和使用方法。比较四种不同指标的应用条件,并学会使用它们对股票进行趋势分析。

▌▌任务资讯 ➡

一、RSI指标

RSI指标,即相对强弱指数。它是韦尔斯·王尔德首创的,发表在他的《技术交易系统新思路》一书中(1978年版)。最早被用于期货交易,后来人们发现用该指标来指导股票市场投资效果也十分不错,并对该指标的特点不断进行归纳和总结。现在,RSI已经成为投资者应用最广泛的技术指标之一。

（一）RSI 指标的原理与计算方法

1. RSI 指标的原理

相对强弱指数（RSI）是根据一定时期内上涨和下跌幅度之和的比率制作出的一种技术曲线。它能够反映出市场在一定时期内的景气程度。

RSI 的基本原理是在一个正常的股市中，多、空双方的力量必须得到均衡，股价才能稳定；而 RSI 是对于固定期间内，股价上涨总幅度平均值占股价变动总幅度平均值的比例。

投资的一般原理认为，投资者的买卖行为是各种因素综合结果的反映，行情的变化最终取决于供求关系。而 RSI 指标正是根据供求平衡的原理，通过测量某一个期间内股价上涨总幅度占股价变化总幅度平均值的百分比，来评估多空力量的强弱程度，进而提示具体操作的。

2. RSI 指标的计算方法

相对强弱指标 RSI 的计算公式有两种。

（公式一）

$$RSI(N) = A \div (A+B) \times 100$$

其中，A 为 N 日内当天收盘价减前一日收盘价的正数之和；B 为 N 日内当天收盘价减前一日收盘价的负数之和乘以（-1）。

（公式二）

$$RSI(N) = 100 - 100 \div (1 + RS)$$

其中，RS（相对强度）为 N 日内收盘价涨数（正数）和之均值除以 N 日内收盘价跌数（负数）和之均值。

以上两个公式虽然有些不同，但计算的结果一样。

以 14 日 RSI 指标为例，从当日起算，倒推包括当日在内的 15 个收盘价，以每一日的收盘价减去上一日的收盘价，得到 14 个数值，这些数值有正有负。这样，RSI 指标的计算公式具体如下。

$$A = 14 \text{ 个数字中正数之和}$$
$$B = 14 \text{ 个数字中负数之和} \times (-1)$$
$$RSI(14) = A \div (A+B) \times 100$$

式中，A 为 14 日中股价向上波动的大小；B 为 14 日中股价向下波动的大小；$A+B$ 为股价总的波动大小。

和其他指标的计算一样，由于选用的计算周期不同，RSI 指标也包括日 RSI 指标、周 RSI 指标、月 RSI 指标、年 RSI 指标以及分钟 RSI 指标等各种类型。经常被用于股市研判的是日 RSI 指标和周 RSI 指标。虽然它们的取值有所不同，但基本的计算方法一样。另外，随着股市软件分析技术的发展，指标的数值则由计算机自动完成，投资者只需掌握 RSI 形成的基本原理和计算方法即可，更为重要的是，怎样利用 RSI 指标去分析、研判股票行情。

（二）RSI 线

根据 RSI 值在坐标图上连成的曲线，即 RSI 线。

RSI 的计算公式实际上就是反映了某一阶段价格上涨所产生的波动占总的波动的百分比,数值越大,强势越明显;数值越小,弱势越明显。RSI 的取值介于 0～100 之间。在计算出某一日的 RSI 值以后,可采用平滑运算法计算以后的 RSI 值。

(三) RSI 的应用

1. 以长短期 RSI 线研判

短期 RSI 是指参数相对小的 RSI,长期 RSI 是指参数相对较长的 RSI。比如,6 日 RSI 和 12 日 RSI 中,6 日 RSI 即短期 RSI,12 日 RSI 即长期 RSI。长短期 RSI 线的交叉情况可以作为我们研判行情的方法。

① 当短期 RSI>长期 RSI 时,市场则属于多头市场;

② 当短期 RSI<长期 RSI 时,市场则属于空头市场;

③ 当短期 RSI 线在低位向上突破长期 RSI 线时,则是市场的买入信号;

④ 当短期 RSI 线在高位向下突破长期 RSI 线时,则是市场的卖出信号。

2. 以 RSI 的数值研判

① 由算式可知,$0 \leqslant RSI \leqslant 100$。RSI 等于 50 为强势市场与弱势市场的分界点。通常会设 RSI>80 为超买区,市势回挡的机会增加;RSI<20 为超卖区,市势反弹的机会增加。

② 一般而言,RSI 掉头向下为卖出讯号,RSI 掉头向上为买入信号。但应用时宜从整体态势的判断出发。

③ RSI 的 M 形走向是超买区常见的见顶形态;W 形走向是超卖区常见的见底形态。这时,往往可见 RSI 走向与价格走向发生背离。所以,背离现象也是一种买卖讯号。

④ RSI 由下往上走,一个波谷比一个波谷高构成上升支持线;RSI 由上往下走,一个波顶比一个波顶低构成下降压力线。跌破支持线为卖出信号,上穿压力线为买入信号。

⑤ RSI 上穿 50 分界线为买入信号,下破 50 分界线为卖出信号。

⑥ N 日 RSI 的 N 值常见取 6～24 日(同花顺软件取值为 6、12、24)。N 值愈大趋势感愈强,但有反应滞后倾向,称为慢速线;N 值愈小对变化愈敏感,但易产生飘忽不定的感觉,称为快速线。因此,可将慢速线与快速线进行比较观察,若三线同向上,升势较强。若三线同向下,跌势较强;若快速线上穿慢速线为买入信号;若快速线下穿慢速线为卖出信号。

⑦ 由于 RSI 设计上的原因,RSI 在进入超买区或超卖区以后,即使市势有较大的波动,而 RSI 变动速率渐趋缓慢,波幅愈来愈微,即出现所谓钝化问题。尤其是在持续大涨或大跌时,容易发生买卖“操之过急”的遗憾。解决这个问题的办法,仅就 RSI 指标本身而言,一是调整超买区或超卖区的界定指标,如 90 以上、10 以下;二是加大 N 的取值。

(四) RSI 指标的缺陷

由于 RSI 指标的实用性很强,因而被广大投资者所喜爱。虽然 RSI 指标具有可以领先其他技术指标提前发出买入或卖出信号等诸多优势,但投资者应当注意,RSI 同样也会发出误导的信息。由于多方面的原因,该指标在实际应用中也存在盲区。在目前的市场中还没有出现一个十全十美的技术分析工具,RSI 也是如此。指标不能决定股价涨跌,股价的变化是决定指标运行的根本因素。RSI 指标最重要的作用是能够显示当前市场的基本态势,指明市场是处于强势还是弱势,或者牛皮盘整之中,同时还能大致预测顶和底是否来临。但

RSI 指标只能是从某一个角度观察市场后给出的一个信号,所能给投资者提供的只是一个辅助的参考,并不意味着市场趋势就一定向 RSI 指标预示的方向发展。尤其在市场剧烈震荡时,还应参考其他指标进行综合分析,不能简单地依赖 RSI 的信号来作出买卖决定。

1. 应该看到 RSI 指标的时间参数不同,其给出的结果就会不同

不同的投资者对时间周期的设定有不同的个人偏好。从理论上讲,较短周期的 RSI 指标虽然比较敏感,但快速震荡的次数较多,可靠性较差;较长周期的 RSI 指标尽管信号可靠,但指标的敏感性不够,反应迟缓,因而经常出现错过买卖良机的现象。

此外,由于 RSI 是通过收盘价计算的,如果当天行情的波幅很大,上、下影线较长时,RSI 就不可能较为准确地反映此时行情的变化。

2. 超买、超卖出现后导致的指标钝化现象容易发出错误的操作信号

在"牛市"和"熊市"的中间阶段,RSI 值升至 90 以上或降到 10 以下的情况时有发生。此时指标钝化后会出现模糊的误导信息,若依照该指标操作可能会出现失误,错过盈利机会或较早进入市场而被套牢。

3. RSI 指标与股价的"背离"走势常常会发生滞后现象

一方面,市场行情已经出现反转,但是该指标的"背离"信号可能滞后出现;另一方面,在各种随机因素的影响下,有时"背离"现象出现数次后行情才真正开始反转,同时在研判指标"背离"现象时,真正反转所对应的"背离"出现的次数并无定论,一次、两次或三次背离都有出现趋势变化的可能,在实际操作中较难确认。

4. 当 RSI 值在 50 附近波动时该指标往往失去参考价值

一般而言,RSI 值在 40~60 之间研判的作用并不大。按照 RSI 的应用原则,当 RSI 从 50 以下向上突破 50 分界线时,代表股价已转强;RSI 从 50 以上向下跌破 50 分界线,则代表股价已转弱。但实际情况经常让投资者一头雾水,股价由强转弱后却不跌、由弱转强后却不涨的现象相当普遍。这是因为在常态下,RSI 会在大盘或个股方向不明朗而盘整时,率先整理完毕并出现走强或走弱的现象。

在实际运用中若要克服这个缺点,可以在价格变动幅度较大且涨跌变动较频繁时,将 RSI 参数设定得小一点;在价格变动幅度较小且涨跌变动不频繁时,将 RSI 参数设定得大一点即可。

阅读参考

通过人数对比分析来解释 RSI 的实战意义

首先我们从极限的 RSI＝100 说起,RSI＝100 表明所有人都是多方的人。在股市的人都知道,这是不可能的。如果所有的人都是多方,也就是全是买股票的人。那么谁来卖出股票呢? 没人卖出股票,那还成什么股市呢? 所以必须得有人卖出股票。谁会卖出股票呢? 卖出股票的人,一定是认为当前的价格是比较高的,而且有可能下跌或者有了足够的利润,现在不卖,以后不一定能卖出这个价格。大家可能对上面的分析产生了一个矛盾的观点。

既然 RSI＝100 表示所有的人都看好。那么这个股票肯定会涨。既然看好这个股票会继续上涨，那么，为什么要卖出呢？对于这个问题我们用数据来解释就清楚了。

假如一只股票现在的价格是 10 元，当看涨的人多于看跌的人，也就是愿意买的人比愿意卖的人多时，这个股票就会涨起来。接着，这只股票就涨到了 11 元。结果，还是看涨的人多于看跌的人。这只股票还在涨，比如，涨到了 12 元、13 元、14 元……20 元。这时候，通过股评的推荐、朋友的介绍，看涨的人越来越多，越来越多……这只股票就一直往上涨。30 元、40 元、50 元……100 元，亿安科技就曾涨到了 126.31 元。各位不妨想想，这只股票是不是会一直涨呢？显然不会。无论它多么好，它总会有停止上涨的时候。

比如，某只股票从 10 元涨到了 50 元，RSI 也接近于 100 了。也就是所有的人都看好的时候，正值此时，就会有人开始想卖了。为什么呢？因为手中持有很多筹码的人，他会想：如果不在人气足的时候开始出货，要是开始下跌，手中这么多的筹码，就无法派发出去。因此，即使所有的人都认为这只股票还会上涨，在这些认为上涨的人当中，也有人开始卖出股票了。尽管他知道这只股票还会上涨，但是，为了使手中大量的股票的盈利能够兑现，他必须在还没涨到顶之前就开始卖出。否则他的盈利就成泡沫，化为乌有。于是，很多预计这只股票会涨到 50 元的人，特别是手中有太多筹码的人，他可能在 45 元或更低的价位，就开始卖出这只股票了。

所以，当 RSI＝100 表示所有的人都看好这个股票。更多地潜伏着出货的巨大危机。就像气球，吹到最大时，爆破的危机也就随之产生。一旦开始下跌，这只所有人都看好的股票，就会产生"飞流直下三千尺，疑是银河落九天"的景观。因为无数次的经验已经使股市的绝大多数人都了解了这个道理，即使不懂这个道理的股民，多少会吃过来不及卖出的苦头。因此，当某只股票在高位回调时，已经盈利的人会赶紧卖出，使得盈利落袋为安。高位追进去没有盈利的人，只要头脑活络些，也会赶紧割肉退出，先走为快。

再从另一个角度来讲，当所有人都看好一只股票，也就是 RSI 接近于 100 时，这只股票的价格往往会远远超过这只股票的实际价值。这样的情况就是我们平常所说的超买的现象。所谓超买的情况，就是买进的人买进了不该买进的股票。所以，在超买的情况下，一旦下跌，由于这只股票本来就不值这个价位，下跌也就不足为奇了。

以上说明了 RSI＝100 的情况，再来说说 RSI＝80 或接近于 80 的高位的情况，就比较容易理解了。

前面说到，当 RSI＝100 时，有人在此之前就开始出货了。那么这个之前是什么时候呢？如果单从 RSI 的角度来讲，作为一个股民，既然知道 RSI＝100 时会来不及卖出，我何不在 RSI＝95 时就开始卖出呢？这个当然可以。但是，如果大部分的投资者都总结出这个经验，都在 RSI＝95 时卖出，那么，谁会买进呢？买进的人少的话，你能保证你的股票在 RSI＝95 时就能卖出吗？所以，有人就在 RSI＝90 时就开始卖出了。如此类推，人们会越来越提前开始卖出。这就是一般书上常说的 RSI＝80 时就准备卖出的道理。相反，RSI＝20 时，也是准备买进的好时机。

说了以上的道理，再回过头来说明 RSI 的实战意义，就容易掌握 RSI 在不同的股票中的不同数值了。有两种股票的区别是很大的，就大盘股和小盘股。运用 RSI 买卖股票，就不能采用相同的数值。对于大盘股，卖出时，RSI＝80 就应当出货，大家从中兴通讯这个大盘股中就可以很明显地看出这一点。原因是盘子太大,很难达到让 80% 的人都看好。而且持股的人数多,人心不齐,再加上庄家的筹码多,出货难,必须提前出货。这就是大盘股的 RSI 一般不会出现很高情况的原因。相反,小盘股就不同了,一般在 RSI＝80 时,正是进货的好时机,说明庄家已经收集了足够的筹码。盘子越小,RSI 的值会越高,主要是筹码被控制,下跌的压力很难阻止庄家的行为。如海虹控股,连接 20 多天的上涨,RSI 最高达到 99.98%。这就是庄家全盘控股了。

总而言之,RSI 可以明确地告诉你当时看涨和看跌的人数对比。至于这个比例,在不同股票和不同盘面的情况下,其意义又是不同的。水能载舟,也能覆舟。具体的使用,就要随机应变了。

资料来源：http://baike. baidu. com/view/1145516. htm.

二、MACD 指标

MACD 指标又叫指数平滑异同移动平均线。它是由查拉尔·阿佩尔(Gerald Apple)所创造的,是一种研判股票买卖时机、跟踪股价运行趋势的技术分析工具。

(一) MACD 指标的原理和计算方法

1. MACD 指标的原理

MACD 指标是根据均线的构造原理,对股票价格的收盘价进行平滑处理,求出算术平均值以后再进行计算,是一种趋向类指标。

MACD 指标是运用快速(短期)和慢速(长期)移动平均线及其聚合与分离的征兆,加以双重平滑运算。而根据移动平均线原理发展出来的 MACD,一则去除了移动平均线频繁发出假信号的缺陷,二则保留了移动平均线的效果,因此,MACD 指标具有均线趋势性、稳重性、安定性等特点,是用来研判买卖股票的时机,预测股票价格涨跌的重要技术分析指标。

MACD 指标主要是通过 EMA、DIF 和 DEA(或叫 MACD、DEM)这三值之间关系的研判,由 DIF 和 DEA 值描成的移动平均线的相互关系研判,以及 DIF 减去 DEA 值而绘制成的柱状图(BAR)的研判等来分析判断行情,并以此预测股价中短期趋势。其中,DIF 是核心,DEA 是辅助。DIF 是快速平滑移动平均线(EMA1)和慢速平滑移动平均线(EMA2)的差。BAR 柱状图在股市技术软件中是用红柱和绿柱的收缩来研判行情。

2. MACD 指标的计算方法

MACD 在应用上,首先计算出快速移动平均线(即 EMA1)和慢速移动平均线(即 EMA2),并以这两个数值作为测量两者(快慢速线)间的离差值(DIF)的依据,然后求 DIF 的 N 周期的平滑移动平均线 DEA(也叫 MACD、DEM)线。

以 EMA1 的参数为 12 日,EMA2 的参数为 26 日,DIF 的参数为 9 日为例来看看 MACD 的计算过程。

(1) 计算移动平均值(EMA)

12 日 EMA 的计算式为:

$$EMA(12)=前一日\ EMA(12)\times11\div13+今日收盘价\times2\div13$$

26 日 EMA 的计算式为：

$$EMA(26)=前一日\ EMA(26)\times25\div27+今日收盘价\times2\div27$$

（2）计算离差值（DIF）

$$DIF=今日\ EMA(12)-今日\ EMA(26)$$

（3）计算 DIF 的 9 日 EMA

根据离差值计算其 9 日的 EMA，即离差平均值，是所求的 MACD 值。为了不与指标原名相混淆，此值又名 DEA 或 DEM。

$$今日\ DEA(MACD)=前一日\ DEA\times8\div10+今日\ DIF\times2\div10$$

计算出的 DIF 和 DEA 的数值均为正值或负值。

理论上，在持续的涨势中，12 日 EMA 线在 26 日 EMA 线之上，其间的正离差值（+DIF）会越来越大；反之，在跌势中离差值可能变为负数（-DIF），绝对值也会越来越大，而在行情开始好转时，正负离差值将会缩小。指标 MACD 正是利用正负的离差值（±DIF）与离差值的 N 日平均线（N 日 EMA）的交叉信号作为买卖信号的依据，即再度以快慢速移动线的交叉原理来分析买卖信号。另外，MACD 指标在股市软件上还有一个辅助指标——BAR 柱状线，其公式为：BAR=2×（DIF-DEA），我们还是可以利用 BAR 柱状线的收缩来决定买卖时机。

离差值 DIF 和离差平均值 DEA 是研判 MACD 的主要工具。其计算方法比较烦琐，由于目前这些计算值都会在股市分析软件上由计算机自动完成，因此，投资者只要了解其运算过程即可，而更重要的是掌握它的研判功能。另外，和其他指标的计算一样，由于选用的计算周期的不同，MACD 指标也包括日 MACD 指标、周 MACD 指标、月 MACD 指标、年 MACD 指标以及分钟 MACD 指标等各种类型。经常被用于股市研判的是日 MACD 指标和周 MACD 指标。虽然它们计算时的取值有所不同，但基本的计算方法一样。

在实践中，将各点的 DIF 和 DEA（MACD）连接起来就会形成在零轴上下移动的两条快速（短期）和慢速（长期）线，此即 MACD 图。

（二）MACD 指标的一般研判标准

MACD 指标是市场上绝大多数投资者熟知的分析工具。但在具体运用时，投资者可能会觉得在 MACD 指标运用的准确性、实效性、可操作性上有很多茫然的地方，有时会发现采用从书上学来的 MACD 指标的分析方法和技巧去研判股票走势，所得出的结论和实际走势存在着特别大的差异，甚至会得出相反的结果。这其中的主要原因是市场上绝大多数论述股市技术分析的书中关于 MACD 的论述只局限在表面的层次，只介绍了 MACD 的一般分析原理和方法，而对 MACD 分析指标的一些特定的内涵和分析技巧的介绍鲜有涉及。下面将在介绍 MACD 指标的一般研判技巧和分析方法的基础上，详细阐述 MACD 的特殊研判原理和功能。

MACD 指标的一般研判标准主要是围绕快速和慢速两条均线及红、绿柱线状况和它们的形态展开。一般分析方法主要从 DIF 和 MACD 值及其所处的位置、DIF 和 MACD 的交叉情况、红柱状的收缩情况和 MACD 图形的形态这四个大的方面来进行分析。

1. DIF 和 MACD 的值及线的位置

① 当 DIF 和 MACD 均大于 0（即在图形上表示为它们处于零线以上）并向上移动时，一般表示股市处于多头行情中，可以买入股票或持股待涨。

② 当 DIF 和 MACD 均小于 0（即在图形上表示为它们处于零线以下）并向下移动时，一般表示股市处于空头行情中，可以卖出股票或持币观望。

③ 当 DIF 和 MACD 均大于 0（即在图形上表示为它们处于零线以上）但都向下移动时，一般表示股票行情处于退潮阶段，股票将下跌，可以卖出股票和持币观望。

④ 当 DIF 和 MACD 均小于 0 时（即在图形上表示为它们处于零线以下）但向上移动时，一般表示行情即将启动，股票将上涨，可以买进股票或持股待涨。

2. DIF 和 MACD 的交叉情况

① 当 DIF 与 MACD 都在零线以上，而 DIF 向上突破 MACD 时，表明股市处于一种强势之中，股价将再次上涨，可以加码买进股票或持股待涨，这就是 MACD 指标"黄金交叉"的一种形式。

② 当 DIF 和 MACD 都在零线以下，而 DIF 向上突破 MACD 时，表明股市即将转强，股价跌势已尽将止跌向上，可以开始买进股票或持股待涨，这是 MACD 指标"黄金交叉"的另一种形式。

③ 当 DIF 与 MACD 都在零线以上，而 DIF 却向下突破 MACD 时，表明股市即将由强势转为弱势，股价将大跌，这时应卖出大部分股票而不能买股票，这就是 MACD 指标的"死亡交叉"的一种形式。

④ 当 DIF 和 MACD 都在零线以上，而 DIF 向下突破 MACD 时，表明股市将再次进入极度弱市中，股价还将下跌，可以再卖出股票或观望，这是 MACD 指标"死亡交叉"的另一种形式。

3. MACD 指标中的柱状图分析

在股市电脑分析软件（如钱龙软件）中通常采用 DIF 值减 DEA（即 MACD、DEM）值而绘制成柱状图，用红柱状和绿柱状表示，红柱表示正值，绿柱表示负值。用红绿柱状来分析行情，既直观明了又实用可靠。

① 当红柱状持续放大时，表明股市处于牛市行情中，股价将继续上涨，这时应持股待涨或短线买入股票，直到红柱无法再放大时才考虑卖出。

② 当绿柱状持续放大时，表明股市处于熊市行情之中，股价将继续下跌，这时应持币观望或卖出股票，直到绿柱开始缩小时才可以考虑少量买入股票。

③ 当红柱状开始缩小时，表明股市牛市即将结束（或要进入调整期），股价将大幅下跌，这时应卖出大部分股票而不能买入股票。

④ 当绿柱状开始收缩时，表明股市的大跌行情即将结束，股价将止跌向上（或进入盘整），这时可以少量进行长期战略建仓而不要轻易卖出股票。

⑤ 当红柱开始消失、绿柱开始放出时，这是股市转市信号之一，表明股市的上涨行情（或高位盘整行情）即将结束，股价将开始加速下跌，这时应开始卖出大部分股票而不能买入

股票。

⑥ 当绿柱开始消失、红柱开始放出时,这也是股市转市信号之一,表明股市的下跌行情(或低位盘整)已经结束,股价将开始加速上升,这时应开始加码买入股票或持股待涨。

(三) MACD 指标的缺点

1. 由于 MACD 是一项中、长线指标,买进点、卖出点和最低价、最高价之间的价差较大

当行情忽上忽下幅度太小或盘整时,按照信号进场后随即又要出场,买卖之间可能没有利润,也许还要赔点价差或手续费。

2. 一两天内涨跌幅度特别大时,MACD 来不及反应

因为 MACD 的移动相当缓和,相比于行情的移动有一定的时间差,所以一旦行情迅速大幅涨跌,MACD 不会立即产生买卖信号。此时,MACD 无法发挥作用。

三、DMA 指标

DMA 指标又叫平行线差指标。它是一种中短期指标,常用于大盘指数和个股的研判。

(一) DMA 指标的原理与计算方法

1. DMA 指标的原理

DMA 指标属于趋向类指标,它是依据快、慢两条移动平均线的差值情况来分析价格趋势的一种技术分析指标。

2. DMA 指标的计算方法

DMA 指标的计算方法比较简单,其计算公式如下。

$$DMA(线差)=短期移动平均值减去长期移动平均值$$
$$AMA(线差平均值)=短期计算的 DMA 移动平均值$$

以求 10 日、50 日为基准周期的 DMA 指标为例,其计算公式如下。

$$DMA(10)=10 日平均值-50 日平均值$$
$$AMA(10)=10 日(DMA)的平均值$$

和其他指标的计算一样,由于选用的计算周期不同,DMA 指标也包括日 DMA 指标、周 DMA 指标、月 DMA 指标、年 DMA 指标以及分钟 DMA 指标等各种类型。经常被用于股市研判的是日 DMA 指标和周 DMA 指标。虽然它们计算时的取值有所不同,但基本的计算方法是一样的。另外,随着股市软件分析技术的发展,投资者只需掌握 DMA 形成的基本原理和计算方法,无须去计算指标的数值,更为重要的是,利用 DMA 指标去分析、研判股票行情。

(二) DMA 指标的一般研判标准

1. DMA 和 AMA 的数值及其曲线的运动方向

① 当 DMA 和 AMA 均大于 0(即在图形上表示为它们处于零线以上)并向上移动时,一般表示股市处于多头行情中,可以买入股票或持股待涨。

② 当 DMA 和 AMA 均小于 0(即在图形上表示为它们处于零线以下)并向下移动时,

一般表示股市处于空头行情中,可以卖出股票或持币观望。

③ 当 DMA 和 AMA 均大于 0(即在图形上表示为它们处于零线以上),但在经过一段比较长时间的向上运动后,如果两者同时从高位向下移动,一般表示股票行情处于退潮阶段,股票将下跌,可以卖出股票和持币观望。

④ 当 DMA 和 AMA 均小于 0(即在图形上表示为它们处于零线以下),但在经过一段比较长时间向下运动后,如果两者同时从低位向上移动,一般表示短期行情即将启动,股票将上涨,可以短期买进股票或持股待涨。

2. DMA 曲线和股价曲线的配合使用

由于 DMA 指标具有领先股价涨跌的功能,因此,投资者也可以将 DMA 曲线和股价曲线配合使用。

① 当 DMA 曲线与股价曲线从低位(DMA 和 AMA 数值均在 0 以下)同步上升时,表明空头力量已经衰弱、多头力量开始积聚,短期内股价有望止跌企稳,投资者可以开始少量逢低买入。

② 当 DMA 曲线与股价曲线从 0 值附近向上攀升时,表明多头力量开始大于空头力量,股价将在成交量的配合下,走出一波向上扬升的上涨行情。此时,投资者应逢低买入或坚决持股待涨。

③ 当 DMA 曲线从高位回落,经过一段时间强势盘整后再度向上并创出新高,而股价曲线也在高位强势盘整后再度上升创出新高时,表明股价的上涨动力依然较强,投资者可继续持股待涨。

④ 当 DMA 曲线从高位(DMA 和 AMA 数值均在远离 0 值的上方)回落,经过一段时间盘整后再度向上,但到了前期高点附近时未能创出新高而掉头向下,而且,股价曲线也同时下跌时,这可能就意味着股价上涨的动力开始减弱,将开始一轮比较强劲的下跌行情。此时,投资者应千万小心,一旦股价向下,应果断及时地离场。

⑤ 当 DMA 曲线与股价曲线从中位(DMA 和 AMA 数值均在 0 以上)继续同步下降时,表明短期内股价将继续下跌,投资者应继续持币观望或逢高卖出。

⑥ 当 DMA 曲线在长期弱势下跌过程中,经过一段时间弱势反弹后再度向下并创出新低,而股价曲线也在弱势盘整后再度向下创出新低时,表明股价的下跌动能依然较强,投资者可继续持币观望。

（三）DMA 指标的特殊分析方法

1. DMA 指标的背离

DMA 指标的背离是指 DMA 指标曲线图的走势方向和 K 线图的走势方向正好相反。DMA 指标的背离有顶背离和底背离两种。

① 当股价 K 线图上的股票走势一峰比一峰高,股价在一直向上涨,而 DMA 指标图上的 DMA 曲线和 AMA 曲线的走势是在高位一峰比一峰低,这叫顶背离现象。顶背离现象一般是股价将由高位向下反转的信号,表明股价中短期内即将下跌,是卖出的信号。

② 当股价 K 线图上的股票走势一峰比一峰低,股价在向下跌,而 DMA 指标图上的 DMA 曲线和 AMA 曲线的走势是在低位一底比一底低,这叫底背离现象。底背离现象一

般是股价将由低位向上反转的信号,表明股价中短期内即将上涨,是买入的信号。

相比于其他技术指标的背离现象而言,DMA指标出现的机会比较少,但如果在实际走势中,一旦DMA指标出现背离现象,它的准确性会更高。这一点投资者应引起足够的重视。

2. DMA 指标的形态

当 DMA 指标中的 DMA 线和 AMA 线在高位盘整或低位横盘时,所出现的各种交叉形态,也是判断行情、决定买卖行动的一种状况。

① 当 DMA 指标中的 DMA 线和 AMA 线在高位交叉并形成 M 头或三重顶等高位反转形态时,意味着股价的上升动能已经衰竭,股价有可能出现长期反转行情,投资者应及时地卖出股票。如果股价走势曲线也先后出现同样形态则更可确认,股价下跌的幅度和过程可参照 M 头或三重顶等顶部反转形态的研判。

② 当 DMA 指标中的 DMA 线和 AMA 线在低位交叉并形成 W 底或三重底等低位反转形态时,意味着股价的下跌动能已经减弱,股价有可能构筑中长期底部,投资者可逢低分批建仓。如果股价走势曲线也先后出现同样形态则更可确认,股价上涨的幅度及过程可参照 W 底或三重底等底部反转形态的研判。

③ DMA 指标的顶部反转形态对行情判断的准确性要高于底部反转形态。

阅读参考

三指标组合的实战运用

DMA 指标一般用的参数为(10、50、10),用于中期趋势判断很可靠。它不经常发出金叉和死叉,故很适合用于股票的波段操作。

一、以日 DMA(3、13、3)指标为核心,以日 RSI(6、12、24)和日 MACD(12、26、9)作为辅助

实战中以日 DMA 为主指标,以日 RSI 强弱指标作为日 DMA 的先锋。因为 RSI 强弱指标的理论值在 0~100 之间波动,实战中一般在 20~90 之间,并先于日 DMA 和日 MACD 见顶(RSI90)和见底(RSI20),所以用它作为先锋。然后用 MACD 作为 DMA 见顶死叉和见底金叉信号做最后研判。

为什么要把日 DMA(10、50、10)改为日 DMA(3、13、3)?

因为 RSI、MACD 和 DMA 指标参数见底金叉和见顶死叉的先后顺序是先 RSI,后 MACD,然后是 DMA,再因 MACD 和 DMA 在设计时,参数都被平滑了,有同一性,它们发出见顶死叉和见底金叉信号相隔很近。为了让 DMA 核心指标先于 MACD 反应见顶死叉和见底金叉信号,所以将 DMA 参数设为(3、13、3)。

为什么用 RSI、DMA 和 MACD 组合指标?

因为 RSI 指标的优点是能指导完成一个完整波段的操作,缺点是设计产生的缺陷,即在顶(90)和底(20)易钝化,不易判断出买点、卖点,故用设计值无波动区间的 DMA 和 MACD 指标来帮助判断具体的买、卖点。

二、实战应用

(1)在下跌行情中,日 RSI 值为 20 左右,就应准备买入,当日 DMA 发生金叉时即刻买

入,随股价上行几日(<5日),MACD也出现金叉,这时方能放心持股;如MACD几日后并没出现金叉,就需卖出观望。

(2)在上升行情中,日RSI上升中(RSI在股价中途振荡中具有无法判断运行趋势的特性)DMA发生死叉应即刻卖出(此刻MACD显示为多头行情,故DMA补偿了这一缺陷)。如果DMA健康向上,MACD当然也是健康向上,此时放心持股。

当RSI为85以上时,就需准备出货,此时需注意的是,当RSI到最高值(90~100)时,按RSI的买卖原则是卖出,但随着量能惯性,股价并没停止上行,如果卖出会损失利润。

那么怎样操作才正确呢?操作次序是RSI(85~95)见顶后,DMA也发出死叉(出货也正确),但为了获取最大利益,要等MACD从上升到恒值不上升时卖出。此时是最佳卖出点。

综合上述,应用RSI、DMA和MACD组合指标实战时,是运用RSI值在20~95之间来回波动的设计优点初步判断出底和顶,用DMA来确认买入点和中途变盘的卖点,再用MACD来确定波段的顶部卖出点。用RSI、DMA和MACD组合指标来指导买卖股票具有可靠性和操作简便性,是波段操作散户的必修课。

资料来源:http://fs.591hx.com/Article/2011-02-22/0000003847s.shtml.

四、TRIX指标

TRIX指标又叫三重指数平滑移动平均指标。其英文全名为"Triple Exponentially Smoothed Average",是一种研究股价趋势的长期技术分析工具。

(一) TRIX指标的原理和计算方法

1. TRIX指标的原理

TRIX指标是根据移动平均线理论,对一条平均线进行三次平滑处理,再根据这条移动平均线的变动情况来预测股价的长期走势。与TRMA等趋向类指标一样,TRIX指标一方面忽略价格短期波动的干扰,除去移动平均线频繁发出假信号的缺陷,以最大可能地减少主力"骗线行为"的干扰,避免由于交易行为过于频繁而造成较大交易成本的浪费;另一方面,保留移动平均线的效果,凸显股价未来长期运动趋势,使投资者对未来较长时间内股价运动的趋势有个直观、准确地了解,从而降低投资者深度套牢和跑丢"黑马"的风险。因此,对于稳健型的长期投资者来说,TRIX指标可以提供有益的参考。

2. TRIX指标的计算方法

由于选用的计算周期不同,涨跌比率TRIX指标包括N日TRIX指标、N周TRIX指标、N月TRIX指标和N年TRIX指标以及N分钟TRIX指标等很多种类型。经常被用于股市研判的是日TRIX指标和周TRIX指标。虽然它们计算时的取值有所不同,但基本的计算方法一样。

TRIX的计算方法比较复杂,以日TRIX为例,其计算过程如下。

(1)计算N天的收盘价的指数平均AX

$$AX=(I日)收盘价\times2\div(N+1)+(I-1)日AX(N-1)\times(N+1)$$

(2)计算N天的AX的指数平均BX

$$BX=(I\ 日)AX\times2\div(N+1)+(I-1)\ 日\ BX(N-1)\times(N+1)$$

（3）计算 N 天的 BX 的指数平均 TRIX

$$TRIX=(I\ 日)BX\times2\div(N+1)+(I-1)\ 日\ TAIX(N-1)\times(N+1)$$

（4）计算 TRIX 的 M 日移动平均 MATRIX

$$MATRIX=[(I-M)\ 日的\ TRIX\ 累加]\div M$$

和有些技术指标一样，虽然 TRIX 指标的计算方法和公式比较烦琐，但在实战中，由于股市分析软件的普及，投资者不需要进行 TRIX 指标的计算，而主要是了解 TRIX 的计算方法和过程，以便更加深入地掌握 TRIX 指标的实质，为灵活运用指标打下基础。

（二）TRIX 指标的应用

1. 两线交叉研判

TRIX 指标属于中长线指标，其最大的优点就是可以过滤短期波动的干扰，以避免频繁操作而带来的失误和损失。因此 TRIX 指标最适合于对行情的中长期走势的研判。在股市软件上，TRIX 指标有两条线，一条线为 TRIX 线；另一条线为 TRMA 线。

TRIX 指标的一般研判标准主要集中在 TRIX 线和 TRMA 线的交叉情况的考察上。其基本分析内容如下。

① 当 TRIX 线一旦从下向上突破 TRMA 线，形成金叉时，预示着股价开始进入强势拉升阶段，投资者应及时买进股票。

② 当 TRIX 线向上突破 TRMA 线，TRIX 线和 TRMA 线同时向上运动时，预示着股价强势依旧，投资者应坚决持股待涨。

③ 当 TRIX 线在高位有走平或掉头向下时，可能预示着股价强势特征即将结束，投资者应密切注意股价的走势，一旦 K 线图上的股价出现大跌迹象，投资者应及时卖出股票。

④ 当 TRIX 线在高位向下突破 TRMA 线，形成死叉时，预示着股价强势上涨行情已经结束，投资者应坚决卖出余下股票，及时离场观望。

⑤ 当 TRIX 线向下突破 TRMA 线，TRIX 线和 TRMA 线同时向下运动时，预示着股价弱势特征依旧，投资者应坚决持币观望。

⑥ 当 TRIX 线在 TRMA 下方向下运动很长一段时间，并且股价已经有较大的跌幅时，如果 TRIX 线在底部有走平或向上勾头迹象，一旦股价在大的成交量的推动下向上攀升，投资者可以及时少量地进行中线建仓。

⑦ 当 TRIX 线再次向上突破 TRMA 线时，预示着股价将重拾升势，投资者可及时买入，持股待涨。

⑧ TRIX 指标不适用于对股价的盘整行情的研判。

2. TRIX 指标的背离研判

TRIX 指标的背离是指 TRIX 指标曲线的走势和股价 K 线图上的走势正好相反。和其他技术分析指标一样，TRIX 指标的背离也分为顶背离和底背离两种。

（1）顶背离

当股价 K 线图上的股票走势一峰比一峰高，股价在一直向上涨，而 TRIX 指标图上的 TRIX 曲线的走势是在高位一峰比一峰低，这叫顶背离现象。顶背离现象一般是股价将由高位反转向下的信号,表明股价短期内即将下跌,是比较强烈的卖出信号。

（2）底背离

当股价K线图上的股票走势一峰比一峰低,股价在向下跌,而TRIX指标图上的TRIX曲线的走势是在低位一底比一底高,这叫底背离现象。底背离现象一般是股价将由低位反转的信号,表明股价短期内即将上涨,是比较强烈的买入信号。

指标背离一般出现在强势行情中比较可靠。即股价在高位时,通常只需出现一次顶背离的形态即可确认行情的顶部反转;而股价在低位时,一般要反复出现多次底背离后才可确认行情的底部反转。

（三）TRIX指标的特殊分析方法

TRIX指标的特殊研判主要集中在以下两点,一是TRIX线和MATRIX几次交叉情况的研判;二是均线先行原则。

1. TRIX线和MATRIX几次交叉情况

一般而言,在股票的一个完整的单边升势波段或单边跌势波段过程中,TRIX指标中的TRIX线和MATRIX线会出现两次或以上的"黄金交叉"和"死亡交叉"情况。

① 当股价经过一段很长时间的下跌行情后,TRIX线开始向上突破MATRIX,表明股市即将转强,股价跌势已经结束,将止跌向上,可以开始买进股票,进行中线波段建仓。这是TRIX指标"黄金交叉"的一种形式。

② 当股价经过一段时间的上升过程中的盘整行情后,TRIX线在与MATRIX短期死叉后,开始再次向上突破MATRIX,成交量再度放出时,表明股市处于一种强势之中,股价将再次上涨,可以加码买进股票或持股待涨。这就是TRIX指标二次"黄金交叉"的一种形式。

③ 当股价经过前期一段2~3个月时间的上升行情后,股价涨幅已经很大的情况下,一旦TRIX线向下突破MATRIX,表明股市即将由强势转为弱势,股价将大跌,这时应卖出大部分股票。这就是TRIX的"死亡交叉"的一种形式,称为大盘单边上涨趋势的第一拐点。

④ 当股价经过一段时间的下跌后,继续上升的动力不足,各种均线对股价形成较强的压力时,一旦TRIX线再次向下突破MATRIX,表明股市将再次进入极度弱势中,股价还将下跌,可以再卖出股票或持币观望。这是TRIX指标二次"死亡交叉"的一种形式。

2. TRIX指标曲线的形态

当TRIX指标在高位盘整或低位横盘时,所出现的各种形态也是判断行情、决定买卖行动的一种分析方法。

① 当TRIX曲线在高位形成M头或三重顶等高位反转形态时,意味着股价的上升动能已经衰竭,股价有可能出现长期反转行情,投资者应及时卖出股票。如果股价走势曲线也先后出现同样形态则更可确认,股价下跌的幅度和过程可参照M头或三重顶等顶部反转形态的研判。

② 当TRIX曲线在低位形成W底或三重底等低位反转形态时,意味着股价的下跌动能已经减弱,股价有可能构筑中期波段底部,投资者可逢低分批建仓。如果股价走势曲线也先后出现同样形态则更可确认,股价的上涨幅度及过程可参照W底或三重底等底部反转形态的研判。

③ 应当承认,TRIX 曲线顶部反转形态对单边上升行情第一拐点判断的准确性,要高于底部横盘震荡形态结束到单边上升行情起动是第一拐点的判断。但是,如果有 TRIX 指标二次金叉,配合 10 日、20 日均价线、均量线同时金叉,对于底部的确认也是相当可靠的。

团队活动组织

第一步,由团队负责人组织,每个同学确定一只股票,按四个指标依次找到某一顶部或底部位置发出卖出或买入信号的时间,并对照表 3-6-1 的内容进行分别验证;

第二步,大家集中到一起进行讨论,交流运用多项指标进行组合分析的体会,并就以下问题进行探讨:四种不同技术指标对同一个买进机会发出的买进信号为什么会有时间上的差别?

表 3-6-1　四种技术指标的比较分析

指标名称	RSI（相对强弱指数）	MACD（指数平滑异同移动平均线）	DMA（平行线差指标）	TRIX（三重指数平滑移动平均指标）
原理	根据一定时期内上涨和下跌幅度之和的比率制作出的一种技术曲线	根据均线的构造原理,对股票价格的收盘价进行平滑处理,求出算术平均值以后再进行计算,是一种趋向类指标	依据快、慢两条移动平均线的差值情况来分析价格趋势的一种技术分析指标	根据移动平均线理论,对一条平均线进行三次平滑处理,再根据这条移动平均线的变动情况来预测股价的长期走势
计算公式及组成要素分解	$RSI(N)=A\div(A+B)\times100$ 其中: A 为 N 日内当天收盘价减前一日收盘价的正数之和; B 为 N 日内当天收盘价减前一日收盘价的负数之和乘以(-1)	今日 DEA(MACD)＝前一日 DEA×8÷10＋今日 DIF×2÷10 DIF＝今日 EMA(12)－今日 EMA(26) 12 日 EMA 的算式为: EMA(12)＝前一日 EMA(12)×11÷13＋今日收盘价×2÷13 26 日 EMA 的算式为: EMA(26)＝前一日 EMA(26)×25÷27＋今日收盘价×2÷27	DMA(线差)＝短期移动平均值－长期移动平均值 AMA(线差平均值)＝按短期计算的 DMA 移动平均值	$TRMA=[(I-M)$ 日的 TRIX 累加$]\div M$ TRIX＝(I 日)BX×2÷(N+1)＋(I-1)日 TAIX(N-1)×(N+1) BX＝(I 日)AX×2÷(N+1)＋(I-1)日 BX(N-1)×(N+1) AX＝(I 日)收盘价×2÷(N+1)＋(I-1)日 AX(N-1)×(N+1)
买卖信号发出的时间比较	最早	较早	较晚	最晚
适应的投资策略	短期	中短期	中短期	长期
举例(据上证指数 2012 年年底的 K 线资料)	底部买入信号发出的时间: 2012 年 12 月 4 日	底部买入信号发出的时间: 2012 年 12 月 5 日	底部买入信号发出的时间: 2012 年 12 月 7 日	底部买入信号发出的时间: 2012 年 12 月 10 日

网络模拟训练

一、操作步骤

① 打开同花顺股票行情软件,单击左边"K线图"标签,进入技术分析页面(上证指数日K线图),如图 3-6-1 所示。

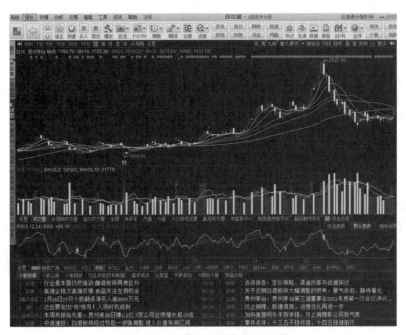

图 3-6-1　同花顺上证指数日 K 线

② 左键单击左下角左方向箭头数次,直至找到 RSI 指标并单击选中,如图 3-6-2 所示。十字线标示的是该指标从底部发出的买入信号点位置,时间是 2021 年 3 月 29 日。

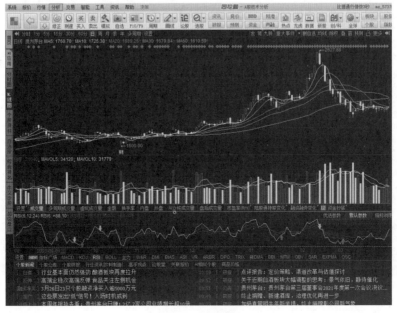

图 3-6-2　RSI 指标

③ 继续左键单击左下角左方向箭头,直至找到 MACD 指标并单击选中,如图 3-6-3 所示。十字线标示的是该指标从底部发出的买入信号点位置,时间是 2021 年 3 月 29 日。

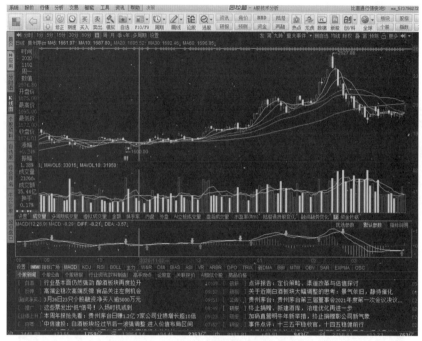

图 3-6-3　MACD 指标

④ 单击 DMA 指标,出现该指标分析界面,如图 3-6-4 所示。十字线标示的是该指标从底部发出的买入信号点位置,时间是 2021 年 3 月 29 日。

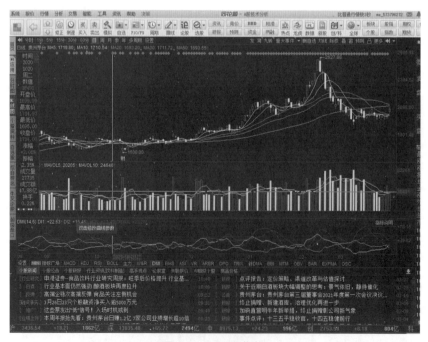

图 3-6-4　DMA 指标

　　⑤ 这时左键单击左下角右方向箭头,直至找到 TRIX 指标并单击选中,如图 3-6-5 所示。十字线标示的是该指标从底部发出的买入信号点位置,时间是 2021 年 3 月 29 日。

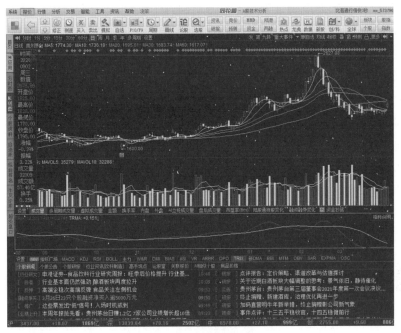

图 3-6-5　TRIX 指标

　　⑥ 将上述四个指标对于同一次购买机会所发出的购买信号时间进行比较可以发现,其顺序是 RSI、MACD、DMA、TRIX。一般地,日 K 线用于短期炒作,周 K 线则用于中、长期投资。那么在周 K 线上面,四个指标发出购买信号的结果怎样呢? 单击菜单栏上面的"多周期"标签,选中周线,TRIX 指标发出的购买信号是 2021 年 3 月 29 日,如图 3-6-6 所示(其他三个指标从略)。

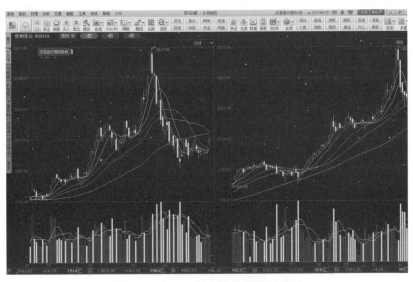

图 3-6-6　TRIX 指标发出的购买信号

二、相关名词解读

1. 技术分析指标

技术分析指标是根据市场行为的各个方面,建立一个数学模型,并给出数学上的计算公式,然后运用交易资料得到相应体现股票市场某个方面内在实质的数字。该数字称为指标值。指标的具体数值及其相互间的关系能够反映股市所处的状态,可以为投资者进行操作决策提供依据。

技术分析的指标相当多,缺省的系统指标就有近百种,即使是专业的分析师有时也容易混淆。为了解决这种困扰,同花顺股票分析系统根据指标的设计原理和应用法则,将所有指标划分为趋势指标、超买超卖、能量指标、价量指标、大盘指标、压力支撑等类型。通过设置,可以选择确定适合自己的技术分析指标。

2. 指数平滑

指数平滑法(Exponential Smoothing,ES)是布朗(Robert G. Brown)所提出。布朗认为,时间序列的态势具有稳定性或规则性,所以时间序列可被合理地顺势推延。他还认为,最近的过去态势在某种程度上会持续到未来,所以将较大的权数放在最近的资料中。

指数平滑法兼容了全期平均和移动平均所长,不舍弃过去的数据,但是仅给予逐渐减弱的影响程度,即随着数据的远离,赋予逐渐收敛为 0 的权数。

简单的全期平均法是对时间数列的过去数据一个不漏地全部加以同等利用;移动平均法则不考虑较远期的数据,并在加权移动平均法中给予近期资料更大的权重。

也就是说,指数平滑法是在移动平均法的基础上发展起来的一种时间序列分析预测法,它是通过计算指数平滑值,配合一定的时间序列预测模型对现象的未来进行预测。其原理是任一期的指数平滑值都是本期实际观察值与前一期指数平滑值的加权平均。

操盘必读

组合技术分析和相互验证原则

在利用不同的技术指标对证券市场进行分析时,有时也会产生相互矛盾的结果。某些技术指标发出卖出信号,但另一些技术指标发出买入信号;上升的技术形态但股价下跌,而下降的技术形态但股价上升。如何才能剔除虚假信号并把握住真正的变化趋方法势就是组合技术分析和相互验证原则。

由于指标技术分析与形态技术分析都只是从单一方面对证券市场的状态进行分析,要想全面、正确地分析证券市场就必须全方位研究证券市场。因此要将各种技术指标和技术形态组合在一起,利用相互验证的原理,才能对证券市场进行立体全方位的分析。

一、组合技术分析

最基本的组合技术分析可以分成三类。

1. 不同时域技术指标的组合

所有的技术指标均要考虑时间因素,根据选取时间间隔的长短,技术指标分成短期技术指标、中期技术指标、长期技术指标三种。短期技术指标反应最为灵敏,但最容易发出虚假信号,长期技术指标反应最为迟钝,但发出的信号也最为准确。短期技术指标、中期技术指标、长期技术指标三者相结合,大势看长期技术指标,操作看中、短期技术指标。

2. 不同类型技术指标间的组合

技术分析指标一般分为四大类,即趋势类、能量类、摆动类和其他类。

从重要性的角度来看,趋势类指标最重要,能量类指标次之,摆动类指标居第三。

可以从每类技术指标中各选出一个(或多个)技术指标,将这多个技术指标进行综合分析。根据相互验证原理,它们同时出现买入(或卖出)信号时要比仅是某一类技术指标出现买入(或卖出)信号时的准确性要高得多。

3. 指标分析与形态分析的组合

由于指标技术分析与形态技术分析都只是从单一方面对证券市场的状态进行分析,因此要将技术指标和技术形态组合在一起,利用相互验证、相互背离的原则把数量(指标分析)与图形(形态分析)结合在一起,进行综合分析。

最重要也最常使用的指标分析与形态分析的组合分析方法就是相互背离。所谓背离就是技术指标和股价趋势的不一致。背离分成顶背离和底背离两种,出现背离现象时,一般是转势信号,而且准确性高。

二、相互验证和相互背离原则

1. 相互验证

所谓相互验证,是指把所有技术信号(形态分析信号和技术指标信号)都进行对照,保证其中大部分技术信号相互吻合,指示的方向相同。

在形态分析中,相互验证意味着应当对同一市场的各种图表形态进行分析比较。在某一种图表上的看涨或看跌的形态,应该在其余图表上得到验证,以确保它们的相互一致。

相互验证原则也要考察分析的结果是否与市场的大方向一致。如果市场总体上处于下跌趋势中,那么,对任何个别市场的看涨分析,都需要把它的权重降低。因此,必须明确市场的总体环境到底是牛市还是熊市。

相互验证原则还要求在更长的周期图表上(例如,周线图和月线图)得到验证。然后,把所有技术指标,如移动平均线、摆动指数、趋势线、成交量等,也与分析的结果进行验证,以保证结果的一致性。

总之,分析者关于市场的分析结论所拥有的技术证据越多,则越具有信心,正确决策的把握就越大。

2. 相互背离

相互背离原则与相互验证原则相反。相互背离原则是指在同一市场的不同图表或技术分析指标之间,其分析结果不能相互吻合的情形。相互背离原则在市场分析中极有价值,是趋势即将反转的较好的先期警讯之一。

3. 相互验证和相互背离原则具有极为重要的实际意义

这里简单介绍MACD和RSI指标的组合使用方法,希望能起到启发思路、抛砖引玉的作用。

根据移动平均线的特性,在一段持续的涨势中,快速(短期)移动平均线和慢速(长期)移动平均线之间的距离将越拉越远,两者之间的乖离率也将越来越大,但随着涨势趋向缓慢,两者之间的距离也必然会缩小,甚至互相交叉,发出卖出讯号。同样,在持续的跌势中,快速线在慢速线之下,相互之间的距离将越来越远,如果跌势减缓,两者之间的距离也将缩小,最后交叉发出买入信号。

运用移动平均线(MACD)判断买卖时机,在趋势明显时有效,但如碰上牛皮盘整时,经常会因为所发出的讯号太频繁而不准确。如果是盘整市,MACD 可以放弃,用 RSI 结合 K 线形态确定买卖。

MACD 是趋势指标,MACD 的 0 轴就是短期均线跟长期均线的多空分界,换个词就叫"牛熊分界"。也就是说,从本质上看,DIF 在 0 轴以下就是一个空头市场,一切 DIF 和 DEA 的金叉只能看作一个反弹,是否走入强势,必须看 DIF 能否运行在 0 轴之上,也就是短期均线运行在长期均线之上。

相对强弱指标 RSI(类似于 KDJ 指标)的要点是通过对一段时期内股价升跌的统计结果,反推出买、卖双方力量的对比,依此对股价走势作出研判。与 MACD 相配合,RSI 指标恰好可以弥补移动平均线的弱点,RSI 作为对大盘或个股的趋势研判都具有相当重要的意义。

MACD 和 RSI 结合起来的运用方法有很多,比较通用的是分别选择在 RSI 的强势区和弱势区中结合 MACD 作出买卖决策。要注意 RSI/KDJ 指标震荡量与 K 线、均线对应的运行趋势、周期和拐点多重共振。

比如,当 RSI 大于 60 时,如果 MACD 有买入信号,则可以进入;相反,在 RSI 小于 40,MACD 为卖出信号时,应果断离场。

类似的规律还有一些,比如,当 RSI 值处于 20 以下并有逐渐上升趋势,同时成交量已经经过了连续几天的极度萎缩时,此时如果 MACD 出现向上交叉,随后的几天便是买入的时机。如果 RSI 值一直处于 80 以上,股价未破 10 日移动平均线仍可继续持股;反之,股价跌破 10 日移动平均线应立即抛售手中股票。

运用这种组合指标法,我们不难发现许多走强个股基本上符合这些条件。尤其是在大盘深度调整后,RSI 等强弱指标均处于弱势区域,这时当反弹出现时,很多个股出现了强烈的组合买入信号,投资者如能合理利用这种方法,一定可以在局部行情中有所收获。

附录一

中华人民共和国证券法

2019 年 12 月 28 日第十三届全国人民代表大会
常务委员会第十五次会议第二次修订

第一章 总 则

第一条 为了规范证券发行和交易行为,保护投资者的合法权益,维护社会经济秩序和社会公共利益,促进社会主义市场经济的发展,制定本法。

第二条 在中华人民共和国境内,股票、公司债券、存托凭证和国务院依法认定的其他证券的发行和交易,适用本法;本法未规定的,适用《中华人民共和国公司法》和其他法律、行政法规的规定。

政府债券、证券投资基金份额的上市交易,适用本法;其他法律、行政法规另有规定的,适用其规定。

资产支持证券、资产管理产品发行、交易的管理办法,由国务院依照本法的原则规定。

在中华人民共和国境外的证券发行和交易活动,扰乱中华人民共和国境内市场秩序,损害境内投资者合法权益的,依照本法有关规定处理并追究法律责任。

第三条 证券的发行、交易活动,必须遵循公开、公平、公正的原则。

第四条 证券发行、交易活动的当事人具有平等的法律地位,应当遵守自愿、有偿、诚实信用的原则。

第五条 证券的发行、交易活动,必须遵守法律、行政法规;禁止欺诈、内幕交易和操纵证券市场的行为。

第六条 证券业和银行业、信托业、保险业实行分业经营、分业管理,证券公司与银行、信托、保险业务机构分别设立。国家另有规定的除外。

第七条 国务院证券监督管理机构依法对全国证券市场实行集中统一监督管理。

国务院证券监督管理机构根据需要可以设立派出机构,按照授权履行监督管理职责。

第八条 国家审计机关依法对证券交易场所、证券公司、证券登记结算机构、证券监督管理机构进行审计监督。

第二章 证券发行

第九条 公开发行证券,必须符合法律、行政法规规定的条件,并依法报经国务院证券监督管理机构或者国务院授权的部门注册。未经依法注册,任何单位和个人不得公开发行证券。证券发行注册制的具体范围、实施步骤,由国务院规定。

有下列情形之一的,为公开发行:

(一) 向不特定对象发行证券;

(二) 向特定对象发行证券累计超过二百人,但依法实施员工持股计划的员工人数不计算在内;

(三) 法律、行政法规规定的其他发行行为。

非公开发行证券,不得采用广告、公开劝诱和变相公开方式。

第十条 发行人申请公开发行股票、可转换为股票的公司债券,依法采取承销方式的,或者公开发行法律、行政法规规定实行保荐制度的其他证券的,应当聘请证券公司担任保荐人。

保荐人应当遵守业务规则和行业规范,诚实守信,勤勉尽责,对发行人的申请文件和信息披露资料进行审慎核查,督导发行人规范运作。

保荐人的管理办法由国务院证券监督管理机构规定。

第十一条 设立股份有限公司公开发行股票,应当符合《中华人民共和国公司法》规定的条件和经国务院批准的国务院证券监督管理机构规定的其他条件,向国务院证券监督管理机构报送募股申请和下列文件:

(一) 公司章程;

(二) 发起人协议;

(三) 发起人姓名或者名称,发起人认购的股份数、出资种类及验资证明;

(四) 招股说明书;

(五) 代收股款银行的名称及地址;

(六) 承销机构名称及有关的协议。

依照本法规定聘请保荐人的,还应当报送保荐人出具的发行保荐书。

法律、行政法规规定设立公司必须报经批准的,还应当提交相应的批准文件。

第十二条 公司首次公开发行新股,应当符合下列条件:

(一) 具备健全且运行良好的组织机构;

(二) 具有持续经营能力;

(三) 最近三年财务会计报告被出具无保留意见审计报告;

(四) 发行人及其控股股东、实际控制人最近三年不存在贪污、贿赂、侵占财产、挪用财产或者破坏社会主义市场经济秩序的刑事犯罪;

(五) 经国务院批准的国务院证券监督管理机构规定的其他条件。

上市公司发行新股,应当符合经国务院批准的国务院证券监督管理机构规定的条件,具体管理办法由国务院证券监督管理机构规定。

公开发行存托凭证的,应当符合首次公开发行新股的条件以及国务院证券监督管理机构规定的其他条件。

第十三条 公司公开发行新股,应当报送募股申请和下列文件:

(一) 公司营业执照;

(二) 公司章程;

（三）股东大会决议；

（四）招股说明书或者其他公开发行募集文件；

（五）财务会计报告；

（六）代收股款银行的名称及地址。

依照本法规定聘请保荐人的，还应当报送保荐人出具的发行保荐书。依照本法规定实行承销的，还应当报送承销机构名称及有关的协议。

第十四条　公司对公开发行股票所募集资金，必须按照招股说明书或者其他公开发行募集文件所列资金用途使用；改变资金用途，必须经股东大会作出决议。擅自改变用途，未作纠正的，或者未经股东大会认可的，不得公开发行新股。

第十五条　公开发行公司债券，应当符合下列条件：

（一）具备健全且运行良好的组织机构；

（二）最近三年平均可分配利润足以支付公司债券一年的利息；

（三）国务院规定的其他条件。

公开发行公司债券筹集的资金，必须按照公司债券募集办法所列资金用途使用；改变资金用途，必须经债券持有人会议作出决议。公开发行公司债券筹集的资金，不得用于弥补亏损和非生产性支出。

上市公司发行可转换为股票的公司债券，除应当符合第一款规定的条件外，还应当遵守本法第十二条第二款的规定。但是，按照公司债券募集办法，上市公司通过收购本公司股份的方式进行公司债券转换的除外。

第十六条　申请公开发行公司债券，应当向国务院授权的部门或者国务院证券监督管理机构报送下列文件：

（一）公司营业执照；

（二）公司章程；

（三）公司债券募集办法；

（四）国务院授权的部门或者国务院证券监督管理机构规定的其他文件。

依照本法规定聘请保荐人的，还应当报送保荐人出具的发行保荐书。

第十七条　有下列情形之一的，不得再次公开发行公司债券：

（一）对已公开发行的公司债券或者其他债务有违约或者延迟支付本息的事实，仍处于继续状态；

（二）违反本法规定，改变公开发行公司债券所募资金的用途。

第十八条　发行人依法申请公开发行证券所报送的申请文件的格式、报送方式，由依法负责注册的机构或者部门规定。

第十九条　发行人报送的证券发行申请文件，应当充分披露投资者作出价值判断和投资决策所必需的信息，内容应当真实、准确、完整。

为证券发行出具有关文件的证券服务机构和人员，必须严格履行法定职责，保证所出具文件的真实性、准确性和完整性。

第二十条　发行人申请首次公开发行股票的，在提交申请文件后，应当按照国务院证券监督管理机构的规定预先披露有关申请文件。

第二十一条 国务院证券监督管理机构或者国务院授权的部门依照法定条件负责证券发行申请的注册。证券公开发行注册的具体办法由国务院规定。

按照国务院的规定，证券交易所等可以审核公开发行证券申请，判断发行人是否符合发行条件、信息披露要求，督促发行人完善信息披露内容。

依照前两款规定参与证券发行申请注册的人员，不得与发行申请人有利害关系，不得直接或者间接接受发行申请人的馈赠，不得持有所注册的发行申请的证券，不得私下与发行申请人进行接触。

第二十二条 国务院证券监督管理机构或者国务院授权的部门应当自受理证券发行申请文件之日起三个月内，依照法定条件和法定程序作出予以注册或者不予注册的决定，发行人根据要求补充、修改发行申请文件的时间不计算在内。不予注册的，应当说明理由。

第二十三条 证券发行申请经注册后，发行人应当依照法律、行政法规的规定，在证券公开发行前公告公开发行募集文件，并将该文件置备于指定场所供公众查阅。

发行证券的信息依法公开前，任何知情人不得公开或者泄露该信息。

发行人不得在公告公开发行募集文件前发行证券。

第二十四条 国务院证券监督管理机构或者国务院授权的部门对已作出的证券发行注册的决定，发现不符合法定条件或者法定程序，尚未发行证券的，应当予以撤销，停止发行。已经发行尚未上市的，撤销发行注册决定，发行人应当按照发行价并加算银行同期存款利息返还证券持有人；发行人的控股股东、实际控制人以及保荐人，应当与发行人承担连带责任，但是能够证明自己没有过错的除外。

股票的发行人在招股说明书等证券发行文件中隐瞒重要事实或者编造重大虚假内容，已经发行并上市的，国务院证券监督管理机构可以责令发行人回购证券，或者责令负有责任的控股股东、实际控制人买回证券。

第二十五条 股票依法发行后，发行人经营与收益的变化，由发行人自行负责；由此变化引致的投资风险，由投资者自行负责。

第二十六条 发行人向不特定对象发行的证券，法律、行政法规规定应当由证券公司承销的，发行人应当同证券公司签订承销协议。证券承销业务采取代销或者包销方式。

证券代销是指证券公司代发行人发售证券，在承销期结束时，将未售出的证券全部退还给发行人的承销方式。

证券包销是指证券公司将发行人的证券按照协议全部购入或者在承销期结束时将售后剩余证券全部自行购入的承销方式。

第二十七条 公开发行证券的发行人有权依法自主选择承销的证券公司。

第二十八条 证券公司承销证券，应当同发行人签订代销或者包销协议，载明下列事项：

（一）当事人的名称、住所及法定代表人姓名；

（二）代销、包销证券的种类、数量、金额及发行价格；

（三）代销、包销的期限及起止日期；

（四）代销、包销的付款方式及日期；

（五）代销、包销的费用和结算办法；

（六）违约责任；

（七）国务院证券监督管理机构规定的其他事项。

第二十九条　证券公司承销证券，应当对公开发行募集文件的真实性、准确性、完整性进行核查。发现有虚假记载、误导性陈述或者重大遗漏的，不得进行销售活动；已经销售的，必须立即停止销售活动，并采取纠正措施。

证券公司承销证券，不得有下列行为：

（一）进行虚假的或者误导投资者的广告宣传或者其他宣传推介活动；

（二）以不正当竞争手段招揽承销业务；

（三）其他违反证券承销业务规定的行为。

证券公司有前款所列行为，给其他证券承销机构或者投资者造成损失的，应当依法承担赔偿责任。

第三十条　向不特定对象发行证券聘请承销团承销的，承销团应当由主承销和参与承销的证券公司组成。

第三十一条　证券的代销、包销期限最长不得超过九十日。

证券公司在代销、包销期内，对所代销、包销的证券应当保证先行出售给认购人，证券公司不得为本公司预留所代销的证券和预先购入并留存所包销的证券。

第三十二条　股票发行采取溢价发行的，其发行价格由发行人与承销的证券公司协商确定。

第三十三条　股票发行采用代销方式，代销期限届满，向投资者出售的股票数量未达到拟公开发行股票数量百分之七十的，为发行失败。发行人应当按照发行价并加算银行同期存款利息返还股票认购人。

第三十四条　公开发行股票，代销、包销期限届满，发行人应当在规定的期限内将股票发行情况报国务院证券监督管理机构备案。

第三章　证券交易

第一节　一般规定

第三十五条　证券交易当事人依法买卖的证券，必须是依法发行并交付的证券。

非依法发行的证券，不得买卖。

第三十六条　依法发行的证券，《中华人民共和国公司法》和其他法律对其转让期限有限制性规定的，在限定的期限内不得转让。

上市公司持有百分之五以上股份的股东、实际控制人、董事、监事、高级管理人员，以及其他持有发行人首次公开发行前发行的股份或者上市公司向特定对象发行的股份的股东，转让其持有的本公司股份的，不得违反法律、行政法规和国务院证券监督管理机构关于持有期限、卖出时间、卖出数量、卖出方式、信息披露等规定，并应当遵守证券交易所的业务规则。

第三十七条　公开发行的证券，应当在依法设立的证券交易所上市交易或者在国务院批准的其他全国性证券交易场所交易。

非公开发行的证券，可以在证券交易所、国务院批准的其他全国性证券交易场所、按照国务院规定设立的区域性股权市场转让。

第三十八条 证券在证券交易所上市交易,应当采用公开的集中交易方式或者国务院证券监督管理机构批准的其他方式。

第三十九条 证券交易当事人买卖的证券可以采用纸面形式或者国务院证券监督管理机构规定的其他形式。

第四十条 证券交易场所、证券公司和证券登记结算机构的从业人员,证券监督管理机构的工作人员以及法律、行政法规规定禁止参与股票交易的其他人员,在任期或者法定限期内,不得直接或者以化名、借他人名义持有、买卖股票或者其他具有股权性质的证券,也不得收受他人赠送的股票或者其他具有股权性质的证券。

任何人在成为前款所列人员时,其原已持有的股票或者其他具有股权性质的证券,必须依法转让。

实施股权激励计划或者员工持股计划的证券公司的从业人员,可以按照国务院证券监督管理机构的规定持有、卖出本公司股票或者其他具有股权性质的证券。

第四十一条 证券交易场所、证券公司、证券登记结算机构、证券服务机构及其工作人员应当依法为投资者的信息保密,不得非法买卖、提供或者公开投资者的信息。

证券交易场所、证券公司、证券登记结算机构、证券服务机构及其工作人员不得泄露所知悉的商业秘密。

第四十二条 为证券发行出具审计报告或者法律意见书等文件的证券服务机构和人员,在该证券承销期内和期满后六个月内,不得买卖该证券。

除前款规定外,为发行人及其控股股东、实际控制人,或者收购人、重大资产交易方出具审计报告或者法律意见书等文件的证券服务机构和人员,自接受委托之日起至上述文件公开后五日内,不得买卖该证券。实际开展上述有关工作之日早于接受委托之日的,自实际开展上述有关工作之日起至上述文件公开后五日内,不得买卖该证券。

第四十三条 证券交易的收费必须合理,并公开收费项目、收费标准和管理办法。

第四十四条 上市公司、股票在国务院批准的其他全国性证券交易场所交易的公司持有百分之五以上股份的股东、董事、监事、高级管理人员,将其持有的该公司的股票或者其他具有股权性质的证券在买入后六个月内卖出,或者在卖出后六个月内又买入,由此所得收益归该公司所有,公司董事会应当收回其所得收益。但是,证券公司因购入包销售后剩余股票而持有百分之五以上股份,以及有国务院证券监督管理机构规定的其他情形的除外。

前款所称董事、监事、高级管理人员、自然人股东持有的股票或者其他具有股权性质的证券,包括其配偶、父母、子女持有的及利用他人账户持有的股票或者其他具有股权性质的证券。

公司董事会不按照第一款规定执行的,股东有权要求董事会在三十日内执行。公司董事会未在上述期限内执行的,股东有权为了公司的利益以自己的名义直接向人民法院提起诉讼。

公司董事会不按照第一款的规定执行的,负有责任的董事依法承担连带责任。

第四十五条 通过计算机程序自动生成或者下达交易指令进行程序化交易的,应当符合国务院证券监督管理机构的规定,并向证券交易所报告,不得影响证券交易所系统安全或者正常交易秩序。

第二节　证券上市

第四十六条　申请证券上市交易,应当向证券交易所提出申请,由证券交易所依法审核同意,并由双方签订上市协议。

证券交易所根据国务院授权的部门的决定安排政府债券上市交易。

第四十七条　申请证券上市交易,应当符合证券交易所上市规则规定的上市条件。

证券交易所上市规则规定的上市条件,应当对发行人的经营年限、财务状况、最低公开发行比例和公司治理、诚信记录等提出要求。

第四十八条　上市交易的证券,有证券交易所规定的终止上市情形的,由证券交易所按照业务规则终止其上市交易。

证券交易所决定终止证券上市交易的,应当及时公告,并报国务院证券监督管理机构备案。

第四十九条　对证券交易所作出的不予上市交易、终止上市交易决定不服的,可以向证券交易所设立的复核机构申请复核。

第三节　禁止的交易行为

第五十条　禁止证券交易内幕信息的知情人和非法获取内幕信息的人利用内幕信息从事证券交易活动。

第五十一条　证券交易内幕信息的知情人包括:

(一)发行人及其董事、监事、高级管理人员;

(二)持有公司百分之五以上股份的股东及其董事、监事、高级管理人员,公司的实际控制人及其董事、监事、高级管理人员;

(三)发行人控股或者实际控制的公司及其董事、监事、高级管理人员;

(四)由于所任公司职务或者因与公司业务往来可以获取公司有关内幕信息的人员;

(五)上市公司收购人或者重大资产交易方及其控股股东、实际控制人、董事、监事和高级管理人员;

(六)因职务、工作可以获取内幕信息的证券交易场所、证券公司、证券登记结算机构、证券服务机构的有关人员;

(七)因职责、工作可以获取内幕信息的证券监督管理机构工作人员;

(八)因法定职责对证券的发行、交易或者对上市公司及其收购、重大资产交易进行管理可以获取内幕信息的有关主管部门、监管机构的工作人员;

(九)国务院证券监督管理机构规定的可以获取内幕信息的其他人员。

第五十二条　证券交易活动中,涉及发行人的经营、财务或者对该发行人证券的市场价格有重大影响的尚未公开的信息,为内幕信息。

本法第八十条第二款、第八十一条第二款所列重大事件属于内幕信息。

第五十三条　证券交易内幕信息的知情人和非法获取内幕信息的人,在内幕信息公开前,不得买卖该公司的证券,或者泄露该信息,或者建议他人买卖该证券。

持有或者通过协议、其他安排与他人共同持有公司百分之五以上股份的自然人、法人、非法人组织收购上市公司的股份,本法另有规定的,适用其规定。

内幕交易行为给投资者造成损失的,应当依法承担赔偿责任。

第五十四条 禁止证券交易场所、证券公司、证券登记结算机构、证券服务机构和其他金融机构的从业人员、有关监管部门或者行业协会的工作人员，利用因职务便利获取的内幕信息以外的其他未公开的信息，违反规定，从事与该信息相关的证券交易活动，或者明示、暗示他人从事相关交易活动。

利用未公开信息进行交易给投资者造成损失的，应当依法承担赔偿责任。

第五十五条 禁止任何人以下列手段操纵证券市场，影响或者意图影响证券交易价格或者证券交易量：

（一）单独或者通过合谋，集中资金优势、持股优势或者利用信息优势联合或者连续买卖；

（二）与他人串通，以事先约定的时间、价格和方式相互进行证券交易；

（三）在自己实际控制的账户之间进行证券交易；

（四）不以成交为目的，频繁或者大量申报并撤销申报；

（五）利用虚假或者不确定的重大信息，诱导投资者进行证券交易；

（六）对证券、发行人公开作出评价、预测或者投资建议，并进行反向证券交易；

（七）利用在其他相关市场的活动操纵证券市场；

（八）操纵证券市场的其他手段。

操纵证券市场行为给投资者造成损失的，应当依法承担赔偿责任。

第五十六条 禁止任何单位和个人编造、传播虚假信息或者误导性信息，扰乱证券市场。

禁止证券交易场所、证券公司、证券登记结算机构、证券服务机构及其从业人员，证券业协会、证券监督管理机构及其工作人员，在证券交易活动中作出虚假陈述或者信息误导。

各种传播媒介传播证券市场信息必须真实、客观，禁止误导。传播媒介及其从事证券市场信息报道的工作人员不得从事与其工作职责发生利益冲突的证券买卖。

编造、传播虚假信息或者误导性信息，扰乱证券市场，给投资者造成损失的，应当依法承担赔偿责任。

第五十七条 禁止证券公司及其从业人员从事下列损害客户利益的行为：

（一）违背客户的委托为其买卖证券；

（二）不在规定时间内向客户提供交易的确认文件；

（三）未经客户的委托，擅自为客户买卖证券，或者假借客户的名义买卖证券；

（四）为牟取佣金收入，诱使客户进行不必要的证券买卖；

（五）其他违背客户真实意思表示，损害客户利益的行为。

违反前款规定给客户造成损失的，应当依法承担赔偿责任。

第五十八条 任何单位和个人不得违反规定，出借自己的证券账户或者借用他人的证券账户从事证券交易。

第五十九条 依法拓宽资金入市渠道，禁止资金违规流入股市。

禁止投资者违规利用财政资金、银行信贷资金买卖证券。

第六十条 国有独资企业、国有独资公司、国有资本控股公司买卖上市交易的股票，必须遵守国家有关规定。

第六十一条 证券交易场所、证券公司、证券登记结算机构、证券服务机构及其从业人员对证券交易中发现的禁止的交易行为,应当及时向证券监督管理机构报告。

第四章 上市公司的收购

第六十二条 投资者可以采取要约收购、协议收购及其他合法方式收购上市公司。

第六十三条 通过证券交易所的证券交易,投资者持有或者通过协议、其他安排与他人共同持有一个上市公司已发行的有表决权股份达到百分之五时,应当在该事实发生之日起三日内,向国务院证券监督管理机构、证券交易所作出书面报告,通知该上市公司,并予公告,在上述期限内不得再行买卖该上市公司的股票,但国务院证券监督管理机构规定的情形除外。

投资者持有或者通过协议、其他安排与他人共同持有一个上市公司已发行的有表决权股份达到百分之五后,其所持该上市公司已发行的有表决权股份比例每增加或者减少百分之五,应当依照前款规定进行报告和公告,在该事实发生之日起至公告后三日内,不得再行买卖该上市公司的股票,但国务院证券监督管理机构规定的情形除外。

投资者持有或者通过协议、其他安排与他人共同持有一个上市公司已发行的有表决权股份达到百分之五后,其所持该上市公司已发行的有表决权股份比例每增加或者减少百分之一,应当在该事实发生的次日通知该上市公司,并予公告。

违反第一款、第二款规定买入上市公司有表决权的股份的,在买入后的三十六个月内,对该超过规定比例部分的股份不得行使表决权。

第六十四条 依照前条规定所作的公告,应当包括下列内容:

(一)持股人的名称、住所;

(二)持有的股票的名称、数额;

(三)持股达到法定比例或者持股增减变化达到法定比例的日期、增持股份的资金来源;

(四)在上市公司中拥有有表决权的股份变动的时间及方式。

第六十五条 通过证券交易所的证券交易,投资者持有或者通过协议、其他安排与他人共同持有一个上市公司已发行的有表决权股份达到百分之三十时,继续进行收购的,应当依法向该上市公司所有股东发出收购上市公司全部或者部分股份的要约。

收购上市公司部分股份的要约应当约定,被收购公司股东承诺出售的股份数额超过预定收购的股份数额的,收购人按比例进行收购。

第六十六条 依照前条规定发出收购要约,收购人必须公告上市公司收购报告书,并载明下列事项:

(一)收购人的名称、住所;

(二)收购人关于收购的决定;

(三)被收购的上市公司名称;

(四)收购目的;

(五)收购股份的详细名称和预定收购的股份数额;

(六)收购期限、收购价格;

（七）收购所需资金额及资金保证；

（八）公告上市公司收购报告书时持有被收购公司股份数占该公司已发行的股份总数的比例。

第六十七条 收购要约约定的收购期限不得少于三十日，并不得超过六十日。

第六十八条 在收购要约确定的承诺期限内，收购人不得撤销其收购要约。收购人需要变更收购要约的，应当及时公告，载明具体变更事项，且不得存在下列情形：

（一）降低收购价格；

（二）减少预定收购股份数额；

（三）缩短收购期限；

（四）国务院证券监督管理机构规定的其他情形。

第六十九条 收购要约提出的各项收购条件，适用于被收购公司的所有股东。

上市公司发行不同种类股份的，收购人可以针对不同种类股份提出不同的收购条件。

第七十条 采取要约收购方式的，收购人在收购期限内，不得卖出被收购公司的股票，也不得采取要约规定以外的形式和超出要约的条件买入被收购公司的股票。

第七十一条 采取协议收购方式的，收购人可以依照法律、行政法规的规定同被收购公司的股东以协议方式进行股份转让。

以协议方式收购上市公司时，达成协议后，收购人必须在三日内将该收购协议向国务院证券监督管理机构及证券交易所作出书面报告，并予公告。

在公告前不得履行收购协议。

第七十二条 采取协议收购方式的，协议双方可以临时委托证券登记结算机构保管协议转让的股票，并将资金存放于指定的银行。

第七十三条 采取协议收购方式的，收购人收购或者通过协议、其他安排与他人共同收购一个上市公司已发行的有表决权股份达到百分之三十时，继续进行收购的，应当依法向该上市公司所有股东发出收购上市公司全部或者部分股份的要约。但是，按照国务院证券监督管理机构的规定免除发出要约的除外。

收购人依照前款规定以要约方式收购上市公司股份，应当遵守本法第六十五条第二款、第六十六条至第七十条的规定。

第七十四条 收购期限届满，被收购公司股权分布不符合证券交易所规定的上市交易要求的，该上市公司的股票应当由证券交易所依法终止上市交易；其余仍持有被收购公司股票的股东，有权向收购人以收购要约的同等条件出售其股票，收购人应当收购。

收购行为完成后，被收购公司不再具备股份有限公司条件的，应当依法变更企业形式。

第七十五条 在上市公司收购中，收购人持有的被收购的上市公司的股票，在收购行为完成后的十八个月内不得转让。

第七十六条 收购行为完成后，收购人与被收购公司合并，并将该公司解散的，被解散公司的原有股票由收购人依法更换。

收购行为完成后，收购人应当在十五日内将收购情况报告国务院证券监督管理机构和证券交易所，并予公告。

第七十七条 国务院证券监督管理机构依照本法制定上市公司收购的具体办法。

上市公司分立或者被其他公司合并,应当向国务院证券监督管理机构报告,并予公告。

第五章 信息披露

第七十八条 发行人及法律、行政法规和国务院证券监督管理机构规定的其他信息披露义务人,应当及时依法履行信息披露义务。

信息披露义务人披露的信息,应当真实、准确、完整,简明清晰,通俗易懂,不得有虚假记载、误导性陈述或者重大遗漏。

证券同时在境内境外公开发行、交易的,其信息披露义务人在境外披露的信息,应当在境内同时披露。

第七十九条 上市公司、公司债券上市交易的公司、股票在国务院批准的其他全国性证券交易场所交易的公司,应当按照国务院证券监督管理机构和证券交易场所规定的内容和格式编制定期报告,并按照以下规定报送和公告:

(一)在每一会计年度结束之日起四个月内,报送并公告年度报告,其中的年度财务会计报告应当经符合本法规定的会计师事务所审计;

(二)在每一会计年度的上半年结束之日起二个月内,报送并公告中期报告。

第八十条 发生可能对上市公司、股票在国务院批准的其他全国性证券交易场所交易的公司的股票交易价格产生较大影响的重大事件,投资者尚未得知时,公司应当立即将有关该重大事件的情况向国务院证券监督管理机构和证券交易场所报送临时报告,并予公告,说明事件的起因、目前的状态和可能产生的法律后果。

前款所称重大事件包括:

(一)公司的经营方针和经营范围的重大变化;

(二)公司的重大投资行为,公司在一年内购买、出售重大资产超过公司资产总额百分之三十,或者公司营业用主要资产的抵押、质押、出售或者报废一次超过该资产的百分之三十;

(三)公司订立重要合同、提供重大担保或者从事关联交易,可能对公司的资产、负债、权益和经营成果产生重要影响;

(四)公司发生重大债务和未能清偿到期重大债务的违约情况;

(五)公司发生重大亏损或者重大损失;

(六)公司生产经营的外部条件发生的重大变化;

(七)公司的董事、三分之一以上监事或者经理发生变动,董事长或者经理无法履行职责;

(八)持有公司百分之五以上股份的股东或者实际控制人持有股份或者控制公司的情况发生较大变化,公司的实际控制人及其控制的其他企业从事与公司相同或者相似业务的情况发生较大变化;

(九)公司分配股利、增资的计划,公司股权结构的重要变化,公司减资、合并、分立、解散及申请破产的决定,或者依法进入破产程序、被责令关闭;

(十)涉及公司的重大诉讼、仲裁,股东大会、董事会决议被依法撤销或者宣告无效;

(十一)公司涉嫌犯罪被依法立案调查,公司的控股股东、实际控制人、董事、监事、高级管理人员涉嫌犯罪被依法采取强制措施；

（十二）国务院证券监督管理机构规定的其他事项。

公司的控股股东或者实际控制人对重大事件的发生、进展产生较大影响的，应当及时将其知悉的有关情况书面告知公司，并配合公司履行信息披露义务。

第八十一条 发生可能对上市交易公司债券的交易价格产生较大影响的重大事件，投资者尚未得知时，公司应当立即将有关该重大事件的情况向国务院证券监督管理机构和证券交易场所报送临时报告，并予公告，说明事件的起因、目前的状态和可能产生的法律后果。

前款所称重大事件包括：

（一）公司股权结构或者生产经营状况发生重大变化；

（二）公司债券信用评级发生变化；

（三）公司重大资产抵押、质押、出售、转让、报废；

（四）公司发生未能清偿到期债务的情况；

（五）公司新增借款或者对外提供担保超过上年末净资产的百分之二十；

（六）公司放弃债权或者财产超过上年末净资产的百分之十；

（七）公司发生超过上年末净资产百分之十的重大损失；

（八）公司分配股利，作出减资、合并、分立、解散及申请破产的决定，或者依法进入破产程序、被责令关闭；

（九）涉及公司的重大诉讼、仲裁；

（十）公司涉嫌犯罪被依法立案调查，公司的控股股东、实际控制人、董事、监事、高级管理人员涉嫌犯罪被依法采取强制措施；

（十一）国务院证券监督管理机构规定的其他事项。

第八十二条 发行人的董事、高级管理人员应当对证券发行文件和定期报告签署书面确认意见。

发行人的监事会应当对董事会编制的证券发行文件和定期报告进行审核并提出书面审核意见。监事应当签署书面确认意见。

发行人的董事、监事和高级管理人员应当保证发行人及时、公平地披露信息，所披露的信息真实、准确、完整。

董事、监事和高级管理人员无法保证证券发行文件和定期报告内容的真实性、准确性、完整性或者有异议的，应当在书面确认意见中发表意见并陈述理由，发行人应当披露。发行人不予披露的，董事、监事和高级管理人员可以直接申请披露。

第八十三条 信息披露义务人披露的信息应当同时向所有投资者披露，不得提前向任何单位和个人泄露。但是，法律、行政法规另有规定的除外。

任何单位和个人不得非法要求信息披露义务人提供依法需要披露但尚未披露的信息。任何单位和个人提前获知的前述信息，在依法披露前应当保密。

第八十四条 除依法需要披露的信息之外，信息披露义务人可以自愿披露与投资者作出价值判断和投资决策有关的信息，但不得与依法披露的信息相冲突，不得误导投资者。

发行人及其控股股东、实际控制人、董事、监事、高级管理人员等作出公开承诺的，应当披露。不履行承诺给投资者造成损失的，应当依法承担赔偿责任。

第八十五条 信息披露义务人未按照规定披露信息,或者公告的证券发行文件、定期报告、临时报告及其他信息披露资料存在虚假记载、误导性陈述或者重大遗漏,致使投资者在证券交易中遭受损失的,信息披露义务人应当承担赔偿责任;发行人的控股股东、实际控制人、董事、监事、高级管理人员和其他直接责任人员以及保荐人、承销的证券公司及其直接责任人员,应当与发行人承担连带赔偿责任,但是能够证明自己没有过错的除外。

第八十六条 依法披露的信息,应当在证券交易场所的网站和符合国务院证券监督管理机构规定条件的媒体发布,同时将其置备于公司住所、证券交易场所,供社会公众查阅。

第八十七条 国务院证券监督管理机构对信息披露义务人的信息披露行为进行监督管理。

证券交易场所应当对其组织交易的证券的信息披露义务人的信息披露行为进行监督,督促其依法及时、准确地披露信息。

第六章 投资者保护

第八十八条 证券公司向投资者销售证券、提供服务时,应当按照规定充分了解投资者的基本情况、财产状况、金融资产状况、投资知识和经验、专业能力等相关信息;如实说明证券、服务的重要内容,充分揭示投资风险;销售、提供与投资者上述状况相匹配的证券、服务。

投资者在购买证券或者接受服务时,应当按照证券公司明示的要求提供前款所列真实信息。拒绝提供或者未按照要求提供信息的,证券公司应当告知其后果,并按照规定拒绝向其销售证券、提供服务。

证券公司违反第一款规定导致投资者损失的,应当承担相应的赔偿责任。

第八十九条 根据财产状况、金融资产状况、投资知识和经验、专业能力等因素,投资者可以分为普通投资者和专业投资者。专业投资者的标准由国务院证券监督管理机构规定。

普通投资者与证券公司发生纠纷的,证券公司应当证明其行为符合法律、行政法规以及国务院证券监督管理机构的规定,不存在误导、欺诈等情形。证券公司不能证明的,应当承担相应的赔偿责任。

第九十条 上市公司董事会、独立董事、持有百分之一以上有表决权股份的股东或者依照法律、行政法规或者国务院证券监督管理机构的规定设立的投资者保护机构(以下简称投资者保护机构),可以作为征集人,自行或者委托证券公司、证券服务机构,公开请求上市公司股东委托其代为出席股东大会,并代为行使提案权、表决权等股东权利。

依照前款规定征集股东权利的,征集人应当披露征集文件,上市公司应当予以配合。

禁止以有偿或者变相有偿的方式公开征集股东权利。

公开征集股东权利违反法律、行政法规或者国务院证券监督管理机构有关规定,导致上市公司或者其股东遭受损失的,应当依法承担赔偿责任。

第九十一条 上市公司应当在章程中明确分配现金股利的具体安排和决策程序,依法保障股东的资产收益权。

上市公司当年税后利润,在弥补亏损及提取法定公积金后有盈余的,应当按照公司章程的规定分配现金股利。

第九十二条 公开发行公司债券的,应当设立债券持有人会议,并应当在募集说明书中说明债券持有人会议的召集程序、会议规则和其他重要事项。

公开发行公司债券的,发行人应当为债券持有人聘请债券受托管理人,并订立债券受托管理协议。受托管理人应当由本次发行的承销机构或者其他经国务院证券监督管理机构认可的机构担任,债券持有人会议可以决议变更债券受托管理人。债券受托管理人应当勤勉尽责,公正履行受托管理职责,不得损害债券持有人利益。

债券发行人未能按期兑付债券本息的,债券受托管理人可以接受全部或者部分债券持有人的委托,以自己名义代表债券持有人提起、参加民事诉讼或者清算程序。

第九十三条 发行人因欺诈发行、虚假陈述或者其他重大违法行为给投资者造成损失的,发行人的控股股东、实际控制人、相关的证券公司可以委托投资者保护机构,就赔偿事宜与受到损失的投资者达成协议,予以先行赔付。先行赔付后,可以依法向发行人以及其他连带责任人追偿。

第九十四条 投资者与发行人、证券公司等发生纠纷的,双方可以向投资者保护机构申请调解。普通投资者与证券公司发生证券业务纠纷,普通投资者提出调解请求的,证券公司不得拒绝。

投资者保护机构对损害投资者利益的行为,可以依法支持投资者向人民法院提起诉讼。

发行人的董事、监事、高级管理人员执行公司职务时违反法律、行政法规或者公司章程的规定给公司造成损失,发行人的控股股东、实际控制人等侵犯公司合法权益给公司造成损失,投资者保护机构持有该公司股份的,可以为公司的利益以自己的名义向人民法院提起诉讼,持股比例和持股期限不受《中华人民共和国公司法》规定的限制。

第九十五条 投资者提起虚假陈述等证券民事赔偿诉讼时,诉讼标的是同一种类,且当事人一方人数众多的,可以依法推选代表人进行诉讼。

对按照前款规定提起的诉讼,可能存在有相同诉讼请求的其他众多投资者的,人民法院可以发出公告,说明该诉讼请求的案件情况,通知投资者在一定期间向人民法院登记。人民法院作出的判决、裁定,对参加登记的投资者发生效力。

投资者保护机构受五十名以上投资者委托,可以作为代表人参加诉讼,并为经证券登记结算机构确认的权利人依照前款规定向人民法院登记,但投资者明确表示不愿意参加该诉讼的除外。

第七章　证券交易场所

第九十六条 证券交易所、国务院批准的其他全国性证券交易场所为证券集中交易提供场所和设施,组织和监督证券交易,实行自律管理,依法登记,取得法人资格。

证券交易所、国务院批准的其他全国性证券交易场所的设立、变更和解散由国务院决定。

国务院批准的其他全国性证券交易场所的组织机构、管理办法等,由国务院规定。

第九十七条 证券交易所、国务院批准的其他全国性证券交易场所可以根据证券品种、行业特点、公司规模等因素设立不同的市场层次。

第九十八条 按照国务院规定设立的区域性股权市场为非公开发行证券的发行、转让提供场所和设施,具体管理办法由国务院规定。

第九十九条　证券交易所履行自律管理职能，应当遵守社会公共利益优先原则，维护市场的公平、有序、透明。

设立证券交易所必须制定章程。证券交易所章程的制定和修改，必须经国务院证券监督管理机构批准。

第一百条　证券交易所必须在其名称中标明证券交易所字样。其他任何单位或者个人不得使用证券交易所或者近似的名称。

第一百零一条　证券交易所可以自行支配的各项费用收入，应当首先用于保证其证券交易场所和设施的正常运行并逐步改善。

实行会员制的证券交易所的财产积累归会员所有，其权益由会员共同享有，在其存续期间，不得将其财产积累分配给会员。

第一百零二条　实行会员制的证券交易所设理事会、监事会。

证券交易所设总经理一人，由国务院证券监督管理机构任免。

第一百零三条　有《中华人民共和国公司法》第一百四十六条规定的情形或者下列情形之一的，不得担任证券交易所的负责人：

（一）因违法行为或者违纪行为被解除职务的证券交易场所、证券登记结算机构的负责人或者证券公司的董事、监事、高级管理人员，自被解除职务之日起未逾五年；

（二）因违法行为或者违纪行为被吊销执业证书或者被取消资格的律师、注册会计师或者其他证券服务机构的专业人员，自被吊销执业证书或者被取消资格之日起未逾五年。

第一百零四条　因违法行为或者违纪行为被开除的证券交易场所、证券公司、证券登记结算机构、证券服务机构的从业人员和被开除的国家机关工作人员，不得招聘为证券交易所的从业人员。

第一百零五条　进入实行会员制的证券交易所参与集中交易的，必须是证券交易所的会员。证券交易所不得允许非会员直接参与股票的集中交易。

第一百零六条　投资者应当与证券公司签订证券交易委托协议，并在证券公司实名开立账户，以书面、电话、自助终端、网络等方式，委托该证券公司代其买卖证券。

第一百零七条　证券公司为投资者开立账户，应当按照规定对投资者提供的身份信息进行核对。

证券公司不得将投资者的账户提供给他人使用。

投资者应当使用实名开立的账户进行交易。

第一百零八条　证券公司根据投资者的委托，按照证券交易规则提出交易申报，参与证券交易所场内的集中交易，并根据成交结果承担相应的清算交收责任。证券登记结算机构根据成交结果，按照清算交收规则，与证券公司进行证券和资金的清算交收，并为证券公司客户办理证券的登记过户手续。

第一百零九条　证券交易所应当为组织公平的集中交易提供保障，实时公布证券交易即时行情，并按交易日制作证券市场行情表，予以公布。

证券交易即时行情的权益由证券交易所依法享有。未经证券交易所许可，任何单位和个人不得发布证券交易即时行情。

第一百一十条　上市公司可以向证券交易所申请其上市交易股票的停牌或者复牌，但不得滥用停牌或者复牌损害投资者的合法权益。

证券交易所可以按照业务规则的规定,决定上市交易股票的停牌或者复牌。

第一百一十一条 因不可抗力、意外事件、重大技术故障、重大人为差错等突发性事件而影响证券交易正常进行时,为维护证券交易正常秩序和市场公平,证券交易所可以按照业务规则采取技术性停牌、临时停市等处置措施,并应当及时向国务院证券监督管理机构报告。

因前款规定的突发性事件导致证券交易结果出现重大异常,按交易结果进行交收将对证券交易正常秩序和市场公平造成重大影响的,证券交易所按照业务规则可以采取取消交易、通知证券登记结算机构暂缓交收等措施,并应当及时向国务院证券监督管理机构报告并公告。

证券交易所对其依照本条规定采取措施造成的损失,不承担民事赔偿责任,但存在重大过错的除外。

第一百一十二条 证券交易所对证券交易实行实时监控,并按照国务院证券监督管理机构的要求,对异常的交易情况提出报告。

证券交易所根据需要,可以按照业务规则对出现重大异常交易情况的证券账户的投资者限制交易,并及时报告国务院证券监督管理机构。

第一百一十三条 证券交易所应当加强对证券交易的风险监测,出现重大异常波动的,证券交易所可以按照业务规则采取限制交易、强制停牌等处置措施,并向国务院证券监督管理机构报告;严重影响证券市场稳定的,证券交易所可以按照业务规则采取临时停市等处置措施并公告。

证券交易所对其依照本条规定采取措施造成的损失,不承担民事赔偿责任,但存在重大过错的除外。

第一百一十四条 证券交易所应当从其收取的交易费用和会员费、席位费中提取一定比例的金额设立风险基金。风险基金由证券交易所理事会管理。

风险基金提取的具体比例和使用办法,由国务院证券监督管理机构会同国务院财政部门规定。

证券交易所应当将收存的风险基金存入开户银行专门账户,不得擅自使用。

第一百一十五条 证券交易所依照法律、行政法规和国务院证券监督管理机构的规定,制定上市规则、交易规则、会员管理规则和其他有关业务规则,并报国务院证券监督管理机构批准。

在证券交易所从事证券交易,应当遵守证券交易所依法制定的业务规则。违反业务规则的,由证券交易所给予纪律处分或者采取其他自律管理措施。

第一百一十六条 证券交易所的负责人和其他从业人员执行与证券交易有关的职务时,与其本人或者其亲属有利害关系的,应当回避。

第一百一十七条 按照依法制定的交易规则进行的交易,不得改变其交易结果,但本法第一百一十一条第二款规定的除外。对交易中违规交易者应负的民事责任不得免除;在违规交易中所获利益,依照有关规定处理。

第八章　证券公司

第一百一十八条　设立证券公司,应当具备下列条件,并经国务院证券监督管理机构批准:

(一) 有符合法律、行政法规规定的公司章程;

(二) 主要股东及公司的实际控制人具有良好的财务状况和诚信记录,最近三年无重大违法违规记录;

(三) 有符合本法规定的公司注册资本;

(四) 董事、监事、高级管理人员、从业人员符合本法规定的条件;

(五) 有完善的风险管理与内部控制制度;

(六) 有合格的经营场所、业务设施和信息技术系统;

(七) 法律、行政法规和经国务院批准的国务院证券监督管理机构规定的其他条件。

未经国务院证券监督管理机构批准,任何单位和个人不得以证券公司名义开展证券业务活动。

第一百一十九条　国务院证券监督管理机构应当自受理证券公司设立申请之日起六个月内,依照法定条件和法定程序并根据审慎监管原则进行审查,作出批准或者不予批准的决定,并通知申请人;不予批准的,应当说明理由。

证券公司设立申请获得批准的,申请人应当在规定的期限内向公司登记机关申请设立登记,领取营业执照。

证券公司应当自领取营业执照之日起十五日内,向国务院证券监督管理机构申请经营证券业务许可证。未取得经营证券业务许可证,证券公司不得经营证券业务。

第一百二十条　经国务院证券监督管理机构核准,取得经营证券业务许可证,证券公司可以经营下列部分或者全部证券业务:

(一) 证券经纪;

(二) 证券投资咨询;

(三) 与证券交易、证券投资活动有关的财务顾问;

(四) 证券承销与保荐;

(五) 证券融资融券;

(六) 证券做市交易;

(七) 证券自营;

(八) 其他证券业务。

国务院证券监督管理机构应当自受理前款规定事项申请之日起三个月内,依照法定条件和程序进行审查,作出核准或者不予核准的决定,并通知申请人;不予核准的,应当说明理由。

证券公司经营证券资产管理业务的,应当符合《中华人民共和国证券投资基金法》等法律、行政法规的规定。

除证券公司外,任何单位和个人不得从事证券承销、证券保荐、证券经纪和证券融资融券业务。

证券公司从事证券融资融券业务,应当采取措施,严格防范和控制风险,不得违反规定向客户出借资金或者证券。

第一百二十一条 证券公司经营本法第一百二十条第一款第(一)项至第(三)项业务的,注册资本最低限额为人民币五千万元;经营第(四)项至第(八)项业务之一的,注册资本最低限额为人民币一亿元;经营第(四)项至第(八)项业务中两项以上的,注册资本最低限额为人民币五亿元。证券公司的注册资本应当是实缴资本。

国务院证券监督管理机构根据审慎监管原则和各项业务的风险程度,可以调整注册资本最低限额,但不得少于前款规定的限额。

第一百二十二条 证券公司变更证券业务范围,变更主要股东或者公司的实际控制人,合并、分立、停业、解散、破产,应当经国务院证券监督管理机构核准。

第一百二十三条 国务院证券监督管理机构应当对证券公司净资本和其他风险控制指标作出规定。

证券公司除依照规定为其客户提供融资融券外,不得为其股东或者股东的关联人提供融资或者担保。

第一百二十四条 证券公司的董事、监事、高级管理人员,应当正直诚实、品行良好,熟悉证券法律、行政法规,具有履行职责所需的经营管理能力。证券公司任免董事、监事、高级管理人员,应当报国务院证券监督管理机构备案。

有《中华人民共和国公司法》第一百四十六条规定的情形或者下列情形之一的,不得担任证券公司的董事、监事、高级管理人员:

(一)因违法行为或者违纪行为被解除职务的证券交易场所、证券登记结算机构的负责人或者证券公司的董事、监事、高级管理人员,自被解除职务之日起未逾五年;

(二)因违法行为或者违纪行为被吊销执业证书或者被取消资格的律师、注册会计师或者其他证券服务机构的专业人员,自被吊销执业证书或者被取消资格之日起未逾五年。

第一百二十五条 证券公司从事证券业务的人员应当品行良好,具备从事证券业务所需的专业能力。

因违法行为或者违纪行为被开除的证券交易场所、证券公司、证券登记结算机构、证券服务机构的从业人员和被开除的国家机关工作人员,不得招聘为证券公司的从业人员。

国家机关工作人员和法律、行政法规规定的禁止在公司中兼职的其他人员,不得在证券公司中兼任职务。

第一百二十六条 国家设立证券投资者保护基金。证券投资者保护基金由证券公司缴纳的资金及其他依法筹集的资金组成,其规模以及筹集、管理和使用的具体办法由国务院规定。

第一百二十七条 证券公司从每年的业务收入中提取交易风险准备金,用于弥补证券经营的损失,其提取的具体比例由国务院证券监督管理机构会同国务院财政部门规定。

第一百二十八条 证券公司应当建立健全内部控制制度,采取有效隔离措施,防范公司与客户之间、不同客户之间的利益冲突。

证券公司必须将其证券经纪业务、证券承销业务、证券自营业务、证券做市业务和证券资产管理业务分开办理,不得混合操作。

第一百二十九条　证券公司的自营业务必须以自己的名义进行,不得假借他人名义或者以个人名义进行。

证券公司的自营业务必须使用自有资金和依法筹集的资金。

证券公司不得将其自营账户借给他人使用。

第一百三十条　证券公司应当依法审慎经营,勤勉尽责,诚实守信。

证券公司的业务活动,应当与其治理结构、内部控制、合规管理、风险管理以及风险控制指标、从业人员构成等情况相适应,符合审慎监管和保护投资者合法权益的要求。

证券公司依法享有自主经营的权利,其合法经营不受干涉。

第一百三十一条　证券公司客户的交易结算资金应当存放在商业银行,以每个客户的名义单独立户管理。

证券公司不得将客户的交易结算资金和证券归入其自有财产。禁止任何单位或者个人以任何形式挪用客户的交易结算资金和证券。证券公司破产或者清算时,客户的交易结算资金和证券不属于其破产财产或者清算财产。非因客户本身的债务或者法律规定的其他情形,不得查封、冻结、扣划或者强制执行客户的交易结算资金和证券。

第一百三十二条　证券公司办理经纪业务,应当置备统一制定的证券买卖委托书,供委托人使用。采取其他委托方式的,必须作出委托记录。

客户的证券买卖委托,不论是否成交,其委托记录应当按照规定的期限,保存于证券公司。

第一百三十三条　证券公司接受证券买卖的委托,应当根据委托书载明的证券名称、买卖数量、出价方式、价格幅度等,按照交易规则代理买卖证券,如实进行交易记录;买卖成交后,应当按照规定制作买卖成交报告单交付客户。

证券交易中确认交易行为及其交易结果的对账单必须真实,保证账面证券余额与实际持有的证券相一致。

第一百三十四条　证券公司办理经纪业务,不得接受客户的全权委托而决定证券买卖、选择证券种类、决定买卖数量或者买卖价格。

证券公司不得允许他人以证券公司的名义直接参与证券的集中交易。

第一百三十五条　证券公司不得对客户证券买卖的收益或者赔偿证券买卖的损失作出承诺。

第一百三十六条　证券公司的从业人员在证券交易活动中,执行所属的证券公司的指令或者利用职务违反交易规则的,由所属的证券公司承担全部责任。

证券公司的从业人员不得私下接受客户委托买卖证券。

第一百三十七条　证券公司应当建立客户信息查询制度,确保客户能够查询其账户信息、委托记录、交易记录以及其他与接受服务或者购买产品有关的重要信息。

证券公司应当妥善保存客户开户资料、委托记录、交易记录和与内部管理、业务经营有关的各项信息,任何人不得隐匿、伪造、篡改或者毁损。上述信息的保存期限不得少于二十年。

第一百三十八条　证券公司应当按照规定向国务院证券监督管理机构报送业务、财务等经营管理信息和资料。

国务院证券监督管理机构有权要求证券公司及其主要股东、实际控制人在指定的期限内提供有关信息、资料。

证券公司及其主要股东、实际控制人向国务院证券监督管理机构报送或者提供的信息、资料，必须真实、准确、完整。

第一百三十九条 国务院证券监督管理机构认为有必要时，可以委托会计师事务所、资产评估机构对证券公司的财务状况、内部控制状况、资产价值进行审计或者评估。具体办法由国务院证券监督管理机构会同有关主管部门制定。

第一百四十条 证券公司的治理结构、合规管理、风险控制指标不符合规定的，国务院证券监督管理机构应当责令其限期改正；逾期未改正，或者其行为严重危及该证券公司的稳健运行、损害客户合法权益的，国务院证券监督管理机构可以区别情形，对其采取下列措施：

（一）限制业务活动，责令暂停部分业务，停止核准新业务；

（二）限制分配红利，限制向董事、监事、高级管理人员支付报酬、提供福利；

（三）限制转让财产或者在财产上设定其他权利；

（四）责令更换董事、监事、高级管理人员或者限制其权利；

（五）撤销有关业务许可；

（六）认定负有责任的董事、监事、高级管理人员为不适当人选；

（七）责令负有责任的股东转让股权，限制负有责任的股东行使股东权利。

证券公司整改后，应当向国务院证券监督管理机构提交报告。国务院证券监督管理机构经验收，治理结构、合规管理、风险控制指标符合规定的，应当自验收完毕之日起三日内解除对其采取的前款规定的有关限制措施。

第一百四十一条 证券公司的股东有虚假出资、抽逃出资行为的，国务院证券监督管理机构应当责令其限期改正，并可责令其转让所持证券公司的股权。

在前款规定的股东按照要求改正违法行为、转让所持证券公司的股权前，国务院证券监督管理机构可以限制其股东权利。

第一百四十二条 证券公司的董事、监事、高级管理人员未能勤勉尽责，致使证券公司存在重大违法违规行为或者重大风险的，国务院证券监督管理机构可以责令证券公司予以更换。

第一百四十三条 证券公司违法经营或者出现重大风险，严重危害证券市场秩序、损害投资者利益的，国务院证券监督管理机构可以对该证券公司采取责令停业整顿、指定其他机构托管、接管或者撤销等监管措施。

第一百四十四条 在证券公司被责令停业整顿、被依法指定托管、接管或者清算期间，或者出现重大风险时，经国务院证券监督管理机构批准，可以对该证券公司直接负责的董事、监事、高级管理人员和其他直接责任人员采取以下措施：

（一）通知出境入境管理机关依法阻止其出境；

（二）申请司法机关禁止其转移、转让或者以其他方式处分财产，或者在财产上设定其他权利。

第九章　证券登记结算机构

第一百四十五条 证券登记结算机构为证券交易提供集中登记、存管与结算服务，不以营利为目的,依法登记,取得法人资格。

设立证券登记结算机构必须经国务院证券监督管理机构批准。

第一百四十六条　设立证券登记结算机构,应当具备下列条件:

(一)自有资金不少于人民币二亿元;

(二)具有证券登记、存管和结算服务所必须的场所和设施;

(三)国务院证券监督管理机构规定的其他条件。

证券登记结算机构的名称中应当标明证券登记结算字样。

第一百四十七条　证券登记结算机构履行下列职能:

(一)证券账户、结算账户的设立;

(二)证券的存管和过户;

(三)证券持有人名册登记;

(四)证券交易的清算和交收;

(五)受发行人的委托派发证券权益;

(六)办理与上述业务有关的查询、信息服务;

(七)国务院证券监督管理机构批准的其他业务。

第一百四十八条　在证券交易所和国务院批准的其他全国性证券交易场所交易的证券的登记结算,应当采取全国集中统一的运营方式。

前款规定以外的证券,其登记、结算可以委托证券登记结算机构或者其他依法从事证券登记、结算业务的机构办理。

第一百四十九条　证券登记结算机构应当依法制定章程和业务规则,并经国务院证券监督管理机构批准。证券登记结算业务参与人应当遵守证券登记结算机构制定的业务规则。

第一百五十条　在证券交易所或者国务院批准的其他全国性证券交易场所交易的证券,应当全部存管在证券登记结算机构。

证券登记结算机构不得挪用客户的证券。

第一百五十一条　证券登记结算机构应当向证券发行人提供证券持有人名册及有关资料。

证券登记结算机构应当根据证券登记结算的结果,确认证券持有人持有证券的事实,提供证券持有人登记资料。

证券登记结算机构应当保证证券持有人名册和登记过户记录真实、准确、完整,不得隐匿、伪造、篡改或者毁损。

第一百五十二条　证券登记结算机构应当采取下列措施保证业务的正常进行:

(一)具有必备的服务设备和完善的数据安全保护措施;

(二)建立完善的业务、财务和安全防范等管理制度;

(三)建立完善的风险管理系统。

第一百五十三条　证券登记结算机构应当妥善保存登记、存管和结算的原始凭证及有关文件和资料。其保存期限不得少于二十年。

第一百五十四条　证券登记结算机构应当设立证券结算风险基金,用于垫付或者弥补因违约交收、技术故障、操作失误、不可抗力造成的证券登记结算机构的损失。

证券结算风险基金从证券登记结算机构的业务收入和收益中提取，并可以由结算参与人按照证券交易业务量的一定比例缴纳。

证券结算风险基金的筹集、管理办法，由国务院证券监督管理机构会同国务院财政部门规定。

第一百五十五条 证券结算风险基金应当存入指定银行的专门账户，实行专项管理。

证券登记结算机构以证券结算风险基金赔偿后，应当向有关责任人追偿。

第一百五十六条 证券登记结算机构申请解散，应当经国务院证券监督管理机构批准。

第一百五十七条 投资者委托证券公司进行证券交易，应当通过证券公司申请在证券登记结算机构开立证券账户。证券登记结算机构应当按照规定为投资者开立证券账户。

投资者申请开立账户，应当持有证明中华人民共和国公民、法人、合伙企业身份的合法证件。国家另有规定的除外。

第一百五十八条 证券登记结算机构作为中央对手方提供证券结算服务的，是结算参与人共同的清算交收对手，进行净额结算，为证券交易提供集中履约保障。

证券登记结算机构为证券交易提供净额结算服务时，应当要求结算参与人按照货银对付的原则，足额交付证券和资金，并提供交收担保。

在交收完成之前，任何人不得动用用于交收的证券、资金和担保物。

结算参与人未按时履行交收义务的，证券登记结算机构有权按照业务规则处理前款所述财产。

第一百五十九条 证券登记结算机构按照业务规则收取的各类结算资金和证券，必须存放于专门的清算交收账户，只能按业务规则用于已成交的证券交易的清算交收，不得被强制执行。

第十章 证券服务机构

第一百六十条 会计师事务所、律师事务所以及从事证券投资咨询、资产评估、资信评级、财务顾问、信息技术系统服务的证券服务机构，应当勤勉尽责、恪尽职守，按照相关业务规则为证券的交易及相关活动提供服务。

从事证券投资咨询服务业务，应当经国务院证券监督管理机构核准；未经核准，不得为证券的交易及相关活动提供服务。从事其他证券服务业务，应当报国务院证券监督管理机构和国务院有关主管部门备案。

第一百六十一条 证券投资咨询机构及其从业人员从事证券服务业务不得有下列行为：

（一）代理委托人从事证券投资；

（二）与委托人约定分享证券投资收益或者分担证券投资损失；

（三）买卖本证券投资咨询机构提供服务的证券；

（四）法律、行政法规禁止的其他行为。

有前款所列行为之一，给投资者造成损失的，应当依法承担赔偿责任。

第一百六十二条 证券服务机构应当妥善保存客户委托文件、核查和验证资料、工作底稿以及与质量控制、内部管理、业务经营有关的信息和资料,任何人不得泄露、隐匿、伪造、篡改或者毁损。上述信息和资料的保存期限不得少于十年,自业务委托结束之日起算。

第一百六十三条　证券服务机构为证券的发行、上市、交易等证券业务活动制作、出具审计报告及其他鉴证报告、资产评估报告、财务顾问报告、资信评级报告或者法律意见书等文件,应当勤勉尽责,对所依据的文件资料内容的真实性、准确性、完整性进行核查和验证。其制作、出具的文件有虚假记载、误导性陈述或者重大遗漏,给他人造成损失的,应当与委托人承担连带赔偿责任,但是能够证明自己没有过错的除外。

第十一章　证券业协会

第一百六十四条　证券业协会是证券业的自律性组织,是社会团体法人。

证券公司应当加入证券业协会。

证券业协会的权力机构为全体会员组成的会员大会。

第一百六十五条　证券业协会章程由会员大会制定,并报国务院证券监督管理机构备案。

第一百六十六条　证券业协会履行下列职责:

(一)教育和组织会员及其从业人员遵守证券法律、行政法规,组织开展证券行业诚信建设,督促证券行业履行社会责任;

(二)依法维护会员的合法权益,向证券监督管理机构反映会员的建议和要求;

(三)督促会员开展投资者教育和保护活动,维护投资者合法权益;

(四)制定和实施证券行业自律规则,监督、检查会员及其从业人员行为,对违反法律、行政法规、自律规则或者协会章程的,按照规定给予纪律处分或者实施其他自律管理措施;

(五)制定证券行业业务规范,组织从业人员的业务培训;

(六)组织会员就证券行业的发展、运作及有关内容进行研究,收集整理、发布证券相关信息,提供会员服务,组织行业交流,引导行业创新发展;

(七)对会员之间、会员与客户之间发生的证券业务纠纷进行调解;

(八)证券业协会章程规定的其他职责。

第一百六十七条　证券业协会设理事会。理事会成员依章程的规定由选举产生。

第十二章　证券监督管理机构

第一百六十八条　国务院证券监督管理机构依法对证券市场实行监督管理,维护证券市场公开、公平、公正,防范系统性风险,维护投资者合法权益,促进证券市场健康发展。

第一百六十九条　国务院证券监督管理机构在对证券市场实施监督管理中履行下列职责:

(一)依法制定有关证券市场监督管理的规章、规则,并依法进行审批、核准、注册,办理备案;

(二)依法对证券的发行、上市、交易、登记、存管、结算等行为,进行监督管理;

(三)依法对证券发行人、证券公司、证券服务机构、证券交易场所、证券登记结算机构的证券业务活动,进行监督管理;

（四）依法制定从事证券业务人员的行为准则，并监督实施；

（五）依法监督检查证券发行、上市、交易的信息披露；

（六）依法对证券业协会的自律管理活动进行指导和监督；

（七）依法监测并防范、处置证券市场风险；

（八）依法开展投资者教育；

（九）依法对证券违法行为进行查处；

（十）法律、行政法规规定的其他职责。

第一百七十条 国务院证券监督管理机构依法履行职责，有权采取下列措施：

（一）对证券发行人、证券公司、证券服务机构、证券交易场所、证券登记结算机构进行现场检查；

（二）进入涉嫌违法行为发生场所调查取证；

（三）询问当事人和与被调查事件有关的单位和个人，要求其对与被调查事件有关的事项作出说明；或者要求其按照指定的方式报送与被调查事件有关的文件和资料；

（四）查阅、复制与被调查事件有关的财产权登记、通讯记录等文件和资料；

（五）查阅、复制当事人和与被调查事件有关的单位和个人的证券交易记录、登记过户记录、财务会计资料及其他相关文件和资料；对可能被转移、隐匿或者毁损的文件和资料，可以予以封存、扣押；

（六）查询当事人和与被调查事件有关的单位和个人的资金账户、证券账户、银行账户以及其他具有支付、托管、结算等功能的账户信息，可以对有关文件和资料进行复制；对有证据证明已经或者可能转移或者隐匿违法资金、证券等涉案财产或者隐匿、伪造、毁损重要证据的，经国务院证券监督管理机构主要负责人或者其授权的其他负责人批准，可以冻结或者查封，期限为六个月；因特殊原因需要延长的，每次延长期限不得超过三个月，冻结、查封期限最长不得超过二年；

（七）在调查操纵证券市场、内幕交易等重大证券违法行为时，经国务院证券监督管理机构主要负责人或者其授权的其他负责人批准，可以限制被调查的当事人的证券买卖，但限制的期限不得超过三个月；案情复杂的，可以延长三个月；

（八）通知出境入境管理机关依法阻止涉嫌违法人员、涉嫌违法单位的主管人员和其他直接责任人员出境。

为防范证券市场风险，维护市场秩序，国务院证券监督管理机构可以采取责令改正、监管谈话、出具警示函等措施。

第一百七十一条 国务院证券监督管理机构对涉嫌证券违法的单位或者个人进行调查期间，被调查的当事人书面申请，承诺在国务院证券监督管理机构认可的期限内纠正涉嫌违法行为，赔偿有关投资者损失，消除损害或者不良影响的，国务院证券监督管理机构可以决定中止调查。被调查的当事人履行承诺的，国务院证券监督管理机构可以决定终止调查；被调查的当事人未履行承诺或者有国务院规定的其他情形的，应当恢复调查。具体办法由国务院规定。

国务院证券监督管理机构决定中止或者终止调查的，应当按照规定公开相关信息。

第一百七十二条 国务院证券监督管理机构依法履行职责，进行监督检查或者调查，其监督检查、调查的人员不得少于二人，并应当出示合法证件和监督检查、调查通知书或者其他执法文书。监督检查、调查的人员少于二人或者未出示合法证件和监督检查、调查通知书或者其他执法文书的，被检查、调查的单位和个人有权拒绝。

第一百七十三条　国务院证券监督管理机构依法履行职责，被检查、调查的单位和个人应当配合，如实提供有关文件和资料，不得拒绝、阻碍和隐瞒。

第一百七十四条　国务院证券监督管理机构制定的规章、规则和监督管理工作制度应当依法公开。

国务院证券监督管理机构依据调查结果，对证券违法行为作出的处罚决定，应当公开。

第一百七十五条　国务院证券监督管理机构应当与国务院其他金融监督管理机构建立监督管理信息共享机制。

国务院证券监督管理机构依法履行职责，进行监督检查或者调查时，有关部门应当予以配合。

第一百七十六条　对涉嫌证券违法、违规行为，任何单位和个人有权向国务院证券监督管理机构举报。

对涉嫌重大违法、违规行为的实名举报线索经查证属实的，国务院证券监督管理机构按照规定给予举报人奖励。

国务院证券监督管理机构应当对举报人的身份信息保密。

第一百七十七条　国务院证券监督管理机构可以和其他国家或者地区的证券监督管理机构建立监督管理合作机制，实施跨境监督管理。

境外证券监督管理机构不得在中华人民共和国境内直接进行调查取证等活动。未经国务院证券监督管理机构和国务院有关主管部门同意，任何单位和个人不得擅自向境外提供与证券业务活动有关的文件和资料。

第一百七十八条　国务院证券监督管理机构依法履行职责，发现证券违法行为涉嫌犯罪的，应当依法将案件移送司法机关处理；发现公职人员涉嫌职务违法或者职务犯罪的，应当依法移送监察机关处理。

第一百七十九条　国务院证券监督管理机构工作人员必须忠于职守、依法办事、公正廉洁，不得利用职务便利牟取不正当利益，不得泄露所知悉的有关单位和个人的商业秘密。

国务院证券监督管理机构工作人员在任职期间，或者离职后在《中华人民共和国公务员法》规定的期限内，不得到与原工作业务直接相关的企业或者其他营利性组织任职，不得从事与原工作业务直接相关的营利性活动。

第十三章　法律责任

第一百八十条　违反本法第九条的规定，擅自公开或者变相公开发行证券的，责令停止发行，退还所募资金并加算银行同期存款利息，处以非法所募资金金额百分之五以上百分之五十以下的罚款；对擅自公开或者变相公开发行证券设立的公司，由依法履行监督管理职责的机构或者部门会同县级以上地方人民政府予以取缔。对直接负责的主管人员和其他直接责任人员给予警告，并处以五十万元以上五百万元以下的罚款。

第一百八十一条　发行人在其公告的证券发行文件中隐瞒重要事实或者编造重大虚假

内容,尚未发行证券的,处以二百万元以上二千万元以下的罚款;已经发行证券的,处以非法所募资金金额百分之十以上一倍以下的罚款。对直接负责的主管人员和其他直接责任人员,处以一百万元以上一千万元以下的罚款。

发行人的控股股东、实际控制人组织、指使从事前款违法行为的,没收违法所得,并处以违法所得百分之十以上一倍以下的罚款;没有违法所得或者违法所得不足二千万元的,处以二百万元以上二千万元以下的罚款。对直接负责的主管人员和其他直接责任人员,处以一百万元以上一千万元以下的罚款。

第一百八十二条 保荐人出具有虚假记载、误导性陈述或者重大遗漏的保荐书,或者不履行其他法定职责的,责令改正,给予警告,没收业务收入,并处以业务收入一倍以上十倍以下的罚款;没有业务收入或者业务收入不足一百万元的,处以一百万元以上一千万元以下的罚款;情节严重的,并处暂停或者撤销保荐业务许可。对直接负责的主管人员和其他直接责任人员给予警告,并处以五十万元以上五百万元以下的罚款。

第一百八十三条 证券公司承销或者销售擅自公开发行或者变相公开发行的证券的,责令停止承销或者销售,没收违法所得,并处以违法所得一倍以上十倍以下的罚款;没有违法所得或者违法所得不足一百万元的,处以一百万元以上一千万元以下的罚款;情节严重的,并处暂停或者撤销相关业务许可。给投资者造成损失的,应当与发行人承担连带赔偿责任。对直接负责的主管人员和其他直接责任人员给予警告,并处以五十万元以上五百万元以下的罚款。

第一百八十四条 证券公司承销证券违反本法第二十九条规定的,责令改正,给予警告,没收违法所得,可以并处五十万元以上五百万元以下的罚款;情节严重的,暂停或者撤销相关业务许可。对直接负责的主管人员和其他直接责任人员给予警告,可以并处二十万元以上二百万元以下的罚款;情节严重的,并处以五十万元以上五百万元以下的罚款。

第一百八十五条 发行人违反本法第十四条、第十五条的规定擅自改变公开发行证券所募集资金的用途的,责令改正,处以五十万元以上五百万元以下的罚款;对直接负责的主管人员和其他直接责任人员给予警告,并处以十万元以上一百万元以下的罚款。

发行人的控股股东、实际控制人从事或者组织、指使从事前款违法行为的,给予警告,并处以五十万元以上五百万元以下的罚款;对直接负责的主管人员和其他直接责任人员,处以十万元以上一百万元以下的罚款。

第一百八十六条 违反本法第三十六条的规定,在限制转让期内转让证券,或者转让股票不符合法律、行政法规和国务院证券监督管理机构规定的,责令改正,给予警告,没收违法所得,并处以买卖证券等值以下的罚款。

第一百八十七条 法律、行政法规规定禁止参与股票交易的人员,违反本法第四十条的规定,直接或者以化名、借他人名义持有、买卖股票或者其他具有股权性质的证券的,责令依法处理非法持有的股票、其他具有股权性质的证券,没收违法所得,并处以买卖证券等值以下的罚款;属于国家工作人员的,还应当依法给予处分。

第一百八十八条 证券服务机构及其从业人员,违反本法第四十二条的规定买卖证券的,责令依法处理非法持有的证券,没收违法所得,并处以买卖证券等值以下的罚款。

第一百八十九条 上市公司、股票在国务院批准的其他全国性证券交易场所交易的公司的董事、监事、高级管理人员、持有该公司百分之五以上股份的股东,违反本法第四十四条的规定,买卖该公司股票或者其他具有股权性质的证券的,给予警告,并处以十万元以上一百万元以下的罚款。

第一百九十条　违反本法第四十五条的规定,采取程序化交易影响证券交易所系统安全或者正常交易秩序的,责令改正,并处以五十万元以上五百万元以下的罚款。对直接负责的主管人员和其他直接责任人员给予警告,并处以十万元以上一百万元以下的罚款。

第一百九十一条　证券交易内幕信息的知情人或者非法获取内幕信息的人违反本法第五十三条的规定从事内幕交易的,责令依法处理非法持有的证券,没收违法所得,并处以违法所得一倍以上十倍以下的罚款;没有违法所得或者违法所得不足五十万元的,处以五十万元以上五百万元以下的罚款。单位从事内幕交易的,还应当对直接负责的主管人员和其他直接责任人员给予警告,并处以二十万元以上二百万元以下的罚款。国务院证券监督管理机构工作人员从事内幕交易的,从重处罚。

违反本法第五十四条的规定,利用未公开信息进行交易的,依照前款的规定处罚。

第一百九十二条　违反本法第五十五条的规定,操纵证券市场的,责令依法处理其非法持有的证券,没收违法所得,并处以违法所得一倍以上十倍以下的罚款;没有违法所得或者违法所得不足一百万元的,处以一百万元以上一千万元以下的罚款。单位操纵证券市场的,还应当对直接负责的主管人员和其他直接责任人员给予警告,并处以五十万元以上五百万元以下的罚款。

第一百九十三条　违反本法第五十六条第一款、第三款的规定,编造、传播虚假信息或者误导性信息,扰乱证券市场的,没收违法所得,并处以违法所得一倍以上十倍以下的罚款;没有违法所得或者违法所得不足二十万元的,处以二十万元以上二百万元以下的罚款。

违反本法第五十六条第二款的规定,在证券交易活动中作出虚假陈述或者信息误导的,责令改正,处以二十万元以上二百万元以下的罚款;属于国家工作人员的,还应当依法给予处分。

传播媒介及其从事证券市场信息报道的工作人员违反本法第五十六条第三款的规定,从事与其工作职责发生利益冲突的证券买卖的,没收违法所得,并处以买卖证券等值以下的罚款。

第一百九十四条　证券公司及其从业人员违反本法第五十七条的规定,有损害客户利益的行为的,给予警告,没收违法所得,并处以违法所得一倍以上十倍以下的罚款;没有违法所得或者违法所得不足十万元的,处以十万元以上一百万元以下的罚款;情节严重的,暂停或者撤销相关业务许可。

第一百九十五条　违反本法第五十八条的规定,出借自己的证券账户或者借用他人的证券账户从事证券交易的,责令改正,给予警告,可以处五十万元以下的罚款。

第一百九十六条　收购人未按照本法规定履行上市公司收购的公告、发出收购要约义务的,责令改正,给予警告,并处以五十万元以上五百万元以下的罚款。对直接负责的主管人员和其他直接责任人员给予警告,并处以二十万元以上二百万元以下的罚款。

收购人及其控股股东、实际控制人利用上市公司收购,给被收购公司及其股东造成损失的,应当依法承担赔偿责任。

第一百九十七条 信息披露义务人未按照本法规定报送有关报告或者履行信息披露义务的,责令改正,给予警告,并处以五十万元以上五百万元以下的罚款;对直接负责的主管人员和其他直接责任人员给予警告,并处以二十万元以上二百万元以下的罚款。发行人的控股股东、实际控制人组织、指使从事上述违法行为,或者隐瞒相关事项导致发生上述情形的,处以五十万元以上五百万元以下的罚款;对直接负责的主管人员和其他直接责任人员,处以二十万元以上二百万元以下的罚款。

信息披露义务人报送的报告或者披露的信息有虚假记载、误导性陈述或者重大遗漏的,责令改正,给予警告,并处以一百万元以上一千万元以下的罚款;对直接负责的主管人员和其他直接责任人员给予警告,并处以五十万元以上五百万元以下的罚款。发行人的控股股东、实际控制人组织、指使从事上述违法行为,或者隐瞒相关事项导致发生上述情形的,处以一百万元以上一千万元以下的罚款;对直接负责的主管人员和其他直接责任人员,处以五十万元以上五百万元以下的罚款。

第一百九十八条 证券公司违反本法第八十八条的规定未履行或者未按照规定履行投资者适当性管理义务的,责令改正,给予警告,并处以十万元以上一百万元以下的罚款。对直接负责的主管人员和其他直接责任人员给予警告,并处以二十万元以下的罚款。

第一百九十九条 违反本法第九十条的规定征集股东权利的,责令改正,给予警告,可以处五十万元以下的罚款。

第二百条 非法开设证券交易场所的,由县级以上人民政府予以取缔,没收违法所得,并处以违法所得一倍以上十倍以下的罚款;没有违法所得或者违法所得不足一百万元的,处以一百万元以上一千万元以下的罚款。对直接负责的主管人员和其他直接责任人员给予警告,并处以二十万元以上二百万元以下的罚款。

证券交易所违反本法第一百零五条的规定,允许非会员直接参与股票的集中交易的,责令改正,可以并处五十万元以下的罚款。

第二百零一条 证券公司违反本法第一百零七条第一款的规定,未对投资者开立账户提供的身份信息进行核对的,责令改正,给予警告,并处以五万元以上五十万元以下的罚款。对直接负责的主管人员和其他直接责任人员给予警告,并处以十万元以下的罚款。

证券公司违反本法第一百零七条第二款的规定,将投资者的账户提供给他人使用的,责令改正,给予警告,并处以十万元以上一百万元以下的罚款。对直接负责的主管人员和其他直接责任人员给予警告,并处以二十万元以下的罚款。

第二百零二条 违反本法第一百一十八条、第一百二十条第一款、第四款的规定,擅自设立证券公司、非法经营证券业务或者未经批准以证券公司名义开展证券业务活动的,责令改正,没收违法所得,并处以违法所得一倍以上十倍以下的罚款;没有违法所得或者违法所得不足一百万元的,处以一百万元以上一千万元以下的罚款。对直接负责的主管人员和其他直接责任人员给予警告,并处以二十万元以上二百万元以下的罚款。对擅自设立的证券公司,由国务院证券监督管理机构予以取缔。

证券公司违反本法第一百二十条第五款规定提供证券融资融券服务的,没收违法所得,并处以融资融券等值以下的罚款;情节严重的,禁止其在一定期限内从事证券融资融券业务。对直接负责的主管人员和其他直接责任人员给予警告,并处以二十万元以上二百万元以下的罚款。

第二百零三条　提交虚假证明文件或者采取其他欺诈手段骗取证券公司设立许可、业务许可或者重大事项变更核准的，撤销相关许可，并处以一百万元以上一千万元以下的罚款。对直接负责的主管人员和其他直接责任人员给予警告，并处以二十万元以上二百万元以下的罚款。

第二百零四条　证券公司违反本法第一百二十二条的规定，未经核准变更证券业务范围，变更主要股东或者公司的实际控制人，合并、分立、停业、解散、破产的，责令改正，给予警告，没收违法所得，并处以违法所得一倍以上十倍以下的罚款；没有违法所得或者违法所得不足五十万元的，处以五十万元以上五百万元以下的罚款；情节严重的，并处撤销相关业务许可。对直接负责的主管人员和其他直接责任人员给予警告，并处以二十万元以上二百万元以下的罚款。

第二百零五条　证券公司违反本法第一百二十三条第二款的规定，为其股东或者股东的关联人提供融资或者担保的，责令改正，给予警告，并处以五十万元以上五百万元以下的罚款。对直接负责的主管人员和其他直接责任人员给予警告，并处以十万元以上一百万元以下的罚款。股东有过错的，在按照要求改正前，国务院证券监督管理机构可以限制其股东权利；拒不改正的，可以责令其转让所持证券公司股权。

第二百零六条　证券公司违反本法第一百二十八条的规定，未采取有效隔离措施防范利益冲突，或者未分开办理相关业务、混合操作的，责令改正，给予警告，没收违法所得，并处以违法所得一倍以上十倍以下的罚款；没有违法所得或者违法所得不足五十万元的，处以五十万元以上五百万元以下的罚款；情节严重的，并处撤销相关业务许可。对直接负责的主管人员和其他直接责任人员给予警告，并处以二十万元以上二百万元以下的罚款。

第二百零七条　证券公司违反本法第一百二十九条的规定从事证券自营业务的，责令改正，给予警告，没收违法所得，并处以违法所得一倍以上十倍以下的罚款；没有违法所得或者违法所得不足五十万元的，处以五十万元以上五百万元以下的罚款；情节严重的，并处撤销相关业务许可或者责令关闭。对直接负责的主管人员和其他直接责任人员给予警告，并处以二十万元以上二百万元以下的罚款。

第二百零八条　违反本法第一百三十一条的规定，将客户的资金和证券归入自有财产，或者挪用客户的资金和证券的，责令改正，给予警告，没收违法所得，并处以违法所得一倍以上十倍以下的罚款；没有违法所得或者违法所得不足一百万元的，处以一百万元以上一千万元以下的罚款；情节严重的，并处撤销相关业务许可或者责令关闭。对直接负责的主管人员和其他直接责任人员给予警告，并处以五十万元以上五百万元以下的罚款。

第二百零九条　证券公司违反本法第一百三十四条第一款的规定接受客户的全权委托买卖证券的，或者违反本法第一百三十五条的规定对客户的收益或者赔偿客户的损失作出承诺的，责令改正，给予警告，没收违法所得，并处以违法所得一倍以上十倍以下的罚款；没有违法所得或者违法所得不足五十万元的，处以五十万元以上五百万元以下的罚款；情节严重的，并处撤销相关业务许可。对直接负责的主管人员和其他直接责任人员给予警告，并处以二十万元以上二百万元以下的罚款。

证券公司违反本法第一百三十四条第二款的规定，允许他人以证券公司的名义直接参与证券的集中交易的,责令改正,可以并处五十万元以下的罚款。

第二百一十条 证券公司的从业人员违反本法第一百三十六条的规定,私下接受客户委托买卖证券的,责令改正,给予警告,没收违法所得,并处以违法所得一倍以上十倍以下的罚款;没有违法所得的,处以五十万元以下的罚款。

第二百一十一条 证券公司及其主要股东、实际控制人违反本法第一百三十八条的规定,未报送、提供信息和资料,或者报送、提供的信息和资料有虚假记载、误导性陈述或者重大遗漏的,责令改正,给予警告,并处以一百万元以下的罚款;情节严重的,并处撤销相关业务许可。对直接负责的主管人员和其他直接责任人员,给予警告,并处以五十万元以下的罚款。

第二百一十二条 违反本法第一百四十五条的规定,擅自设立证券登记结算机构的,由国务院证券监督管理机构予以取缔,没收违法所得,并处以违法所得一倍以上十倍以下的罚款;没有违法所得或者违法所得不足五十万元的,处以五十万元以上五百万元以下的罚款。对直接负责的主管人员和其他直接责任人员给予警告,并处以二十万元以上二百万元以下的罚款。

第二百一十三条 证券投资咨询机构违反本法第一百六十条第二款的规定擅自从事证券服务业务,或者从事证券服务业务有本法第一百六十一条规定行为的,责令改正,没收违法所得,并处以违法所得一倍以上十倍以下的罚款;没有违法所得或者违法所得不足五十万元的,处以五十万元以上五百万元以下的罚款。对直接负责的主管人员和其他直接责任人员,给予警告,并处以二十万元以上二百万元以下的罚款。

会计师事务所、律师事务所以及从事资产评估、资信评级、财务顾问、信息技术系统服务的机构违反本法第一百六十条第二款的规定,从事证券服务业务未报备案的,责令改正,可以处二十万元以下的罚款。

证券服务机构违反本法第一百六十三条的规定,未勤勉尽责,所制作、出具的文件有虚假记载、误导性陈述或者重大遗漏的,责令改正,没收业务收入,并处以业务收入一倍以上十倍以下的罚款,没有业务收入或者业务收入不足五十万元的,处以五十万元以上五百万元以下的罚款;情节严重的,并处暂停或者禁止从事证券服务业务。对直接负责的主管人员和其他直接责任人员给予警告,并处以二十万元以上二百万元以下的罚款。

第二百一十四条 发行人、证券登记结算机构、证券公司、证券服务机构未按照规定保存有关文件和资料的,责令改正,给予警告,并处以十万元以上一百万元以下的罚款;泄露、隐匿、伪造、篡改或者毁损有关文件和资料的,给予警告,并处以二十万元以上二百万元以下的罚款;情节严重的,处以五十万元以上五百万元以下的罚款,并处暂停、撤销相关业务许可或者禁止从事相关业务。对直接负责的主管人员和其他直接责任人员给予警告,并处以十万元以上一百万元以下的罚款。

第二百一十五条 国务院证券监督管理机构依法将有关市场主体遵守本法的情况纳入证券市场诚信档案。

第二百一十六条 国务院证券监督管理机构或者国务院授权的部门有下列情形之一的,对直接负责的主管人员和其他直接责任人员,依法给予处分:

(一)对不符合本法规定的发行证券、设立证券公司等申请予以核准、注册、批准的;

（二）违反本法规定采取现场检查、调查取证、查询、冻结或者查封等措施的；

（三）违反本法规定对有关机构和人员采取监督管理措施的；

（四）违反本法规定对有关机构和人员实施行政处罚的；

（五）其他不依法履行职责的行为。

第二百一十七条 国务院证券监督管理机构或者国务院授权的部门的工作人员，不履行本法规定的职责，滥用职权、玩忽职守，利用职务便利牟取不正当利益，或者泄露所知悉的有关单位和个人的商业秘密的，依法追究法律责任。

第二百一十八条 拒绝、阻碍证券监督管理机构及其工作人员依法行使监督检查、调查职权，由证券监督管理机构责令改正，处以十万元以上一百万元以下的罚款，并由公安机关依法给予治安管理处罚。

第二百一十九条 违反本法规定，构成犯罪的，依法追究刑事责任。

第二百二十条 违反本法规定，应当承担民事赔偿责任和缴纳罚款、罚金、违法所得，违法行为人的财产不足以支付的，优先用于承担民事赔偿责任。

第二百二十一条 违反法律、行政法规或者国务院证券监督管理机构的有关规定，情节严重的，国务院证券监督管理机构可以对有关责任人员采取证券市场禁入的措施。

前款所称证券市场禁入，是指在一定期限内直至终身不得从事证券业务、证券服务业务，不得担任证券发行人的董事、监事、高级管理人员，或者一定期限内不得在证券交易所、国务院批准的其他全国性证券交易场所交易证券的制度。

第二百二十二条 依照本法收缴的罚款和没收的违法所得，全部上缴国库。

第二百二十三条 当事人对证券监督管理机构或者国务院授权的部门的处罚决定不服的，可以依法申请行政复议，或者依法直接向人民法院提起诉讼。

第十四章 附 则

第二百二十四条 境内企业直接或者间接到境外发行证券或者将其证券在境外上市交易，应当符合国务院的有关规定。

第二百二十五条 境内公司股票以外币认购和交易的，具体办法由国务院另行规定。

第二百二十六条 本法自 2020 年 3 月 1 日起施行。

附录二

证券业从业人员资格考试介绍

根据《中华人民共和国证券法》的规定,自 2020 年 3 月起,证券业从业人员管理实施事后登记管理。证券业从业人员资格考试(以下简称"考试")为水平评价类考试。

一、背景介绍

1995 年,国务院证券委发布了《证券业从业人员资格管理暂行规定》,开始在我国推行证券业从业人员资格管理制度。根据这个规定,我国于 1999 年第一次进行了证券投资咨询资格考试,当年报考人数达 9 100 人,实际参加考试的人数为 8 800 人,合格分数线为 72 分,合格率为 44%。

2000 年 4 月 29 日至 30 日进行了第二次全国证券从业资格考试,考试内容主要为《证券学》的基础知识和基本理论。考试的具体科目为《证券基础知识》《证券发行与承销》《证券交易》《证券投资分析》4 门,题目类型包括单项选择题、多项选择题、判断题、填空题、简答题、计算题。当年报考人数为 91 126 人。

2001 年的考试采用标准化客观试题,题型分为三类,即单项选择题、多项选择题和判断题。每科目总题量为 200 道试题,其中单项选择题 70 道,多项选择题 60 道,判断题 70 道。每科目总分 100 分,每道题 0.5 分,考试时间为 150 分钟。考试所有科目答题均采用标准化答题卡形式,用 2B 铅笔进行填涂。合格分数线为 60 分。当年报考人数逾 10 万人。

2002 年 9 月、12 月分别举行两次从业人员资格考试。单科考试时间为 120 分钟。单科考题量分别为 200 题,考试题型仍然为多选题、单选题、判断题三种题型。考试报名限制为证券公司、证券投资基金管理公司、证券投资咨询机构、证券登记结算机构、金融资产管理公司、商业银行基金托管部及基金销售相关工作人员,以及中国证监会认定的其他机构证券业务相关工作人员。

从 2003 年开始,证券从业考试面向全社会开放。

二、考试时间及费用

考试时间:每年 4 次。
考试费用:61 元/科。
交费方式:网上交费。

三、改革内容

自 2015 年 7 月 1 日起,证券从业资格考试实施改革。证券业从业资格考试测试分为一般从业资格考试、专项业务类资格考试和管理类资格考试三种类别。

一般从业资格考试，即"入门资格考试"，主要面向即将进入证券业从业的人员，具体测试考生是否具备证券从业人员执业所需的专业基础知识，是否掌握基本证券法律法规和职业道德要求。

专项业务类资格考试，即"专业资格考试"，主要面向已经进入证券业从业的人员，主要测试考生是否具备从事证券业务的专业人员履行法定职责所必备的专业知识、专业技能和专业操守。

管理类资格考试，即"管理资质测试"，主要面向拟任证券经营机构高级管理人员，主要测试考生是否掌握在证券经营机构履行经营管理职责所必备的管理流程和管理标准。

入门资格考试科目设定为两门，名称分别为《证券市场基本法律法规》和《金融市场基础知识》。

各专业资格考试设相应考试科目1门。保荐代表人胜任能力考试、证券分析师胜任能力考试和证券投资顾问胜任能力考试的考试科目分别对应为《投资银行业务》《发布证券研究报告业务》和《证券投资顾问业务》。

各管理资质测试的考试科目均设1门，分别为《证券公司高级管理人员资质测试》《证券评级业务高级管理人员资质测试》和《证券公司合规管理人员胜任能力测试》。

四、一般从业资格考试的说明

自2015年7月起，年满18周岁、具有高中以上文化程度和完全民事行为能力的人员，都可报名参加入门资格考试。入门资格考试合格的，均可参加专业资格考试和管理资质测试。

① 报名截止日年满18周岁；

② 具有高中或国家承认相当于高中及以上文化程度；

③ 具有完全民事行为能力。

报名网址：https://ks.sac.net.cn/sac/login/login_qt.htm? jsessionid＝5b95e2a502 486dc3&kslb＝1♯（见附图2-1）。

一般从业资格考试的考试范围参考《证券业从业人员一般从业资格考试大纲（2020）》（详见 http://www.sac.net.cn/tzgg/202010/t20201015_144217.html）。

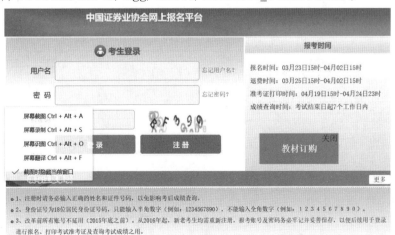

一般从业资格考试采取闭卷机考形式,题型均为单项选择题,考试题量均为100题,考试时间为120分钟,60分及以上视为合格成绩。

考试成绩合格可取得"成绩合格证"(成绩合格证在协会网站考试成绩查询窗口下载、打印),一般从业资格考试成绩长年有效。如对考试有异议,考生应当在成绩公布之日起15日内向协会提出,否则将不予受理。

五、特别提醒

① 考试报名、准考证打印及成绩查询的唯一网址为协会官方网站(www. sac. net. cn),考生应避免登录其他网站进行上述操作,以免泄漏个人信息。

② 协会不举办考前培训,不出版考试辅导材料,也从未授权任何机构及个人举办相关培训及出版相关辅导材料。个别网站和培训机构谎称可提供证券业从业人员资格考试真题,骗取考生钱财,请广大考生提高警惕,以免上当受骗。

③ 考场采用专业设备对考试进行全程监测,对利用通信设备、专用作弊工具等非法传输试题、答案的违法违纪行为,协会在严肃查处的同时,将向公安机关反映。

④ 对于试卷作答高度雷同、经他人举报有作弊行为或存在其他作弊嫌疑的,事后一经查实,协会将认定为考试作弊,并按相关规定处理。

⑤ 协会已与中国证券投资基金业协会建立违纪考生信息交互机制,对失信考生实施联合惩戒。在证券业从业资格考试中因违纪被禁考的考生,禁考期内也将无法报名参加基金业协会组织的各项考试。

⑥ 考生发现以提供证券从业人员资格考试真题名义行骗,向考生售卖无线接听设备和专用作弊工具,非法为考生提供试题和答案等问题的确切线索,可向协会或公安机关举报。考试过程中,发现其他考生有拍题、作弊等行为,可向监考老师或协会举报。